Ordem mundial

Henry Kissinger

Ordem mundial

Tradução
Cláudio Figueiredo

4ª reimpressão

Copyright © 2014, Henry A. Kissinger
Todos os direitos reservados.

Grafia atualizada segundo o Acordo Ortográfico da Língua Portuguesa de 1990, que entrou em vigor no Brasil em 2009.

Título original
World Order

Capa
Adaptação de Barbara Estrada sobre design original de Darren Haggar

Mapas
Jeffrey L. Ward

Revisão técnica
Dani Nedal

Revisão
Rita Godoy
Fatima Fadel
Cristiane Ruiz

CIP-Brasil. Catalogação na fonte
Sindicato Nacional dos Editores de Livros, RJ

K660
    Kissinger, Henry
       Ordem mundial / Henry Kissinger; tradução Cláudio Figueiredo. – 1ª ed. – Rio de Janeiro: Objetiva, 2015.

       Tradução de: World Order.
       ISBN 978-85-390-0670-0

       1. Política internacional – Séc. XXI. 2. Política econômica. 3. Geopolítica. I. Título.

	CDD: 327.51
15-20108	CDU: 327(510)

Todos os direitos desta edição reservados à
EDITORA SCHWARCZ S.A.
Praça Floriano, 19, sala 3001 — Cinelândia
20031-050 — Rio de Janeiro — RJ
Telefone: (21) 3993-7510
www.companhiadasletras.com.br
www.blogdacompanhia.com.br
facebook.com/editoraobjetiva
instagram.com/editora_objetiva
twitter.com/edobjetiva

Para Nancy

Sumário

INTRODUÇÃO: A questão da ordem mundial *9*
Tipos de ordem mundial *10* • Legitimidade e poder *16*

CAPÍTULO 1: Europa: a ordem internacional pluralista *19*
A singularidade da ordem europeia *19* • A Guerra dos Trinta Anos: o que é legitimidade? *27* • A Paz de Vestfália *31* • O funcionamento do sistema vestfaliano *38* • A Revolução Francesa e suas consequências *47*

CAPÍTULO 2: O sistema de balança de poder europeu e o seu fim *55*
O enigma russo *55* • O Congresso de Viena *65* • As bases da ordem internacional *73* • Metternich e Bismarck *78* • Os dilemas da balança de poder *81* • Legitimidade e poder entre as duas guerras mundiais *87* • A ordem europeia do pós-guerra *91* • O futuro da Europa *96*

CAPÍTULO 3: O islamismo e o Oriente Médio: um mundo em desordem *101*
A ordem mundial islâmica *102* • O Império Otomano: o doente da Europa *114* • O sistema vestfaliano e o mundo islâmico *116* • Islamismo: a maré revolucionária — duas interpretações filosóficas *122* • A Primavera Árabe e o cataclismo sírio *126* • A questão palestina e a ordem internacional *133* • Arábia Saudita *137* • O declínio do Estado? *145*

CAPÍTULO 4: Os Estados Unidos e o Irã: abordagens da ordem *149*
A tradição iraniana de estadismo *151* • A Revolução Khomeinista *154* • Proliferação nuclear e o Irã *161* • Visão e realidade *171*

CAPÍTULO 5: A multiplicidade da Ásia *174*
Ásia e Europa: concepções diferentes da balança de poder *174* • Japão *182* •
Índia *194* • O que é uma ordem regional asiática? *210*

CAPÍTULO 6: Rumo a uma ordem asiática: confronto ou parceria? *214*
A ordem internacional asiática e a China *215* • A China e a ordem mundial *222*
• Uma visão de longo prazo *230*

CAPÍTULO 7: "Agindo em nome de toda a humanidade": Os Estados
Unidos e seu conceito de ordem *236*
Os Estados Unidos no cenário mundial *241* • Theodore Roosevelt: os Estados
Unidos como potência mundial *248* • Woodrow Wilson: os Estados Unidos
como consciência do mundo *257* • Franklin Roosevelt e a nova ordem
mundial *270*

CAPÍTULO 8: Os Estados Unidos: superpotência ambivalente *277*
O início da Guerra Fria *281* • Estratégias de uma ordem da Guerra Fria *284* •
A Guerra da Coreia *289* • O Vietná e o colapso do consenso nacional *296* •
Richard Nixon e a ordem internacional *303* • O começo da renovação *309*
• Ronald Reagan e o fim da Guerra Fria *310* • As Guerras do Afeganistão e
Iraque *318* • O propósito e o possível *328*

CAPÍTULO 9: Tecnologia, equilíbrio e consciência humana *331*
Ordem mundial na era nuclear *332* • O desafio da proliferação nuclear *337* •
Informática e a ordem mundial *342* • O fator humano *349* • Política externa
na era digital *355*

CONCLUSÃO: Uma ordem mundial na nossa época? *363*
A evolução da ordem internacional *367* • Para onde vamos? *373*

AGRADECIMENTOS *377*

NOTAS *381*

ÍNDICE *407*

INTRODUÇÃO

A questão da ordem mundial

EM 1961, QUANDO eu era um jovem professor universitário, estava em Kansas City para uma conferência e fiz uma visita ao ex-presidente Harry S. Truman. Perguntei qual tinha sido o motivo de maior orgulho na sua presidência, e Truman retrucou: "O fato de termos derrotado completamente nossos inimigos e de em seguida ter lhes trazido de volta à comunidade das nações. Gosto de pensar que só os Estados Unidos teriam sido capazes de fazer isso." Ciente do enorme poder dos Estados Unidos, Truman se orgulhava acima de tudo dos valores humanos e democráticos de seu país. Desejava ser lembrado não tanto pelas vitórias mas pelas conciliações que promovera.

Todos os sucessores de Truman acabaram por seguir alguma versão dessa narrativa e se orgulharam de qualidades semelhantes da experiência americana. E pela maior parte desse período, a comunidade das nações que eles visavam sustentar refletia um consenso americano — uma ordem cooperativa que se expandia de forma inexorável, composta por Estados que observavam as mesmas regras e normas, abraçavam sistemas econômicos liberais, renunciavam a conquistas territoriais, respeitavam a soberania nacional e adotavam sistemas de governo participativos e democráticos. Presidentes norte-americanos de ambos os partidos continuaram a exortar outros países, muitas vezes de forma veemente e eloquente, a abraçarem a causa da preservação e do avanço dos direitos humanos. Em vários casos, a defesa desses valores pelos Estados Unidos e seus aliados produziu importantes mudanças na condição humana.

Contudo, esse sistema baseado em regras hoje enfrenta desafios. Os frequentes apelos a países para que "façam sua justa parte", sigam as "regras do século XXI" ou sejam "stakeholders responsáveis" num sistema comum refletem o fato de que não existe uma definição compartilhada do que seria esse sistema ou um entendimento sobre qual seria a "justa" parte a ser feita. Fora do mundo ocidental, regiões que desempenharam um papel ínfimo na formulação original dessas regras questionam sua validade na sua forma atual e deixam claro que gostariam de modificá-las. Assim, apesar de ser invocada talvez agora mais do que nunca, a "comunidade internacional" não apresenta nenhum conjunto de objetivos, metas ou limites que seja claro e consensual.

Nossa era busca insistentemente, às vezes de forma desesperada, um conceito de ordem mundial. Uma interdependência sem precedentes traz consigo a ameaça do caos: na disseminação de armas de destruição em massa, na desintegração de Estados, no impacto da degradação ambiental, na persistência de práticas genocidas e na difusão de novas tecnologias que ameaçam levar os conflitos para além da compreensão ou do controle humanos. Novos métodos para acessar e comunicar informações ligam regiões como nunca antes e projetam acontecimentos globalmente — porém de um modo tal que inibe a reflexão, exigindo que os líderes registrem reações instantâneas e em formato que possa ser expresso por slogans. Estaremos nós diante de uma época na qual o futuro será determinado por forças além do controle de qualquer ordem?

Tipos de ordem mundial

Jamais existiu uma "ordem mundial" que fosse verdadeiramente global. A ordem que conhecemos hoje foi concebida na Europa Ocidental há quase quatro séculos numa conferência de paz realizada na região alemã de Vestfália, sem o envolvimento ou sequer o conhecimento da maioria dos outros continentes ou civilizações. Um século de conflitos sectários e convulsões políticas através da Europa Central havia culminado na Guerra dos Trinta Anos de 1618-1648 — uma conflagração na qual se confundiam disputas políticas e religiosas, em que os combatentes recorriam à política de "guerra total" contra os centros populacionais e em que quase um quarto da população da Europa Central morreu devido aos combates, às doenças ou à fome. Esgotados, os participantes se encontraram para definir uma série de acordos que pudessem fazer estancar o derramamento de sangue. A unidade religiosa havia sido fraturada pela sobrevivência e difusão do protestantismo; a diversidade política era inerente à grande quantidade de unidades políticas autônomas que tinham lutado até um impasse. Foi assim que na Europa vieram a dominar, aproximadamente, as características que marcam o mundo contemporâneo: uma multiplicidade de unidades políticas, nenhuma delas poderosa o bastante para derrotar todas as outras, muitas aderindo a filosofias e práticas internas contraditórias, em busca de regras neutras que pudessem regular sua conduta e mitigar conflitos.

A paz vestfaliana refletiu uma acomodação de ordem prática à realidade, não um insight moral excepcional. Ela se baseava num sistema de Estados independentes que renunciavam à interferência nos assuntos internos uns dos outros e limitavam as respectivas ambições por meio de um equilíbrio geral de poder. Nenhuma única verdade ou domínio universal emergiu das guerras europeias. Ao contrário, cada Estado era reconhecido como autoridade soberana em seu próprio território. Cada um deles reconheceria as estruturas domésticas e vocações religiosas dos outros Estados como fato consumado, e não desafiaria a sua existência. Com o equilíbrio de poder percebido agora como natural e desejável, as ambições dos governantes contrabalançariam umas às outras, diminuindo — pelo menos teoricamente — a abrangência dos conflitos. Divisão e multiplicidade, um acidente na história da Europa, passaram a ser as principais características de um novo sistema de ordem internacional com uma filosofia própria e distinta. Neste sentido, o esforço europeu para pôr fim à sua conflagração deu forma e foi precursor da sensibilidade moderna: juízos absolutos davam vez ao prático e ao ecumênico; a ordem era produzida pela multiplicidade e pelo exercício do autocontrole.

Os negociadores que elaboraram a Paz de Vestfália no século XVII não achavam que estavam erguendo ali a pedra fundamental de um sistema

12 | *A questão da ordem mundial*

que seria aplicável em todo o globo. Não fizeram nenhuma tentativa de incluir a vizinha Rússia, que naquele momento reconsolidava sua própria ordem depois dos pesadelos vividos no chamado "Tempo de Dificuldades",* consagrando princípios diametralmente opostos ao modelo vestfaliano: um único governante absoluto, uma ortodoxia religiosa unificada e um programa de expansão territorial em todas as direções. Tampouco outros grandes centros de poder consideravam os acordos de Vestfália (se é que sequer tinham conhecimento deles) como relevantes para as suas próprias regiões.

A ideia de ordem mundial foi aplicada à extensão geográfica conhecida pelos estadistas da época — um padrão repetido em outras regiões. Isso se dava, sobretudo, porque a tecnologia da época não encorajava ou mesmo permitia a operação de um único sistema global. Sem ter como interagir consistentemente e sem contar com um quadro de referência para medir o poder de uma região em relação ao das demais, cada região via a própria ordem como única e definia as demais como "bárbaras" — governadas de um modo incompreensível e irrelevante para os seus propósitos a não ser enquanto ameaça. Cada uma definia a si própria como um modelo para a organização legítima de toda a humanidade, imaginando que, ao governar o que tinha à sua frente, estava ordenando o mundo.

Na extremidade oposta da massa territorial eurasiana, a China ocupava o centro de sua própria ordem hierárquica e teoricamente universal. Esse sistema funcionava havia milênios — estava de pé quando o Império Romano dominava a Europa como uma unidade política —, tendo como base não a igualdade soberana de Estados, e sim o alcance supostamente ilimitado do poder do imperador. Nesse conceito, não existia a soberania no sentido europeu, porque o imperador mantinha sob seu domínio "Tudo sob o Céu". Ele ocupava o ápice de uma hierarquia política e cultural, distinta e universal, que se espalhava desde o centro do mundo na capital chinesa para o resto da humanidade. Demais sociedades eram classificadas em gradações de barbarismo, dependendo em parte do seu domínio da

---

* Marcado por convulsões sociais, caos, fome e ocupação estrangeira, o período da história russa conhecido como "Tempo de Dificuldades" se estendeu entre o último tsar da dinastia Rurik (1598) e o primeiro da dinastia dos Romanov (1613). (N.T.)

escrita chinesa e de suas instituições culturais (uma cosmografia que resistiu bem até a Era Moderna). A China, nessa visão, ordenaria o mundo ao deslumbrar outras sociedades com sua magnificência cultural e fartura econômica, atraindo-as para formar laços que seriam administrados para produzir "harmonia sob o céu".

Em grande parte da região entre a Europa e a China, imperava o conceito islâmico de ordem universal, com sua própria visão de um único governo sancionado por Deus, unindo e pacificando o mundo. No século vii o Islá havia se lançado através de três continentes numa onda sem precedentes de exaltação religiosa e expansão imperial. Depois de unificar o mundo árabe, ocupando áreas remanescentes do Império Romano e subjugando o Império Persa, o Islá veio a governar o Oriente Médio, o norte da África, grandes extensões da Ásia e partes da Europa. Sua versão da ordem universal sustentava que o Islá estava destinado a se expandir pelos "domínios da guerra", como chamava todas as regiões povoadas por infiéis, até que o mundo inteiro se tornasse um sistema unitário colocado em harmonia pela palavra do profeta Maomé. Enquanto a Europa construía sua ordem multiestatal, o Império Turco-Otomano trazia de volta à vida essa visão de um único governo legítimo, estendendo sua supremacia pelo coração do mundo árabe, no Mediterrâneo, nos Bálcás e na Europa Oriental. Tinha conhecimento da ordem interestatal que nascia na Europa, mas não a considerava como um modelo, e sim como uma fonte de divisão a ser explorada em proveito de uma expansão otomana rumo ao Ocidente. Como disse o sultão Mehmed, o Conquistador, advertindo as cidades-Estado italianas que praticavam uma espécie de multipolaridade no século xv: "Vocês são vinte Estados... estão em desacordo uns com os outros... Deve existir apenas um império, uma fé, uma soberania no mundo."[1]

Simultaneamente, do outro lado do Atlântico, estavam sendo assentadas no "Novo Mundo" as bases de uma visão diferente de ordem mundial. Enquanto os conflitos políticos e sectários do século xvii varriam a Europa, os colonos puritanos se propunham a recuperar o plano de Deus com uma "missão na natureza selvagem", que os livraria das estruturas estabelecidas (e na visão deles corruptas) de autoridade. Lá ergueriam, como pregou o governador John Winthrop, em 1630 a bordo de um navio rumo à colônia de Massachusetts, "uma cidade no alto da colina", que serviria de

14 | *A questão da ordem mundial*

inspiração ao mundo graças à justeza de seus princípios e à força do seu exemplo. Na visão americana da ordem mundial, a paz e o equilíbrio se dariam naturalmente, e rivalidades ancestrais seriam postas de lado — uma vez que outras nações pudessem determinar seus próprios governos como os norte-americanos determinavam o seu. O objetivo, portanto, da política externa não seria a defesa de um interesse especificamente americano, mas sim o cultivo de princípios compartilhados. Após algum tempo, os Estados Unidos viriam a se tornar o defensor indispensável da ordem concebida pela Europa. Contudo, mesmo enquanto eles somavam seu peso a este esforço, subsistia uma ambivalência — pois a visão americana residia não na adoção do sistema europeu de balança de poder, mas na obtenção da paz por meio da disseminação dos princípios democráticos.

De todos esses conceitos de ordem, os princípios estabelecidos em Vestfália são, portanto, o único princípio de ordem mundial existente que conta com reconhecimento geral. O sistema vestfaliano espalhou-se pelo mundo como o arcabouço para uma ordem internacional baseada em Estados, abrangendo múltiplas civilizações e regiões, porque à medida que as nações europeias foram se expandindo, carregaram com elas seu projeto de ordem internacional. Ainda que muitas vezes se negassem a aplicar conceitos de soberania às colônias e aos povos colonizados, quando esses povos começaram a exigir sua independência, eles o fizeram invocando princípios vestfalianos. Os princípios da independência nacional, do Estado soberano, do interesse nacional e da não interferência se revelaram argumentos eficazes contra os próprios colonizadores durante as lutas pela independência e, em seguida, pela proteção aos seus estados recém-formados.

O sistema vestfaliano contemporâneo, agora global — o que é coloquialmente chamado de comunidade mundial —, empenhou-se em amenizar a natureza anárquica do mundo por meio de uma extensa rede de estruturas legais e organizacionais projetadas para estimular o livre-comércio e um sistema financeiro internacional estável, estabelecer princípios para a solução de disputas internacionais e fixar limites para conduta na guerra, quando estas vierem a ocorrer. Esse sistema de Estados abrange agora todas as culturas e regiões. Suas instituições oferecem uma matriz neutra para as interações entre sociedades diversas — em grande medida independentemente dos seus respectivos valores.

No entanto, os princípios vestfalianos vêm enfrentando desafios lançados de várias direções, às vezes em nome da própria ordem mundial. A Europa se lançou a abandonar o sistema de Estados por ela projetado e a transcendê-lo, ao adotar o conceito de soberania compartilhada. E, ironicamente, apesar de a Europa ter inventado o conceito de balança de poder, procurou limitar severa e intencionalmente o elemento de poder em suas novas instituições. Tendo reduzido suas capacidades militares, a Europa pouco pode fazer para reagir quando normas universais são violadas.

No Oriente Médio, jihadistas em ambos os lados do cisma entre sunitas e xiitas dilaceram sociedades e desmantelam Estados na busca por uma revolução global baseada numa versão fundamentalista de sua religião. O próprio Estado — assim como o sistema regional nele baseado — corre sério risco, tomado de assalto por ideologias que rejeitam suas limitações como ilegítimas e por milícias terroristas que, em vários países, são mais fortes do que as forças armadas dos governos.

A Ásia, de certa forma a região mais bem-sucedida a adotar conceitos de soberania estatal, ainda evoca com nostalgia conceitos alternativos de ordem e é agitada por rivalidades e reivindicações históricas similares àquelas que abalaram a ordem europeia há um século. Quase todos os países se consideram "em ascensão", levando discordâncias à beira do conflito.

A atitude dos Estados Unidos tem alternado entre a defesa do sistema vestfaliano e o ataque dos seus pressupostos — a balança de poder e a não interferência nos assuntos domésticos — como imorais ou ultrapassados, e às vezes as duas coisas ao mesmo tempo. Continuam a afirmar a relevância universal de seus valores na construção de uma ordem mundial pacífica e se reservam o direito de apoiá-los em termos globais. Ainda assim, depois de se retirar de três guerras em duas gerações — cada uma delas iniciada com aspirações idealistas e amplo apoio popular, mas tendo terminado em trauma nacional — os Estados Unidos lutam para definir a relação entre o seu poder (ainda vasto) e os seus princípios.

Todos os grandes centros de poder praticam, em alguma medida, elementos da ordem vestfaliana, mas nenhum deles se considera o defensor natural do sistema. Todos estão vivenciando mudanças significativas no plano interno. Podem regiões com tão diferentes culturas, histórias e teorias tradicionais sobre ordem vir a apoiar qualquer sistema compartilhado como legítimo?

O sucesso dessa empreitada exige uma abordagem que respeite tanto a diversidade da condição humana, como o arraigado impulso humano de buscar liberdade. Nesse sentido, a ordem precisa ser cultivada; não pode ser imposta. Isso vale particularmente numa era de comunicação instantânea e transformação política revolucionária. Qualquer sistema de ordem mundial, para ser sustentável, precisa ser aceito como justo — não apenas pelos líderes, mas também pelos cidadãos. Precisa refletir duas verdades: ordem sem liberdade, mesmo se baseada em entusiasmo momentâneo, acaba por criar o seu próprio contrapeso. Contudo, a liberdade não pode ser sustentada sem uma estrutura de ordem que mantenha a paz. Ordem e liberdade, às vezes descritas como polos opostos no espectro da experiência, deveriam, ao contrário, ser compreendidas como interdependentes. Os líderes de hoje terão capacidade de se colocar acima da urgência dos acontecimentos do dia a dia para alcançar este equilíbrio?

Legitimidade e poder

Uma resposta a essa pergunta precisa lidar com três níveis de ordem. Ordem mundial descreve o conceito sustentado por uma região ou civilização a respeito da natureza dos arranjos considerados justos e da distribuição de poder considerada aplicável ao mundo inteiro. Uma ordem internacional é a aplicação prática desses conceitos a uma parte substancial do globo — grande o bastante para afetar a balança global de poder. Ordens regionais envolvem os mesmos princípios aplicados a uma área geográfica definida.

Qualquer um desses sistemas de ordem tem como base dois componentes: um conjunto de regras comumente aceitas, que definam os limites do que é permissível, e uma balança de poder que impõe limites caso as regras sejam violadas, impedindo assim que uma unidade política subjugue todas as outras. Consenso sobre a legitimidade dos arranjos não significa — hoje, como no passado — que não existam competições ou conflitos, mas ajuda a garantir que estes ocorrerão como ajustes dentro da ordem existente, não como desafios fundamentais a essa ordem. Um equilíbrio entre forças não é por si só uma garantia de paz, porém, se estruturado e evocado com sabedoria, pode limitar o alcance e a frequência de desafios fundamentais e diminuir suas chances de sucesso quando ocorrerem.

Nenhum livro pode ter a ambição de tratar de todas as abordagens históricas de ordem internacional ou mesmo de todos os países que hoje influenciam a política internacional. Este livro tenta lidar com as regiões cujas ideias de ordem têm tido maior peso na evolução da Era Moderna.

O equilíbrio entre legitimidade e poder é extremamente complexo; quanto menor a área geográfica à qual se aplica e quanto mais coerentes forem as convicções culturais no seu interior, mais fácil é extrair dele um consenso. No mundo moderno, entretanto, a demanda é por uma ordem de abrangência global. Uma série de entidades (quando tanto) ligadas de forma remota por história ou valores, e que definem a si mesmas essencialmente pelos limites de suas capacidades, provavelmente irá gerar conflitos, não ordem.

Durante minha primeira viagem a Pequim, em 1971, para restabelecer contato com os chineses após duas décadas de hostilidades, mencionei que, para a delegação americana, a China era "uma terra de mistérios". O premiê Zhou Enlai respondeu: "Você vai descobrir que não é um país misterioso. Quando se familiarizar com ela, não vai mais parecer tão misteriosa quanto antes." Havia 900 milhões de chineses, ele observou, e a China parecia absolutamente normal para eles. Agora, a busca pela ordem mundial exigirá conexões entre percepções de sociedades cujas realidades, em grande medida, elas guardavam para si. O mistério a ser superado é algo compartilhado por todos os povos — como experiências históricas e valores divergentes podem ser moldados numa só ordem.

CAPÍTULO I

Europa: a ordem internacional pluralista

A singularidade da ordem europeia

A história da maior parte das civilizações consiste na ascensão e queda de impérios. A ordem era estabelecida pela capacidade que tinham de se governar internamente, não por meio de um equilíbrio entre Estados: forte quando a autoridade central mostrava-se coesa, e desorganizada sob governantes mais fracos. Em sistemas imperiais, as guerras costumavam ocorrer nas fronteiras externas do império ou como guerras civis. A paz era identificada com o alcance do poder imperial.

Na China e no Islã, as disputas políticas eram travadas pelo controle de uma ordem já estabelecida. Dinastias mudavam, mas cada novo grupo governante se apresentava como se estivesse restaurando um sistema legítimo que tinha caído em desgraça. Na Europa, não se criou nada desse tipo. Com o fim do Império Romano, o pluralismo tornou-se a característica definidora da ordem europeia. A ideia de Europa existia de forma vaga enquanto uma designação geográfica, uma expressão da cristandade ou da sociedade de corte, ou como o centro de um mundo de Iluminismo, de uma comunidade educada e de modernidade.[1] Contudo, ainda que fosse possível classificá-la como uma civilização única, a Europa nunca contou com um governo único, ou com uma identidade unitária e fixa. De tempos em tempos mudavam os princípios em nome dos quais suas várias unidades governavam, experimentando novos conceitos de legitimidade política ou de ordem internacional.

Em outras regiões do mundo, períodos nos quais diferentes governantes competiam viriam a ser considerados posteriormente como "tempo de dificuldades", guerra civil ou "período de caudilhismo" — um lamentável hiato de desunião que acabara por ser superado. A Europa medrou na fragmentação e abraçou suas divisões. Diferentes dinastias e nacionalidades em competição eram percebidas não como uma forma de "caos" a ser eliminado, mas, na visão idealizada dos estadistas europeus — às vezes de forma consciente, outras, não —, como um mecanismo intrincado tendendo ao equilíbrio que preservava os interesses, a integridade e a autonomia de cada povo. Por mais de mil anos, na corrente predominante do estadismo moderno europeu, a ordem era fruto do equilíbrio, e a identidade vinha da resistência ao domínio universal. Não que os monarcas europeus fossem mais imunes às glórias da conquista do que seus equivalentes em outras civilizações ou fossem mais comprometidos com um ideal abstrato de diversidade. O que lhes faltava era a força para impor de forma decisiva sua vontade uns aos outros. Com o passar do tempo, o pluralismo assumiu as características de um modelo de ordem mundial. Terá a Europa contemporânea transcendido essa tendência pluralista — ou os conflitos internos da União Europeia a reafirmam?

Por quinhentos anos, o Império Romano havia garantido um único conjunto de leis, uma defesa comum e um nível extraordinário de civilização. Com a queda de Roma, que convencionamos datar em 476, o império se desintegrou. No que os historiadores chamaram de Idade das Trevas, floresceu a nostalgia pela universalidade que se havia perdido. A visão de harmonia e unidade foi se fixando cada vez mais na Igreja. Nessa visão de mundo, a cristandade surgia como uma sociedade única administrada por duas autoridades que se complementavam: o governo civil, os "sucessores de César", mantendo a ordem no plano secular; e a Igreja, os sucessores de Pedro, cuidando dos princípios universais e absolutos da salvação.[2] Agostinho de Hipona, escrevendo no norte da África enquanto desmoronava o domínio do Império Romano, concluía em termos teológicos que a autoridade política secular era legítima na medida em que estimulava a busca por uma vida temente a Deus e, com ela, a salvação do homem. "Existem dois sistemas" — o papa Gelásio I escreveu no ano de 494 d.C. a Anastásio, o imperador de Bizâncio — "sob os quais este mundo é governado, a autoridade sagrada dos sacerdotes e o poder dos reis. Destes, o peso maior recai sobre os sacerdotes, já que são eles que, no Juízo Final, responderão diante do Senhor até mesmo pelos reis". Nesse sentido, a verdadeira ordem mundial não se encontrava neste mundo.

Esse conceito universal de ordem mundial tinha de lidar, desde o começo, com uma anomalia: na Europa pós-romana, dezenas de governantes exerciam soberania sem uma clara hierarquia entre eles; todos declaravam lealdade a Cristo, mas seu vínculo com a Igreja e a autoridade eclesiástica era ambivalente. Os limites da autoridade da Igreja eram calorosamente debatidos, enquanto reinos com forças armadas próprias e políticas independentes buscavam vantagem umas sobres as outras, sem qualquer semelhança aparente com a Cidade de Deus de Santo Agostinho.

Aspirações à unidade tornaram-se realidade durante um brevíssimo período no dia de Natal do ano 800, quando o papa Leão III coroou Carlos Magno, o rei dos francos e conquistador de grande parte do que são hoje França e Alemanha, como *Imperator Romanorum* (Imperador dos Romanos) e concedeu-lhe em tese o poder sobre a metade oriental do antigo Império Romano, terras então pertencentes ao Império Bizantino.[3] O imperador prometeu ao papa "defender por todos os lados a Santa Igreja de Cristo de incursões pagãs e da devastação espalhada por infiéis para além das fronteiras e, no seu interior, aumentar a força da fé católica por meio do nosso reconhecimento dela".

Contudo o Império de Carlos Magno não realizou suas aspirações: na realidade, começou a desmoronar quase imediatamente após sua inauguração. Confrontado com problemas no interior do seu próprio território, Carlos Magno nunca tentou governar as terras pertencentes ao antigo Império Romano Oriental que o papa havia lhe concedido. Mais a oeste, teve pouco sucesso em recapturar a Espanha dos seus conquistadores mouros. Após a morte de Carlos Magno, seus sucessores procuraram reforçar sua posição apelando à tradição e deram às suas posses o nome de Sacro Império Romano-Germânico. Porém, debilitado por guerras civis, menos de um século depois de sua fundação, o Sacro Império desapareceria enquanto entidade política coerente (ainda que seu nome continuasse a ser aplicado a uma série de territórios em constante transformação até 1806).

A China tinha seu imperador; o Islã, o seu califa — o líder reconhecido dos territórios islâmicos. A Europa tinha o imperador do Sacro Império Romano-Germânico. Porém seu imperador operava a partir de uma base bem mais frágil do que seus pares em outras civilizações. Não tinha à sua disposição uma burocracia imperial. Sua autoridade dependia do poder exercido nas regiões que governava em nome de seu mandato dinástico, basicamente as propriedades de sua família. Sua posição não era formalmente hereditária e dependia da eleição por um colégio composto por sete, mais tarde nove, príncipes. Essas eleições eram em geral decididas por uma combinação de manobras políticas, afirmações de devoção religiosa e generosas recompensas materiais. Em teoria, o imperador devia sua autoridade à investidura pelo papa, porém considerações políticas e logísticas muitas vezes tornavam a cerimônia impossível, fazendo o imperador governar por anos como "imperador Eleito". Religião e política nunca se fundiram num único mecanismo, dando origem ao veraz gracejo de Voltaire, para quem o Sacro Império Romano-Germânico "não era nem Sacro, nem Império, nem Romano". O conceito de ordem internacional adotado pela Europa medieval refletia uma acomodação negociada caso a caso entre o papa e o imperador e uma série de outros governantes feudais. Uma ordem universal baseada na possibilidade de um único reino e num conjunto único de princípios legitimadores se via cada vez mais despojada de qualquer sentido prático.

O conceito medieval de ordem mundial foi aplicado plenamente apenas por um breve período com a ascensão no século XVI do príncipe Carlos (1500-1558), da dinastia dos Habsburgo; mas seu reinado também trouxe consigo o inexorável fim da ordem. O príncipe severo e devoto, de origem flamenga, nasceu para reinar. Com a exceção de seu famoso gosto por comida bem temperada, de um modo geral era visto como sem vícios e imune a distrações. Herdou a coroa da Holanda quando criança e a da Espanha — com seu vasto conjunto de colônias em constante expansão na Ásia e nas Américas — aos 16 anos. Pouco depois, em 1519, foi o escolhido na eleição para o título de imperador do Sacro Império Romano-Germânico, tornando-se formalmente o sucessor de Carlos Magno. A concentração desses títulos fazia parecer que a visão medieval por fim se tornaria realidade. Um único e devoto governante imperava agora em territórios mais ou menos equivalentes aos que hoje compõem a Áustria, Alemanha, norte da Itália, República Tcheca, Eslováquia, Hungria, leste da França, Bélgica, Holanda, Espanha e grande parte das Américas. (Essa concentração massiva de poder político foi conquistada quase que exclusivamente por meio de casamentos estratégicos, dando origem ao dito dos Habsburgo *"Bella gerant alii; tu, Felix Austria, nube!"* — "Deixe a conduta da guerra para os outros; você, feliz Áustria, case!") Exploradores e conquistadores espanhóis — Magalhães e Cortés navegaram em nome de Carlos — destruíam os antigos impérios das Américas e levavam para o Novo Mundo os sacramentos, juntamente com o poder político europeu. Os exércitos e as armadas de Carlos estavam engajados na defesa da cristandade contra uma nova onda de invasões, pelos turcos otomanos e seus mandatários no sudeste da Ásia e norte da África. Carlos liderou pessoalmente um contra-ataque na Tunísia, com uma frota financiada com ouro do Novo Mundo. Envolvido nesses acontecimentos inebriantes, Carlos foi saudado por seus contemporâneos como "o maior imperador desde a divisão do Império em 843", destinado a pôr o mundo mais uma vez sob as ordens de "um único pastor".[4]

Seguindo a tradição de Carlos Magno, em sua coroação Carlos prometeu ser "o protetor e defensor da Santa Igreja de Roma", e as multidões prestavam tributo ao "Caesare" e ao "Imperio".[5] O papa Clemente declarou que Carlos seria a força secular que faria "a paz e a ordem serem restabelecidas" na cristandade.

Um visitante chinês ou turco que por essa época passasse pela Europa provavelmente teria achado o sistema político familiar: um continente presidido por uma única dinastia imbuída de um suposto mandato divino. Se Carlos tivesse se mostrado capaz de consolidar sua autoridade e administrar uma sucessão ordeira no vasto conglomerado que compunha os territórios dos Habsburgo, a Europa teria sido moldada por uma autoridade central, como o Império Chinês ou o Califado Islâmico.

Não foi isso o que aconteceu; nem Carlos tentou fazê-lo. No fim, ele se contentou em tomar o equilíbrio como base para a ordem. A hegemonia pode ter sido sua herança, mas não seu objetivo, conforme provou quando, depois de capturar seu rival político, Francisco I, o rei da França,

24 | *Europa: a ordem internacional pluralista*

na batalha de Pavia, em 1525, ele o libertou — deixando a França livre para retomar uma política externa autônoma e hostil, no coração da Europa. O rei francês repudiou o gesto magnânimo de Carlos, assumindo a iniciativa incomum — tão destoante do conceito medieval da diplomacia cristã — de propor cooperação militar ao sultão otomano Solimão, na época empenhado em invadir a Europa Oriental e dali desafiar o poder dos Habsburgo.[6]

A universalidade que Carlos visava para a Igreja não iria se realizar.[7] Ele mostrou-se incapaz de evitar que a nova doutrina do protestantismo se espalhasse pelas terras que formavam a principal base de seu poder. Tanto a unidade religiosa como a política começavam a se desfazer. O esforço para realizar as aspirações inerentes ao seu cargo estava além das possibilidades de um único indivíduo. Um retrato impressionante pintado por Ticiano em 1548 que fica exposto na Antiga Pinacoteca de Munique revela o tormento vivido pelo homem eminente, que não consegue nem se realizar espiritualmente, nem manipular as alavancas — para ele, em última instância, secundárias — do domínio hegemônico. Carlos decidiu abdicar dos seus títulos dinásticos e dividir seu vasto império, e o fez de uma maneira que refletia o pluralismo que derrotou sua busca pela unidade. Ao seu filho Filipe, legou o reino de Nápoles e da Sicília, e depois a coroa da Espanha com seu império global. Numa cerimônia emotiva em Bruxelas, em 1555, passou em revista as realizações de seu reino, reafirmou o zelo com que havia cumprido seus deveres e, ato contínuo, entregou a Filipe também os Estados Gerais dos Países Baixos. No mesmo ano Carlos concluiu o tratado que seria um marco, a Paz de Augsburgo, que reconhecia o protestantismo no interior do Sacro Império Romano-Germânico. Abandonando as bases espirituais de seu império, Carlos concedeu aos príncipes o direito de escolher a orientação confessional de seus territórios. Logo depois renunciou ao seu título de Sacro Imperador Romano-Germânico, transmitindo as responsabilidades pelo império, suas sublevações e os desafios enfrentados no exterior a seu irmão Fernando. Carlos se recolheu a um mosteiro numa região rural da Espanha para levar uma vida reclusa. Passou seus últimos dias na companhia de seu confessor e de um relojoeiro italiano, cujos artefatos se alinhavam pelas paredes e cujo ofício Carlos tentou aprender. Ao morrer, em 1558, deixou um testamento no qual lamentava o rompimento da doutrina que tinha marcado seu reinado e apelava a seu filho que redobrasse os esforços da Inquisição.

Três acontecimentos completaram a desintegração do antigo ideal de unidade. No momento em que Carlos V morreu, mudanças revolucionárias haviam expandido o escopo do projeto europeu para o plano global e fragmentavam a ordem política e religiosa medieval: o início da era dos descobrimentos, a invenção da imprensa e o cisma na Igreja.

Um mapa do universo de acordo com um europeu educado da era medieval teria mostrado os hemisférios norte e sul se estendendo da Índia, no leste, até a Ibéria e as Ilhas Britânicas a oeste, com Jerusalém ao centro.[8] Na percepção medieval, este não era um mapa para viajantes, mas sim um palco montado por Deus onde se encenaria o drama humano da redenção. O mundo, como se acreditava segundo a autoridade da Bíblia, era composto por seis sétimos de terra e um de água. Como os princípios da salvação eram fixos e poderiam ser cultivados por meio de esforços nas terras conhecidas pela cristandade, não existiam recompensas por se aventurar para além dos limites da civilização. Em *Inferno*, Dante descreveu como Ulisses velejou através das Colunas de Hércules (a Pedra de Gibraltar e as montanhas adjacentes do norte da África, na margem ocidental do mar Mediterrâneo) em busca de conhecimento e foi punido por sua transgressão contra os planos de Deus por um redemoinho que condenou seu navio com toda a tripulação.

A Era Moderna teve início quando sociedades empreendedoras saíram em busca de glória e riquezas ao explorarem os oceanos e tudo o que existia para além deles. No século XV, a Europa e a China se aventuraram nesse sentido quase ao mesmo tempo. Navios chineses, na época os maiores e mais avançados tecnologicamente, realizaram viagens de exploração que alcançavam o sudeste da Ásia, a Índia e a costa oriental da África. Trocaram presentes com dignitários locais, recrutaram príncipes para o "sistema tributário" da China imperial e trouxeram com eles curiosidades culturais e zoológicas. No entanto, após a morte do seu principal navegador, Zheng He, em 1433, o imperador chinês pôs um fim a esses empreendimentos marítimos, e a frota foi abandonada. A China continuou a insistir na relevância universal de seus princípios de ordem mundial, mas a partir de então trataria de cultivá-los em seu próprio país e com os povos que viviam ao longo de suas fronteiras. Jamais voltou a tentar algum esforço naval comparável — até, talvez, o presente momento.

Sessenta anos depois, as potências europeias içaram velas a partir de um continente no qual autoridades soberanas competiam entre si; cada monarca patrocinava a exploração marítima na esperança de obter uma vantagem comercial ou estratégica sobre seus rivais. Embarcações portuguesas, holandesas e inglesas se aventuraram rumo à Índia; navios espanhóis e ingleses partiram pelo Hemisfério Ocidental. Ambos começaram a deslocar os monopólios comerciais e as estruturas políticas então existentes. Tinha início o período de trezentos anos no qual a influência europeia se revelaria preponderante nos negócios mundiais. As relações internacionais, no passado um empreendimento regional, a partir de então se tornariam geograficamente globais, com seu centro de gravidade na Europa, na qual o conceito de ordem mundial foi definido e sua implementação decidida.

Esse processo revolucionou o pensamento sobre a natureza do universo político. O que pensar dos habitantes de regiões que ninguém até então conhecia? Como se encaixavam na cosmologia medieval do império e do papado? Um conselho de teólogos convocado por Carlos v, em 1550-51, na cidade espanhola de Valladolid concluíra que os que viviam no Hemisfério Ocidental eram seres humanos com almas — portanto, passíveis de salvação. Essa conclusão teológica era também, é claro, uma máxima para justificar a conquista e a conversão. Aos europeus era dada a oportunidade de aumentar sua riqueza e, ao mesmo tempo, salvar suas consciências. Sua competição global pelo controle de territórios mudava a natureza da ordem internacional. A perspectiva da Europa se expandiu — até que sucessivos esforços coloniais por parte de vários Estados europeus alcançaram a maior parte do globo e os conceitos de ordem mundial se fundiram com a operação do equilíbrio de poder na Europa.

O segundo acontecimento seminal foi a invenção da prensa móvel em meados do século xv, o que tornou possível compartilhar conhecimento numa escala até então inimaginável. Na sociedade medieval, o conhecimento era acumulado por meio da memorização ou da exaustiva transcrição manual de textos religiosos ou pela compreensão da história a partir de poemas épicos. Na era das explorações, o que estava sendo descoberto precisava ser compreendido, e a imprensa permitia que relatos fossem amplamente difundidos. A exploração de novos mundos também inspirou uma busca para redescobrir o mundo da antiguidade e suas verdades, com ênfase particular na centralidade do indivíduo. A crescente crença na razão como uma força objetiva de esclarecimento e explicação começou a sacudir as instituições existentes da época, incluindo a até então intocável Igreja Católica.

A terceira convulsão revolucionária, a da Reforma Protestante, teve início quando Martinho Lutero fixou suas 95 teses na porta da igreja do Castelo de Wittenberg, em 1517, insistindo na relação direta do indivíduo com Deus; desse modo a consciência individual — não a ortodoxia estabelecida — era apresentada como a chave para a salvação. Vários senhores feudais aproveitaram a oportunidade para aumentar sua autoridade se convertendo ao protestantismo, impondo-o às suas populações e enriquecendo-se com o confisco das terras da Igreja. Cada lado considerava o outro como herético, e os desentendimentos se transformaram em lutas de vida ou morte à medida que desavenças políticas e sectárias se confundiam. A barreira que separava as disputas domésticas das externas caíam por terra quando soberanos davam apoio a facções rivais nas lutas religiosas internas, muitas vezes sangrentas, dos países vizinhos. A Reforma Protestante destruiu o conceito de ordem mundial baseada nas "duas espadas" do papado e do império. A cristandade estava cindida e em guerra consigo mesma.

A Guerra dos Trinta Anos: o que é legitimidade?

Um século de guerras intermitentes marcou a ascensão e a difusão da crítica protestante à supremacia da Igreja: tanto o Império Habsburgo como o papado procuraram pôr um fim ao desafio à sua autoridade, e os protestantes resistiram em defesa da sua nova fé.

O período rotulado pela posteridade como a Guerra dos Trinta Anos (1618-48) levou essa tensão a um clímax. Na iminência de uma sucessão imperial e com o rei católico da Boêmia, o Habsburgo Fernando, surgindo como o candidato mais plausível, a nobreza protestante da Boêmia tentou uma iniciativa para "mudar o regime", oferecendo a sua coroa — e seu decisivo poder como eleitor — a um príncipe protestante alemão, um empreendimento que, se levado a cabo, faria com que o Sacro Império Romano deixasse de ser uma instituição católica. As forças imperiais se deslocaram para esmagar a rebelião na Boêmia e aproveitaram a vantagem obtida para investir contra o protestantismo de modo geral, deflagrando uma guerra que devastou a Europa Central. (Os príncipes protestantes se encontravam em sua maior parte no norte da Alemanha, incluindo a então relativamente insignificante Prússia; o coração do mundo católico era o sul da Alemanha e a Áustria.)

Teoricamente, os soberanos católicos como o imperador estavam obrigados a se unir em oposição aos hereges. Contudo, forçados a escolher entre a unidade espiritual e ganhos estratégicos, muitos escolheram a segunda opção. O mais importante deles foi a França.

Num período de convulsão geral, um país que conserva a autoridade no plano interno se encontra numa posição de explorar o caos nos Estados vizinhos para atingir outros objetivos internacionais. O reino da França deu início a esse processo mudando a maneira como o país era governado. Nos sistemas feudais, a autoridade era pessoal; o modo de governo refletia a vontade do governante, porém também se via circunscrita pela tradição, limitando os recursos disponíveis para as ações nacionais ou internacionais de um país. O ministro-chefe da França entre 1624 e 1642, Armand-Jean Du Plessis, o Cardeal de Richelieu, foi o primeiro estadista a superar aquelas limitações.

Um membro do clero imerso nas intrigas da corte, Richelieu mostrou-se perfeitamente adaptado a um período marcado por conflitos religiosos e pelo desmoronamento de estruturas estabelecidas. Como filho mais jovem de uma família da pequena nobreza, seguiu uma carreira militar para em seguida trocá-la subitamente pela teologia, quando seu irmão renunciou de forma inesperada ao episcopado de Luçon, tido como pertencente por direito à sua família. Reza a lenda que Richelieu completou seus estudos religiosos tão rapidamente que não havia ainda atingido a idade mínima para receber o sacramento religioso; ele teria resolvido o problema viajando até Roma para em pessoa mentir ao papa a respeito da sua idade. Uma vez obtidas suas credenciais, lançou-se na disputa política entre as facções na corte real francesa, tornando-se um auxiliar próximo da rainha-mãe, Maria de Médicis, e em seguida um conselheiro do principal rival político dela, seu filho o rei Luís XIII. Ambos manifestavam uma forte desconfiança em relação a Richelieu, porém, abalados por conflitos internos com os protestantes huguenotes franceses, não podiam se dar ao luxo de abrir mão do seu dom genial para a política e a administração. O talento de mediador que o jovem clérigo exerceu entre os dois rivais da realeza lhe rendeu uma recomendação para que Roma lhe concedesse o chapéu de cardeal; quando este lhe foi conferido, ele se tornou o integrante do conselho privado do rei com o mais alto título. Conservando seu papel durante quase duas décadas, a "eminência vermelha" (assim chamada por causa da cor escarlate da veste exuberante de cardeal) acabou por se tornar o ministro-chefe da França, o poder por trás do trono, e o gênio que pilotou um novo conceito de administração centralizada e de política externa voltada à balança de poder.[9]

Na mesma época em que Richelieu conduzia o país, circulavam pela Europa os tratados políticos de Maquiavel.[10] Não se sabe se Richelieu estava ou não familiarizado com esses textos sobre a política do poder. Certamente ele colocava em prática os seus princípios fundamentais. Richelieu desenvolveu uma abordagem radical a respeito da ordem internacional. Inventou a ideia de que o Estado era uma entidade abstrata e permanente, existente em si. Suas necessidades não eram determinadas pela personalidade do governante, por interesses familiares ou pelos princípios universais da religião. Sua estrela-guia era o interesse nacional definido por princípios calculáveis — o que mais tarde veio a ser conhecido como *raison d'État,* ou razão de Estado. Seria esta, portanto, a unidade básica das relações internacionais.

Richelieu requisitou o Estado incipiente e o utilizou como instrumento de alta política. Ele centralizou a autoridade em Paris, criou os chamados intendentes ou administradores profissionais para projetar a autoridade do governo em cada distrito do reino, tornou mais eficiente a arrecadação de impostos e desafiou decisivamente as autoridades tradicionais locais da antiga nobreza. O poder real continuaria a ser exercido pelo rei enquanto símbolo do Estado soberano e uma expressão do interesse nacional.

Richelieu via a convulsão em que mergulhara a Europa Central não como uma convocação em defesa da Igreja, mas como um meio de fazer face à dominação dos Habsburgo. Ainda que o rei da França tivesse projetado a imagem de um *Rex Catholicissimus,* ou "o Rei Mais Católico", desde o século XIV, a França se pôs em movimento — primeiro discreta, depois abertamente — para apoiar a coalizão protestante (formada pela Suécia, Prússia e pelos príncipes do norte da Alemanha), tendo em vista nada mais do que o interesse nacional.

Às queixas ultrajadas de que, enquanto cardeal, ele tinha um dever em relação à eterna e universal Igreja Católica — o que implicaria um alinhamento *contra* os príncipes protestantes rebeldes da Europa Central e do Norte — Richelieu lembrava suas obrigações como ministro a uma entidade política secular e vulnerável.[11] "A salvação poderia ser seu objetivo pessoal, mas enquanto estadista ele era responsável por uma entidade política que não tinha uma alma eterna para ser redimida. "O homem é imortal, sua salvação está no outro mundo", ele disse. "O Estado não dispõe de imortalidade, sua salvação se dá aqui ou nunca."

A fragmentação da Europa Central foi percebida por Richelieu como uma necessidade política e militar.[12] A ameaça básica à França era estratégica, não metafísica ou religiosa: uma Europa Central unida estaria em posição de dominar o resto do continente. Por isso era do interesse nacional da França evitar a consolidação da Europa Central: "Se o grupo [protestante] for inteiramente destruído, o peso do poder da Casa da Áustria recairá sobre a França." A França, ao apoiar uma variedade de pequenos estados na Europa Central e enfraquecer a Áustria, atingia seu objetivo estratégico.

O projeto de Richelieu resistiria ao longo de grandes convulsões. Por dois séculos e meio — da ascensão de Richelieu, em 1624, à proclamação do Império Alemão, em 1871, por Bismarck — o objetivo de conservar a Europa Central dividida (abrangendo mais ou menos os territórios das atuais Alemanha, Áustria e norte da Itália) continuou sendo o princípio a guiar a política externa da França. Enquanto este conceito constituiu a essência da ordem europeia, a França se manteve preeminente no continente. Quando entrou em colapso, o mesmo aconteceu com o papel dominante desempenhado pela França.

A carreira de Richelieu dá origem a três conclusões. A primeira é a de que um conceito estratégico de longo prazo, baseado numa análise cuidadosa de todos os fatores relevantes, é um elemento indispensável para uma política externa bem-sucedida. A segunda é a de que o estadista deve chegar a esta visão analisando e modelando uma série de pressões ambíguas, muitas vezes conflitantes, até forjar uma direção coerente e bem definida. Ele (ou ela) deve saber aonde essa estratégia está conduzindo e por quê. E, em terceiro lugar, ele deve agir no limite do possível, preenchendo a lacuna entre as experiências e as aspirações da sociedade. Como a repetição do que é familiar leva à estagnação, se faz necessária uma boa dose de ousadia.

A Paz de Vestfália

Em nossa era, a Paz de Vestfália adquiriu uma ressonância especial como o marco do advento de um novo conceito de ordem internacional que se disseminou pelo mundo. Na época, os representantes que se reuniram para negociá-la estavam mais preocupados com considerações de protocolo e status.

Quando os que representavam o Sacro Império Romano-Germânico e seus dois principais adversários, França e Suécia, concordaram, em princípio, com a convocação de uma conferência de paz, o conflito já vinha se desenrolando havia 23 anos. Mais dois anos de batalhas decorreram antes que as delegações efetivamente se encontrassem. Nesse meio-tempo, cada lado fez gestões para fortalecer seus aliados e suas bases de apoio internas.

Ao contrário de outros acordos marcantes, como o Congresso de Viena, em 1814-15, ou o Tratado de Versalhes, em 1919, a Paz de Vestfália não nasceu de uma única conferência, e o cenário não era um geralmente associado à reunião de estadistas ponderando graves questões de ordem mundial. Refletindo a grande variedade de participantes de uma guerra que se espalhou da Espanha à Suécia, a paz surgiu a partir de uma série de acordos assinados separadamente em duas cidades diferentes da Vestfália. As potências católicas, incluindo 178 participantes dos diferentes Estados do Sacro Império Romano-Germânico, se reuniram na cidade católica de Münster. As potências protestantes se encontraram cerca de 50 quilômetros dali, na cidade de Osnabrück, de população luterana e católica. Os 235 delegados e seus auxiliares instalaram-se nos aposentos que conseguiram encontrar nas duas pequenas cidades, nenhuma das duas jamais consideradas apropriadas para abrigar um evento de grandes proporções, muito menos um congresso reunindo todas as potências europeias.[13] O enviado suíço "ficou alojado no andar de cima da oficina de um tecelão, num quarto que fedia a salsicha e óleo de peixe", enquanto a delegação da Baviera obteve 18 camas para seus 29 integrantes. Sem contar com alguém que presidisse oficialmente ou mediasse a conferência, nem com sessões plenárias, representantes se encontravam em reuniões *ad hoc* e se deslocavam numa zona neutra entre as duas cidades para esclarecer suas posições, encontrando-se informalmente, às vezes, em vilarejos no meio do caminho. Algumas das potências mais importantes instalaram representantes em ambas as cidades. Combates continuavam a ser travados em vários pontos da Europa enquanto se desenrolavam os encontros, fazendo com que a dinâmica da situação militar afetasse o curso das negociações.

A maior parte dos delegados tinha chegado munida de instruções de caráter eminentemente prático, baseadas em interesses estratégicos.[14] Ainda que repetissem frases idênticas de busca pela "paz na cristandade", sangue demais havia sido derramado para que este ideal elevado fosse atingido por meio de uma unidade política ou doutrinária. Estava claro que a paz seria construída, se é que isso seria possível, num equilíbrio entre rivais.

A Paz de Vestfália, gerada a partir dessas discussões tortuosas, é, provavelmente, o documento diplomático mais citado da história europeia, apesar de não existir um tratado único que consagrasse os seus termos. Nem os delegados jamais se encontraram numa única sessão plenária para adotá-lo. Na realidade, a paz vem a ser a soma de três acordos complementares separados, assinados em momentos diferentes em diferentes cidades. Na Paz de Münster, de janeiro de 1648, a Espanha reconhecia a independência da República Holandesa, encerrando oito décadas de revolta holandesa, que havia se confundido com a Guerra dos Trinta Anos. Em outubro de 1648, grupos separados de potências assinaram o Tratado de Münster e o Tratado de Osnabrück, com termos semelhantes, incorporando porções de um tratado no outro por meio de referências mútuas.

Ambos os principais tratados multilaterais proclamavam como objetivo "paz e amizade cristã, universal, perpétua, verdadeira e sincera" para "a glória e a segurança da cristandade".[15] Os termos não eram substancialmente diferentes de outros documentos do período. Contudo, os mecanismos pelos quais seus objetivos seriam atingidos não tinham precedentes. A guerra havia abalado pretensões à universalidade ou à solidariedade religiosa. Tendo início como uma luta de católicos contra protestantes, ela se transformou — especialmente após a entrada da França contra o católico Sacro

Império Romano-Germânico — num confronto generalizado, envolvendo alianças temporárias e contraditórias. De modo semelhante aos conflitos no Oriente Médio de nossa época, os alinhamentos sectários eram invocados em busca de solidariedade e motivação na batalha, mas com igual frequência eram descartados e atropelados pelos interesses geopolíticos ou simplesmente pelas ambições de personalidades exageradas. Todas as partes tinham sido, em algum momento da guerra, abandonadas por seus aliados "naturais"; nenhuma delas havia assinado os documentos com a ilusão de que fazia algo além de atender a seus próprios interesses e prestígio.

Paradoxalmente, esse sentimento de exaustão e cinismo generalizados permitiu que os participantes convertessem os meios práticos para pôr fim a uma guerra específica em conceitos gerais de ordem mundial.[16] Com dezenas de participantes endurecidos pela guerra se encontrando para resguardar seus espólios, antigas formas de deferência hierárquica foram postas de lado. Ficou consagrada a igualdade dos Estados soberanos, a despeito de diferenças em termos de poder militar ou sistema político. Novas potências, como a Suécia ou a República da Holanda, receberam o mesmo tratamento protocolar concedido a grandes potências já estabelecidas, como França e Áustria. Todos os reis eram tratados por "majestade" e todos os embaixadores tratados por "excelência". Esse novo conceito foi posto em prática a ponto de as delegações, exigindo absoluta igualdade, conceberem um processo que permitia com que entrassem no salão de negociação por portas individuais, exigindo a construção de vários acessos, e avançassem rumo aos seus lugares na mesma velocidade, de modo que ninguém fosse submetido à humilhação de ter de esperar que a outra parte chegasse quando bem entendesse.

A Paz de Vestfália tornou-se um ponto de inflexão na história das nações porque os elementos que instituiu eram simples mas exaustivos. O Estado, não o império, a dinastia ou a confissão religiosa, foi consagrado como a pedra fundamental da ordem europeia. Ficou estabelecido o conceito da soberania do Estado. Foi afirmado o direito de cada um dos signatários escolher sua própria estrutura doméstica e sua orientação religiosa, a salvo de qualquer tipo de intervenção, enquanto novas cláusulas garantiam que seitas minoritárias poderiam praticar sua fé em paz, sem temer conversão forçada.[17] Para além das exigências do momento, começavam a ganhar corpo os princípios de um sistema de "relações internacionais", um processo motivado pelo desejo comum de evitar a recorrência de uma guerra total no continente. Trocas de caráter diplomático, incluindo a instalação em bases regulares de representantes residentes nas capitais dos outros estados (prática até então mantida apenas pelos venezianos), foram concebidas para dar maior regularidade às relações e promover as artes da paz. As partes vislumbraram a possibilidade de futuras conferências e consultas segundo o modelo vestfaliano como fóruns para a solução de disputas, antes que estas levassem a conflitos. O direito internacional, desenvolvido por acadêmicos-conselheiros itinerantes, como Hugo de Groot (Hugo Grócio), durante a guerra, foi tratado como um corpo de doutrina reconhecida, voltado para o cultivo da harmonia e passível de ser expandido, tendo em seu cerne os próprios tratados de Vestfália.

A principal característica desse sistema, e o motivo de ele ter se espalhado pelo mundo, residia no fato de que suas disposições tinham a ver mais com procedimentos do que com substância. Caso um Estado aceitasse esses requisitos básicos, poderia ser reconhecido como um cidadão internacional capaz de manter sua própria cultura, política, religião e práticas internas, protegido pelo sistema internacional contra intervenções externas. O ideal de uma unidade imperial ou religiosa — a premissa em vigor na maior parte das ordens históricas da Europa e de outras regiões — implicava que, teoricamente, um único centro de poder poderia ser plenamente legítimo. O conceito vestfaliano tomava a multiplicidade como seu ponto de partida e unia uma múltipla variedade de sociedades, cada uma aceita como uma realidade, numa busca comum por ordem. Em meados do século XX, este sistema internacional já havia se expandido por todos os continentes e continua a constituir o arcabouço da ordem internacional atual.

A Paz de Vestfália não determinava um arranjo específico de alianças ou uma estrutura política europeia permanente. Com o fim da Igreja universal como fonte última de autoridade, e com o enfraquecimento do Sacro Imperador Romano, o conceito ordenador da Europa passou a ser a balança de poder — a qual, por definição, envolve neutralidade ideológica e a capacidade de adaptação a circunstâncias em constante mudança. Lorde Palmerston, o estadista britânico do século XIX, expressou da seguinte forma seu princípio básico: "Não temos aliados eternos, nem inimigos perpétuos. Nossos interesses são eternos e perpétuos, e é nosso dever seguir esses interesses."[18] Instado a definir de modo mais específico esses interesses na forma de uma "política externa" oficial, o aclamado dirigente britânico afirmou: "Quando as pessoas me perguntam... qual é o objetivo de uma política, a única resposta é que procuramos fazer o que nos parece o melhor, à medida que cada ocasião se coloca, tomando os Interesses do Nosso País como o princípio a nos nortear."[19] (É claro que esse conceito enganadoramente simples funcionou para a Grã-Bretanha em parte porque sua classe dominante possuía um sentido comum, quase intuitivo, do que seriam os interesses permanentes do país.)

Hoje estes conceitos vestfalianos costumam ser criticados como um sistema cínico de manipulação de poder, indiferente a considerações de ordem moral. Contudo, a estrutura estabelecida com a Paz de Vestfália representou a primeira tentativa de institucionalizar uma ordem internacional com base em regras e limites formulados em comum acordo e a ser baseada numa multiplicidade de forças e não na supremacia de um único país. Conceitos como *raison d'État* e "interesse nacional" fizeram sua primeira aparição, representando não uma exaltação do poder, mas uma tentativa de racionalizar e limitar seu uso. Por gerações, exércitos tinham marchado pela Europa sob a bandeira de pretensões morais universais (e contraditórias); profetas e conquistadores haviam deflagrado guerra total a serviço de uma mistura de ambições pessoais, dinásticas, imperiais e religiosas. A interligação de interesses dos Estados — em teoria, algo lógico e previsível — tinha como objetivo superar a desordem que assolava todo o continente. Guerras limitadas travadas por interesses de fácil articulação substituiriam a era de universalismos antagônicos, com suas expulsões e conversões forçadas e guerra generalizada consumindo populações civis.

Com todas as suas ambiguidades, a balança de poder era considerada um avanço em relação aos excessos das guerras religiosas. Porém, como funcionaria a balança de poder? Teoricamente, era para funcionar com base numa realidade evidente; como consequência, todos os participantes deveriam vê-la da mesma maneira. Mas as percepções de cada sociedade são afetadas por sua estrutura interna, sua cultura e sua história, e pelo fato de que elementos de poder — por mais objetivos que sejam — estão em constante movimento. Por isso a balança de poder precisa ser recalibrada de tempos em tempos. Ela produz as guerras cuja extensão ela própria também limita.

O funcionamento do sistema vestfaliano

Com o Tratado de Vestfália, o papado havia sido confinado às funções eclesiásticas, e a doutrina da igualdade soberana imperava. Que teoria política poderia, então, explicar a origem e justificar as funções de ordem política secular? Nas páginas de *O Leviatã*, obra publicada em 1651, três anos depois da Paz de Vestfália, Thomas Hobbes apresentou uma teoria.[20] Ele imaginou um "estado de natureza" em algum momento do passado, no qual a ausência de autoridade produziu uma "guerra de todos contra todos". Para escapar dessa insegurança intolerável, teorizou Hobbes, as pessoas delegaram seus direitos a um poder soberano em troca da garantia de segurança para todos no interior das fronteiras do Estado. O monopólio do poder pelo Estado soberano foi estabelecido como a única maneira de superar o eterno medo da guerra e da morte violenta.

Este contrato social na análise de Hobbes *não se aplicava* para além das fronteiras dos Estados, já que não existia nenhuma força supranacional capaz de impor a ordem. Portanto:

> Em relação aos deveres de um soberano para com o outro, abrangidos pelo que costumamos chamar de o direito das nações, não é necessário dizer nada a esse respeito aqui, porque o direito das nações e a lei da natureza são a mesma coisa. E cada soberano tem o mesmo direito, ao garantir a segurança de seu povo, que cabe a qualquer homem em particular, ao garantir a segurança de seu próprio corpo.[21]

A arena internacional permanecia no estado de natureza e era anárquica porque não existia nenhum poder soberano disponível para torná-la segura e nenhum poderia, na prática, vir a ser constituído. Assim, cada Estado teria de colocar seu próprio interesse nacional acima de tudo o mais em um mundo no qual o poder era o fator supremo. O cardeal Richelieu teria concordado enfaticamente com isso.

Num primeiro momento, a Paz da Vestfália implementou um mundo hobbesiano. Como se calibraria essa balança de poder? Uma distinção precisa ser feita entre a *balança de poder* enquanto fato e a *balança de poder* como sistema. Qualquer ordem internacional — para fazer jus a este nome — deve cedo ou tarde alcançar um equilíbrio; caso contrário, se encontrará em estado de guerra permanente. Como o mundo medieval continha dezenas de principados, na prática frequentemente se formava um equilíbrio de poder. Depois da Paz de Vestfália, surgiu o sistema de balança de poder; ou seja, produzir esse equilíbrio foi aceito como um dos principais objetivos de política externa; aquele que o perturbasse acabaria por provocar a formação de uma coalizão unida para manter o equilíbrio.

A ascensão da Grã-Bretanha como uma potência naval de primeira grandeza no século XVIII tornou possível a balança de poder enquanto sistema. O controle dos mares concedeu à Grã-Bretanha a capacidade de escolher o ritmo e a escala do seu envolvimento no continente para agir como árbitro da balança de poder; de fato como a garantidora da existência da balança de poder europeia. Enquanto a Inglaterra continuasse a avaliar corretamente suas necessidades estratégicas, seria capaz de oferecer apoio, no continente, ao lado mais fraco contra o mais forte, impedindo assim que qualquer país alcançasse hegemonia na Europa e dali mobilizasse os recursos do continente para desafiar o controle marítimo britânico. Até o início da Primeira Guerra Mundial, a Inglaterra agiu como fiel da balança. Lutou em guerras europeias, mas em alianças volúveis — não na busca de metas específicas, puramente nacionais, mas identificando o interesse nacional com a preservação do equilíbrio de poder. Muitos desses princípios se aplicam ao papel dos Estados Unidos no mundo contemporâneo, como discutiremos a seguir.

Havia na realidade duas balanças de poder operando na Europa depois do acordo vestfaliano: a balança geral, na qual a Inglaterra agia como a guardiã, era o que estabelecia a estabilidade do continente como um todo.[22] Uma balança na Europa Central, manipulada essencialmente pela França, tinha como objetivo evitar a emergência de uma Alemanha unificada em posição de se tornar o mais poderoso país do continente. Por mais de duzentos anos, essas duas balanças evitaram que a Europa se destruísse como tinha acontecido na Guerra dos Trinta Anos. Elas não preveniram toda e qualquer guerra, porém limitaram o impacto dos conflitos, que tinham a manutenção do equilíbrio, e não a conquista total, como objetivo.

Há dois tipos de desafios ao equilíbrio de poder: o primeiro se dá quando uma grande potência se fortalece a ponto de ameaçar se tornar hegemônica. A segunda ocorre quando um Estado até então secundário tenta se tornar parte do círculo das grandes potências, gerando uma série de ajustes compensatórios pelas outras potências que dão origem a um novo equilíbrio ou a uma conflagração geral. O sistema vestfaliano sobreviveu a ambos os testes no século XVIII, primeiro ao frustrar as ambições hegemônicas da França de Luís XIV, e em seguida ao ajustar o sistema às insistentes demandas por igualdade de Frederico, o Grande, da Prússia.

Luís XIV assumiu pleno controle da coroa francesa em 1661 e levou a níveis sem precedentes o conceito de governo introduzido por Richelieu. No passado, o rei francês havia governado por meio dos senhores feudais que baseavam suas reivindicações autônomas de autoridade no princípio da hereditariedade. Já Luís governava por meio de uma burocracia real sob seu comando absoluto. Ele rebaixou o status de cortesãos de sangue nobre e elevou burocratas à condição de nobres. O mais importante eram os serviços prestados ao rei, não os títulos herdados ao nascer. O brilhante ministro das Finanças, Jean-Batiste Colbert, filho de um comerciante, recebeu a missão de unificar o sistema de tributação e de financiar guerras constantes. As memórias de Saint-Simon, um duque por nascimento e homem de letras, oferecem um testemunho amargurado dessas transformações sociais:

> Ele [Luís] tinha plena consciência de que, ainda que pudesse esmagar um nobre com o peso do seu desagrado, não podia destruí-lo ou à sua linhagem, enquanto um secretário de Estado ou outro ministro qualquer poderia ser reduzido, juntamente com sua família, às profundezas da absoluta nulidade, a partir da qual havia sido elevado previamente. Nenhuma quantidade de riqueza ou de posses poderia, então, salvá-lo. Essa era uma das razões pelas quais ele gostava de conceder a seus ministros uma autoridade superior à daqueles de mais alta estirpe no país, inclusive à dos Príncipes de Sangue.[23]

Em 1680, Luís simbolizou a natureza desse seu domínio, que a tudo abarcava, assumindo o título de "o Grande", para acompanhar sua primeira alcunha autoconcedida de "o Rei Sol". Em 1682, os territórios norte-americanos da França receberam o nome de "Louisiana". No mesmo ano, a corte de Luís se deslocou para Versalhes, onde o rei supervisionou de perto a construção de um "teatro monárquico" dedicado, acima de tudo, a performances do próprio rei.

Com um reino unificado, a salvo da devastação de uma guerra interna, dotado de uma burocracia competente e uma capacidade militar superior à de qualquer Estado vizinho, a França esteve durante um momento em posição de buscar o domínio da Europa. O reinado de Luís se envolveu numa série de guerras quase ininterruptas. No final das contas, como aconteceria com todos os aspirantes à hegemonia europeia que viriam a seguir, cada nova conquista mobilizava contra ela uma coalizão de nações. A princípio, os generais de Luís venciam as batalhas por toda parte; porém, acabaram por ser derrotados ou contidos por toda parte, de modo mais dramático na primeira década do século XVIII por John Churchill, mais tarde duque de Marlborough e antepassado do grande primeiro-ministro do século XX, Winston Churchill. As legiões de Luís não conseguiram superar a resiliência básica do sistema vestfaliano.

Décadas após a morte de Richelieu, a eficiência comprovada da opção por um Estado consolidado e centralizado, que buscava implementar uma política externa não religiosa e uma administração centralizada, inspirou imitadores que se uniram para contrabalançar o poder da França. A Inglaterra, a Holanda e a Áustria formaram a Grande Aliança, à qual se uniram mais tarde a Espanha, a Prússia, a Dinamarca e vários principados alemães. A oposição a Luís não era de natureza ideológica ou religiosa: o francês continuou a ser a linguagem da diplomacia e da alta cultura em grande parte da Europa; e a divisão entre católicos e protestantes corria pelo interior do próprio campo aliado. A oposição era, ao contrário, inerente ao sistema vestfaliano e indispensável para preservar o pluralismo da ordem europeia. Seu caráter foi definido no nome que os observadores contemporâneos lhe deram: a Grande Moderação. Luís ansiava pela hegemonia em nome da glória da França. Ele foi derrotado por uma Europa que buscava sua ordem na diversidade.

A PRIMEIRA METADE do século XVIII foi dominada pelo esforço para conter a França; a segunda foi definida pela determinação da Prússia em conquistar um lugar entre as grandes potências. Enquanto Luís tinha travado

Europa: a ordem internacional pluralista

guerras para transformar seu poder em hegemonia, a Prússia de Frederico II foi à guerra para transmutar suas fraquezas latentes em status de grande potência. Situada nas grandes planícies agrestes do norte da Alemanha, se estendendo desde o Vístula e cruzando a Alemanha, a Prússia cultivava a disciplina e o serviço público como substituto à abundância de população e recursos com que contavam países mais afortunados. Dividida em duas áreas não contíguas, se espalhava de forma precária pelas esferas de influência austríaca, sueca, russa e polonesa.[24] Sua população era relativamente esparsa; sua força residia na disciplina com a qual dispunha de seus recursos limitados. Os pontos fortes mais importantes eram sua mentalidade cívica, uma burocracia eficiente e um exército bem treinado.

Quando Frederico II subiu ao trono em 1740, ele parecia um candidato improvável para a grandeza que a história lhe reservou.[25] Julgando opressiva a melancólica disciplina imposta pela posição de Príncipe Coroado, ele tinha tentado fugir para a Inglaterra na companhia de um amigo, Hans Hermann von Katte. Foram ambos capturados. O rei ordenou que von Katte fosse decapitado na frente de Frederico, que foi submetido a uma corte marcial presidida pelo próprio rei. Este interrogou o filho, submetendo-o a 178 perguntas, as quais foram respondidas tão habilmente por Frederico que ele acabou reintegrado.

Só foi possível sobreviver a uma experiência tão dolorosa adotando o austero sentido de dever do pai e desenvolvendo uma atitude geral misantrópica em relação aos seus semelhantes. Frederico encarava sua autoridade pessoal como absoluta, mas sabia que suas políticas permaneciam rigidamente limitadas pelos princípios da *raison d'État* introduzidos por Richelieu um século antes. "Os governantes são os escravos dos seus recursos", — sustentava o seu credo — "o interesse do Estado é a sua lei e essa lei não pode ser infringida".[26] Corajoso e cosmopolita (Frederico falava e escrevia em francês e compunha poemas sentimentais em francês até mesmo durante as campanhas militares, escolhendo como subtítulo de um dos seus esforços literários "*Pas trop mal pour la veille d'une grande bataille*").*[27] Ele encarnava a nova era de governo do Iluminismo por meio de um despotismo indulgente, legitimado não pela ideologia, mas por sua eficácia.[28]

---

* "Nada mal para a véspera de uma grande batalha." (N.T.)

Frederico concluiu que o status de grande potência exigia contiguidade territorial para a Prússia, daí a necessidade de expansão. Não era preciso qualquer outra justificativa política ou moral. "A superioridade de nossas tropas, a presteza com que podemos colocá-las em movimento, numa palavra, a clara vantagem que apresentamos em relação a nossos vizinhos" era toda a justificativa de que Frederico precisava para tomar para si, em 1740, a rica e tradicionalmente austríaca província da Silésia.[29] Ao tratar o assunto como uma questão geopolítica, não moral ou legal, Frederico se alinhou com a França (que via na Prússia um contrapeso à Áustria) e reteve a Silésia no acordo de paz de 1742, quase dobrando o território e a população da Prússia.

Ao longo desse processo, Frederico trouxe a guerra de volta ao sistema europeu, que havia permanecido em paz desde 1713, quando o Tratado de Utrecht pôs fim às ambições de Luís xiv. A ameaça ao equilíbrio de poder fez com que o sistema vestfaliano começasse a entrar em ação. O preço para ser admitido como um novo membro da ordem europeia acabou sendo o de sete anos de uma guerra quase desastrosa. Agora as alianças tinham se invertido, enquanto os antigos aliados tentavam derrotar suas operações e seus rivais tentavam utilizar a disciplinada força militar prussiana para os seus próprios desígnios. A Rússia, remota e misteriosa, entrou pela primeira vez numa disputa em relação à balança de poder na Europa. À beira da derrota, com os exércitos russos nas portas de Berlim, Frederico foi salvo pela súbita morte de Catarina, a Grande. O novo tsar, um antigo admirador de Frederico, se retirou da guerra. (Hitler, sitiado numa Berlim cercada em abril de 1945, esperou por um evento comparável ao chamado Milagre da Casa de Brandemburgo, e Joseph Goebbels lhe disse que isso tinha acontecido quando o presidente Franklin Roosevelt morreu.)

O Sacro Império Romano-Germânico tinha se transformado numa ilusão; não havia surgido na Europa nenhuma força rival reivindicando autoridade universal. Quase todos os governantes diziam reinar por direito divino — uma alegação não questionada por nenhuma grande potência —, mas eles aceitavam que Deus concedera a mesma graça a muitos outros monarcas. As guerras, portanto, eram travadas por objetivos territoriais limitados, não para derrubar governos ou instituições existentes, nem para impor um novo sistema de relações entre Estados. A tradição impedia que os governantes alistassem seus súditos à força e restringiam severamente seu poder para elevar impostos. O impacto das guerras sobre as populações civis não era nem de longe comparável aos horrores da Guerra dos Trinta Anos ou com o que a tecnologia e a ideologia produziriam dois séculos mais tarde. No século XVIII, a balança de poder funcionava como um teatro no qual "vidas e valores eram exibidos, em meio a demonstrações de esplendor, de refinamento, galanteria e demonstrações de completa autoafirmação".[30] O exercício desse poder era contido pelo reconhecimento de que o sistema não toleraria aspirações hegemônicas.

As ordens internacionais mais estáveis foram aquelas que contaram com a vantagem de percepções uniformes. Os estadistas que operavam a ordem europeia do século XVIII eram aristocratas que interpretavam da mesma maneira fatores intangíveis como honra e dever e concordavam a respeito de princípios básicos. Eles representavam uma mesma elite da sociedade, que falava a mesma língua (o francês), frequentava os mesmos salões e cultivava relacionamentos românticos nas capitais dos países vizinhos.[31] Os interesses nacionais, é claro, variavam, porém num mundo em que um ministro do Exterior podia servir a um monarca de outra nacionalidade (todos os ministros de Relações Exteriores da Rússia até 1820 foram recrutados no exterior), ou um território podia passar a integrar outro país em decorrência de um pacto matrimonial ou de uma herança fortuita, todos compartilhavam certo sentido de propósito comum. Os cálculos de poder no século XVIII tinham como pano de fundo esse quadro atenuante, de noções compartilhadas de legitimidade e regras subentendidas de conduta internacional.

Esse consenso não era apenas uma questão de decoro; refletia as convicções morais de uma perspectiva comum europeia. A Europa nunca foi tão unida ou mais espontânea do que durante o período que veio a ser conhecido como a era do Iluminismo. Novos triunfos na ciência e na filosofia começaram a tomar o lugar das certezas da tradição e da fé, que vinham dividindo a Europa. O rápido avanço intelectual realizado em várias frentes — física, química, astronomia, história, arqueologia, cartografia, racionalidade — animou um novo espírito de ilustração não religiosa, sugerindo que a revelação de todos os mecanismos ocultos da natureza era apenas uma questão de tempo. "O verdadeiro sistema do mundo foi reconhecido, desenvolvido e aperfeiçoado", escreveu o erudito francês Jean Le Rond d'Alembert em 1759, encarnando assim o espírito da época:

> Em resumo, da Terra a Saturno, da história dos céus até a dos insetos, a filosofia natural sofreu uma revolução: e quase todos os outros campos do conhecimento assumiram novas formas. [...] A descoberta e a aplicação de um novo método de filosofar, o tipo de entusiasmo que costuma acompanhar as descobertas, certa exaltação de ideias que o espetáculo do universo produz em nós — todas essas causas desencadearam uma animada fermentação das mentes. Espalhando-se pela natureza em todas as direções como um rio que rompe os seus diques, essa fermentação varreu com uma espécie de violência tudo o que estava em seu caminho.[32]

Essa "fermentação" se baseava num novo espírito de análise e num exame rigoroso de todas as premissas. A exploração e a sistematização de todo o conhecimento — um esforço simbolizado pelos 28 volumes da *Encyclopédie* que d'Alembert editou entre 1751 e 1772 — proclamavam um universo desmistificado, passível de ser conhecido, tendo o homem como seu ator central e seu explicador. Um conhecimento prodigioso, escreveu Denis Diderot, o colega de d'Alembert, seria combinado com um "zelo pelos melhores interesses da raça humana".[33] A razão faria face ao que não era verdade recorrendo a "princípios sólidos [que] serviriam de base a verdades diametralmente opostas", por meio das quais "seríamos capazes de colocar por terra todo o edifício de lama, espalhando o monte de pó inútil", para então "pôr o homem no caminho correto".[34]

Como era inevitável, essa nova maneira de pensar e analisar as coisas era aplicada a conceitos como governança, legitimidade política e ordem internacional. O filósofo político Charles-Louis de Secondat, barão de Montesquieu, aplicou os princípios da balança de poder à política interna ao descrever o sistema de pesos e contrapresos mais tarde institucionalizado na constituição americana. Em seguida entrou no campo da filosofia da história e dos mecanismos de mudança social. Estudando as histórias de várias sociedades, Montesquieu concluiu que os acontecimentos nunca eram causados por acidente. Existia sempre uma causa subjacente que a razão podia descobrir e então moldar, visando ao bem comum:

Não é o acaso que governa o mundo. [...] Existem causas gerais intelectuais assim como físicas que se mostram ativas em toda monarquia, levando à sua ascensão, preservação e queda. Todos os [supostos] acidentes estão sujeitos a essas causas, e sempre que uma batalha acidental, ou seja, uma causa em particular, destruiu um Estado, também existia uma causa geral que levou à queda desse Estado como resultado de uma única batalha. Em síntese, é o ritmo geral das coisas que arrasta com ele todos os acontecimentos particulares.[35]

O filósofo alemão Immanuel Kant, provavelmente o maior pensador do Iluminismo, deu um passo adiante de Montesquieu ao desenvolver o conceito de uma ordem mundial permanentemente pacífica. Ponderando sobre o mundo na antiga capital prussiana de Königsberg, analisando a Guerra dos Sete Anos, a Guerra Revolucionária Americana e a Revolução Francesa, Kant ousou vislumbrar em meio a essa convulsão geral os primeiros indícios de uma nova, mais pacífica, ordem internacional.

A humanidade, refletiu Kant, era caracterizada por uma nítida "sociabilidade insociável": a "tendência a se agrupar em sociedade, conjugada, contudo, a uma resistência contínua, que ameaça constantemente fraturar essa sociedade".[36] O problema da ordem, em particular da ordem internacional, era "o mais difícil e o último a ser resolvido pela raça humana".[37] Os homens formam estados para restringir suas paixões, porém, como indivíduos no estado de natureza, cada Estado procura preservar sua absoluta liberdade, mesmo ao custo de incorrer num "estado de selvageria, sem leis". Mas as "devastações, tumultos e mesmo a completa exaustão interior de suas forças" em decorrência dos confrontos entre os Estados acabariam por obrigar os homens a contemplar uma alternativa.[38] A humanidade se veria diante da paz "do vasto cemitério da raça humana" ou da paz construída com o recurso da razão.[39]

A resposta, sustentava Kant, estava numa federação voluntária de repúblicas comprometidas com uma conduta internacional não hostil e transparente.[40] Seus cidadãos poderiam cultivar a paz porque, ao contrário dos governantes despóticos, ao considerar hostilidades, estariam decidindo se fariam "recair sobre *eles mesmos* todas as desgraças da guerra".[41] Com o decorrer do tempo, as vantagens dessa união compacta iriam se tornar óbvias, abrindo o caminho para sua gradual expansão rumo a uma ordem mundial pacífica. Era o propósito da natureza que a humanidade acabasse, por meio da razão, encontrando o caminho para "um sistema unificado de poder, e daí para um sistema cosmopolita geral de segurança política" e "*uma perfeita união civil da humanidade*".[42]

A confiança — quase arrogante — no poder da razão refletia em parte uma espécie do que os gregos chamavam de *hubris* — um tipo de orgulho espiritual que trazia no seu bojo as sementes da própria destruição. Os filósofos do Iluminismo esqueceram algo vital: é possível que ordens governamentais sejam inventadas a partir do zero por pensadores inteligentes, ou existe um espectro de escolhas limitadas por realidades orgânicas e culturais subjacentes (a visão de Burke)? Existe um único conceito e mecanismo unindo todas as coisas, de um modo que pode ser descoberto e explicado (como argumentaram d'Alembert e Montesquieu), ou o mundo é complicado demais e a humanidade diversificada demais para abordar essas questões recorrendo apenas à lógica, exigindo assim uma espécie de intuição e um dom quase esotérico para a política?

Os filósofos do Iluminismo no continente de um modo geral optaram pela visão racionalista da evolução política em vez da orgânica. Nesse processo, contribuíram — involuntariamente, na verdade ao contrário de sua intenção — para uma convulsão que dilacerou a Europa por décadas e cujas consequências continuam a repercutir até hoje.

A Revolução Francesa e suas consequências

Quanto menos esperadas, mais perturbadoras são as revoluções. Foi assim com a Revolução Francesa, que proclamou uma ordem doméstica e internacional tão diferente do sistema vestfaliano quanto possível. Abandonando a separação entre política interna e externa, ela ressuscitou — e talvez tenha superado — as paixões da Guerra dos Trinta Anos, substituindo o impulso religioso do século XVII por uma cruzada laica. Ela demonstrou de que forma mudanças internas no interior das sociedades têm a capacidade de abalar o equilíbrio internacional de forma mais profunda do que uma agressão vinda de fora — uma lição que seria trazida para casa pelas convulsões ocorridas no século XX, muitas das quais derivaram explicitamente dos conceitos introduzidos pela primeira vez pela Revolução Francesa.

Revoluções vêm à tona quando vários ressentimentos diferentes se combinam para tomar de assalto um regime despreparado. Quanto mais ampla for a coalizão revolucionária, maior sua capacidade de destruir padrões de autoridade em vigor. Porém, quanto mais extensa for a mudança, maior será a violência necessária para reconstruir a autoridade, sem a qual a sociedade acabará por se desintegrar. Reinos de terror não ocorrem por mero acidente; são inerentes ao alcance da revolução.

A Revolução Francesa aconteceu no país mais rico da Europa, ainda que seu governo estivesse temporariamente falido. Seu ímpeto original pode ser atribuído a lideranças — em sua maior parte aristocratas e pertencentes à alta burguesia — que procuravam colocar o modo como seu país era governado em consonância com os princípios do Iluminismo. Ela adquiriu um ímpeto não previsto por aqueles que fizeram a Revolução e inconcebível para a elite governante até então no poder.

No seu cerne jazia um reordenamento numa escala inédita na Europa desde o fim das guerras religiosas. Para os revolucionários, a ordem humana não era um reflexo nem de um plano divino do mundo medieval, nem da combinação entre os interesses das dinastias do século XVIII. Como ocorreu com seus descendentes dos movimentos totalitários do século XX, para os filósofos da Revolução Francesa, o mecanismo da história era expressão pura da vontade popular, a qual, por princípio, não poderia aceitar nenhuma limitação inerente ou constitucional — e que eles acreditavam ser os únicos capazes de identificar. A vontade popular, concebida dessa maneira, era completamente distinta do conceito de majoritarismo que vigorava na Inglaterra ou do sistema de pesos e contrapesos consagrado na constituição escrita dos Estados Unidos. O poder reivindicado pelos revolucionários franceses ia muito além do conceito de Richelieu a respeito da autoridade do Estado porque investia de soberania uma abstração — não indivíduos, mas povos inteiros enquanto entidades indivisíveis, exigindo uniformidade de pensamento e de ação — e então designando a si mesmos como porta-vozes do povo e, na realidade, como a sua encarnação.

O padrinho intelectual da Revolução, Jean-Jacques Rousseau, formulou essa alegação universal numa série de escritos cuja erudição e encanto obscureceram suas vastas implicações.[43] Conduzindo os leitores, passo a passo, através de uma dissecação racional da sociedade humana, Rousseau condenou todas as instituições existentes — a propriedade, a religião, as classes sociais, a autoridade governamental, a sociedade civil — como ilusórias ou fraudulentas. Sua substituição haveria de prenunciar um novo "domínio da administração na ordem social".[44] Caberia ao povo se submeter completamente a ele — com uma obediência inimaginável por qualquer soberano que governasse por direito divino, exceto o tsar russo, cuja população inteira, tirando a nobreza e as comunidades nas fronteiras inóspitas para além dos Urais, tinha o status de servos. Essas teorias prefiguravam o moderno regime totalitário, no qual a vontade popular irá ratificar decisões já anunciadas pela encenação de manifestações de massa.

Seguindo os princípios dessa ideologia, todas as monarquias eram, por definição, tratadas como inimigas. Como elas não abririam mão do poder sem resistir, a Revolução, para se impor, seria forçada a se voltar para uma cruzada internacional com o objetivo de conquistar a paz mundial pela imposição dos seus princípios. Para disseminar a nova ordem através da Europa, toda a população masculina adulta da França se viu sujeita à conscrição. A Revolução tomou como base uma proposição semelhante àquela feita pelo Islã um milênio antes e pelo comunismo no século xx: a impossibilidade de coexistência permanente entre países com diferentes concepções religiosas ou políticas a respeito da verdade e a transformação da política internacional numa disputa global entre ideologias a ser travada por todos os meios disponíveis, mobilizando todos os elementos da sociedade. Ao fazer isso, a Revolução novamente fundiu as políticas interna e externa, legitimidade e poder, cuja separação pelo acordo vestfaliano conseguira limitar o alcance e a intensidade das guerras na Europa. O conceito de uma ordem internacional com limites estabelecidos para a ação do Estado foi posto por terra e substituído por uma revolução permanente que conhecia apenas vitória ou derrota totais.

Em novembro de 1792, a Assembleia Nacional Francesa lançou um desafio na face da Europa com dois decretos extraordinários. O primeiro expressava um compromisso irrestrito com a extensão do apoio militar francês à revolução popular onde quer que ela ocorresse. A França, ela anunciava, tendo libertado a si mesma, "oferecerá sua fraternidade e apoio

50 | *Europa: a ordem internacional pluralista*

a todos os povos que se dispuserem a recobrar sua liberdade".[45] A Assembleia Nacional providenciou para que o decreto tivesse sua importância aumentada, ao determinar que o documento fosse "traduzido e impresso em todos os idiomas". A Assembleia Nacional rompeu de forma irremediável com a ordem do século XVIII ao guilhotinar, várias semanas mais tarde, o rei deposto da França. Também declarou guerra à Áustria e invadiu os Países Baixos.

Em dezembro de 1792, um decreto ainda mais radical foi baixado com uma aplicação ainda mais universal. Qualquer movimento revolucionário convencido de que o decreto se aplicava ao seu caso era convidado a "preencher o espaço em branco" de um documento que dizia "Do Povo Francês ao Povo ————————", que aplaudia antecipadamente a próxima revolução fraternal e prometia apoio à "supressão de todas as autoridades civis e militares que governaram até o dia de hoje". Esse processo cujo alcance era — implicitamente — ilimitado, era também irreversível: "A nação francesa declara que tratará como inimigo o povo que, ao recusar a liberdade e a igualdade, ou renunciando a elas, quiser preservar, reconvocar ou negociar com o príncipe ou com as castas privilegiadas."[46] Rousseau havia escrito que "quem quer que se recuse a obedecer à vontade geral deve ser forçado a fazê-lo pelo corpo inteiro... [Ele] será forçado a ser livre". A Revolução se empenhou em expandir essa definição de legitimidade a toda a humanidade.

Para alcançar objetivos tão vastos e universais, os líderes da Revolução Francesa se esforçaram para eliminar de seu país qualquer possibilidade de oposição doméstica. "O Terror" matou milhares de integrantes das antigas classes dominantes e todos os suspeitos de oposição no plano interno, mesmo os que apoiavam as metas da Revolução ainda que questionando alguns de seus métodos. Dois séculos mais tarde, motivos comparáveis animavam os expurgos russos da década de 1930 e da Revolução Cultural chinesa nos anos 1960 e 1970.

A ordem acabaria por ser restaurada, sob pena de o Estado vir a se desintegrar. Mais uma vez o modelo veio do "grande legislador" de Rousseau. Luís XIV tinha posto o Estado a serviço do poder real; a Revolução recrutou a população à força para atender aos seus propósitos. Napoleão, que se proclamou "Primeiro Cônsul Vitalício", e mais tarde imperador, representava um novo tipo: o "Grande Homem" que controlava o mundo pelo poder da sua vontade, legitimada pelo seu magnetismo carismático e pelo sucesso pessoal no comando das forças militares. A essência do Grande Homem estava na sua recusa em reconhecer os limites tradicionais e na sua insistência em reordenar o mundo segundo sua própria autoridade. Em sua coroação, momento que representou o clímax de sua carreira, em 1804, Napoleão — ao contrário de Carlos Magno — recusou-se a ser legitimado por outro poder que não o seu e, tomando a coroa imperial das mãos do papa, coroou a si mesmo imperador.

A Revolução não produzia mais o líder, o líder definia a Revolução. À medida que domava os ímpetos da Revolução, Napoleão também fez de si mesmo o seu fiador. Mas também via a sua própria pessoa — e não sem razão — como o ápice do Iluminismo. Ele racionalizava o sistema francês de governo, estabelecendo o sistema de prefeituras por meio do qual, mesmo até o momento em que escrevo, a administração pública francesa opera. Criou o Código Napoleônico, no qual são baseadas as leis que ainda vigoram na França e em outros países. Ele tolerava a diversidade religiosa e encorajava uma abordagem racionalista na forma de governar, com o objetivo de melhorar as condições de vida do conjunto do povo francês.

Foi na condição simultânea de encarnação da Revolução e de expressão do Iluminismo que Napoleão se propôs a dominar e unificar a Europa. Por volta de 1809, sob sua liderança militar brilhante, seus exércitos esmagaram toda oposição que encontraram na Europa Ocidental e Central, tornando possível que ele redesenhasse o mapa do continente de acordo com seu projeto geopolítico. Ele anexou territórios vitais à França e estabeleceu repúblicas satélites em outros, muitos deles governados por parentes ou agentes franceses. Um código legal uniforme foi estabelecido em diversas partes da Europa. Foram emitidas milhares de instruções sobre questões econômicas e sociais. Viria Napoleão a se tornar o primeiro unificador de um continente dividido desde a queda de Roma?

Dois obstáculos permaneciam em seu caminho: a Inglaterra e a Rússia. A Inglaterra, que tinha sob seu comando os mares depois da vitória esmagadora do Almirante Nelson em Trafalgar, em 1805, era por enquanto invulnerável, mas não forte o bastante para promover uma invasão que atravessasse o Canal da Mancha. Como aconteceria um século e meio mais tarde, a Inglaterra permaneceu sozinha na Europa Ocidental, ciente de que uma paz com o conquistador tornaria possível que uma única potência organizasse os recursos do continente inteiro e, mais cedo ou mais tarde, superasse seu domínio dos oceanos. A Inglaterra esperava por Napoleão na outra margem do canal (e um século e meio depois, por Hitler), na expectativa de que ele cometesse um erro, de modo que lhe permitisse reaparecer no continente, em termos militares, como uma defensora do equilíbrio de poder. (Na Segunda Guerra Mundial, a Grã-Bretanha também esperava que os Estados Unidos entrassem em cena para fazer a diferença.)

Napoleão crescera sob o sistema dinástico do século XVIII e, estranhamente, aceitava sua legitimidade. Nele, na condição de um córsico de origem modesta mesmo para os padrões de sua cidade natal, ele era ilegítimo por natureza, o que significava que, pelo menos na sua própria mente, a legitimidade de seu governo dependia da permanência — na realidade, da extensão — das suas conquistas. Enquanto houvesse um governante no poder independentemente de sua vontade, Napoleão se sentia obrigado a sair no seu encalço. Por convicção, temperamento e experiência, era incapaz de demonstrar comedimento, lançando suas forças contra a Espanha e a Rússia, nenhuma delas essencial ao seu projeto geopolítico. Napoleão era incapaz de viver numa ordem internacional; sua ambição exigia um império pelo menos da extensão e da dimensão da Europa, e para obter isso seu poder não foi suficiente — por pouco.

As guerras revolucionárias e napoleônicas anunciaram o advento da era da guerra total — a mobilização de todos os recursos de uma nação. A escala do derramamento de sangue e da devastação remontava à da Guerra dos Trinta Anos. A *Grande Armée* de Napoleão — agora formada por meio de conscrição, até mesmo nos territórios anexados — era mantida com as riquezas e a população conquistadas ao inimigo, incluindo gigantescos "tributos" financeiros. O resultado foi um enorme aumento no tamanho do exército e na submissão de regiões inteiras. Só quando Napoleão sucumbiu à tentação de entrar em territórios em que os recursos eram insuficientes para manter um grande exército — Espanha e Rússia — ele acabou por sofrer derrotas, primeiro por estender sua investida para além de suas possibilidades, sobretudo na Rússia em 1812, e em seguida, quando fez com que o resto da Europa se unisse contra ele, numa reação retardada para fazer valer novamente os princípios de Vestfália. Na Batalha das Nações, em 1813 em Leipzig, as tropas unidas dos Estados sobreviventes da Europa infligiram a Napoleão sua primeira e — em última análise — decisiva derrota num campo de batalha. (A derrota na Rússia se deu por atrito.) Depois da Batalha das Nações, Napoleão recusou-se a firmar acordos que lhe permitiriam preservar algumas de suas conquistas. Temia que a aceitação formal de limites acabaria por destruir sua única alegação de legitimidade. Assim, ele foi derrubado tanto por sua insegurança como pelos princípios de Vestfália. O conquistador mais poderoso da Europa desde Carlos Magno foi vencido não apenas por uma ordem internacional que se ergueu contra ele, mas por si mesmo.

O período napoleônico marcou a apoteose do Iluminismo. Inspirado pelos exemplos de Grécia e de Roma, seus pensadores tinham equiparado o Iluminismo ao poder da razão, o que implicava uma transição da autoridade da Igreja para as elites não religiosas. Agora essas aspirações tinham sido destiladas ainda mais e concentradas num único líder como expressão do poder global. Uma ilustração do seu impacto ocorreu a 13 de outubro de 1806, um dia depois da Batalha de Iena, na qual o exército prussiano sofreu uma derrota decisiva. Quando Napoleão partiu para fazer o reconhecimento do campo de batalha com seu Estado-Maior, o então professor universitário Georg Wilhelm Friedrich Hegel (que mais tarde escreveria *A filosofia da história*, que inspirou a doutrina de Marx) descreveu a cena em termos laudatórios ao ouvir o ruído dos cascos de cavalos sobre as pedras do calçamento:

> Vi o Imperador — essa alma do mundo — cavalgando para fora da cidade para fazer reconhecimento da área. É realmente uma sensação maravilhosa ver um indivíduo como esse que, montado a cavalo, concentrado num único ponto, abarca o mundo inteiro e o domina.[47]

Porém, no fim, este espírito do mundo acabou por arrastar para dentro da Europa uma nova e imensa potência — da Europa e, no entanto, com três quartos de seu vasto território na Ásia: a Rússia imperial, cujos exércitos perseguiram as tropas dizimadas de Napoleão na sua retirada pelo continente e que viriam a ocupar Paris ao fim da guerra. O poder da Rússia suscitava questões fundamentais para a balança de poder europeia, e suas aspirações ameaçavam tornar impossível uma volta ao equilíbrio pré-revolucionário.

CAPÍTULO 2

O sistema de balança de poder europeu e o seu fim

O enigma russo

Quando terminou a era da Revolução Francesa e de Napoleão, tropas russas ocupavam Paris numa demonstração espantosa das reviravoltas que a história pode oferecer. Meio século antes, a Rússia tinha entrado pela primeira vez na operação da balança de poder na Europa Ocidental ao participar da Guerra dos Sete Anos. Na ocasião, demonstrara a natureza arbitrária do domínio tsarista ao declarar subitamente sua neutralidade e se retirar da guerra em razão da admiração de um imperador recém-coroado por Frederico, o Grande. Ao fim do período napoleônico, outro tsar, Alexandre, entrou em ação para determinar o futuro da Europa. As liberdades da Europa e de seu sistema de ordem concomitante exigiam a participação de um império muito maior do que a extensão do restante da Europa inteira e dominado por um regime autocrático numa medida sem precedentes na história europeia.

Desde então, a Rússia tem desempenhado um papel único no cenário internacional: toma parte do equilíbrio de poder tanto na Europa quanto na Ásia, porém contribui apenas de modo intermitente para o equilíbrio da ordem internacional. Deu início a mais guerras do que qualquer outra grande potência contemporânea, mas também impediu o domínio da Europa por um único poder, resistindo a Carlos xii da Suécia, Napoleão e Hitler quando elementos-chave do equilíbrio de poder tinham sido derrotados. Sua política manteve-se fiel a um ritmo próprio ao longo dos séculos, expandindo seu domínio por uma massa territorial que se estende sobre quase todos os climas e civilizações, interrompida ocasionalmente durante algum tempo pela necessidade de ajustar sua estrutura doméstica à vastidão do seu empreendimento — apenas para voltar novamente, como uma maré atravessando uma praia. De Pedro, o Grande, a Vladimir Putin, as circunstâncias mudaram, mas o ritmo permaneceu extraordinariamente coerente.

Europeus ocidentais que emergiam da tumultuada era napoleônica encaravam com espanto e apreensão um país cujo território e forças militares faziam com que parecessem pequenos os recursos combinados de todo o resto do continente e cuja elite, com suas maneiras polidas, mal conseguia ocultar a força primitiva vinda de um período anterior e de algum ponto além da civilização ocidental. A Rússia, dizia em 1843 o marquês de Custine, o viajante francês — a partir do ponto de vista contido e de uma Europa remodelada pela força russa —, era um ente híbrido, trazendo a vitalidade da estepe para o coração da Europa:

> Uma combinação monstruosa dos pequenos refinamentos de Bizâncio com a ferocidade das hordas do deserto, uma luta entre a etiqueta do Baixo Império [bizantino] e as virtudes selvagens da Ásia, produziu o estado poderoso que a Europa hoje contempla, e cuja influência ela provavelmente sofrerá a partir de agora sem ser capaz de compreender o seu funcionamento.[1]

Tudo a respeito da Rússia — seu absolutismo, seu tamanho, suas ambições e inseguranças capazes de abarcar o mundo — apresentava um desafio implícito ao conceito tradicional europeu de ordem internacional, construído sobre as noções de equilíbrio e moderação.

A posição da Rússia na Europa — e frente a essa — há muito vinha se mostrando ambígua. No século ix, enquanto o império de Carlos Magno se fragmentava para dar lugar àquelas que, mais tarde, se tornariam as modernas nações da França e da Alemanha, tribos eslavas a mais de 1.600 quilômetros a leste dali tinham se fundido numa confederação em torno da cidade de Kiev (agora capital e centro geográfico do Estado da Ucrânia, ainda que percebida de forma quase universal pelos russos como parte inseparável do seu próprio patrimônio). Essa "Terra dos Rus" estava situada na frágil interseção entre civilizações e rotas comerciais. Tendo os vikings ao norte e o império árabe em expansão ao sul, e tribos turcas lançando frequentes ataques desde o leste, a Rússia se encontrava permanentemente às voltas com tentações e medos que se sobrepunham uns aos outros. Situada num ponto oriental demais para ter vivido a experiência do Império Romano (ainda que "tsares" tomassem os "Césares" como seus antepassados políticos e etimológicos), cristã, porém voltada mais para a Igreja Ortodoxa em Constantinopla do que para Roma na sua busca por autoridade espiritual, a Rússia estava próxima o bastante da Europa para compartilhar um vocabulário cultural comum, ainda que eternamente fora de compasso em relação às tendências históricas do continente. A experiência faria da Rússia uma potência singularmente "eurasiana", estendendo-se por dois continentes sem se sentir à vontade de forma plena em nenhum dos dois.

A disjunção mais profunda ocorrera com a invasão mongol do século XIII, que subjugou uma Rússia dividida politicamente e destruiu Kiev. Dois séculos e meio sob o domínio mongol (1237-1480) e a luta subsequente para restaurar um Estado coerente em torno do Ducado de Moscou impuseram à Rússia uma disposição oriental justamente no momento em que a Europa Ocidental desbravava os novos mundos tecnológicos e intelectuais que criariam a Era Moderna. Durante a era das descobertas marítimas europeias, a Rússia procurava se reerguer como uma nação independente e reforçar suas fronteiras contra ameaças vindas de todas as direções. Enquanto a Reforma Protestante estimulava a diversidade política e religiosa na Europa, a Rússia traduzia a queda da sua própria estrela-guia, Constantinopla e o Império Romano Oriental, nas mãos de invasores muçulmanos em 1453, numa convicção quase mística de que o tsar da Rússia era agora (como escreveu a Ivan III o monge Filofei por volta de 1500) "o único imperador entre todos os cristãos no universo inteiro" com uma missão messiânica: a de reconquistar para a cristandade a capital bizantina caída.[2]

A Europa estava aprendendo a abraçar a multipolaridade como um mecanismo que tende ao equilíbrio, enquanto a Rússia estava aprendendo sobre geopolítica na dura escola da estepe, onde várias hordas nômades lutavam por recursos em terreno aberto, numa área com poucas fronteiras delimitadas. Seus ataques para saquear e escravizar civis de povos vizinhos eram uma ocorrência frequente; para alguns, um meio de vida; independência era uma noção contígua à ideia de um território que um povo pudesse defender fisicamente. A Rússia confirmou seu vínculo com a cultura ocidental, mas — mesmo crescendo exponencialmente em tamanho — acabou por ver a si mesma como um posto avançado da civilização, sitiado por inimigos, e para o qual a segurança só poderia ser encontrada por meio de um exercício de completo poder sobre os seus vizinhos.

No conceito vestfaliano de ordem, os estadistas europeus acabaram por identificar segurança com o equilíbrio de poder e com limites ao seu exercício. Na experiência histórica da Rússia, comedimento no exercício do poder levava a desastres: o fracasso da Rússia em dominar as regiões vizinhas, segundo essa visão, a tinha exposto às invasões mongóis e a fizera mergulhar no "Tempo de Dificuldades" (um hiato dinástico de 15 anos antes da fundação da dinastia dos Romanov, em 1613, no qual invasões, guerras civis e a fome vitimaram um terço da população russa). A Paz de Vestfália encarava a ordem internacional como um intricado mecanismo de balanceamento; a visão russa a via como um perpétuo confronto entre vontades, com a Rússia estendendo seu domínio em cada uma das fases até o limite possível imposto pelos recursos materiais. Assim, ao lhe pedirem uma definição da política externa russa, o ministro das Relações Exteriores Nashchokin, do tsar Alexei, em meados do século XVII, ofereceu uma explicação franca: "Expandir o estado em todas as direções, e este é o trabalho do Departamento de Negócios Estrangeiros."[3]

Esse processo se tornou perspectiva nacional e projetou o antigo Ducado de Moscou através da massa territorial da Eurásia, transformando-o no maior império do mundo em termos de extensão, num lento e aparentemente irresistível impulso expansionista que permaneceria em movimento até 1917.[4] Dessa forma, o intelectual americano Henry Adams registrou o ponto de vista do embaixador russo em Washington em 1903 (momento no qual o território russo já se estendia até a península da Coreia):

> Sua filosofia política, como a de todos os russos, parecia fixada em torno de uma única ideia, a de que a Rússia deve dominar — deve, por

sua irresistível inércia, esmagar o que quer que encontre em seu caminho. [...] Quando a Rússia passava por cima de um povo vizinho, ela absorvia as energias deste no seu próprio movimento associado ao costume e à raça, e que nem o tsar nem o camponês poderiam converter, ou desejariam converter, em qualquer equivalente ocidental.[5]

Sem dispor de fronteiras naturais, exceto pelos oceanos Ártico e Pacífico, a Rússia se encontrou em posição de saciar seu impulso por vários séculos — marchando alternadamente na direção da Ásia, do Cáucaso, e em seguida dos Bálcãs, da Europa Oriental, da Escandinávia e do mar Báltico, até o oceano Pacífico e as fronteiras chinesa e japonesa (e durante certo tempo, durante os séculos XVIII e XIX, através do Pacífico, em assentamentos de colonos no Alasca e na Califórnia). A cada ano ela se expandiu por uma extensão maior do que o território inteiro de muitos Estados europeus (numa média de 100 mil quilômetros quadrados anuais entre 1552 e 1917).[6]

Quando forte, a Rússia se conduzia animada pela autoconfiança dominadora de quem detém um poder superior, insistindo em receber demonstrações de deferência em relação ao seu status. Quando fraca, mascarava sua vulnerabilidade com retórica ameaçadora sobre suas vastas reservas interiores de força. Em qualquer um dos casos, isso exigia um esforço especial da parte das capitais europeias, habituadas a um estilo mais cortês.

Ao mesmo tempo, os feitos impressionantes da Rússia em se tratando de sua expansão se desenvolveram a partir de uma base demográfica e econômica que, pelos padrões ocidentais, não era avançada — com muitas regiões ainda esparsamente povoadas e aparentemente intocadas pela cultura e tecnologia modernas. Dessa forma, o imperialismo que conquistava o mundo coexistia com um paradoxal sentimento de vulnerabilidade — como se a expansão meio mundo afora tivesse gerado mais inimigos em potencial do que segurança adicional. Desse ponto de vista, é possível dizer que o império do tsar se expandiu porque era mais fácil seguir em frente do que parar.[7]

Nesse contexto, acabou por se consolidar um conceito singularmente russo de legitimidade. Enquanto a Europa do Renascimento redescobria seu passado humanista clássico e aperfeiçoava novos conceitos de individualismo e liberdade, a ressurgência russa tinha como base sua fé não diluída e a coerência de uma autoridade única, ungida por um aval divino, capaz de superar todas as divisões — o tsar como "o ícone vivo de Deus", cujas ordens eram irresistíveis e intrinsecamente justas. Uma fé cristã comum e um idioma compartilhado pela elite (o francês) enfatizavam a perspectiva comum mantida com o Ocidente. Contudo, os primeiros europeus a visitarem a Rússia se viram num país às voltas com extremos quase surreais e acreditaram ver, sob o verniz de uma monarquia ocidental moderna, um despotismo moldado em práticas mongóis e tártaras — "a disciplina europeia sustentando a tirania da Ásia", na formulação nada caridosa do marquês de Custine.[8]

A Rússia havia aderido ao moderno sistema de Estados europeus sob o tsar Pedro, o Grande, de uma maneira diferente do que tinha feito qualquer outra sociedade. De parte a parte, a adesão acabou sendo selada com um abraço desconfiado. Pedro tinha nascido em 1672 numa Rússia ainda essencialmente medieval. Até então, a Europa Ocidental tinha evoluído durante a era dos descobrimentos, do Renascimento e da Reforma; ela se encontrava à beira da revolução científica e do Iluminismo. Uma figura gigantesca (com pouco mais de 2 metros de altura), animado por uma intensa energia, o jovem tsar se dispôs a transformar seu império num reino que expressava ao extremo as várias características e aspirações da Rússia.

Determinado a explorar os frutos da modernidade, e tendo essa como métrica para avaliar as realizações russas, Pedro visitava constantemente as lojas e fábricas do quarteirão de Moscou onde viviam os imigrantes alemães.[9] Quando era ainda um jovem governante, conheceu as capitais europeias, onde experimentou pessoalmente técnicas modernas e as rotinas de diferentes ofícios. Tendo julgado a Rússia atrasada em comparação com o Ocidente, Pedro anunciou seu objetivo: "cortar os laços do povo com seus antigos costumes asiáticos e ensinar-lhe como se comportam os povos cristãos europeus".[10]

Seguiu-se a isso a declaração de uma série de *ukases:* * a Rússia passaria a adotar estilos e cortes de cabelo ocidentais, buscaria os conhecimentos tecnológicos estrangeiros, construiria um exército e uma marinha moder-

---

* Decreto, em russo. (N.R.T.)

nos, definiria suas fronteiras por meio de guerras com quase todos os Estados vizinhos, abriria caminho rumo ao mar Báltico e ergueria uma nova capital, a cidade de São Petersburgo.[11] Esta última, "a janela para o Ocidente" aberta pela Rússia, fora construída à mão por contingentes de mão de obra recrutada à força, com um alto índice de mortes, sobre um terreno desolado e pantanoso, escolhido pessoalmente por Pedro quando ele fincou no solo sua espada, anunciando: "Aqui surgirá uma cidade." Quando os tradicionalistas se insurgiram, Pedro os esmagou e, pelo menos segundo relatos que chegaram ao Ocidente, cuidou pessoalmente da tortura e decapitação dos líderes da revolta.

O feito de Pedro transformou a sociedade russa, projetando seu império para conquistar um lugar entre as grandes potências ocidentais. Contudo, o modo brusco com que se deu a transformação deixou a Rússia com as inseguranças de um novo rico. Em nenhum outro império o governante que detinha o poder absoluto teria julgado necessário lembrar seus súditos por escrito, como fez a sucessora de Pedro, Catarina, a Grande, meio século mais tarde, de que "a Rússia é um Estado europeu. Isso fica claramente demonstrado pelas seguintes Observações".[12]

As reformas da Rússia foram invariavelmente levadas a cabo por autocratas impiedosos, sendo aplicadas sobre uma população que se mostrava mais dócil no desejo de superar seu passado do que animada pela confiança no futuro. No entanto, como ocorreu com os reformistas e os revolucionários que o sucederam, quando seu reino chegou ao fim, os súditos e descendentes deram-lhe o crédito por tê-los conduzido, ainda que de forma implacável, rumo a realizações pelas quais tinham dado poucos sinais de ansiar. (Segundo recentes pesquisas de opinião, Stálin também desfruta de reconhecimento similar junto ao público na Rússia contemporânea.)[13]

Catarina, a Grande, a governante reformista autocrática, de 1762 a 1796, durante um período de realizações culturais e expansão territorial (incluindo a conquista pela Rússia do Canato da Crimeia e o enfraquecimento dos cossacos de Zaporozhian, o antigo domínio autônomo cossaco no que é hoje a Ucrânia central), justificava o caráter extremamente autocrático da Rússia como o único sistema de governo capaz de manter a integridade de território tão gigantesco:

A extensão dos domínios exige que um poder absoluto seja concedido à pessoa que o governa. É conveniente que assim seja, de modo que a rápida expedição das decisões enviadas de pontos distantes possa compensar amplamente os atrasos ocasionados pelas grandes distâncias entre os lugares.

Qualquer outra forma de governo não apenas seria prejudicial à Rússia, como seria até mesmo a causa de sua completa ruína.[14]

Desse modo, o que no Ocidente era considerado autoritarismo arbitrário na Rússia era visto como uma necessidade vital, a precondição mesmo para uma administração eficaz.

O tsar, como o imperador chinês, era um governante absoluto imbuído — por tradição — de poderes místicos, que zelava por um território de dimensões continentais. Contudo, a posição do tsar se distinguia da sua contrapartida chinesa num aspecto importante. Segundo a visão chinesa, o imperador governava onde quer que fosse possível por meio da serenidade da sua conduta; do ponto de vista russo, a liderança do tsar prevalecia pela sua capacidade de impor a vontade por meio de afirmações de autoridade que não podiam ser desafiadas, esforçando-se para infundir em todos os observadores a noção de quão enorme e esmagadora era a força do Estado russo. O imperador chinês era compreendido como a encarnação mesma da superioridade da civilização chinesa, inspirando outros povos a "virem e serem transformados". O tsar era visto como a corporificação da defesa da Rússia contra os inimigos que a cercavam por todos os lados. Assim, enquanto os imperadores eram louvados por sua benevolência distante e imparcial, o estadista do século XIX Nikolai Karamzin via na aspereza do tsar um sinal de que estava atendendo à sua verdadeira vocação:

> Na Rússia, o soberano é a lei em forma humana. Ele favorece o bom e pune o mau. [...] [Um] coração bondoso num monarca é considerado uma virtude apenas quando é mitigado por um sentido de dever que o leve a empregar uma severidade sensata.[15]

De modo meio semelhante ao impulso que levou os Estados Unidos a avançarem rumo ao Oeste, a Rússia havia respaldado suas conquistas com a justificação moral de que estava disseminando a ordem e o Iluminismo em terras pagãs (com um lucrativo comércio de peles e minerais como um benefício incidental). Contudo, enquanto a experiência americana inspirou um otimismo ilimitado, a experiência russa em última instância se baseava num espírito de resistência estoica. Presa "na interface entre dois mundos vastos e irreconciliáveis", a Rússia se via como que imbuída de uma missão especial, a de lançar uma ponte entre eles, porém permanecendo exposta de todos os lados a forças ameaçadoras que não compreendiam a sua vocação.[16] O grande romancista russo e nacionalista exaltado Fiódor Dostoiévski fazia alusão a essa "eterna aspiração, que sempre foi inerente ao povo russo, a uma grande igreja universal sobre a Terra".[17] O arrebatamento a respeito da síntese de civilizações de alcance global encarnada pela Rússia evocava um desespero correspondente em relação ao status da Rússia (nas palavras de um influente crítico do século XIX), uma "órfã isolada da família humana... Para que as pessoas tomem conhecimento de nós, tivemos de estender nosso domínio do Estreito de Bering até o rio Oder".[18]

No fundo da "alma russa" (como os pensadores viriam a chamá-la), expansiva e amargurada, subsistia a ideia de que algum dia todos os seus grandes esforços e contradições acabariam rendendo frutos: sua jornada acabaria sendo justificada; suas realizações, louvadas; e o desprezo do Ocidente acabaria se transformando em admiração; a Rússia combinaria o poder e a vastidão do Oriente com os refinamentos e a força moral da verdadeira religião; e Moscou, a "Terceira Roma", ao herdar o manto caído de Bizâncio, com seu tsar, "o sucessor dos césares da Roma do Oriente, dos organizadores da Igreja e de seus conselhos que estabeleceram o próprio credo da fé cristã", desempenharia o papel decisivo em propiciar uma nova era de justiça e fraternidade globais.[19]

Era essa Rússia, situada na Europa, mas não exatamente parte dela, que havia tentado Napoleão com sua extensão e seus mistérios; ela foi a sua ruína (da mesma forma que foi a de Hitler um século e meio depois) quando o povo russo, endurecido para feitos de resistência, mostrou-se capaz de aguentar maiores privações do que a *Grande Armée* de Napoleão (ou as legiões de Hitler). Quando os russos queimaram quatro quintos de Moscou para negar meios de subsistência às tropas napoleônicas, Napoleão, vendo assim sua estratégia épica posta em xeque, teria exclamado: "Que povo! Eles são citas! Quanta determinação! Esses bárbaros!"[20] Agora, com cavaleiros cossacos bebendo champanhe em Paris, essa gigantesca entidade autocrática assombrava uma Europa que se esforçava para compreender suas ambições e seu método de operação.

Já no Congresso de Viena, era possível argumentar que a Rússia era o país mais poderoso do continente. Seu tsar, Alexandre, representando pessoalmente a Rússia na conferência de paz de Viena, era indubitavelmente o governante que gozava de poderes mais absolutos. Homem de convicções profundas, ainda que sujeitas a mudanças, tinha recentemente renovado sua fé religiosa no decorrer de uma série de intensas leituras da Bíblia e de consultas espirituais. Ele estava convencido, como escreveu a um confidente seu em 1812, de que o triunfo sobre Napoleão iria fazer surgir um mundo novo e harmonioso, baseado em princípios religiosos, e garantiu: "É à tarefa de apressar o advento do verdadeiro reino de Jesus Cristo que dedico toda a minha glória terrena."[21] Considerando a si mesmo como um instrumento da vontade divina, o tsar chegou a Viena em 1814 com um projeto para uma nova ordem mundial em certos aspectos ainda mais radical do que a de Napoleão em sua universalidade: uma "Santa Aliança" de príncipes que sublimavam seus interesses nacionais numa busca comum por paz e justiça, renunciando solenemente à balança de poder em nome dos princípios cristãos da fraternidade. Como disse Alexandre a Chateaubriand, o monarquista, intelectual e diplomata francês: "Não existe mais uma política inglesa, francesa, russa, prussiana ou austríaca; agora há apenas uma única política comum, a qual, para benefício geral, deveria ser adotada em conjunto por todos os estados e povos."[22] Era uma ideia precursora da concepção americana wilsoniana a respeito da natureza da ordem mundial, ainda que em prol de princípios drasticamente opostos aos da visão de Wilson.

Desnecessário dizer, um projeto como esse, apresentado por um poder militar vitorioso cujas tropas agora marchavam sobre o continente, representava um desafio ao conceito vestfaliano de equilíbrio entre Estados soberanos. Pois para apoiar sua nova visão de legitimidade, a Rússia dispunha de um excesso de poder. O tsar Alexandre pôs fim às guerras napoleônicas entrando em Paris à frente dos seus exércitos e celebrando a vitória com um desfile sem precedentes no qual passou em revista 160 mil soldados russos nas planícies adjacentes à capital francesa — uma demonstração que não poderia deixar de inquietar até mesmos as nações que eram suas aliadas. Depois de consultas com seu conselheiro espiritual, Alexandre propôs o esboço de uma declaração conjunta na qual os soberanos vitoriosos proclamariam concordar que "o curso até então tomado pelas potências em suas relações mútuas deveria sofrer uma mudança fundamental e que era urgente substituí-lo com uma ordem de coisas baseada nas verdades louvadas da eterna religião do nosso Salvador".[23]

A tarefa dos negociadores em Viena seria a de transformar a visão messiânica de Alexandre em algo compatível com a existência independente contínua dos seus Estados, a de acolher a Rússia à ordem internacional sem ser esmagado pelo seu abraço.

O Congresso de Viena

Os estadistas reunidos em Viena para discutir como projetar uma ordem pacífica tinham passado por um turbilhão de convulsões que virara pelo avesso quase todas as estruturas de autoridade estabelecidas. No espaço de 25 anos, tinham visto a racionalidade do Iluminismo substituída pelas paixões do Reinado do Terror; o espírito missionário da Revolução Francesa transformado pela disciplina do império bonapartista. O poder da França havia aumentado e, em seguida, desaparecido. Tinha transbordado para fora das antigas fronteiras da França a fim de conquistar quase todo o continente europeu, apenas para se ver quase extinto pela vastidão da Rússia.

O enviado francês ao Congresso de Viena representava em sua pessoa uma metáfora das aparentemente infinitas reviravoltas daquela era. Charles-Maurice de Talleyrand-Périgord (ou Talleyrand, como era conhecido) parecia onipresente. Começou a carreira como bispo de Autun, abandonou a Igreja para apoiar a Revolução, abandonou a Revolução para servir como ministro de Relações Exteriores de Napoleão, abandonou Napoleão para negociar a restauração do monarca francês e apareceu em Viena como ministro de Relações Exteriores de Luís XVIII. Muitos chamaram Talleyrand de oportunista. Talleyrand teria argumentado que seus objetivos eram a estabilidade no interior da França e a paz na Europa e que tinha aproveitado todas as oportunidades possíveis para atingir essas metas. Ele certamente se esforçou para assumir posições nas quais pudesse estudar de perto os vários elementos constituintes do poder e da legitimidade sem que fosse indevidamente tolhido por nenhum deles. Apenas uma personalidade formidável poderia ter projetado a si mesmo para o centro de acontecimentos tão grandiosos e conflitantes.

Em Viena, a contribuição de Talleyrand foi a de conquistar para a França uma paz que preservava as "antigas fronteiras", que estavam em vigor quando ela se lançou em suas aventuras no estrangeiro. E em menos de três anos — em 1818 — ele conseguiu fazer com que a França ingressasse na Quádrupla Aliança. O inimigo vencido se tornaria um aliado na preservação da ordem europeia numa aliança planejada originalmente para contê-la — um precedente seguido ao fim da Segunda Guerra, quando a Alemanha foi admitida na Aliança Atlântica.[24]

A ordem estabelecida no Congresso de Viena foi o mais perto que a Europa se aproximou de um governo universal desde o colapso do império de Carlos Magno. Ela produziu um consenso segundo o qual evoluções pacíficas no interior da ordem existente eram preferíveis a alternativas a ela; a preservação do sistema era mais importante do que qualquer disputa isolada que pudesse surgir no seu interior; e a convicção de que diferenças deveriam ser resolvidas por consultas, não por guerras.

Depois que a Primeira Guerra Mundial pôs fim a essa visão, virou moda atacar o Congresso de Viena como sendo excessivamente baseado na balança de poder, a qual, pela dinâmica de manobras cínicas que lhe era inerente, acabou conduzindo o mundo à guerra. (A delegação britânica, na realidade, encomendou a um grande historiador, C. K. Webster, que tinha escrito a respeito do Congresso de Viena, a tarefa de produzir um tratado sobre como evitar os seus erros.) Porém, isso foi verdade, se é que o foi, apenas na década que antecedeu a Primeira Guerra. O período entre 1815 e a virada do século foi um dos mais pacíficos da Europa moderna, e as décadas imediatamente seguintes ao Congresso de Viena foram caracterizadas por um extraordinário equilíbrio entre legitimidade e poder.

Os estadistas que se reuniram em Viena em 1814 se encontravam numa posição radicalmente diferente daquela dos predecessores que tinham formulado os termos da Paz de Vestfália. Um século e meio antes, vários acordos a respeito das diferentes guerras que tinham composto a Guerra dos Trinta Anos foram conjugados num conjunto de princípios para a conduta geral no âmbito da política externa. A ordem europeia que daí emergiu tomou como ponto de partida as entidades políticas existentes, agora separadas dos seus ímpetos religiosos. Esperava-se então que a aplicação dos princípios vestfalianos produziria um equilíbrio de poder para prevenir, ou pelo menos atenuar, os conflitos. No decorrer de quase um século e meio seguinte, esse sistema tinha conseguido conter os desafios ao equilíbrio por meio de alinhamentos mais ou menos espontâneos de coalizões que se contrabalançavam uma às outras.

Os negociadores do Congresso de Viena se viram diante dos destroços dessa ordem. A balança de poder não tinha sido capaz de deter o ímpeto militar da Revolução ou de Napoleão. A legitimidade dos governos dinásticos havia sido sobrepujada pelo elã revolucionário e pela competência exibida por Napoleão como estrategista militar.

Uma nova balança de poder tinha de ser construída a partir das ruínas do sistema de Estados e do Sacro Império Romano-Germânico — cujos resquícios Napoleão havia dissolvido em 1806, pondo fim a mil anos de continuidade institucional —, e em meio a novas correntes nacionalistas suscitadas pela ocupação da maior parte do continente pelas tropas francesas. Esse equilíbrio precisava se mostrar capaz de evitar a recorrência do expansionismo francês que resultara numa quase hegemonia da França na Europa, especialmente pelo fato de o advento da Rússia haver originado um perigo semelhante a partir do leste.

Daí a necessidade de se reconstruir o equilíbrio da Europa Central. Os Habsburgo, no passado a dinastia dominante no continente, agora governavam, a partir de Viena, apenas seus territórios ancestrais. Estes eram vastos e poliglotas (mais ou menos equivalentes à Áustria, Hungria, Croácia, Eslovênia e ao sul da Polônia dos dias de hoje), e mostravam no momento uma coesão política duvidosa. Vários dos menores Estados alemães, cujo oportunismo havia oferecido certa elasticidade à diplomacia do sistema vestfaliano no século XVIII, haviam sido anulados pelas conquistas napoleônicas. Seus territórios teriam de ser redistribuídos de um modo compatível com o novo equilíbrio.

68 | *O sistema de balança de poder europeu e o seu fim*

A forma como a diplomacia foi conduzida no Congresso de Viena diferia de um modo fundamental da prática do século XXI. Os diplomatas contemporâneos estão em contato imediato e em tempo real com suas capitais. Recebem instruções detalhadas, incluindo até mesmo os textos de suas apresentações; com grande frequência seus conselhos a respeito das condições locais são considerados, porém raramente aqueles sobre questões estratégicas de maior importância. Os diplomatas de Viena estavam a semanas de distância de suas respectivas capitais. Eram necessários quatro dias para que uma mensagem enviada de Viena chegasse a Berlim (portanto, demorava pelo menos oito dias até a chegada de qualquer resposta a um pedido de orientação), três semanas para que uma mensagem alcançasse Paris; Londres exigia um pouco mais de tempo. Por isso, instruções precisavam ser redigidas numa linguagem vaga e abrangente o suficiente para acomodar as possíveis mudanças na situação. Assim, os diplomatas eram orientados prioritariamente em termos de conceitos gerais e de interesses de longo prazo; com respeito às táticas do dia a dia, agiam em grande medida por sua própria conta. O tsar Alexandre I estava a dois meses de distância de sua capital, mas não precisava receber instrução alguma; na Rússia seus caprichos eram lei, e ele manteve o Congresso de Viena ocupado com a fertilidade de sua imaginação. O ministro de Relações Exteriores austríaco, Klemens von Metternich, talvez o mais perspicaz e experiente estadista presente em Viena, disse sobre Alexandre que ele era "fraco demais para ambições de verdade, mas forte demais para pura vaidade".[25] Napoleão disse a respeito de Alexandre que, sob vários aspectos, ele era muito capaz, mas que "algo" parecia sempre estar faltando em tudo o que fazia. E como era sempre impossível prever qual peça exatamente estaria faltando em qualquer caso dado, ele era completamente imprevisível. Talleyrand foi mais direto: "Não era à toa que era filho do [louco] tsar Paulo."

Os outros participantes do Congresso de Viena concordavam a respeito dos princípios gerais da ordem internacional e sobre a urgência de submeter novamente a Europa a algum tipo de balança. Porém não nutriam percepções coerentes sobre o que isso significaria na prática. Sua missão era alcançar algum tipo de reconciliação de pontos de vista formados por experiências históricas substancialmente diferentes.

A Grã-Bretanha, a salvo de uma invasão do outro lado do Canal da Mancha e munida de instituições domésticas peculiares, basicamente impermeáveis aos desenvolvimentos ocorridos no continente, definia ordem em termos de ameaças hegemônicas no continente. Contudo, os países continentais mostravam-se mais vulneráveis a ameaças; sua segurança podia, mesmo na ausência de uma hegemonia continental, ser posta em risco por ajustes territoriais. Acima de tudo, diferentemente da Grã-Bretanha, eles se sentiam vulneráveis a transformações internas nos países vizinhos.

Foi relativamente fácil chegar a um acordo sobre uma definição geral do equilíbrio a ser buscado. Já durante a guerra — em 1804 — o então primeiro-ministro britânico William Pitt havia proposto um plano para corrigir o que considerava um ponto fraco do acordo vestfaliano. Os tratados de Vestfália tinham mantido a Europa Central dividida como uma maneira de aumentar a influência francesa. Para evitar tentações, calculou Pitt, "grandes massas" precisavam ser criadas na Europa Central de forma a consolidar a região por meio da fusão de alguns dos seus menores Estados. ("Consolidação" era um termo relativo, na medida em que o arranjo ainda deixava de fora 37 Estados na área compreendida pelo que é hoje a Alemanha.) A candidata mais óbvia para absorver esses principados que seriam abolidos era a Prússia, que originalmente teria preferido anexar a contígua Saxônia, mas acabou cedendo às súplicas da Áustria e da Grã--Bretanha no sentido de aceitar a região da Renânia no lugar daquela. Essa expansão da Prússia instalou um poder significativo junto à fronteira da França, criando uma realidade geoestratégica que não tinha existido desde a Paz de Vestfália.

Os 37 Estados germânicos restantes foram agrupados numa entidade chamada Confederação Germânica, que poderia proporcionar uma resposta ao eterno dilema alemão vivido pela Europa: quando a Alemanha era fraca, isso era motivo para despertar a tentação de invasões estrangeiras (notadamente por parte da França); quando unificada, ficaria forte o bastante para derrotar sozinha seus vizinhos, levando-os a se verem tentados a se unir diante desse perigo. Nesse sentido, a Alemanha, ao longo da maior parte da sua história, mostrou-se ou fraca demais ou forte demais para a paz da Europa.

A Confederação Germânica era dividida demais para empreender alguma ação ofensiva; contudo tinha coesão suficiente para resistir a incur-

70 | *O sistema de balança de poder europeu e o seu fim*

sóes no seu território por forças estrangeiras. Esse arranjo proporcionava um obstáculo à invasão da Europa Central sem constituir uma ameaça às duas maiores potências nos seus flancos, a Rússia a leste e a França a oeste.

Para proteger a nova reordenação territorial, foi formada a Quádrupla Aliança, composta pela Grã-Bretanha, Prússia, Áustria e Rússia. Uma garantia territorial — que vinha a ser a função da Quádrupla Aliança — não tinha o mesmo significado para cada um dos signatários. O nível de urgência com que ameaças eram percebidas variava enormemente. A Grã-Bretanha, protegida por seu domínio dos mares, sentia-se confiante ao condicionar compromissos definitivos a contingências e preferia esperar até que uma grande ameaça da Europa assumisse uma forma específica. Os países continentais lidavam com uma margem mais estreita de segurança, avaliando que sua sobrevivência poderia estar em jogo devido a ações muito menos dramáticas do que aquelas capazes de despertar receio por parte da Grã-Bretanha.

Era esse em particular o caso de uma revolução — ou seja, quando a ameaça envolvia a questão da legitimidade. Os Estados conservadores procuravam erguer defesas contra uma nova onda revolucionária; buscavam incluir mecanismos para a preservação da ordem legítima — que entendiam ser o governo monárquico. A Santa Aliança proposta pelo tsar oferecia um mecanismo para a proteção do *status quo* doméstico — por toda a Europa. Seus parceiros viam na Santa Aliança — sutilmente redesenhada — uma maneira de moderar a exuberância russa. O direito a intervir era limitado porque, como determinavam os termos estipulados, só poderia ser exercido de modo coordenado; dessa maneira, a Áustria e a Prússia conservavam um veto a respeito de projetos mais exaltados concebidos pelo tsar.

Três conjuntos de instituições constituíam o sistema de Viena: a Quádrupla Aliança para derrotar os desafios à ordem territorial; a Santa Aliança para superar as ameaças às instituições domésticas; e um concerto de potências, institucionalizado por meio de conferências diplomáticas periódicas de chefes de governo das alianças para definir seus objetivos comuns ou para lidar com crises emergentes. Esse mecanismo de coordenação funcionava como um precursor do Conselho de Segurança das Nações Unidas. Suas conferências atuaram em relação a uma série de crises, tentando definir um curso comum: as revoluções em Nápoles, em 1820, e na Espanha, em 1820-23 (sufocadas respectivamente pela Santa Aliança e pela França), e a revolução grega e a guerra de independência naquele país, de 1821-32 (que terminou por receber o apoio da Grã-Bretanha, França e Rússia). O Concerto de Potências não assegurava uma unanimidade em termos de perspectiva; contudo em cada caso uma crise potencialmente explosiva foi resolvida sem a deflagração de uma guerra entre as grandes potências.

Um bom exemplo da eficácia do sistema de Viena foi sua reação à revolução belga de 1830, que procurou separar a Bélgica dos dias de hoje dos Países Baixos. Pela maior parte do século XVIII, exércitos tinham marchado através da então província de Habsburgo — que desde a derrota de Napoleão fora unificada com os Países Baixos — no esforço para dominar a Europa. Para a Grã-Bretanha, cuja estratégia global tinha como base o domínio dos oceanos, o estuário do rio Scheldt, em cuja foz ficava o porto de Antuérpia, na margem do Canal da Mancha oposta à Inglaterra, precisava ficar em mãos de um país amigo, e em hipótese alguma com uma grande potência europeia. Nessa circunstância, uma conferência das potências europeias realizada em Londres desenvolveu uma nova abordagem, reconhecendo a independência da Bélgica ao mesmo tempo que declarava o novo país "neutro", um conceito até então desconhecido nas relações entre as grandes potências, exceto como uma declaração unilateral de intenção. O novo Estado concordou em não se filiar a nenhuma aliança militar, e a não permitir o estacionamento de tropas estrangeiras em seu território. Essa promessa por sua vez tinha como fiadoras as grandes potências, as quais assumiam com a obrigação de resistir às violações da neutralidade belga. O status internacionalmente garantido durou por quase um século; foi o fator que deflagrou a entrada da Grã-Bretanha na Primeira Guerra, quando tropas alemãs forçaram a passagem para a França através do território belga.

A vitalidade de uma ordem internacional se reflete no equilíbrio que consegue estabelecer entre legitimidade e força e na ênfase relativa dada a cada uma delas. Não se espera que nenhum dos dois aspectos impeça as mudanças; ao contrário, combinados, os dois procuram garantir que elas ocorram como um processo de evolução, não por um mero confronto entre vontades. Se o equilíbrio entre força e legitimidade for administrado de forma adequada, as ações acabarão por assumir certo grau de espontaneidade. Demonstrações de poder assumirão caráter periférico e em grande medida simbólico; porque a configuração de forças geralmente será entendida, nenhum dos lados sentirá a necessidade de recorrer às suas reservas plenas. Quando este equilíbrio é destruído, a moderação desaparece, e o campo fica aberto para reivindicações mais ambiciosas e atores mais implacáveis; o caos se estabelece até que um novo sistema de ordem seja estabelecido.

Tal equilíbrio foi a realização mais extraordinária do Congresso de Viena. A Quádrupla Aliança desarmava desafios que ameaçavam o equilíbrio territorial, e a memória de Napoleão mantinha em calma a França — prostrada por uma exaustão revolucionária. Ao mesmo tempo, uma atitude sensata em relação à paz levou à rápida reincorporação da França no concerto formado entre as potências de modo que suas ambições fossem frustradas. E a Áustria, Prússia e Rússia, que, pelos princípios do equilíbrio de poder, deveriam ter sido rivais, perseguiam na realidade políticas comuns: Áustria e Rússia na verdade adiaram o conflito geopolítico subjacente em nome do medo compartilhado de possíveis desordens domésticas. Foi só depois que o elemento da legitimidade na ordem internacional se viu abalado pelas revoluções fracassadas de 1848 que o equilíbrio passou a ser interpretado menos como um equilíbrio sujeito a ajustes comuns e cada vez mais como uma condição na qual todos se preparariam para uma disputa pela supremacia.

À medida que a ênfase começou a se deslocar mais e mais para o elemento de poder daquela equação, o papel da Grã-Bretanha como fiel da balança tornou-se cada vez mais importante. As marcas registradas do papel britânico como fiador do equilíbrio eram sua liberdade de ação e sua comprovada determinação para agir. O ministro do Exterior (e mais tarde primeiro-ministro) britânico, Lord Palmerston, ofereceu uma ilustração clássica desse princípio quando, em 1841, tomou conhecimento de uma mensagem do tsar pedindo um compromisso definitivo por parte da Grã-Bretanha com a resistência "a um ataque pela França contra as liberdades da Europa".[26] A Grã-Bretanha, retrucou Palmerston, considerava "a tentativa de uma nação de tomar e se apropriar de um território que pertença a outra nação" como uma ameaça, porque "essa tentativa leva à perturbação do equilíbrio de poder existente, e ao alterar a força relativa dos Estados, pode vir a criar perigo para as outras potências". Contudo, o gabinete de Palmerston não poderia integrar nenhuma aliança formal contra a França porque "a Inglaterra não costuma firmar compromissos em função de possibilidades que efetivamente não se concretizaram, ou que não pareçam imediatamente prováveis". Em outras palavras, nem a Rússia nem a França poderiam contar com o apoio da Grã-Bretanha como algo certo numa disputa entre os dois países; nem poderiam descartar a possibilidade de uma oposição armada por parte dos britânicos, caso os acontecimentos se desenvolvessem a ponto de ameaçar o equilíbrio europeu.

As bases da ordem internacional

O equilíbrio sutil do Congresso de Viena começou a se desgastar em meados do século XIX sob o impacto de três acontecimentos: a ascensão do nacionalismo, as revoluções de 1848 e a Guerra da Crimeia.

Sob o impacto das conquistas de Napoleão, várias nacionalidades que haviam convivido durante séculos começaram a tratar seus governantes como "estrangeiros". O filósofo alemão Johann Gottfried Herder tornou-se um apóstolo dessa tendência e argumentava que cada povo, definido por sua linguagem, pátria e cultura popular, detinha personalidade própria, tendo, portanto, o direito de se autogovernar.[27] O historiador Jacques Barzun descreveu essa visão de outra forma:

> Servindo de base à teoria, havia um fato: os exércitos revolucionários e napoleônicos tinham redesenhado o mapa mental da Europa. No lugar do mundo horizontal do século XVIII, com suas dinastias mundiais e aristocracias cosmopolitas, o Ocidente agora era constituído por unidades verticais — nações, não inteiramente separadas umas das outras, mas diferentes.[28]

Nacionalismos linguísticos tornaram os impérios tradicionais — especialmente o Império Austro-Húngaro — vulneráveis às pressões internas, assim como aos ressentimentos de vizinhos que reivindicavam vínculos nacionais com súditos do império.[29]

74 | *O sistema de balança de poder europeu e o seu fim*

A emergência do nacionalismo também afetou sutilmente a relação entre a Prússia e a Áustria depois da criação das "grandes massas" pelo Congresso de Viena. A competição entre as duas grandes potências germânicas na Europa Central pela lealdade dos cerca de 35 Estados menores da Confederação Germânica havia sido adiada até então pela necessidade de defender a Europa Central. Assim, a tradição gerou certa deferência em relação ao país cujo governante tinha sido o Sacro Imperador Romano durante meio milênio. A Assembleia da Confederação Germânica (os embaixadores combinados dos seus 37 membros para representá-los junto à Confederação) reuniu-se na embaixada da Áustria em Frankfurt, num encontro presidido pelo embaixador austríaco. Ao mesmo tempo, a Prússia vinha desenvolvendo suas próprias pretensões a ocupar uma posição de maior destaque. Determinada a superar as desvantagens intrínsecas à sua pequena população e fronteiras extensas, a Prússia emergia como um grande estado europeu por causa da capacidade demonstrada por seus líderes para explorar ao máximo as possibilidades de seu Estado durante mais de um século — o que Otto von Bismarck (o líder prussiano que levou esse processo ao seu ápice) chamou de uma série de "regentes enérgicos, decididos e sábios, que, cuidadosamente, souberam usar com parcimônia os recursos militares e financeiros do estado e os mantiveram em suas próprias mãos com o objetivo de jogá-los com impiedosa coragem no prato da balança da política europeia assim que uma oportunidade favorável se apresentasse".[30]

O acordo de Viena havia reforçado a forte estrutura social e política da Prússia com uma oportunidade geográfica. Com o território estendido do Vístula até o Reno, a Prússia tornou-se o repositório das esperanças dos alemães de obterem a unidade do seu país — pela primeira vez na história. Com o passar das décadas, a relativa subordinação da Prússia ao projeto político austríaco tornou-se irritante demais, e a Prússia começou a tomar um rumo mais inclinado ao confronto.

As revoluções de 1848 constituíram uma conflagração de grandes proporções, abrangendo a Europa inteira e afetando todas as grandes cidades. À medida que uma classe média ascendente procurava forçar governos recalcitrantes a aceitar reformas liberais, a antiga ordem aristocrática sentia a força representada por movimentos nacionalistas cada vez mais intensos. A princípio, as revoltas se desdobraram diante dos governos, indo da Polônia, a leste, até, no seu ponto mais a oeste, Colômbia e Brasil (um império que acabara de conquistar sua independência em relação a Portugal, depois de servir de sede a seu governo no exílio durante as guerras napoleônicas). Na França, a história parecia se repetir, quando o sobrinho de Bonaparte chegou ao poder como Napoleão III, primeiro como presidente com base num plebiscito, depois como imperador.

A Santa Aliança havia sido concebida para lidar precisamente com convulsões sociais como essas. Porém a posição dos governantes em Berlim e Viena havia se tornado bastante precária — e as sublevações tinham se disseminado demais e suas consequências variadas demais — para que fosse possível uma intervenção conjunta. A Rússia, atuando em nome dos seus interesses apenas, interveio contra a revolução na Hungria, salvando o governante austríaco local. Quanto ao resto, a antiga ordem revelou-se apenas forte o suficiente para superar o desafio revolucionário. Mas jamais recuperou a autoconfiança que exibia no período anterior.

Finalmente, a Guerra da Crimeia de 1853-56 rompeu a unidade entre os Estados conservadores — Áustria, Prússia e Rússia — que tinha sido um dos dois pilares da ordem internacional de Viena. Durante as revoluções, essa combinação havia defendido as instituições existentes; tinha isolado a França, previamente um fator de perturbação da paz. Agora outro Napoleão estava em busca de oportunidades para se afirmar, lançando-se em várias direções. Na Guerra da Crimeia, Napoleão viu o expediente capaz de pôr fim ao seu isolamento ao se aliar à Grã-Bretanha em seu esforço histórico para impedir que a Rússia avançasse rumo a Constantinopla e chegasse ao Mediterrâneo. O alinhamento de fato pôs em questão o avanço russo, mas ao custo de uma diplomacia cada vez mais fragilizada.

O conflito havia começado não por causa da Crimeia — que a Rússia conquistara de um vassalo otomano no século XVIII —, mas devido a reivindicações conflitantes por parte da França e da Rússia sobre o status de defensor dos direitos das comunidades cristãs em Jerusalém, na época sob jurisdição otomana. Durante uma disputa sobre qual denominação, católica ou ortodoxa, teria o principal acesso aos lugares santos, o tsar Nicolau I pediu o reconhecimento do seu direito de agir como "protetor" de todos os súditos ortodoxos do Império Otomano, uma população de tamanho significativo, que se estendia por territórios considerados estratégicos. A exi-

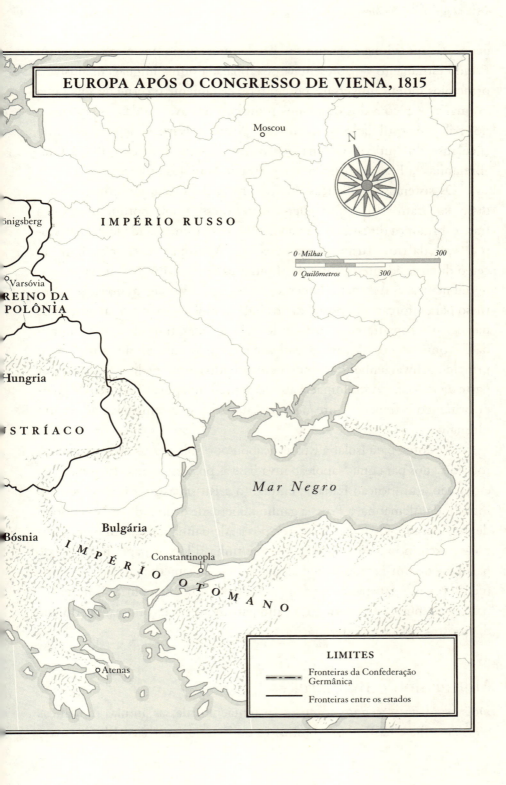

gência — que vinha a ser um direito de intervenção nos negócios de um Estado estrangeiro — apresentava-se embalada numa linguagem alusiva a princípios morais universais, porém feria claramente o cerne da soberania otomana. A recusa dos otomanos provocou um avanço das tropas russas nos Bálcãs e hostilidades navais no mar Negro. Seis meses depois, temendo o colapso do Império Otomano e o fim do equilíbrio europeu, a Grã-Bretanha e a França entraram na guerra do lado dos otomanos.

Os sistemas de alianças do Congresso de Viena, em consequência disso, se viram abalados. A guerra recebeu esse nome porque uma força franco-britânica desembarcou na Crimeia para tomar a cidade de Sebastopol, sede da frota russa do mar Negro.[31] As tropas russas resistiram ao cerco durante 11 meses antes de afundar os seus navios. A Prússia permaneceu neutra. A Áustria, tolamente, decidiu tirar vantagem do isolamento russo para reforçar suas posições nos Bálcãs, mobilizando tropas austríacas na região. "Espantaremos o mundo com a magnitude de nossa ingratidão", comentou o ministro-presidente e ministro do Exterior austríaco, o príncipe Schwarzenberg, quando confrontado com o pedido de ajuda por parte da Rússia.[32] A diplomacia austríaca preferiu apoiar o esforço de guerra britânico e francês, com medidas cujo teor se assemelhava ao de um ultimato.

O esforço para isolar a Rússia acabou por isolar a Áustria. Não demorou dois anos para que Napoleão invadisse as possessões austríacas na Itália em apoio à unificação italiana, enquanto a Rússia assistia impassível. No interior da Alemanha, a Prússia ganhou liberdade de manobra. No período de uma década, Otto von Bismarck pôs a Alemanha no caminho da unificação, excluindo a Áustria daquele que tinha sido seu papel histórico de paladino de um Estado nacional alemão — novamente com o consentimento russo. A Áustria aprendeu tarde demais que, na política internacional, uma reputação de confiança é um patrimônio mais importante do que demonstrações de esperteza tática.

Metternich e Bismarck

Dois estadistas serviram como os sustentáculos dessas amplas mudanças na Alemanha e na Europa: o ministro do Exterior austríaco Klemens von

Metternich e o ministro-presidente prussiano — mais tarde chanceler alemão — Otto von Bismarck. O contraste entre os legados dos principais estadistas do século na Europa Central ilustra a mudança ocorrida na ênfase da ordem internacional europeia, do polo da legitimidade para o da força, na segunda metade do século XIX. Ambos vieram a ser considerados como os arquétipos do político conservador. Ambos ficaram consagrados como mestres da manipulação da balança de poder — o que eles foram. Contudo, seus conceitos fundamentais sobre a ordem internacional eram quase exatos opostos, e eles manipularam a balança de poder com objetivos distintos e com implicações significativamente conflitantes para a paz da Europa e do mundo.

A própria nomeação de Metternich era uma prova da natureza cosmopolita da sociedade do século XVIII. Ele nasceu na Renânia, perto da fronteira da França, tendo sido educado em Estrasburgo e Mainz. Metternich sequer visitou a Áustria antes dos 13 anos e não viveu lá antes dos 17. Foi nomeado ministro do Exterior em 1809 e chanceler em 1821, servindo até 1848. O destino o colocara no cargo civil mais importante de um antigo império precisamente no começo de seu declínio. Tido no passado como um dos mais fortes e bem governados países da Europa, a Áustria se encontrava agora numa situação de risco, já que, devido à sua posição central, cada tremor ocorrido em solo europeu fazia com que a terra ali mexesse. Sua natureza poliglota a tornava vulnerável à crescente onda de nacionalismo — uma força praticamente desconhecida uma geração antes. Para Metternich, firmeza e confiabilidade tornaram-se a pedra de toque de sua política:

> Quando tudo mais está estremecendo, é necessário, acima de tudo, que algo, não importa o que, permaneça firme, de modo que os que se encontram perdidos possam encontrar um vínculo, e os desorientados, um refúgio.[33]

Produto do Iluminismo, Metternich foi moldado mais pelos filósofos da força da razão do que pelos adeptos da força das armas. Metternich rejeitava a busca irrequieta pelos supostos remédios para os problemas imediatos; ele considerava a busca pela verdade a mais importante tarefa do estadista. Para ele, a crença de que tudo que fosse imaginável era também

80 | *O sistema de balança de poder europeu e o seu fim*

realizável não passava de uma ilusão. A verdade deveria refletir uma realidade subjacente da natureza humana e da estrutura da sociedade. Qualquer coisa mais ampla do que isso violentava os ideais que pretendia concretizar. Nesse sentido, "a invenção é inimiga da história, que conhece apenas descobertas, e apenas o que existe pode ser descoberto".[34]

Para Metternich, o interesse nacional da Áustria era uma metáfora para o interesse geral da Europa — como manter unidos muitos povos, raças e linguagens numa estrutura que, a um só tempo, respeitasse a diversidade e tivesse em comum determinados patrimônio, fé e costume.[35] Nessa perspectiva, o papel histórico da Áustria era fazer a defesa do pluralismo e, consequentemente, da paz na Europa.

Bismark, em comparação, era um filho da aristocracia prussiana provinciana, bem mais pobre do que suas contrapartidas do oeste da Alemanha e consideravelmente menos cosmopolita. Enquanto Metternich tentava valorizar a continuidade e restaurar uma ideia universal, a de uma sociedade europeia, Bismark desafiava todas as noções convencionais da época tidas como sensatas. Até que ele entrasse em cena, todos tinham como óbvio que a unidade alemã se tornaria realidade — se é que isso aconteceria — graças a uma combinação de nacionalismo e liberalismo. Bismarck se propôs a demonstrar que esses dois elementos poderiam ser separados — que os princípios da Santa Aliança não eram necessários para preservar a ordem, que uma nova ordem poderia ser construída com os apelos dos conservadores ao nacionalismo, e que um conceito de ordem europeia podia se basear inteiramente em avaliações de poder.

A divergência entre as visões a respeito da ordem internacional por parte dessas duas figuras seminais se reflete claramente nas suas definições de interesse nacional. Para Metternich, a ordem emerge não tanto da busca do interesse nacional como da capacidade de associá-lo ao interesse de outros Estados:

> Os grandes axiomas da ciência política derivam do reconhecimento dos verdadeiros interesses de *todos* os Estados; é do interesse geral que a garantia da existência seja encontrada, enquanto os interesses particulares — o cultivo dos quais é considerado sabedoria política por homens irrequietos e de visão curta — são apenas de importância

secundária. A história moderna demonstra a aplicação do princípio de solidariedade e equilíbrio [...] e dos esforços unidos dos estados [...] para conseguir o retorno à lei comum.[36]

Bismarck rejeitava a crença de que o poder podia ser limitado por algum princípio superior. Suas famosas máximas expressavam a convicção de que a segurança só poderia ser alcançada com uma estimativa correta dos componentes do poder:

> Uma política sentimental não conhece reciprocidade. [...] Todo governo procura os critérios para as suas ações apenas nos seus interesses, por mais que possa disfarçá-los com deduções legais. [...][37] Pelos céus, nada de alianças sentimentais nas quais a consciência de ter praticado uma boa ação oferece a única recompensa pelo nosso sacrifício. [...][38] A única base saudável sobre a qual uma grande potência pode estabelecer seu poder. [...] é o egoísmo e não o romantismo. [...][39] Gratidão e confiança não trarão um único homem para o nosso campo ao nosso lado; só o medo fará isso, se nós o usarmos com cautela e habilidade. [...][40] A política é arte do possível, a ciência do relativo.[41]

Decisões fundamentais dependeriam, em última análise, estritamente de considerações de utilidade. A ordem europeia da forma como era vista no século XVIII, como uma grande engrenagem newtoniana de partes que se encaixam umas nas outras, tinha sido substituída por um mundo darwiniano guiado pela sobrevivência dos mais fortes.

Os dilemas da balança de poder

Com sua nomeação para o cargo de ministro-presidente da Prússia em 1862, Bismarck se propôs a colocar em prática seus princípios e transformar a ordem europeia. Com as monarquias conservadoras do Leste Europeu divididas depois da Guerra da Crimeia, a França isolada no continente por causa das memórias despertadas por seu governante, e a Áustria oscilando entre seus papéis nacional e europeu, Bismarck viu uma oportunidade de fazer surgir pela primeira vez na história um Estado nacional alemão.

Com alguns lances ousados entre 1862 e 1870, ele colocou a Prússia à frente de uma Alemanha unida e a Alemanha, por sua vez, no centro de um novo sistema de ordem.

Disraeli chamou a unificação da Alemanha de 1871 de "um fato político de maiores consequências do que a Revolução Francesa" e concluiu que "o equilíbrio de poder foi inteiramente destruído".[42] As ordens europeias vestfaliana e de Viena tinham se baseado numa Europa Central dividida, cujas pressões concorrentes — entre a infinidade de Estados alemães no acordo vestfaliano, e entre Áustria e Prússia após Viena — acabariam por contrabalançar uma a outra. O que surgiu após a unificação da Alemanha foi um país dominante, forte o bastante para derrotar cada vizinho individualmente e talvez os países continentais em seu conjunto. O elo estabelecido pela legitimidade havia desaparecido. Tudo agora dependia de cálculos de poder.

O maior triunfo da carreira de Bismarck também havia tornado mais difícil — talvez impossível — a operação de um equilíbrio de poder flexível. A derrota esmagadora da França na guerra franco-prussiana de 1870-71, a qual Bismarck conseguira habilmente provocar a França a declarar, chegou ao fim com a anexação da Alsácia e da Lorena, uma indenização compensatória e — numa demonstração de pouco tato — a proclamação do Império Alemão na Salão dos Espelhos de Versalhes, em 1871. A nova ordem da Europa estava reduzida a cinco grandes potências, duas das quais (França e Alemanha) encontravam-se irremediavelmente rompidas uma com a outra.

Bismarck compreendeu que uma potência com chance de atingir a supremacia no centro da Europa corria sempre o risco de inspirar a formação contra ela de uma coalizão de todas as outras, de modo muito parecido com aquela articulada contra Luís XIV no século XVIII e contra Napoleão no início do século XIX. Seria necessária a mais moderada das condutas para evitar despertar o antagonismo coletivo da parte de seus vizinhos. A partir de então, todos os esforços de Bismarck seriam devotados à elaboração de uma série de manobras para impedir esse *"cauchemar des coalitions"* (pesadelo de coalizões), como ele o chamava, usando o termo francês. Num mundo de cinco, era sempre melhor estar num grupo de três. Isso envolvia uma série estonteante de alianças em parte sobrepostas, em parte conflitantes (por exemplo, uma aliança com a Áustria e um Tratado de

Resseguro com a Rússia) com o objetivo de despertar nas outras potências — exceto a irreconciliável França — um interesse maior em cooperar com a Alemanha do que em procurar outros países para agir contra ela.

O espírito do sistema vestfaliano, da forma como foi adaptado ao Congresso de Viena, residia na sua maleabilidade e no seu pragmatismo; ecumênico em seus cálculos, teoricamente ele era passível de expansão para qualquer região e poderia incorporar qualquer combinação de Estados. Com a Alemanha unificada e a França fixada na posição de adversária, o sistema perdeu sua flexibilidade. Era preciso um gênio como Bismarck para manter de pé a rede de compromissos que contrabalançavam uns aos outros, mantendo o equilíbrio em funcionamento graças à performance de um virtuose que, durante o período em que ocupou seu posto, conseguiu evitar a eclosão de um conflito geral. Contudo, um país cuja segurança depende da produção de um gênio a cada geração propõe a si mesmo uma tarefa que nação alguma jamais conseguiu realizar.

Depois da partida forçada de Bismarck em 1890 (após um choque com o novo cáiser Guilherme II sobre o alcance da sua autoridade), seu sistema de alianças que se sobrepunham umas às outras só a muito custo era mantido. Leo von Caprivi, o chanceler seguinte, queixou-se de que enquanto Bismarck tinha se mostrado capaz de manter cinco bolas no ar simultaneamente, ele mal conseguia lidar com duas. O Tratado de Resseguro com a Rússia não foi renovado em 1891 por ser parcialmente incompatível com a aliança com a Áustria — o que, na visão de Bismarck, era o exato propósito do tratado. De modo quase que inevitável, França e Rússia começaram a explorar a possibilidade de uma aliança. Realinhamentos como esse tinham acontecido várias vezes antes no caleidoscópio de ordens em constante mudança. A novidade agora era sua permanência institucionalizada. A diplomacia havia perdido sua flexibilidade; havia se transformado numa questão de vida ou morte e não mais de um ajuste a ser calibrado. Como uma inversão de alianças poderia significar um desastre nacional para a parte abandonada, cada lado era capaz de extorquir apoio do parceiro a despeito das convicções deste, levando assim a um agravamento de todas as crises e fazendo com que todas se ligassem umas às outras. A diplomacia tornou-se um esforço para estreitar os laços internos em cada campo, conduzindo à perpetuação e ao reforço de todos os desentendimentos.

O último elemento de flexibilidade foi perdido quando a Grã-Bretanha abandonou seu "esplêndido isolamento" e se uniu à Entente Cordiale da França e da Rússia depois de 1904. Fez isso não formalmente, mas *de facto*, por meio de conversações entre os estados-maiores, criando uma obrigação moral de lutar ao lado dos países com os quais dialogava. A Grã-Bretanha pôs de lado sua tradicional política de agir como fiel da balança — em parte porque a diplomacia alemã, numa série de crises sobre o Marrocos e a Bósnia, havia procurado desfazer a aliança Franco-Russa, humilhando seus integrantes — um de cada vez (a França no caso do Marrocos, em 1905 e em 1911, a Rússia com relação à Bósnia, em 1908) com a esperança de incutir em cada um desconfiança em relação ao outro. Por fim, os programas militares alemães apresentaram uma marinha de grande porte e em expansão, desafiando o domínio britânico nos mares.

O planejamento militar fazia aumentar ainda mais a rigidez. Desde o Congresso de Viena havia ocorrido apenas uma guerra geral europeia — a Guerra da Crimeia. (A guerra franco-prussiana tinha se limitado a dois adversários.) Ela havia sido conduzida em relação a uma questão específica e tinha atendido a objetivos limitados. Por volta do começo do século XX, os planejadores militares — partindo do que acreditavam ser as lições oferecidas pela mecanização e pelos novos métodos de mobilização — começaram a ter como objetivo a vitória total numa guerra generalizada. Um sistema de ferrovias permitia o rápido deslocamento das forças militares. Com ambos os lados contando com amplas forças de reserva, a velocidade de mobilização tornou-se um fator essencial. A estratégia alemã, o famoso Plano Schlieffen, baseava-se na estimativa de que a Alemanha precisava derrotar um de seus vizinhos antes que este pudesse se combinar com os outros para atacá-la a partir do leste e do oeste.[43] Preempção, portanto, fazia parte do planejamento militar. Os vizinhos da Alemanha encontravam-se sob um imperativo oposto; precisavam acelerar sua mobilização e ação coordenadas para reduzir o impacto de um possível ataque preventivo alemão. Cronogramas de mobilização dominavam a diplomacia; se líderes políticos queriam controlar considerações militares, as coisas teriam de ter se passado no sentido inverso.

A diplomacia, que ainda funcionava pelos — vagarosos — métodos tradicionais, perdeu o contato com a nova tecnologia e com o novo estilo de guerra que esta produzia. Os diplomatas europeus continuaram a partir do pressuposto de que todos estavam engajados num empreendimento comum. Suas convicções a respeito dessa abordagem eram reforçadas pelo fato de que nenhuma das muitas crises diplomáticas anteriores do novo século havia chegado a vias de fato. Em duas crises relacionadas ao Marrocos e uma à Bósnia, os cronogramas de mobilização não tiveram nenhum impacto operacional porque, apesar de gestos intensos, os acontecimentos jamais escalaram a ponto de chegar a um confronto iminente. De forma paradoxal, o próprio sucesso na resolução dessas crises estimulou uma disposição um tanto míope para assumir riscos, desligada de qualquer dos interesses efetivamente em jogo. Passou-se a presumir como método normal da política o exercício de manobras em busca de vitórias táticas para serem saudadas pela imprensa nacionalista — e que grandes potências pudessem encarar umas as outras por objetivos secundários sem jamais levar à guerra.

A história, contudo, cedo ou tarde acaba por punir a frivolidade estratégica. A Primeira Guerra Mundial foi deflagrada porque os líderes políticos perderam o controle de suas próprias táticas.[44] Depois do assassinato do príncipe austríaco coroado, em junho de 1914, por um nacionalista sérvio, a diplomacia foi conduzida por quase um mês no mesmo tom dilatório das muitas crises superadas nas décadas anteriores. Quatro semanas se passaram enquanto a Áustria preparava um ultimato. Ocorreram consultas; como era o alto verão, os estadistas estavam de férias. Contudo, uma vez que o ultimato austríaco foi apresentado em julho de 1914, seu prazo impunha uma grande urgência à decisão a ser tomada, e em menos de duas semanas, a Europa rumou para uma guerra da qual nunca se recuperou.

Todas essas decisões foram tomadas quando as diferenças entre as grandes potências se refletiam na proporção inversa à da sua postura. Um novo conceito de legitimidade — uma combinação entre Estado e império — havia emergido de modo que nenhuma das potências considerava as instituições dos outros como uma ameaça básica à sua existência. O equilíbrio de poder da forma que existia era rígido, mas não opressivo. As relações entre as cabeças coroadas eram cordiais, chegando mesmo a ser sociais e familiares. Exceto pelo compromisso francês com a recuperação da Alsácia e da Lorena, nenhum outro país importante nutria ambições em relação aos territórios de seus vizinhos. Legitimidade e poder estavam em efetivo equilíbrio. Nos Bálcãs, porém, entre remanescentes das possessões otomanas, havia países, sobretudo a Sérvia, ameaçando a Áustria com aspirações não atendidas de autodeterminação. Se qualquer das grandes potências apoiasse essas reivindicações, uma guerra geral era provável porque a Áustria estava ligada por aliança à Alemanha, assim como acontecia com a Rússia em relação à França. Uma guerra cujas consequências não tinham sido avaliadas desceu sobre a civilização ocidental por conta da questão essencialmente paroquial do assassinato do príncipe austríaco coroado por um nacionalista sérvio, desfechando sobre a Europa um golpe que anulou um século de paz e ordem.

Nos quarenta anos que se seguiram ao acordo de Viena, a ordem europeia amorteceu conflitos. Nos quarenta anos após a unificação da Alemanha, o sistema agravou todas as disputas. Nenhum dos líderes previu a dimensão da catástrofe que seu sistema, baseado em conflitos rotineiros e apoiado no moderno maquinário militar, ameaçava deflagrar cedo ou tarde. E todos eles contribuíram para isso, sem perceber que estavam desmantelando a ordem internacional: a França por seu implacável compromisso de reconquistar a Alsácia-Lorena, o que exigia uma guerra; a Áustria por sua ambivalência entre suas responsabilidades nacionais e centro-europeias; a Alemanha por tentar superar o receio de se ver cercada enfrentando França e Rússia, ao mesmo tempo que promovia uma expansão de suas forças navais. A Alemanha aparentava, assim, estar cega às lições da história: a Grã-Bretanha certamente iria se opor à maior potência terrestre no continente se tentasse ao mesmo tempo ameaçar a supremacia naval britânica. A Rússia, graças a seus constantes movimentos em várias direções, ameaçava simultaneamente a Áustria e os remanescentes do Império Otomano. E a Grã-Bretanha, pela ambiguidade que obscurecia o grau de seu crescente comprometimento com o lado dos aliados, trazia o pior dos dois mundos. Seu apoio tornava a França e a Rússia inflexíveis; sua postura aparentemente distante confundia alguns líderes alemães, levando-os a acreditar que a Grã-Bretanha poderia permanecer neutra numa guerra europeia.

Refletir a respeito do que poderia ter ocorrido se a história tivesse tomado um rumo alternativo costuma ser um exercício fútil. Porém a guerra que subverteu a civilização ocidental não foi fruto de uma necessidade inevitável. Ela veio à tona a partir de uma série de erros de cálculo cometidos por líderes sérios que não compreendiam as consequências dos seus planos, e uma tempestade final desencadeada por um ataque terrorista ocorrido num ano considerado até então tranquilo. No final, o planejamento militar venceu a diplomacia. Trata-se de uma lição que as próximas gerações não devem esquecer.

Legitimidade e poder entre as duas guerras mundiais

A Primeira Guerra Mundial foi bem recebida por públicos entusiásticos e por líderes eufóricos que previam uma guerra curta e gloriosa, travada por objetivos limitados. Na realidade, ela provocou a morte de mais de 25 milhões de pessoas e fez naufragar a ordem internacional existente até então. O cálculo sutil do equilíbrio europeu envolvendo interesses em constante mudança havia sido abandonado pela diplomacia confrontacional de duas alianças rígidas, tendo sido, então, consumido pela guerra de trincheiras, o que produziu um número de baixas até então inconcebível. Submetidos a essa provação, os impérios russo, austríaco e otomano desapareceram completamente. Na Rússia, um levante popular em nome da modernização e da reforma liberal foi tomada de assalto por uma elite armada que proclamava uma doutrina revolucionária universal. Depois de descerem ao inferno da fome e da guerra civil, a Rússia e suas possessões emergiram como a União Soviética, e o anseio de Dostoiévski por "uma grande igreja universal na Terra" se metamorfoseou num movimento comunista mundial dirigido por Moscou, que rejeitava todos os conceitos existentes de ordem. "Pobre o homem de Estado cujos argumentos para entrar numa guerra não soam tão convincentes no seu fim quanto eram no seu início", advertiu certa vez Bismarck. Nenhum dos líderes que optaram pela guerra em agosto de 1914 teriam feito isso se tivessem previsto o mundo de 1918.

Chocados com a carnificina, os estadistas da Europa tentaram forjar um período de pós-guerra que fosse o mais diferente possível da crise que acreditavam ter produzido a Grande Guerra, como era então chamada. Apagaram das suas mentes quase todas as lições das tentativas anteriores de construir uma ordem internacional, especialmente a do Congresso de Viena. Não foi uma decisão feliz. O Tratado de Versalhes de 1919 rejeitou a volta da Alemanha à ordem europeia, enquanto o Congresso de Viena incluía a aceitação da França derrotada. O novo governo revolucionário marxista-leninista da União Soviética declarou que não se pautaria pelos conceitos e limites de uma ordem internacional cuja derrubada ele profetizava. Agindo na margem da diplomacia europeia, a União Soviética só veio a ser reconhecida pelas potências ocidentais lentamente e com relutância. Dos cinco Estados que compunham a balança de poder europeia, o Império Austríaco tinha desaparecido; Rússia e Alemanha foram excluídas, ou tinham excluído a si mesmas; e a Grã-Bretanha estava começando a retomar seu envolvimento nos assuntos europeus, mais para resistir a uma real ameaça ao equilíbrio de poder do que para atuar preventivamente contra uma ameaça em potencial.

A diplomacia tradicional havia proporcionado um século de paz à Europa por meio de uma ordem internacional que soube equilibrar de forma sutil os elementos de poder e legitimidade. No último quarto de século, o equilíbrio havia se deslocado para repousar sobre o elemento do poder. Aqueles que redigiram o Tratado de Versalhes deram uma guinada de volta ao componente da legitimidade ao criar uma ordem internacional que só podia ser mantida, se é que isso era possível, por apelos aos princípios compartilhados — já que os elementos de poder foram ignorados ou mal administrados. O cordão formado pelos Estados originados pelo princípio da autodeterminação localizados entre a Alemanha e a União Soviética provou ser frágil demais para resistir a qualquer dos dois países, suscitando um conluio entre eles. A Grã-Bretanha retraía-se cada vez mais. Os Estados Unidos, tendo entrado na guerra de forma decisiva em 1917, a despeito de uma relutância inicial, haviam se desiludido com o seu desfecho, tendo se recolhido num relativo isolamento. A responsabilidade por proporcionar os elementos de poder, portanto, recaiu em grande medida sobre a França, que estava exaurida pela guerra, tendo sido drenada de seus recursos humanos e de qualquer vigor psicológico, e com uma consciência cada vez maior de que a disparidade de força entre ela e a Alemanha ameaçava se tornar congênita.

Poucas vezes um documento diplomático esteve tão longe de cumprir seu objetivo como aconteceu com o Tratado de Versalhes. Punitivo demais para inspirar conciliação, leniente demais para impedir que a Alemanha se recuperasse, o Tratado de Versalhes condenou as democracias esgotadas a uma constante vigilância contra uma Alemanha irreconciliável e revanchista, assim como uma União Soviética revolucionária.

Com a Alemanha nem comprometida moralmente com o acordo de Versalhes, nem confrontada com um claro equilíbrio de forças que evitasse seus desafios, a ordem de Versalhes praticamente era um convite ao revisionismo alemão. A Alemanha poderia ser impedida de afirmar sua superioridade estratégica potencial apenas com a ajuda de cláusulas discriminatórias, que desafiavam as convicções morais dos Estados Unidos e, numa medida crescente, da Grã-Bretanha. E uma vez que a Alemanha começasse a desafiar o acordo, seus termos só poderiam ser conservados por meio de sua implacável implementação pelas armas francesas ou pelo envolvimento permanente dos norte-americanos nos assuntos da Europa. Nenhuma das duas hipóteses era viável.

A França havia trabalhado durante três séculos para manter a Europa Central em primeiro lugar dividida e, em seguida, contida — primeiramente, por ela mesma, depois em aliança com a Rússia. Depois de Versalhes, contudo, ela perdeu essa opção. Os recursos da França tinham sido drenados demais pela guerra para que pudesse desempenhar o papel de policial da Europa, e a Europa Central e Oriental foram tomadas por correntes políticas que estavam além da capacidade de manipulação da França. Deixada a sós para encontrar um equilíbrio com a Alemanha unificada, fez esforços esporádicos para preservar um equilíbrio pela força, mas ficou desmoralizada quando seu pesadelo histórico reapareceu com o advento de Hitler.

As grandes potências procuraram institucionalizar sua repulsa à guerra numa nova forma de ordem internacional pacífica. Foi apresentada uma fórmula vaga de desarmamento internacional, ainda que sua aplicação prática fosse postergada para as negociações posteriores. A Liga das Nações e uma série de tratados de arbitragem se propuseram a substituir as disputas de poder por mecanismos legais para a resolução de disputas. No entanto, ainda que a filiação a essas novas estruturas fosse quase universal e todas as formas de violação da paz fossem banidas, nenhum país se dispunha a garantir que seus termos fossem respeitados. Potências que nutriam ressentimentos ou objetivos expansionistas — a Alemanha, o Japão imperial, a Itália de Mussolini — logo aprenderam que a violação dos termos de filiação à Liga das Nações ou a simples saída da organização não implicavam nenhuma consequência séria. Duas ordens do pós-guerra, contraditórias e sobrepostas, estavam por nascer: o mundo das regras e do direito internacional, habitado basicamente pelas democracias ocidentais em sua interação umas com as outras; e uma zona, livre de restrições, apropriada pelas potências que haviam se retirado desse sistema de limites para desfrutar de maior liberdade de ação. Avultando ao longe, para além dos dois mundos e manobrando de modo oportunista entre eles, estava a União Soviética — com seu próprio conceito revolucionário de ordem mundial ameaçando submergir a todos.

No fim, a ordem de Versalhes não alcançou nem a legitimidade, nem o equilíbrio. Sua fragilidade quase patética ficou demonstrada pelo Pacto de Locarno de 1925, no qual a Alemanha "aceitou" as fronteiras ocidentais e a desmilitarização da Renânia com as quais já tinha concordado em Versalhes, mas recusou explicitamente estender as mesmas garantias às fronteiras com a Polônia e a Tchecoslováquia — expressando de forma clara suas ambições e seus ressentimentos. De modo espantoso, a França assinou o acordo de Locarno ainda que este deixasse formalmente expostos a um eventual revanchismo alemão os aliados da França na Europa Oriental — um indício do que viria a fazer uma década mais tarde diante de um desafio efetivo.

Nos anos 1920, a Alemanha da República de Weimar lançou um apelo às consciências ocidentais ao contrastar as incoerências e caráter punitivo do acordo de Versalhes com os princípios mais idealistas da ordem internacional defendidos pela Liga das Nações.[45] Hitler, que chegou ao poder em 1933 pelo voto popular concedido por um povo alemão ressentido, abandonou todo e qualquer resquício de moderação. Violando os termos da paz de Versalhes, ele rearmou o país e revogou o acordo de Locarno ao reocupar a Renânia. Quando seus desafios não encontraram resposta à altura, Hitler começou a desmantelar os Estados da Europa Central e Oriental, um a um: primeiro a Áustria, seguida da Tchecoslováquia e, finalmente, a Polônia.

A natureza desses desafios não era particular aos anos 1930. Em toda era a humanidade produz indivíduos demoníacos e ideias sedutoras de repressão. A tarefa dos estadistas é impedir que eles cheguem ao poder e manter uma ordem internacional capaz de detê-los caso consigam chegar lá. A combinação tóxica dos anos do entreguerras, combinando pacifismo frívolo, desequilíbrio geopolítico e desunião entre aliados permitia que essas forças atuassem livremente.

A Europa tinha construído uma ordem internacional com base na experiência de trezentos anos de conflitos. Jogou-a fora porque seus líderes não entenderam as consequências quando entraram na Primeira Guerra Mundial — e apesar de compreenderem efetivamente as consequências de outra conflagração, eles recuaram diante das implicações do que significaria agir com base nessa visão. O colapso da ordem internacional foi essencialmente uma história de abdicação, quiçá suicídio. Tendo abandonado os princípios do acordo vestfaliano e relutado em exercer a força exigida para fazer valer sua anunciada alternativa moral, a Europa era agora consumida por outra guerra que, ao seu fim, trouxe com ela mais uma vez a necessidade de reformar a ordem europeia.

A ordem europeia do pós-guerra

Em consequência de duas guerras mundiais, o conceito vestfaliano de soberania e os princípios da balança de poder viram minguar sua importância na ordem contemporânea do continente que as criou. Seus efeitos remanescentes ainda se fariam sentir, talvez de modo mais relevante, em alguns dos países nos quais foram introduzidos na era das descobertas e da expansão.[46]

Ao fim da Segunda Guerra Mundial, a capacidade material e psicológica da Europa para forjar uma ordem mundial estava praticamente esgotada. Todos os países da Europa continental, com exceção da Suíça e da Suécia, tinham sido ocupados por tropas estrangeiras em determinado momento. A economia de todas as nações encontrava-se em grandes dificuldades. Tornou-se óbvio que nenhum país europeu (incluindo a Suíça e a Suécia) era capaz de dar forma a seu próprio futuro.

O fato de a Europa Ocidental ter encontrado força moral para se lançar no caminho de uma nova abordagem para a ordem deveu-se ao esforço de três grandes homens: Konrad Adenauer, na Alemanha; Robert Schuman, na França; e Alcide de Gasperi, na Itália. Nascidos e educados antes da Primeira Guerra Mundial, eles conservavam algumas das antigas certezas filosóficas de uma Europa mais antiga a respeito das condições necessárias para o aprimoramento da humanidade, e isso fez com que fossem dotados da visão e da firmeza necessárias para superar as causas das tragédias da Europa. Num momento de enorme fraqueza, eles preservavam alguns dos conceitos da ordem da época da sua juventude. Sua convicção mais importante era a de que, se quisessem oferecer ajuda ao seu povo e evitar a recorrência das tragédias da Europa, precisariam superar as históricas divisões da Europa e sobre essa base construir uma nova ordem europeia.

Primeiramente teriam de lidar com outra divisão da Europa. Em 1949, os aliados ocidentais uniram suas três zonas de ocupação para criar a República Federal da Alemanha. A Rússia transformou sua zona de ocupação num Estado socialista, que seria mais tarde vinculado a ela por meio do Pacto de Varsóvia. A Alemanha tinha voltado à sua posição anterior, de três séculos antes, depois da Paz de Vestfália: sua divisão tinha se tornado o elemento decisivo da estrutura internacional que acabara de emergir.

França e Alemanha, os dois países cuja rivalidade estivera no cerne de todas as guerras europeias dos últimos três séculos, deram início ao processo que buscava transcender a história europeia, fundindo os elementos-chave da sua força econômica remanescente. Em 1952, formaram a Comunidade do Carvão e do Aço como o primeiro passo rumo a uma "união cada vez mais estreita" dos povos que constituíam a Europa e a pedra angular de uma nova ordem europeia.

Durante décadas a Alemanha tinha representado o principal desafio à estabilidade da Europa. Ao longo da primeira década do período do pós-guerra seria crucial o rumo escolhido pela sua liderança nacional. Konrad Adenauer tornou-se chanceler da nova República Federal da Alemanha aos 73 anos, idade com que Bismarck já se aproximava do fim da sua carreira. Com seu estilo algo elitista, desconfiado em relação a manifestações de populismo, ele criou um partido político, a União Democrática Cristã, que pela primeira vez na história parlamentar alemã governou como um partido moderado, apoiado no mandato de uma maioria. Investido desse mandato, Adenauer se comprometeu a reconquistar a confiança das recentes vítimas da Alemanha. Em 1955, ele trouxe a Alemanha para o interior da Aliança Atlântica. Tão comprometido estava com a unificação da Europa que ele rejeitou, nos anos 1950, propostas soviéticas insinuando que a Alemanha poderia ser reunificada caso abandonasse a aliança ocidental. Essa decisão certamente refletia uma avaliação perspicaz de quão confiáveis eram as ofertas soviéticas, mas também uma forte dúvida sobre a capacidade da sua própria sociedade de repetir uma jornada solitária, na condição de Estado nacional, no centro do continente. No entanto, foi preciso uma enorme coragem moral da parte de um líder para basear uma nova ordem internacional na divisão do seu próprio país.

A cisão da Alemanha não era um acontecimento novo na história europeia; ela tinha sido a base dos acordos tanto de Vestfália como de Viena. Novo era o fato de a nova Alemanha que surgia querer se forjar explicitamente como um componente do Ocidente na disputa em torno da natureza da ordem política internacional. Isso era ainda mais importante pelo fato de a balança de poder estar sendo, em grande medida, construída fora do continente europeu. Durante mil anos, os povos da Europa tinham partido do princípio de que quaisquer que fossem as flutuações no equilíbrio de poder, seus elementos constitutivos se encontravam na Europa. O mundo da Guerra Fria que começava a emergir buscava seus equilíbrios na conduta e nos armamentos de duas superpotências: os Estados Unidos do outro lado do Atlântico e a União Soviética nos limites geográficos da Europa. Os Estados Unidos haviam auxiliado a economia europeia a se reerguer com o programa de ajuda à Grécia e Turquia, de 1947, e com o Plano Marshall, de 1948. Em 1949, os Estados Unidos, pela primeira vez na história, propôs uma aliança em tempos de paz, por meio do Tratado do Atlântico Norte (OTAN).

O equilíbrio europeu, cuja promoção cabia historicamente aos Estados da Europa, havia se transformado num aspecto da estratégia de potências de fora do continente. A Aliança do Atlântico Norte estabeleceu uma estrutura para consultas entre os Estados Unidos e a Europa e um grau de coerência na condução da política externa. Porém, em sua essência, a balança de poder europeia deixou de focar nos arranjos internos europeus e se voltou para a contenção da União Soviética em termos globais, numa grande medida por meio da capacidade nuclear dos Estados Unidos. Depois do choque provocado por duas guerras mundiais devastadoras, os países da Europa Ocidental se viram diante de uma mudança na perspectiva geopolítica que desafiava seu senso de identidade histórica.

A ordem internacional durante a primeira fase da Guerra Fria era efetivamente bipolar, com a operação da aliança ocidental cabendo em essencial aos Estados Unidos, na condição de principal parceiro e líder. O que os Estados Unidos entendiam por aliança não era tanto países agindo de forma coerente para preservar o equilíbrio, mas os Estados Unidos assumindo o papel de diretor-gerente de um empreendimento conjunto.

A balança de poder tradicional tinha se baseado na igualdade entre os seus membros; cada integrante contribuía com um aspecto do seu poder na busca de uma meta comum e basicamente limitada, que vinha a ser o equilíbrio. A Aliança Atlântica, contudo, ainda que combinasse as forças militares dos aliados numa estrutura comum, se apoiava principalmente na força militar unilateral americana — em especial seu arsenal nuclear. Enquanto as armas nucleares estratégicas fossem o principal elemento da defesa da Europa, o objetivo da política europeia seria prioritariamente psicológico: obrigar os Estados Unidos a tratarem a Europa como uma extensão do seu território no caso de uma emergência.

A ordem internacional da era da Guerra Fria refletia dois conjuntos de equilíbrios que, pela primeira vez na história, eram em grande medida independentes um do outro: o equilíbrio nuclear entre a União Soviética e os Estados Unidos, e o equilíbrio interno no interior da Aliança Atlântica, cuja operação era, em importantes aspectos, psicológica. A preeminência americana era reconhecida em troca do acesso da Europa à proteção nuclear americana. Os países europeus construíram suas próprias estruturas militares não tanto para criar uma força adicional quanto para ter uma voz nas decisões do aliado — algo como um bilhete de entrada para as discussões a respeito do uso das armas nucleares americanas. A França e a Grã-Bretanha desenvolveram pequenas forças nucleares que eram irrelevantes no cômputo geral da balança de poder, mas criavam uma justificativa a mais para se sentarem à mesa em que eram tomadas as grandes decisões.

As realidades da era nuclear e a proximidade geográfica da União Soviética deram sustentação à aliança durante uma geração. No entanto, as diferenças de ponto de vista subjacentes estavam fadadas a reaparecer com a queda do Muro de Berlim, em 1989.

Depois de quatro décadas de Guerra Fria, a OTAN havia alcançado a visão do fim daquele período que seus fundadores tinham proclamado. A queda do Muro de Berlim, em 1989, levou rapidamente à unificação da Alemanha, junto com o colapso dos Estados-satélites soviéticos, os Estados da Europa Oriental sob um sistema de controle imposto pela União Soviética. Num desfecho que rendia um tributo à visão dos líderes aliados que haviam projetado a Aliança Atlântica e ao desempenho sutil daqueles que acompanhavam a fase final dos acontecimentos, a terceira disputa pela Europa ocorrida no período de um século terminou pacificamente. A Alemanha realizou a unificação como uma afirmação da democracia liberal; reafirmou seu compromisso com a unidade europeia como um projeto em torno de valores comuns e desenvolvimento compartilhado. As nações da Europa Oriental, suprimidas durante quarenta anos (algumas por mais tempo que isso), começaram a reemergir para a independência e a recuperar suas personalidades.

O colapso da União Soviética mudou a ênfase da diplomacia. A natureza geopolítica da ordem europeia foi transformada em sua essência quando deixou de existir uma ameaça militar substancial vinda de dentro da Europa. Na atmosfera exultante que se seguiu, problemas tradicionais associados ao equilíbrio foram descartados como diplomacia "antiga", a ser substituída pela disseminação de ideais comuns. A Aliança Atlântica, era o que agora anunciavam, deveria se ocupar menos de segurança e mais com seu alcance político. A expansão da OTAN até as fronteiras da Rússia — talvez até incluindo-a — era agora uma possibilidade a ser levada a sério. A projeção de uma aliança militar para uma área contestada historicamente a algumas centenas de quilômetros de Moscou era proposta com base não em questões de segurança, mas como um método sensato de "assegurar" ganhos democráticos.

Diante de uma ameaça direta, a ordem internacional tinha sido concebida como um confronto entre dois blocos antagônicos dominados respectivamente pelos Estados Unidos e pela União Soviética. À medida que o poder soviético foi declinando, o mundo se tornou em alguma medida multipolar, e a Europa esforçava-se para definir uma identidade independente.

O futuro da Europa

A Europa tinha percorrido um caminho e tanto até chegar a este ponto. Havia se lançado em explorações globais e disseminado suas práticas e valores ao redor do mundo. Em cada século ela tinha mudado sua estrutura interna e inventado novas maneiras de pensar sobre a natureza da ordem internacional. No ápice de uma nova era, a Europa, para participar dela, se sentia obrigada a pôr de lado os mecanismos políticos por meio dos quais tinha conduzido seus assuntos ao longo de três séculos e meio. Também impelida pelo desejo de amortecer a emergente unificação da Alemanha, a nova União Europeia(UE) criou uma moeda comum em 2002 e uma estrutura política formal em 2004. Anunciou a existência de uma Europa unida, íntegra e livre, ajustando suas diferenças por mecanismos pacíficos.

A unificação alemã alterou o equilíbrio da Europa porque nenhum outro arranjo constitucional poderia mudar a realidade do fato de que a Alemanha sozinha voltara a ser o Estado mais forte da Europa. A moeda única produziu um grau de unidade que não tinha sido visto na Europa desde o Sacro Império Romano-Germânico. Será que a UE conseguiria cumprir o papel global proclamado na sua carta de fundação ou se revelaria, como o império de Carlos V, incapaz de sustentar a integridade?

A nova estrutura representava em alguma medida uma renúncia de Vestfália. A UE, contudo, também pode ser interpretada como uma volta da Europa ao sistema internacional vestfaliano de Estados que ela criou, espalhou ao redor do mundo, defendeu e serviu de exemplo ao longo de grande parte da Era Moderna — dessa vez como uma potência regional, não nacional, como uma nova unidade numa nova versão global do sistema vestfaliano.

O resultado combinou aspectos tanto da abordagem nacional quanto regional sem, até o momento, assegurar de forma plena os benefícios de nenhuma das duas. A União Europeia reduz o grau de soberania de seus Estados-membros, além das funções tradicionalmente atribuídas aos governos, como controle sobre suas moedas e fronteiras. Por outro lado, a política europeia permanece prioritariamente nacional e, em muitos países, objeções à política da UE se transformaram no principal tema de debates internos. O resultado é uma entidade híbrida, em termos constitucionais algo entre um Estado e uma confederação, operando por meio de reuniões ministeriais e uma burocracia comum — mais como o Sacro Império Romano-Germânico do que como a Europa do século XIX. Porém, ao contrário do Sacro Império Romano-Germânico (pelo menos pela maior parte de sua história), a UE luta para resolver suas tensões internas enquanto busca atingir os princípios e as metas pelos quais é guiada. Ao longo desse processo, tenta realizar uma união monetária simultaneamente com descentralização fiscal e uma burocracia nem sempre compatível com a democracia. Na política externa adota ideais universais sem dispor dos meios de assegurá-los, e uma identidade cosmopolita em conflito com lealdades nacionais — com a unidade europeia acompanhada pelas divisões leste-oeste e norte-sul e uma atitude ecumênica em relação a movimentos que buscam a autonomia (catalães, bávaros, escoceses) que desafiam a integridade dos Estados. O "modelo social" europeu depende do dinamismo do mercado, porém não se sente à vontade com ele. As políticas da UE cultuam uma atitude de tolerância e inclusão, que beira a rejeição da afirmação de valores distintamente ocidentais, ainda que seus Estados-membros apliquem políticas animadas pelo medo das levas de recém-chegados não europeus.

O resultado é que a legitimidade popular da própria UE se vê continuamente posta à prova. Estados europeus abriram mão de partes significativas do que era antes considerada sua autoridade soberana. Como os líderes europeus continuam a ser confirmados ou rejeitados por processos democráticos nacionais, eles se veem tentados a adotar políticas que lhes dão vantagens no plano interno e, consequentemente, continuam a persistir disputas entre várias regiões da Europa — de forma geral em torno de questões econômicas. Especialmente em crises, como a que teve início em 2009, a estrutura europeia é, então, levada a adotar medidas cada vez mais invasivas, de caráter emergencial, simplesmente para sobreviver. Contudo, quando a opinião pública de diferentes países é exortada a fazer sacrifícios em prol do "projeto europeu", muitas vezes não existe uma clara compreensão do que essas obrigações acarretam. Os líderes, então, se veem diante do dilema entre desconsiderar a vontade dos seus povos ou atender a esses desejos e se colocar numa posição oposta à de Bruxelas.

A Europa voltou à questão que se encontrava no seu ponto de partida, só que agora com um alcance global. Que espécie de ordem internacional pode ser extraída de aspirações conflitantes e tendências contraditórias?

98 | *O sistema de balança de poder europeu e o seu fim*

Quais países serão os integrantes da ordem e de que maneira irão coordenar suas políticas? De quanta unidade a Europa necessita e quanta diversidade ela pode suportar? A questão inversa, no entanto, a longo prazo, pode vir a ser ainda mais fundamental: levando em conta sua história, que grau de diversidade a Europa deve preservar para atingir uma unidade significativa?

Quando mantinha um sistema global, a Europa representava o conceito dominante de ordem mundial. Seus estadistas conceberam estruturas internacionais e as recomendaram para o resto do mundo. Hoje em dia, a própria natureza da ordem mundial emergente está em discussão, e regiões para além da Europa irão desempenhar um papel fundamental na definição de suas características. Estará o mundo caminhando na direção da formação de blocos regionais que desempenham o papel de Estados no sistema vestfaliano? Em caso afirmativo, o equilíbrio será restabelecido ou isso reduzirá o número de atores globais a um número pequeno a ponto de tornar inevitável uma rigidez, fazendo voltar os perigos do início do século XX, com blocos construídos de maneira inflexível procurando confrontar e superar uns aos outros? Num mundo em que estruturas continentais como os Estados Unidos, a China, e talvez a Índia e o Brasil já adquiriram massa crítica, como a Europa irá administrar sua transição para a condição de unidade regional? Até agora o processo de integração foi encarado como um problema essencialmente burocrático de aumentar a competência dos vários corpos administrativos europeus, em outras palavras, uma elaboração de um tema com o qual se está familiarizado. De onde virá o ímpeto para mapear o compromisso interno para atingir esses objetivos? A história europeia mostrou que nenhuma unificação foi obtida por meio de procedimentos administrativos. Unificação sempre exigiu um elemento unificador — a Prússia na Alemanha, o Piemonte na Itália — sem cuja liderança (e disposição de apresentar fatos consumados) processos de unificação teriam sido natimortos. Que país ou instituição desempenhará este papel? Ou alguma nova instituição ou grupo interno serão concebidos para trilhar este caminho?

E se a Europa conseguir alcançar a unidade, seja lá por qual meio, como esta definirá seu papel global? Ela dispõe de três opções: promover uma parceria atlântica; adotar uma posição cada vez mais neutra; ou se deslocar na direção de um pacto tácito com uma potência de fora da Europa ou com um agrupamento delas. Estaria a Europa apostando em coalizões temporárias ou vê a si mesma como um membro de um bloco do Atlântico Norte que geralmente adota posições compatíveis? Com quais de seus passados irá a Europa se relacionar: com seu passado recente associado à coesão atlântica ou sua longa tradição histórica de manobrar para obter o máximo de vantagens com base no interesse nacional? Em resumo, existirá ainda uma comunidade atlântica, e em caso afirmativo, como esta definirá a si mesma?

É uma pergunta que devem se fazer os que estão dos dois lados do Atlântico. A comunidade atlântica não pode continuar a ser relevante simplesmente projetando para o futuro mais do mesmo. Ao cooperar para dar forma a assuntos estratégicos num plano global, os integrantes europeus da Aliança Atlântica em muitos casos descreveram suas políticas como as de administradores de regras neutros e distribuidores de ajuda. Contudo, frequentemente têm se mostrado inseguros sobre o que fazer quando este modelo fosse rejeitado ou sua implementação saísse do rumo planejado. Um significado mais específico precisa ser atribuído à, tantas vezes invocada, "parceria atlântica" por uma nova geração formada por um conjunto de experiências diferentes daquelas impostas pelo desafio soviético durante a Guerra Fria.

Cabe essencialmente aos europeus decidir sobre a evolução política da Europa. A opinião de seus parceiros atlânticos, contudo, tem um peso importante na questão. A Europa emergente se tornará um participante ativo na construção de uma nova ordem internacional ou suas energias serão consumidas por suas próprias questões internas? A estratégia pura de balança de poder das tradicionais potências europeias é impossibilitada pelas realidades estratégicas e geopolíticas contemporâneas. Porém a organização nascente, baseada em "regras e normas", pelas mãos de uma elite pan-europeia tampouco se revelará um veículo adequado para uma estratégia global a menos que se levem em conta realidades geopolíticas.

Tanto em termos de história como de geopolítica, os Estados Unidos têm todos os motivos para apoiar a União Europeia e evitar que ela desande para um vácuo político. Separados da Europa nos planos da política, da economia e da defesa, os Estados Unidos, em termos geopolíticos, se tornariam uma ilha ao largo da Eurásia, e a própria Europa poderia se tornar um prolongamento das extensões da Ásia e do Oriente Médio.

A Europa, que há menos de um século gozava de um monopólio quase completo na concepção da ordem global, corre perigo de se isolar da busca contemporânea por uma ordem mundial ao ver em sua construção interna seu objetivo supremo em termos geopolíticos. Para muitos, o resultado representa o ápice dos sonhos de gerações — um continente unido em paz e renunciando a disputas de poder. Contudo, ainda que tenham sido muitas vezes inspiradores os valores adotados pela Europa em sua abordagem que enfatiza o poder brando,* poucas outras regiões têm mostrado uma dedicação tão absoluta a este estilo de política, o que aumenta as chances de um desequilíbrio. A Europa se volta para si mesma justo no momento em que a busca por uma ordem mundial, concebida sobretudo por ela, se vê diante de um momento crítico, e a nova ordem pode vir a dominar qualquer região que não participe de sua formação. A Europa, portanto, se encontra suspensa entre um passado que ela procura superar e um futuro que ainda não definiu.

---

* No original, *soft power*. Termo cunhado pelo cientista político Joseph S. Nye Jr. no início dos anos 1990 para denominar os recursos ideológicos, morais ou culturais que permitem ser a influência exercida sem recurso à coerção ou a incentivos econômicos — característicos do exercício do poder bruto, ou *hard power*. (N.R.T.)

CAPÍTULO 3

O islamismo e o Oriente Médio: um mundo em desordem

O Oriente Médio foi a crisálida de onde saíram três das grandes religiões do mundo. De suas paisagens inóspitas partiram conquistadores e profetas erguendo estandartes que proclamavam aspirações universais. Através de seus horizontes aparentemente infinitos, impérios se ergueram e ruíram; governantes absolutos se proclamaram a encarnação de todo o poder, apenas para desaparecerem como se tivessem sido miragens. Ali existiu todo tipo de ordem doméstica e internacional, e todas, em algum momento, foram rejeitadas.

O mundo se habituou a ouvir conclamações vindas do Oriente Médio, pregando a derrubada de ordens regionais ou mundiais, a serviço de uma visão universal. Uma profusão de absolutismos proféticos tem sido a marca distintiva de uma região suspensa entre o sonho de sua antiga glória e sua atual incapacidade de alcançar uma união em torno de princípios de legitimidade doméstica ou internacional. Em nenhuma outra parte o desafio da ordem internacional se apresenta de forma tão complexa — tanto em termos da organização de uma ordem regional quanto da adequação dessa ordem à paz e à estabilidade no resto do mundo.

Hoje, o Oriente Médio parece destinado a vivenciar todas as suas experiências históricas simultaneamente — império, guerra santa, dominação estrangeira, guerra sectária de todos contra todos — antes de chegar (se é que algum dia isso vai ocorrer) a um conceito estável de ordem internacional. Até que isso aconteça, a região permanecerá oscilando entre a adesão à comunidade mundial e a luta contra ela.

A ordem mundial islâmica

Os primeiros movimentos no sentido de uma organização do Oriente Médio e do norte da África se desenvolveram a partir de uma sucessão de impérios. Cada um deles se considerava o centro da vida civilizada; cada um deles surgiu em torno de características geográficas unificadoras para depois se expandirem pelas zonas não incorporadas existentes entre eles. No terceiro milênio a.C., o Egito expandiu sua influência ao longo do Nilo até partes do atual Sudão. Surgindo no mesmo período, os impérios da Mesopotâmia, Suméria e Babilônia consolidaram seu domínio entre os povos da região dos rios Tigre e Eufrates. No século VI a.C., o Império Persa se ergueu no planalto iraniano e desenvolveu um sistema de governo descrito como "a primeira tentativa deliberada na história de unir comunidades africanas, asiáticas e europeias heterogêneas numa só sociedade internacional organizada", com um governante que se apresentava como *Shahanshah*, ou "Rei dos Reis".[1]

Ao fim do século VI d.C., dois grandes impérios dominavam a maior parte do Oriente Médio: o Império Bizantino (ou Romano Oriental), com sua capital em Constantinopla e professando a religião cristã (ortodoxa), e o Império Sassânida Persa sediado em Ctesifonte, perto da atual Bagdá, que praticava o zoroastrismo. Conflitos entre os dois tinham ocorrido esporadicamente durante séculos. Em 602, não muito tempo depois que uma peste havia devastado ambos os impérios, uma invasão persa dos territórios bizantinos deflagrou uma guerra que duraria 25 anos e na qual os dois impérios puseram à prova a força remanescente de ambos. Após uma vitória final bizantina, a exaustão levou à paz que a diplomacia não conseguira assegurar. Também abriu caminho para a vitória definitiva do Islã. Pois na região ocidental da Arábia, num deserto inóspito fora do controle de qualquer império, o profeta Maomé e seus seguidores estavam reunindo forças, motivados por uma nova visão de ordem mundial.

Poucos acontecimentos na história mundial são comparáveis ao drama da expansão inicial do Islá. Reza a tradição muçulmana que Maomé, nascido em Meca no ano 570, recebeu aos 40 anos a revelação que prosseguiria por 23 anos e que, registrada por escrito, se transformaria no Corão. Enquanto os impérios bizantino e persa se desarmavam um ao outro, Maomé e sua comunidade de fiéis se organizaram politicamente, unificaram a península Arábica e se lançaram a substituir as crenças que até então prevaleciam na região — basicamente o judaísmo, o cristianismo e o zoroastrismo — pela religião da visão que recebera.

Uma onda expansionista sem precedente transformou a ascensão do Islá num dos acontecimentos de maiores consequências da história. No século que se seguiu à morte de Maomé, em 632, exércitos árabes levaram a nova religião até a costa atlântica da África, à maior parte da Espanha, à França Central e, no Oriente, até o norte da Índia. Trechos da Ásia Central e da Rússia, partes da China e a maior parte das Índias Orientais seriam acrescentadas a essa área de influência nos séculos seguintes. Nessas regiões, o Islá, levado ora por mercadores, ora por conquistadores, se estabeleceu como a presença religiosa dominante.

Teria parecido inconcebível apenas algumas décadas antes que um pequeno grupo de confederados árabes pudesse inspirar um movimento capaz de devastar grandes impérios que dominavam a região havia séculos.[2] Como foi possível que tamanho ímpeto imperial e um fervor tão onidirecional e abrangente passasse despercebido? Os registros das sociedades vizinhas não tinham, até então, considerado a península Arábica como uma força imperial. Durante séculos os árabes haviam levado uma existência tribal, pastoral e seminômade no deserto e nas áreas férteis da sua periferia. Até aquele momento, ainda que tivessem lançado alguns poucos desafios, não muito concretos, ao domínio romano, não tinham fundado nenhum grande Estado ou império. Sua memória histórica estava circunscrita a uma tradição oral de poesia épica. Na consciência de gregos, romanos e persas, eles figuravam basicamente como bandos de ladrões que atacavam esporadicamente as rotas de comércio e os povos sedentários. Nas visões de ordem mundial dessas culturas, os árabes figuravam apenas ocasionalmente em arranjos temporários nos quais a lealdade de determinada tribo era comprada para que ficasse encarregada de manter a segurança ao longo das fronteiras imperiais.

Num século marcado por esforços notáveis, este mundo foi subvertido. Expansionista e, sob certos aspectos, radicalmente igualitário, o Islá fomentou uma sociedade diferente de qualquer outra na história. Sua exigência por orações diárias frequentes transformou a fé num modo de vida; a ênfase depositada na identidade do poder religioso com o político fez com que a expansão do Islá se tornasse não um empreendimento imperial, mas uma obrigação sagrada. A cada um dos povos encontrados pelos muçulmanos em sua marcha foi oferecida a mesma coisa: conversão, adoção de um status de protetorado ou conquista. Como declarou um enviado árabe, encarregado de negociar com o Império Persa, que estava sob sítio, na véspera de uma batalha decisiva do século VII: "Se adotarem o Islá, nós deixaremos vocês em paz; se concordarem em pagar a capitação, vamos protegê-los quando precisarem de proteção. Caso contrário, é a guerra."[3] A cavalaria árabe, combinada à convicção religiosa, a habilidade militar e um desprezo pelos objetos luxuosos que encontravam nas terras conquistadas tornavam suas ameaças convincentes. Observando o dinamismo e as realizações do empreendimento islâmico e ao se verem ameaçadas de extinção, as sociedades optaram por adotar a nova religião e a sua visão.

O rápido avanço do Islá através de três continentes ofereceu aos fiéis a prova da sua missão divina.[4] Motivados pela convicção de que sua disseminação iria unir e trazer a paz a toda a humanidade, o Islá era a um só tempo uma religião, um superestado multiétnico e uma nova ordem mundial.

As ÁREAS CONQUISTADAS pelo Islá ou aquelas nas quais exercia seu domínio sobre povos não muçulmanos que pagavam tributos eram concebidas como uma única unidade política: *dar al-Islam*, a "Casa do Islá", ou o domínio da paz. Este seria governado por um califado, uma instituição definida pela sucessão ordeira da autoridade política terrena que o Profeta havia exercido. As terras para além dessa área eram a *dar al-harb*, o domínio da guerra; a missão do Islá era incorporar essas regiões ao seu próprio mundo, promovendo, assim, a paz universal:

> O *dar al-Islam*, em teoria, estava em estado de guerra com o *dar al-harb*, porque o objetivo supremo do Islá era o mundo inteiro. Se o *dar*

al-harb fosse reduzido pelo Islã, a ordem pública da *Pax Islamica* seria superada pelas outras, as comunidades não muçulmanas iriam ou se tornar parte da comunidade islâmica ou se submeter à sua soberania na condição de comunidades religiosas toleradas ou como entidades autônomas com as quais se relacionariam por meio de tratados.[5]

A estratégia voltada para a construção deste sistema universal receberia o nome de jihad, um dever obrigatório para os crentes no sentido de expandir sua fé por meio da luta. "Jihad" abrangia a guerra, mas não se limitava a uma estratégia militar; o termo também incluía outros meios de exercer os plenos poderes de cada um para fazer valer e disseminar a mensagem do Islã, como realizar sacrifícios espirituais ou grandes façanhas para glorificar os princípios da religião. Dependendo das circunstâncias — e em várias eras e regiões, a ênfase relativa variou enormemente —, o crente poderia cumprir o dever do jihad; "com o seu coração; com a sua língua; com as suas mãos, ou pela espada".[6]

As circunstâncias, obviamente, mudaram muito desde que o antigo Estado islâmico, nos seus primórdios, decidiu expandir sua crença em todas as direções ou quando governou a comunidade inteira de fiéis por meio de uma única entidade política numa condição de desafio latente ao resto do mundo. Interações entre sociedades muçulmanas e não muçulmanas passaram por períodos de coexistência muitas vezes produtiva, assim como por fases de antagonismo. Padrões de troca vincularam mais intimamente os mundos islâmico e não islâmico e alinhamentos diplomáticos têm muitas vezes se baseado na determinação de estados muçulmanos e não muçulmanos trabalharem juntos para atingir objetivos comuns importantes. Contudo, o conceito binário de ordem mundial permanece sendo a doutrina de Estado oficial do Irã, consagrado na sua constituição; o grito de guerra de minorias armadas no Líbano, na Síria, no Iraque, no Iêmen, no Afeganistão e no Paquistão; e a ideologia de vários grupos terroristas ativos pelo mundo, incluindo o Estado Islâmico do Iraque e do Levante (ISIL).*

---

* Meses depois que o livro foi escrito, o grupo mudaria seu nome para ISIS, da sigla em inglês para Estado Islâmico do Iraque e da Síria e, em seguida, simplesmente para IS (Estado Islâmico). (N.T.)

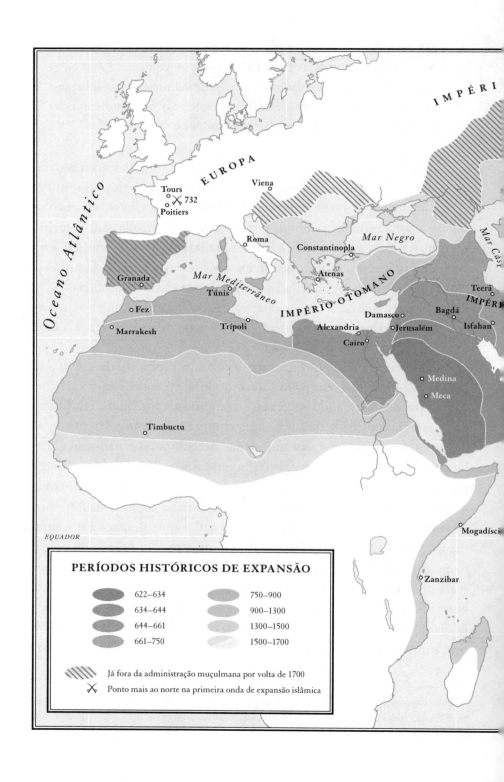

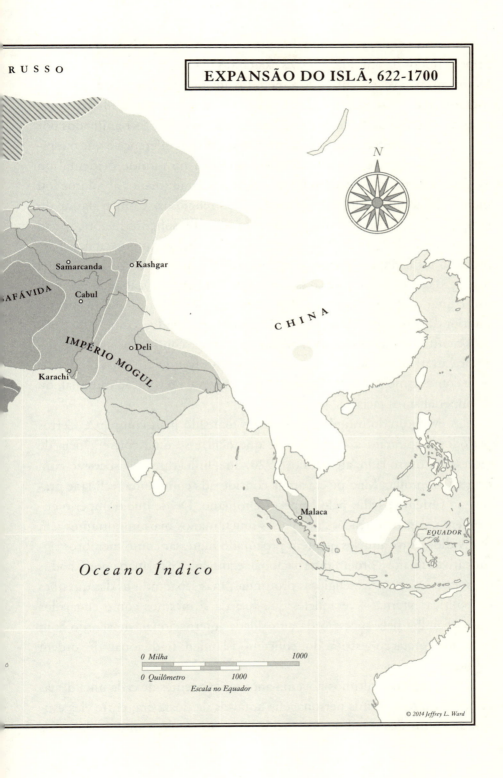

Outras religiões — especialmente o cristianismo — tiveram seus próprios períodos de cruzada, às vezes exaltando sua missão universal com um fervor comparável e recorrendo a métodos análogos de conquista e conversões forçadas.[7] (Os conquistadores espanhóis destruíram as civilizações antigas da América do Sul e da América Central no século XVI animados por um espírito semelhante de conquista do mundo.) A diferença é que o espírito de cruzada teve sua intensidade diminuída no mundo ocidental ou assumiu a forma de conceitos laicos que se revelaram menos absolutos (ou menos duradouros) do que os imperativos religiosos. Com o passar do tempo, o cristianismo tornou-se um conceito filosófico e histórico, não um princípio operacional de estratégia ou de ordem internacional. Esse processo foi facilitado porque o mundo cristão tinha dado origem a uma distinção entre "o que é de César" e "o que é de Deus", acabando por permitir uma evolução rumo a políticas externas pluralísticas, seculares, no interior de um sistema internacional baseado em Estados, como vimos nos dois capítulos anteriores. Isso também foi fruto de contingências, entre elas a fraca atratividade de alguns dos conceitos motivando cruzadas modernas — o comunismo militante soviético, que pregava a revolução mundial, ou os imperialismos raciais.

A evolução do mundo muçulmano tem sido mais complexa. Certos períodos inspiraram a esperança de que ocorresse uma convergência de visões. Por outro lado, até os anos 1920, uma linha direta de sucessão com origem no profeta Maomé era ainda considerada como uma realidade prática no Oriente Médio pelo Império Otomano. Desde que o império entrou em colapso, as reações nos países muçulmanos mais importantes têm se dividido entre aqueles que têm procurado ingressar como membros significativos na nova ordem internacional, ecumênica e formada por Estados — aderindo a crenças religiosas profundas, mas separando-as das questões de política externa — e aqueles que veem a si mesmos como engajados numa batalha pela sucessão da autoridade internacional, de acordo com uma interpretação estrita do conceito islâmico tradicional de ordem mundial.

Ao longo dos últimos noventa anos, os expoentes de cada uma dessas visões incluíram alguns personagens notáveis de nossa era; entre eles estiveram alguns dos estadistas de maior visão do século e muitos dos mais formidáveis absolutistas religiosos. A disputa entre as duas tendências ainda não chegou ao seu desfecho; no interior de alguns governos do Oriente Médio, os que acreditam numa ordem baseada em Estados coexistem — ainda que por vezes desconfortavelmente — com os defensores de uma ordem universal baseada na fé religiosa. Para muitos de seus fiéis, especialmente num período de ressurgência do Islamismo — a ideologia moderna que procura instalar as escrituras islâmicas na condição de árbitro central da vida pessoal, política e internacional — o mundo islâmico permanece numa posição de inevitável confronto com o mundo exterior.

No antigo sistema islâmico, eram admissíveis tratados de não agressão com sociedades não muçulmanas. De acordo com a jurisprudência tradicional, estes eram considerados recursos pragmáticos de duração limitada, garantindo à parte islâmica proteção contra ameaças enquanto procurava reunir suas forças e aumentar sua coesão. Com base num precedente estabelecido pelo antigo Estado islâmico ao firmar tréguas com inimigos, os quais, mais tarde, acabou por derrotar, esses tratados eram limitados por períodos específicos, até dez anos, que poderiam ser renovados quando necessário: nesse espírito, nos primeiros séculos da história muçulmana, "as normas legais islâmicas determinam que um tratado não pode ter uma vigência eterna, já que deve ser declarado imediatamente sem efeito assim que os muçulmanos adquiram capacidade de lutar contra seus inimigos".[8]

O que esses tratados não admitem é um sistema permanente no qual o Estado islâmico interagiria em termos de igualdade com Estados soberanos não islâmicos: "As comunidades do *dar al-harb* eram consideradas como estando no 'estado de natureza', pois não contavam com nenhuma competência legal para se relacionar com o Islã numa base de igualdade e reciprocidade por não conseguirem se adequar aos seus padrões éticos e legais."[9] Como, de acordo com esta visão, os princípios internos de um Estado islâmico são imbuídos de um aval divino, entidades políticas não muçulmanas eram ilegítimas; não poderiam jamais ser aceitas pelos Estados islâmicos como interlocutores num plano de verdadeira igualdade. Uma ordem mundial pacífica dependia da capacidade de forjar e expandir uma entidade islâmica unitária, não um equilíbrio entre partes concorrentes.

Na versão idealizada dessa visão de mundo, a difusão da paz e da justiça sob a bandeira do Islã era um processo unidirecional e irreversível.[10] A perda de qualquer terra que houvesse sido conquistada pelo *dar al-Islam* jamais poderia ser aceita como permanente, já que isso significaria repudiar o legado da fé universal. Na realidade, não há registro na história de outro empreendimento político que tenha se expandido com resultados tão inexoráveis. Com o tempo, alguns territórios sob o domínio do Islá nos períodos de expansão acabariam, na verdade, se livrando do controle muçulmano, incluindo Espanha, Portugal, Sicília, sul da Itália, os Bálcãs (na atualidade uma colcha de retalhos de enclaves muçulmanos e cristãos principalmente ortodoxos), Grécia, Armênia, Geórgia, Israel, Índia, sul da Rússia e partes da China ocidental. Contudo, dos territórios incorporados na primeira onda de expansão do Islá, uma maioria significativa permanece sendo muçulmana hoje.

NENHUMA SOCIEDADE JAMAIS deteve o poder, nenhuma liderança provou ter a capacidade de resistência e nenhuma fé o dinamismo para impor de modo duradouro suas escrituras sagradas através do mundo. A universalidade demonstrou ser um objetivo fugidio para qualquer conquistador, inclusive o Islá. À medida que o antigo Império Islâmico se expandiu, acabou se fragmentando em múltiplos centros de poder. Uma crise de sucessão que se seguiu à morte de Maomé levou ao cisma entre os ramos sunita e xiita do Islá, uma divisão que marca o mundo islâmico contemporâneo. Em qualquer novo empreendimento político, a sucessão se apresenta como uma questão delicada. Onde o líder fundador é também visto como o "O Selo dos Profetas", o último mensageiro de Deus, o debate se torna ao mesmo tempo político e teológico. Depois da morte de Maomé, em 632, um conselho de anciãos tribais selecionou seu sogro Abu Bakr como o seu sucessor, ou califa, como a figura mais indicada para manter o consenso e a harmonia na jovem e inexperiente comunidade muçulmana. Uma minoria acreditava que a questão não deveria ter sido submetida a uma votação, sujeita à falibilidade humana, e que o poder deveria ter passado de forma automática ao parente mais imediato do Profeta, seu primo Ali — um dos primeiros convertidos ao Islá e guerreiro heroico, que já teria sido selecionado pessoalmente por Maomé.

Essas facções acabaram por se consolidar como as duas principais correntes do Islá.[11] Para os adeptos de Abu Bakr e de seus sucessores imediatos, a relação entre Maomé e Deus era única e decisiva; a principal tarefa do califado era preservar o que Maomé havia revelado e construído. Eles se tornaram os sunitas, uma abreviatura para "o povo da tradição e do consenso". Para o Partido de Ali — Shiite-Ali (ou xiita) — governar a nova sociedade islâmica era também uma tarefa espiritual que envolvia um elemento esotérico. Na sua visão, os muçulmanos poderiam ser colocados em relação correta com a revelação de Maomé apenas se guiados por indivíduos espiritualmente dotados, descendentes diretos do Profeta e de Ali, que vinham a ser os "tutelares" dos significados ocultos da religião. Quando Ali, tendo acabado por chegar ao poder na condição de quarto califa, foi desafiado por uma rebelião e assassinado por uma multidão, os sunitas viram na restauração da ordem no Islá a principal tarefa a ser realizada, por isso apoiaram a facção que restabelecia a estabilidade. Os xiitas denunciaram as novas autoridades como usurpadores ilegítimos e idolatraram os mártires que tinham morrido na resistência. Essas atitudes, em suas linhas gerais, acabariam prevalecendo por séculos.

Rivalidades geopolíticas agravavam diferenças doutrinárias. Com o passar do tempo, surgiram esferas independentes árabes, persas, turcas e dos moguls, cada uma delas aderindo, em teoria, à mesma ordem global muçulmana, mas conduzindo-se cada vez mais como monarquias rivais com interesses distintos e distintas interpretações da sua fé. Em alguns casos, incluindo grande parte do período Mogul na Índia, essas acolhiam uma abordagem relativamente ecumênica e mesmo sincrética, enfatizando a tolerância em relação a outras fés e, na política externa, privilegiando considerações práticas em detrimento de imperativos sectários. Quando potências irmãs sunitas imploraram que declarasse um jihad contra o Irã xiita, a Índia Mogul se negou, alegando a amizade tradicional entre os dois reinos e a ausência de *casus belli.* *

O impulso que animava o projeto mundial do Islá finalmente perdeu seu ímpeto quando a primeira onda de expansão muçulmana foi contida na Europa. As batalhas de Poitiers e de Tours, na França, em 732, puseram termo a uma série de avanços de forças muçulmanas árabes e do norte da África. A defesa da Ásia Menor e da Europa Oriental pelo Império Bizan-

---

* Termo em latim para designar motivos legítimos para se ir à guerra. (N.R.T.)

112 | *O islamismo e o Oriente Médio: um mundo em desordem*

tino manteve, por quatro séculos, uma linha atrás da qual o Ocidente começou a desenvolver suas próprias ideias pós-romanas sobre a ordem mundial. Conceitos ocidentais começaram a ser projetados nos territórios administrados pelos muçulmanos quando os bizantinos voltaram a entrar com suas forças, temporariamente, no Oriente Médio. As cruzadas — pilhagens lideradas por ordens de cavaleiros cristãos na Terra Santa histórica incorporada pelo Islã no século VII— tomaram Jerusalém em 1099, estabelecendo ali um reino que perduraria por quase dois séculos. A reconquista da Espanha foi concluída com a queda de Granada, o último bastião muçulmano na península, em 1492, empurrando a fronteira ocidental do Islã de volta ao norte da África.

No século XIII, o sonho de ordem universal reapareceu. Um novo império muçulmano liderado pelos turcos otomanos, seguidores do conquistador Osman, expandiu seu outrora pequeno Estado anatoliano até transformá-lo numa formidável potência, capaz de desafiar, e finalmente deslocar, os últimos vestígios do Império Bizantino. Eles começaram a construir um sucessor para os grandes califados islâmicos dos séculos anteriores. Apresentando-se como os líderes de um mundo islâmico unificado, eles expandiram seus domínios em todas as direções por meio de conflitos tidos como guerras santas, primeiramente nos Bálcãs. Em 1453 conquistaram Constantinopla (Istambul), a capital de Bizâncio, plantada de forma geoestratégica com um pé em cada lado do estreito de Bósforo. Deslocaram-se, em seguida, para o sul e para o oeste pelo interior da península Arábica, da Mesopotâmia, do norte da África, da Europa Oriental e do Cáucaso, transformando-se na potência dominante no litoral do Mediterrâneo oriental. A exemplo do Império Islâmico dos primeiros tempos, os otomanos concebiam sua missão política como universal, dando sustentação à "ordem do mundo"; sultões proclamavam-se "a Sombra de Deus na Terra" e "o soberano universal que protege o mundo".[12]

Como tinha acontecido com seus predecessores meio milênio antes, o Império Otomano entrou em contato com os Estados da Europa Ocidental à medida que se expandia na direção do Ocidente. A divergência entre o que mais tarde veio a ser institucionalizado como sistema multipolar europeu e o conceito otomano de um único império universal conferia um caráter complexo às suas interações. Os otomanos se recusavam a aceitar os Estados europeus como legítimos ou iguais. Isso não se devia a uma simples questão de doutrina islâmica; refletia também uma avaliação sobre a realidade das relações de poder, pois o Império Otomano era territorialmente maior do que todos os Estados ocidentais combinados e por muitas décadas seria mais forte militarmente do que qualquer coalizão imaginável entre eles.

Nesse contexto, os documentos oficiais otomanos confeririam aos monarcas europeus um tratamento protocolar abaixo daquele do de sultão, o soberano do Império Otomano; era o equivalente ao do seu vizir, ou o seu principal ministro.[13] Da mesma forma, os embaixadores europeus autorizados pelos otomanos a residir em Constantinopla eram enquadrados na categoria dos suplicantes. Pactos negociados com esses emissários eram redigidos não como tratados bilaterais, mas como garantias unilaterais e perfeitamente revogáveis de um privilégio concedido por um sultão magnânimo.

Quando os otomanos tinham alcançado o limite das suas capacidades militares, ambos os lados ocasionalmente se aliaram por motivos táticos. Interesses estratégicos e comerciais por vezes sobrepujavam a doutrina religiosa.

Em 1526, a França, julgando-se cercada pelo poder dos Habsburgo na Espanha, ao sul, e pelo Sacro Império Romano-Germânico, liderado pelos Habsburgo, ao norte, propôs uma aliança militar ao sultão otomano Solimão, o Magnífico. Era o mesmo conceito estratégico que, cem anos depois, levaria a França católica a se alinhar com o partido protestante na Guerra dos Trinta Anos. Solimão, vendo nos Habsburgo o principal obstáculo às ambições otomanas na Europa Oriental, respondeu de forma favorável à oferta, embora o rei Francisco I, na condição de parceiro, tivesse inegavelmente uma estatura menor. Ele não concordou com uma aliança, com a qual estaria admitindo de maneira implícita uma igualdade moral entre as duas partes; conferiu, em vez disso, seu apoio como um ato unilateral, concedido a partir de uma posição superior:

> Eu, que sou o Sultão dos Sultões, o Soberano dos Soberanos, aquele que coroa monarcas sobre a face da Terra, a sombra de Deus na terra, o Sultão e senhor soberano do mar Branco e do mar Negro, de Rumélia e da Anatólia, da Karamânia. [...] A vós, que sois Francisco, rei das terras da França.

Haveis enviado à minha Porta, refúgio dos soberanos, uma carta […] haveis aqui pedido ajuda e socorro para a sua libertação. […] Coragem, então, e que não desanime. Nossos gloriosos predecessores e nossos ilustres antepassados (que Deus ilumine suas tumbas!) nunca deixaram de fazer guerra para repelir o inimigo e conquistar suas terras. Nós mesmos seguimos seus passos, e ao longo das eras temos conquistado províncias e cidadelas de grande poder e de grande dificuldade para serem tomadas. Noite e dia nosso cavalo permanece selado e nosso sabre fica no nosso cinto.[14]

Uma cooperação militar deu-se, então, incluindo operações navais conjuntas otomano-francesas contra a Espanha e a península italiana. Jogando pelas mesmas regras, os Habsburgo contornaram os otomanos para solicitar uma aliança com a Dinastia Safávida na Pérsia. Imperativos geopolíticos, pelo menos temporariamente, prevaleceram sobre a ideologia.

O Império Otomano: o doente da Europa

Os otomanos retomaram suas investidas contra a ordem europeia, a mais importante delas chegando às portas de Viena em 1683. O sítio de Viena, rompido naquele ano por um exército europeu comandado por Eugênio de Savoia, marcou o ponto máximo da expansão otomana.

No fim do século XVIII e, num ímpeto crescente, no decorrer do século XIX, os Estados europeus começaram a reverter esse processo. O Império Otomano foi gradualmente sendo tomado pela esclerose quando facções religiosas ortodoxas na corte resistiram à modernização. A Rússia exercia sua pressão sobre o império a partir do norte, marchando na direção do mar Negro e para o interior do Cáucaso. A Rússia e a Áustria entraram nos Bálcãs, do leste e do oeste, enquanto a França e a Grã-Bretanha competiam pela influência no Egito — a joia da coroa do Império Otomano — que no século XIX alcançou vários graus de autonomia nacional.

Convulsionado por distúrbios internos, o Império Otomano era tratado pelas potências ocidentais como "o doente da Europa".[15] O destino de suas vastas possessões nos Bálcãs e no Oriente Médio, entre elas importantes comunidades cristãs com vínculos históricos com o Ocidente, transformou-se na "Questão Oriental", e durante grande parte do século xix, as grandes potências europeias tentaram dividir as possessões otomanas sem perturbar o equilíbrio de poder europeu. Da sua parte, os otomanos dispunham do recurso dos fracos; tentavam manipular as forças em disputa para obter o máximo possível de liberdade de ação.

Desse modo, no fim do século xix, o Império Otomano entrou na balança de poder europeia como membro provisório da ordem internacional vestfaliana, mas também na condição de potência em declínio, sem dispor de pleno controle sobre o seu destino — um "peso" a ser levado em conta ao se estabelecer o equilíbrio europeu, mas não um integrante com plenos direitos para defini-lo. A Grã-Bretanha usava o Império Otomano para bloquear os avanços da Rússia na direção dos estreitos; a Áustria se aliava ora à Rússia, ora aos otomanos para lidar com a questão dos Bálcás.

A Primeira Guerra Mundial significou o fim dessas manobras cautelosas. Aliados à Alemanha, os otomanos entraram na guerra munidos de argumentos extraídos de ambos os sistemas internacionais — o vestfaliano e o islâmico. O sultão acusou a Rússia de violar a "neutralidade armada" do império ao cometer um "ataque injustificado, contrário ao direito internacional", e prometeu "pegar em armas para salvaguardar seus interesses garantidos pela lei" (um *casus belli* classicamente vestfaliano). De forma simultânea, o principal representante otomano na esfera religiosa declarou jihad, acusando a Rússia, a França, e a Grã-Bretanha por "ataques desfechados contra o califado com o objetivo de aniquilar o Islã" e proclamando o dever religioso dos "muçulmanos de todos os países" (inclusive daqueles sob domínio britânico, francês ou russo) de "instigarem com seus corpos e suas posses o *Djat* (jihad)" ou "enfrentar a ira de Deus".[16]

Guerras santas ocasionalmente fazem com que os que são poderosos exerçam esforços ainda maiores; estes estão fadados ao fracasso, no entanto, sempre que desprezarem realidades estratégicas ou políticas. E o ímpeto que animava aquela época era determinado pela identidade nacional e pelos interesses nacionais, não pelo jihad global. Muçulmanos no Império Britânico ignoraram a declaração do jihad; importantes líderes muçulmanos na Índia britânica preferiram se concentrar em atividades ligadas ao movimento pela conquista da independência, muitas vezes de natureza ecumênica e em parceria com seus compatriotas hinduístas. Na península

Arábica, surgiram aspirações nacionais — inerentemente antiotomanas. As esperanças alemãs de contar com um apoio pan-islâmico na guerra se revelaram uma quimera. Depois do fim da guerra em 1918, os antigos territórios otomanos foram atraídos para o sistema internacional vestfaliano por uma série de mecanismos impostos.

O sistema vestfaliano e o mundo islâmico

O Tratado de Sèvres, de 1920, assinado com o que havia restado do Império Otomano após a Primeira Guerra, reformulou o Oriente Médio como se fosse uma colcha de retalhos formada por Estados — um conceito que até então não fizera parte de seu vocabulário. Alguns, como o Egito e o Irã (não árabe), tinham passado por experiências históricas anteriores na condição de impérios e entidades culturais. Outros foram inventados para existirem sob o amparo de "mandatos" britânicos ou franceses, subterfúgio que servia para ocultar uma tentativa colonialista ou paternalista de defini-los como Estados incipientes e carentes de tutela. O Acordo de Sykes-Picot de 1916 (que deve seu nome aos negociadores britânico e francês) havia dividido o Oriente Médio no que eram, na realidade, esferas de influência. O sistema de mandatos, da forma como foi ratificado pela Liga das Nações, pôs em vigor essa divisão: Síria e Líbano foram destinados à França; a Mesopotâmia, mais tarde Iraque, foi colocada sob a influência britânica; e a Palestina e a Transjordânia tornaram-se o "mandato britânico para a Palestina", indo da costa do Mediterrâneo até o Iraque. Cada uma dessas entidades abrigava inúmeros grupos étnicos e religiosos, sendo que alguns deles tinham um histórico de confrontos entre si. Isso permitiu à potência que detinha o mandato exercer o poder em parte por meio da manipulação das tensões, contribuindo nesse processo para lançar as sementes de futuras guerras e conflitos internos.

Com relação ao nascente sionismo (o movimento nacionalista judeu para estabelecer um Estado na Terra de Israel, uma causa que nascera antes da guerra, mas que se fortalecera com sua deflagração), a Declaração Balfour do governo britânico, emitida em 1917 — uma carta do secretário de Relações Exteriores ao lorde Rothschild —, anunciava ser favorável "ao estabelecimento na Palestina de um lar nacional para o povo judeu", enquanto oferecia a garantia de que "estava claramente compreendido que nada deveria ser feito que pudesse prejudicar os direitos civis e religiosos das comunidades não judias ali existentes".[17] Os britânicos aumentaram a ambiguidade contida nessa formulação ao, aparentemente, prometerem a mesma faixa de terra ao Xerife de Meca.

Estes rearranjos formais de poder deflagraram grandes convulsões. Em 1924, os líderes seculares-nacionalistas da recém-proclamada República da Turquia aboliram a principal instituição de unidade pan-islâmica, o califado, e declararam um Estado laico. Desde então, o mundo muçulmano se viu a meio caminho entre a ordem internacional vestfaliana vitoriosa e o agora irrealizável conceito do *dar al-Islam*. Contando com escassa experiência, as sociedades do Oriente Médio se propuseram a serem redefinidas enquanto Estados modernos, no interior de fronteiras que, em sua maior parte, não tinham suas raízes na história.

A emergência de um Estado laico ao estilo europeu não tinha nenhum precedente na história árabe. A primeira reação dos árabes foi a de adaptar os conceitos de soberania e Estado aos seus próprios fins. As elites comerciais e políticas estabelecidas começaram a operar no interior da estrutura vestfaliana de ordem e de uma economia global. O que pediam era o direito de seus povos aderirem na qualidade de membros em condição de igualdade. Seu grito de guerra era a demanda por genuína independência para unidades políticas estabelecidas, mesmo aquelas recentemente construídas, não pela derrubada da ordem vestfaliana. Na busca por esses objetivos, ganhou força uma corrente secularista. Porém não culminou, como tinha ocorrido na Europa, numa ordem pluralista.

Duas tendências opostas surgiram.[18] Os "pan-arabistas" aceitavam a premissa de um sistema de Estados. Contudo, o Estado pelo qual ansiavam era uma nação árabe unida, uma única entidade étnica, linguística e cultural. Em contraste com essa visão, o "Islã político" insistia na adoção da religião como o melhor veículo para a moderna identidade árabe. Os islamistas — dos quais a Irmandade Muçulmana é, hoje, sua expressão mais conhecida — eram em grande parte indivíduos de alta escolaridade e membros da nova classe média. Muitos consideravam o islamismo como uma maneira de se somar à era do pós-guerra sem precisar abandonar seus valores, serem modernos sem precisarem se tornar ocidentais.

Até a Segunda Guerra Mundial, as potências europeias foram suficientemente fortes para manter a ordem regional que haviam projetado para o Oriente Médio após a Primeira Guerra. Posteriormente, desapareceu a capacidade das potências ocidentais para controlar populações cada vez mais irrequietas. Os Estados Unidos emergiram como a principal influência de fora da região. Nas décadas de 1950 e 1960, os governos mais ou menos feudais ou monárquicos no Egito, Iraque, Síria, Iêmen e Líbia foram derrubados por seus setores militares, que se puseram, então, a estabelecer governos seculares.

Os novos governantes militares, geralmente recrutados em segmentos da população até então excluídos do processo político, se empenharam em ampliar sua base de apoio popular por meio de apelos ao nacionalismo. Populistas, ainda que não democráticas, essas culturas políticas viram suas raízes crescerem na região: Gamal Abdel Nasser — o carismático líder populista do Egito entre 1954 e 1970 — e seu sucessor, Anwar al-Sadat, ascenderam nas fileiras do Exército a partir de origens modestas e provincianas. No Iraque, Saddam Hussein, de origens igualmente humildes, punha em prática uma versão mais extrema de um governo militar secular: governando por meio da intimidação e brutalidade do início dos anos 1970 (primeiro como o homem forte *de facto* do regime, depois, desde 1979, como presidente) até 2003, ele procurou aterrorizar a região por meio da sua belicosidade. Tanto Hussein como seu aliado ideológico, o perspicaz e impiedoso Hafez al-Assad da Síria, se entrincheiraram com suas minorias religiosas dominando populações amplamente majoritárias (de forma irônica, de orientações opostas — com os sunitas governando sobre a maioria xiita no Iraque, e os alauítas, próximos aos xiitas, governando sobre a maioria sunita na Síria), anunciando sua fidelidade ao nacionalismo pan-árabe. Um sentido comum de destino nacional se desenvolveu como um substituto para a visão islâmica.

Contudo, o legado islâmico logo veio a se reafirmar. Partidos islamistas, combinando uma crítica aos excessos e fracassos dos governantes seculares com argumentos extraídos das escrituras sobre a necessidade de governos imbuídos de inspiração divina, pregavam a formação de uma teocracia pan-islâmica, que suplantasse os Estados existentes. Vilificavam o Ocidente e a União Soviética com igual veemência; muitos reforçavam sua visão com atos terroristas oportunistas. Os governantes militares reagiram de forma brutal, suprimindo movimentos políticos islamistas, a quem acusavam de sabotar a modernização e a unidade nacional.

Essa época — e com razão — atualmente não é idealizada. Os regimes militares, monárquicos e outros governos autocráticos no Oriente Médio tratavam qualquer discordância como sedição, deixando pouco espaço para o desenvolvimento da sociedade civil ou de culturas pluralistas — uma lacuna que passaria a assombrar a região até o século XXI. Ainda assim, no contexto do nacionalismo autocrático, um ensaio de acomodação com a ordem internacional contemporânea começou a tomar forma. Alguns dos governantes mais ambiciosos, como Nasser e Saddam Hussein procuraram ampliar a abrangência do seu território — seja por meio da força, seja por apelos demagógicos à unidade árabe. A breve confederação formada entre Egito e Síria, de 1958 a 1961, refletiu uma dessas tentativas. Porém esses esforços fracassaram porque os Estados árabes mostraram-se zelosos demais em relação ao seu próprio patrimônio para vê-lo submergir num projeto mais amplo de fusão política. Assim, a base comum final para a política de governantes militares era o Estado e um nacionalismo, em sua maior parte, limitado às fronteiras estabelecidas.

Nesse contexto, eles procuraram explorar a rivalidade das potências da Guerra Fria para aumentar sua própria influência. Do fim dos anos 1950 até o início dos anos 1970, a União Soviética serviu como seu veículo para pressionar os Estados Unidos. Ela tornou-se o maior fornecedor de armas e o principal parceiro diplomático dos Estados árabes nacionalistas, os quais, por sua vez, apoiavam os objetivos internacionais soviéticos. Os autocratas militares professavam uma vaga lealdade ao "socialismo árabe" e a admiração pelo modelo econômico soviético, ainda que na maioria dos casos a economia permanecesse tradicionalmente patriarcal e focada em indústrias únicas, administradas por tecnocratas. O ímpeto que prevalecia era o do interesse nacional, como concebido pelos regimes, não o da ideologia política ou religiosa.

Na época da Guerra Fria, as relações entre os mundos islâmico e não islâmico, de um modo geral, seguiram essa abordagem, essencialmente vestfaliana, de balança de poder. Egito, Síria, Argélia e Iraque de um modo geral apoiavam políticas soviéticas e seguiam a liderança da União Soviética.

A Jordânia, a Arábia Saudita, o Irã e o Marrocos mantinham uma relação amistosa com os Estados Unidos e contavam com os norte-americanos para garantir sua segurança. Todos esses países, com exceção da Arábia Saudita, eram governados como Estados seculares — ainda que muitos deles derivassem sua legitimidade política de várias formas tradicionais de monarquia tingida de um verniz religioso — seguindo ostensivamente princípios de estadismo baseados no interesse nacional. A distinção básica se dava entre quais países viam seus interesses atendidos por qual superpotência.

Em 1973-74, esse alinhamento mudou. Convencidos de que a União Soviética era capaz de suprir armas, mas não um avanço diplomático no sentido da recuperação da península de Sinai, ocupada então por Israel (os israelenses tinham tomado a península durante a Guerra dos Seis Dias, em 1967), o presidente egípcio Anwar al-Sadat mudou de lado. A partir daquele momento, o Egito passaria a se comportar, para todos os fins práticos, como um aliado dos Estados Unidos. Sua segurança estaria baseada em armas americanas, não mais soviéticas. A Síria e a Argélia se deslocaram para uma posição mais equidistante entre os dois polos da Guerra Fria. O papel regional desempenhado pela União Soviética se viu drasticamente reduzido.

A única questão ideológica capaz de unir as visões dos árabes foi a emergência de Israel enquanto Estado soberano reconhecido internacionalmente como o lar para o povo judeu. A resistência árabe a essa possibilidade levou a quatro guerras: em 1948, 1956, 1967 e 1973. Em todas elas, as armas israelenses prevaleceram.

Tendo como base o interesse nacional, a guinada de Sadat rumo, efetivamente, a uma órbita antissoviética deu início a um período de intensa diplomacia que conduziu a dois acordos de desmobilização de tropas entre Egito e Israel e a um acordo de paz com Israel em 1979. O Egito foi expulso da Liga Árabe. Sadat foi vilificado e, por fim, assassinado. Contudo, suas ações corajosas encontraram quem quisesse imitá-las para alcançar acomodações semelhantes com o Estado judeu. Em 1974, Síria e Israel concluíram um acordo de retirada de tropas para definir e proteger as linhas de fronteira entre os dois países. Esse arranjo vem sendo mantido há quatro décadas, em meio a guerras e atos terroristas e até mesmo em meio ao caos da guerra civil síria. Jordânia e Israel puseram em prática uma política de moderação mútua que culminou num acordo de paz. No plano internacional, os regimes autoritários da Síria e do Iraque continuaram a se inclinar na direção da União Soviética, mas permaneceram abertos — caso a caso — à possibilidade de apoiar outras políticas. Ao fim da década de 1970, crises do Oriente Médio começavam a se parecer mais e mais com as crises dos Bálcãs do século XIX — esforços por parte de Estados de segunda ordem para manipular as rivalidades das potências dominantes em proveito dos seus próprios objetivos nacionais.

Uma associação diplomática com os Estados Unidos, no entanto, não foi capaz, em última análise, de resolver a difícil situação enfrentada pelas autocracias militares nacionalistas. A associação com a União Soviética não havia servido para fazer avançar os objetivos políticos daqueles países; a associação com os Estados Unidos não tinha desarmado os desafios sociais por eles enfrentados. Os regimes autoritários tinham, concretamente, alcançado a independência do jugo colonial e obtido uma capacidade para manobrar entre os grandes centros de poder da Guerra Fria. Porém, em termos econômicos, seu avanço foi demasiado lento e o acesso aos seus benefícios se deu de forma desigual demais para atender às necessidades dos seus povos — os problemas em muitos casos foram exacerbados, pois a abundância em termos de recursos energéticos levou a renda nacional a depender exclusivamente do petróleo, forjando uma cultura econômica desfavorável à inovação e à diversificação. Acima de tudo, o fim abrupto da Guerra Fria enfraqueceu sua posição de barganha e tornou-os politicamente mais dispensáveis. Não tinham aprendido como, na ausência de um inimigo estrangeiro ou de uma crise internacional, mobilizar populações que cada vez mais consideravam o estado não como um fim em si, mas enquanto uma entidade que tem a obrigação de aumentar o seu bem-estar.

Em consequência disso, essas elites se viram obrigadas a lidar com uma onda crescente de descontentamento doméstico, que gerava desafios à sua legitimidade. Grupos radicais prometeram substituir o sistema existente no Oriente Médio por uma ordem regional baseada na religião e refletindo duas abordagens universalistas distintas da ordem mundial: a versão sunita, que tem como modelo de alcance regional a Irmandade Muçulmana, fundada em 1928, o Hamas, o movimento radical que tomou o poder em Gaza em 2007, e o movimento terrorista global Al-Qaeda; a versão xiita inspirada na revolução de Khomeini e sua cria, o Hezbollah, o "Estado dentro de um Estado" existente no Líbano. Protagonizando um conflito violento entre elas, as duas correntes estão unidas, contudo, em seu compromisso para desmantelar a ordem regional existente e reconstruí-la como um sistema de inspiração divina.

Islamismo: a maré revolucionária — duas interpretações filosóficas*

Na primavera de 1947, Hassan al-Banna, um relojoeiro egípcio, professor e ativista religioso autodidata, dirigiu uma crítica às instituições do Egito da época do rei Farouk intitulada "Rumo à luz". Ela oferecia uma alternativa islâmica ao Estado-nação laico. Numa linguagem cuidadosamente polida, ainda que impetuosa, al-Banna definia os princípios e as aspirações da Sociedade Egípcia dos Irmãos Muçulmanos (conhecida informalmente como a Irmandade Muçulmana), a organização fundada por ele em 1928 para combater o que considerava os efeitos deletérios da influência estrangeira e do modo de vida não religioso.

A partir dos primeiros tempos de sua formação, quando era apenas um grupo informal de muçulmanos inconformados com a dominação britânica sobre a zona do canal de Suez, a Irmandade de al-Banna cresceu até se tornar uma rede nacional de atividades políticas e sociais, com dezenas de milhares de membros e células em cada cidade egípcia, além de uma influente estrutura voltada para a propaganda, distribuindo seus comentários sobre os acontecimentos políticos.[19] A organização havia conquistado respeito regional pelo apoio à fracassada revolta árabe de 1937-39, de caráter antibritâni-

---

* O autor não afirma estar em condições de definir a verdadeira essência das doutrinas e seitas cujos esforços exaltados vêm atualmente reordenando o mundo islâmico. Muitos muçulmanos, em muitos países a maioria da população, adotaram interpretações da sua fé menos voltadas para o confronto e mais pluralistas do que aquelas que menciono nestas páginas. Contudo, as visões aqui representadas exercem uma influência significativa, muitas vezes decisiva, na direção tomada por vários Estados importantes do Oriente Médio e em quase todas as organizações não estatais. Essas opiniões representam a afirmação de uma ordem mundial separada e, por definição, incompatível com o sistema vestfaliano ou com os valores do internacionalismo liberal e superior a esse sistema. Quando buscamos compreendê-las, precisamos recorrer em parte ao vocabulário religioso invocado pelas partes em disputa. (N.A.)

co e antissionista, no território da Palestina, então um protetorado britânico. Também tinha atraído a atenção das autoridades egípcias.

Mesmo impedido de participar diretamente na política egípcia, al-Banna era um dos personagens políticos mais influentes do Egito e procurava agora capitalizar a visão da Irmandade Muçulmana por meio de uma declaração pública dirigida ao monarca egípcio. Lamentando que seu país e toda a região se vissem vítimas da dominação estrangeira e da decadência moral interna, ele proclamava ser chegada a hora de promover uma renovação.

O Ocidente, afirmava al-Banna, "que alcançou uma situação brilhante graças à perfeição científica que manteve durante um longo tempo [...], chegou agora à bancarrota e à decadência. Seus fundamentos estão desmoronando, e suas instituições e os princípios que lhes servem de guia estão caindo em pedaços".[20] As potências ocidentais tinham perdido todo o controle sobre a sua própria ordem mundial: "Seus congressos são fracassos, seus tratados são violados e seus pactos, rasgados." Concebida para manter a paz, a Liga das Nações era "uma ilusão". Ainda que não tivesse empregado esses termos, al-Banna estava defendendo que a ordem mundial vestfaliana havia perdido *tanto* sua legitimidade *como* o seu poder. E estava anunciando, explicitamente, que havia surgido a oportunidade de criar uma nova ordem mundial, baseada no Islã. "O modo de ser islâmico já havia sido posto à prova antes" — argumentava ele, e — "a história mostrou o quanto ela era justa e razoável". Se uma sociedade decidisse se dedicar "de forma completa e abrangente" à restauração dos princípios originais do Islã e à construção da ordem social prescrita pelo Alcorão, a "nação islâmica em sua totalidade" — ou seja, os muçulmanos, em termos globais — "irá nos apoiar"; o que resultaria na "unidade árabe" e, finalmente, na "unidade islâmica".

De que forma uma ordem mundial islâmica restaurada iria se relacionar com o moderno sistema internacional, construído em torno de Estados? Uma verdadeira lealdade muçulmana, defendeu al-Banna, estava destinada a se multiplicar, levando diferentes esferas a se sobreporem umas às outras, fazendo surgir no seu ápice um sistema islâmico unificado cujo alcance acabaria, afinal, por abranger o mundo inteiro. Sua terra natal seria, a princípio, "um país determinado"; "se estendendo, então, a outros países islâmicos, pois todos eles são uma terra natal e um lar para o muçulmano"; em seguida haveria a progressão rumo a um "Império Islâmico", tendo como modelo aquele erguido pelos ancestrais devotos, pois "o muçulmano, diante de Deus, será questionado" a respeito do que fez "para restaurá-lo". O círculo final se desdobraria no plano global: "Então a terra natal do muçulmano se expandirá até abranger o mundo inteiro. Vocês não ouviram as palavras de Deus (Abençoado seja Ele, o Todo-Poderoso!): 'Lute contra eles até que não exista mais perseguição e o culto seja dedicado a Deus'?"[21]

Onde fosse possível, essa luta se daria de forma gradual e pacífica.[22] Em relação aos não muçulmanos, enquanto eles não se opusessem ao movimento e lhe rendessem o devido respeito, a Irmandade Muçulmana dos primeiros tempos aconselhava "proteção", "moderação e uma equidade firmada em raízes profundas". Estrangeiros deveriam ser tratados de forma "pacífica e com simpatia, enquanto eles se comportassem com correção e sinceridade". Portanto, seria "pura fantasia" sugerir que a implementação de "instituições islâmicas na nossa vida moderna criaria algum tipo de desentendimento entre nós e as nações ocidentais".

Em que medida a moderação aconselhada por al-Banna era tática e uma tentativa de obter aceitação num mundo ainda dominado pelas potências ocidentais? Em que medida a retórica jihadista era destinada a conquistar o apoio dos redutos tradicionais islâmicos? Assassinado em 1949, al-Banna não teve tempo de detalhar como pretendia conciliar a ambição revolucionária de seu projeto de transformação mundial com os princípios por ele adotados de tolerância e de relação amistosa entre civilizações.

Essas ambiguidades, que estavam nas entrelinhas do texto de al-Banna, foram desfeitas por movimentos e pensadores islâmicos que se manifestaram desde então em favor de uma rejeição fundamental do pluralismo e da ordem internacional secular, não religiosa. O erudito religioso e ideólogo da Irmandade Muçulmana Sayyid Qutb articulou aquela que talvez seja a mais fundamentada e influente versão dessa visão. Em 1964, quando estava preso sob a acusação de participar de uma conspiração para assassinar o presidente egípcio Gamal Abdel Nasser, Qutb escreveu *Marcos à beira do caminho*, uma declaração de guerra contra a ordem existente que veio a se tornar um texto fundador do moderno islamismo.

Na visão de Qutb, o Islã era um sistema universal que oferecia a única verdadeira forma de liberdade: liberdade em relação ao governo de outros homens, às doutrinas formuladas por homens, ou "associações de ordem inferior, baseadas em raça ou cor, idioma ou país, interesses regionais ou nacionais" (ou seja, todas as outras formas de governo ou lealdade e algumas das pedras fundamentais da ordem vestfaliana).[23] A missão moderna do Islã, na visão de Qutb, era derrubá-las e substituí-las com o que ele julgava ser uma aplicação literal e, em última instância, global, do Corão.

O ponto culminante desse processo seria "a realização da liberdade do homem na Terra — da humanidade inteira por toda a Terra".[24] Isso completaria o processo originado pela onda inicial da expansão islâmica nos séculos VII e VIII, "a qual seria levada então para toda a humanidade até a sua conclusão, já que o objeto dessa religião é o conjunto da humanidade e sua esfera de ação, a terra inteira". Como todos os projetos utópicos, também este exigiria medidas extremas para a sua implementação. Essas caberiam, segundo Qutb, a uma vanguarda ideologicamente pura, que rejeitaria os governos e as sociedades dominantes da região — todas rotuladas por Qutb de "não islâmicas e ilegais" — e tomaria a iniciativa de transformar a nova ordem numa realidade.

Qutb, munido de um vasto conhecimento e de uma intensidade exaltada, tinha declarado guerra a todo um estado de coisas — a uma modernidade radicalmente secular e à desunião muçulmana, ratificada pela disposição das fronteiras no Oriente Médio do período pós-Primeira Guerra — que muitos muçulmanos lamentavam, em caráter privado. Enquanto a maior parte dos seus contemporâneos recuava diante dos métodos violentos que ele pregava, um pequeno núcleo de seguidores dedicados — como a vanguarda que ele imaginara — começou a tomar forma.[25]

Para um mundo globalizado, em sua grande maioria secular, acreditando ter já ultrapassado os choques ideológicos da "História", a visão de Qutb e de seus seguidores parecia radical a ponto de não merecer atenção séria. Dando prova de falta de imaginação, muitas elites ocidentais acham inexplicáveis as paixões revolucionárias e partem da suposição de que seus pronunciamentos extremados devem ser entendidos como metafóricos ou considerados apenas como fichas de uma possível barganha. No entanto, para os fundamentalistas islâmicos, essas visões representam verdades que se impõem sobre as regras e normas da ordem internacional vestfaliana e, na realidade, de qualquer outra ordem. Há décadas elas têm servido de chamamento para a união de radicais e jihadistas no Oriente Médio e em outros lugares — encontrando seu eco na Al-Qaeda, no Hamas, no Hezbollah, no Talibã, no regime clerical iraniano, Hizb ut-Tahrir (o Partido da Libertação, ativo no Ocidente e defendendo abertamente o restabelecimento do califado num mundo dominado pelo Islã), Boko Haram, na Nigéria, o grupo extremista sírio Jabhat al-Nusrah e o Estado Islâmico do Iraque e do Levante, que se propõe a construir um califado na Síria e no Iraque. Eles compunham a doutrina militante dos radicais egípcios, que mataram Anwar al-Sadat em 1981, proclamando o "dever esquecido" do jihad e rotulando seu presidente como apóstata por firmar a paz com Israel. Eles o acusaram de duas heresias: reconhecer a existência legal do Estado judeu e, portanto (na sua visão), concordar em ceder terra tida historicamente como muçulmana a um povo não muçulmano.

Este corpo de pensamento representa uma quase total inversão da ordem mundial vestfaliana. Na versão purista do islamismo, o Estado não pode constituir o ponto de partida para um sistema internacional porque Estados são seculares — não religiosos — e, portanto, ilegítimos. Na melhor das hipóteses, eles podem atingir uma espécie de status provisório, a caminho de serem transformados numa entidade religiosa numa escala maior. A não interferência nos assuntos internos de outros Estados não pode servir como um princípio de governo, porque as lealdades nacionais representam desvios da verdadeira fé e porque os jihadistas têm o dever de transformar *dar al-harb*, o mundo dos infiéis. Pureza, não estabilidade, é o princípio que guia essa concepção de ordem mundial.

A Primavera Árabe e o cataclismo sírio

Por um breve momento, a Primavera Árabe, iniciada em fins de 2010, despertou esperanças de que as forças antagônicas da autocracia e do jihad tivessem se tornado irrelevantes em meio a uma nova onda em prol de uma reforma. Convulsões na Tunísia e no Egito foram saudadas de forma exuberante por líderes políticos e pela mídia ocidentais como uma revolução regional, liderada pela juventude em defesa de princípios liberais democráticos. Os Estados Unidos endossaram oficialmente as reivindicações dos manifestantes, apoiando-os como gritos inegáveis pedindo por "liberdade", "eleições livres e justas", "governo representativo" e "democracia de verdade", que não se deve deixar frustrar.[26] O caminho para a democracia, no entanto, provaria ser tortuoso e angustiante, como se tornou óbvio nos dias que se seguiram ao colapso dos regimes autocráticos.

Muitos no Ocidente interpretaram o levante da praça Tahrir, no Egito, como a comprovação do argumento de que uma alternativa para a autocracia deveria ter sido proporcionada muito antes. Contudo, o verdadeiro problema residia no fato de que os Estados Unidos tinham achado difícil descobrir elementos com os quais pudessem ser compostas instituições pluralistas ou líderes comprometidos com esse tipo de prática. (Foi por isso que alguns faziam distinção apenas entre governo civil e regime militar, decidindo apoiar a Irmandade Muçulmana, que pode ser tudo, menos democrática.)

As aspirações democráticas dos Estados Unidos para a região, adotadas pelas administrações dos Estados Unidos, tanto dos democratas como dos republicanos, levaram à expressão eloquente do idealismo do país. Mas necessidades de segurança e a promoção da democracia muitas vezes são conflitantes. Aqueles comprometidos com a democratização descobriram ser difícil encontrar líderes que reconheçam a importância da democracia para além de uma ferramenta a ser usada para assegurar sua própria chegada ao poder. Ao mesmo tempo, os que defendem a necessidade estratégica não conseguiram mostrar de que modo governos estabelecidos evoluirão algum dia de uma forma democrática ou mesmo reformista. A abordagem democrática não pôde remediar o vácuo que nos espreita ao perseguirmos seus objetivos; a abordagem estratégica era prejudicada pela rigidez das instituições disponíveis.

A Primavera Árabe começou como o levante de uma nova geração por uma democracia liberal. Logo acabou sendo posta de lado, interrompida ou esmagada. A euforia transformou-se em paralisia. As forças políticas existentes, enraizadas nas áreas do interior, no mundo militar e na religião, provaram ser mais fortes e mais bem organizadas do que os elementos de classe média que se manifestavam pelos princípios democráticos na praça Tahrir. Na prática, a Primavera Árabe tem servido mais para demonstrar do que superar as contradições internas do mundo árabe-islâmico e das políticas projetadas para resolvê-las.

O slogan tantas vezes repetido da Primavera Árabe, "O povo quer a queda do regime", deixou em aberto a questão de como o povo deveria ser definido e do que iria tomar o lugar das autoridades derrubadas. As palavras de ordem originais dos manifestantes da Primavera Árabe, pedindo a abertura da vida política e econômica, acabaram atropeladas pela violenta disputa entre o autoritarismo apoiado pelos militares e a ideologia islâmica.

No Egito, os manifestantes exultantes que proclamavam os valores do cosmopolitismo e da democracia na praça Tahrir acabaram não sendo os herdeiros da revolução. Mídias sociais facilitam a organização de manifestações que levam à queda de um regime, mas a capacidade para reunir multidões nas praças é diferente daquela necessária para construir novas instituições do Estado. No vácuo de autoridade que se seguiu ao sucesso inicial das manifestações, facções do período pré-levante muitas vezes se veem na posição de definir o desfecho dos acontecimentos. A tentação de promover a união fundindo nacionalismo e fundamentalismo acabou por encobrir as palavras de ordem originais do levante.

Mohammed Morsi, um líder da Irmandade Muçulmana apoiado por uma coalizão de grupos fundamentalistas ainda mais radicais, foi eleito em 2012 para uma presidência que a Irmandade Muçulmana havia prometido não ambicionar nos dias de exaltação das demonstrações da praça Tahrir. Uma vez no poder, o governo islamista se concentrou na institucionalização da sua autoridade, fazendo vista grossa enquanto seus militantes organizavam uma campanha de intimidação e assédio a mulheres, minorias e dissidentes. A decisão dos militares de depor esse governo e declarar um novo início do processo político foi, afinal, bem recebida mesmo pelo — agora marginalizado — componente secular e democrático da sociedade.

Essa experiência suscita questões sobre política externa humanitária. Esta se distingue da política externa tradicional ao criticar os conceitos de interesse nacional ou equilíbrio de poder como insatisfatórios em sua dimensão moral. Ela encontra seu objetivo não na eliminação de uma ameaça estratégica, e sim na remoção das condições tidas como violação dos princípios universais de justiça. Os valores e objetivos desse estilo de política externa refletem um aspecto vital da tradição americana. Se posta em prática, contudo, como o conceito central da estratégia americana, ela cria seus próprios dilemas: os Estados Unidos se consideram obrigados a apoiar todo levante popular contra qualquer governo não democrático, inclusive aqueles que até então eram considerados importantes para a sustentação do sistema internacional? Será que toda demonstração desse tipo é, por definição, democrática? A Arábia Saudita só será um aliado enquanto manifestações públicas como essas não forem realizadas no seu território? Entre as principais contribuições dos Estados Unidos à Primavera Árabe esteve a decisão de condenar, se opor ou procurar depor governos que julgava serem autocráticos, incluindo o governo do Egito, até então tido como um aliado valioso. No entanto, para alguns governos com tradicionais laços de amizade com os Estados Unidos, como o da Arábia Saudita, a mensagem principal acabou sendo percebida como a ameaça de abandono por parte dos Estados Unidos, não os benefícios de uma reforma liberal.

A tradição ocidental exige apoio a instituições democráticas e eleições livres. Nenhum presidente que ignorar esse aspecto arraigado do projeto moral americano pode contar com o apoio de seu povo. Porém, quando aplicado a partidos que identificam democracia com um plebiscito capaz de implantar um domínio religioso que eles dali em seguida tratam como irrevogável, a defesa de eleições pode resultar num único exercício desse direito democrático. Como um regime militar foi novamente instalado no Cairo, a situação reproduz mais uma vez para os Estados Unidos o debate ainda não solucionado entre interesses de segurança e a importância de se promover governos humanos e legítimos. E surge também como uma questão de oportunidade: em que medida deveriam os interesses de segurança ser colocados em risco em proveito de uma evolução apenas hipotética? Ambos os elementos são importantes. Negligenciar um futuro democrático — presumindo que sabemos que direção dar a ele — envolve riscos de longo prazo. Negligenciar o presente ao ignorar o elemento de segurança seria correr o risco de uma catástrofe imediata. A diferença entre tradicionalistas e ativistas depende dessa distinção. O estadista deve equilibrar esses dois fatores a cada vez que a questão se colocar. Há acontecimentos cujas consequências — como genocídio — são tão terríveis que pressionam a balança no sentido da intervenção para além de toda consideração sobre estratégia. Entretanto, de um modo geral, a atitude mais recomendável irá envolver uma combinação de realismo e idealismo, tantas vezes apresentados no debate americano como dois elementos opostos e incompatíveis.

A revolução síria, em seus primeiros momentos, pareceu ser algo como uma réplica da egípcia, na praça Tahrir. Porém, enquanto a turbulência no Egito unificou as forças até então subjugadas, na Síria tensões ancestrais irromperam para despertar o conflito milenar entre xiitas e sunitas. Dada a complexidade demográfica da Síria, a guerra civil trouxe para esse processo outros grupos étnicos e religiosos, nenhum dos quais, com base em suas experiências históricas, estava preparado para confiar seu destino às decisões dos outros. Potências estrangeiras se envolveram no conflito, enquanto atrocidades se multiplicavam e sobreviventes buscavam abrigo em enclaves étnicos e sectários.

No debate travado na opinião pública americana, o levante contra Bashar al-Assad foi tratado como algo análogo à deposição de Mubarak e descrito como uma luta pela democracia. Esperava-se que seu ponto culminante fosse a queda do governo de Assad e sua substituição por um governo de coalizão, democrático e inclusivo. O presidente Obama articulou essa posição em agosto de 2011, quando apelou publicamente a Assad para que "saísse de cena", de modo que o povo sírio pudesse conquistar seus direitos universais:

> O futuro da Síria precisa ser determinado pelo seu povo, mas o presidente Bashar al-Assad é um obstáculo diante dele. Seus chamados ao diálogo e por reformas se revelaram promessas vazias, enquanto ele aprisiona, tortura e massacra seu próprio povo. Temos dito constantemente que o presidente Assad precisa liderar a transição democrática ou sair do seu caminho. Ele não liderou esse processo. Em nome do povo sírio, chegou o momento de o presidente Assad sair de cena.[27]

Esperava-se que a declaração servisse para mobilizar a oposição interna a Assad e conduzisse a um apoio internacional pela sua derrubada.

Foi por esse motivo que os Estados Unidos pressionaram por uma "solução política" através das Nações Unidas, voltada para a remoção de Assad do poder e para o estabelecimento de um governo de coalizão. Houve um sentimento de consternação quando outros membros do Conselho de Segurança com poder de veto se recusaram a endossar tanto esse passo como medidas militares, e quando a oposição armada que finalmente apareceu no interior da Síria mostrou ter poucos elementos que pudessem ser descritos como democráticos, e muito menos moderados.

Àquela altura o conflito já havia transcendido a questão da democracia. Para os principais protagonistas, o que estava em jogo eram itens substancialmente diferentes do que ocupava o foco do debate americano. Os principais atores sírios e regionais viam a guerra não como uma questão de democracia, mas sim de vitória. Estavam interessados em democracia apenas na medida em que permitisse instalar no poder o seu próprio grupo; nenhum deles via com bons olhos um sistema que não garantisse ao seu próprio partido o controle do processo político. Uma guerra travada apenas com o objetivo de fazer vigorar normas relacionadas aos direitos humanos e sem nenhuma preocupação com o desfecho geoestratégico ou georreligioso era inconcebível para a esmagadora maioria das forças em disputa. O conflito, do modo como o percebiam, não era entre um ditador e as forças da democracia, mas entre as seitas sírias em disputa e os que as apoiavam no plano regional. A guerra, segundo essa visão, decidiria qual entre os principais grupos religiosos da Síria conseguiria dominar os outros e controlar o que restava do Estado sírio. Potências regionais colocaram armas, dinheiro e apoio logístico dentro da Síria, buscando beneficiar seus candidatos preferidos entre as diferentes seitas: a Arábia Saudita e os Estados do Golfo dando apoio aos grupos sunitas; o Irã, Assad, via o Hezbollah. À medida que o combate se aproximava de um impasse, passaram a prevalecer grupos e táticas cada vez mais radicais, travando uma guerra de uma brutalidade absoluta, na qual todos os lados exibiam descaso com direitos humanos.

A disputa, nesse meio-tempo, havia começado a redesenhar a configuração política da Síria, talvez da região. Os curdos sírios criaram uma unidade autônoma ao longo da fronteira com a Turquia que, no futuro, poderá vir a se fundir com a unidade autônoma curda no Iraque. As comunidades drusa e cristã, temendo uma repetição da atitude da Irmandade Muçulmana no Egito em relação às minorias, têm relutado em aderir ao esforço para mudar o regime na Síria ou se separaram para formar unidades autônomas. O grupo jihadista ISIL se propõe a construir um califado em território conquistado na Síria e no oeste do Iraque, áreas que Damasco e Bagdá já não se mostram capazes de manter sob seu poder.

Os principais partidos envolvidos viam a si mesmos engajados numa batalha pela sobrevivência ou, na visão de algumas forças jihadistas, num conflito que pressagiava o apocalipse.[28] Quando os Estados Unidos se recusaram a fazer a balança pender para um dos lados, eles acreditaram que o país ou tinha algum motivo que estava sendo cuidadosamente escondido — talvez um acordo com o Irã — ou não estava sintonizado com os imperativos do equilíbrio de poder do Oriente Médio. Essa divergência teve seu ponto culminante quando a Arábia Saudita se recusou, em 2013, a ocupar o lugar a que tinha direito no Conselho de Segurança da ONU pelo sistema rotativo, explicando que, como os tradicionais árbitros da ordem tinham se recusado a agir, ela iria recorrer aos seus próprios métodos.

Enquanto os Estados Unidos convocavam o mundo a honrar as aspirações à democracia e a fazer valer a proibição internacional aplicada às armas químicas, outras grandes potências, como a Rússia e a China, resistiram ao invocar o princípio vestfaliano de não interferência. Eles tinham visto os levantes na Tunísia, Egito, Líbia, Mali, Bahrain e Síria, principalmente pelas lentes de sua própria estabilidade regional e levando em conta as atitudes de suas próprias populações muçulmanas irrequietas. Cientes de que os guerreiros sunitas mais competentes e dedicados eram jihadistas confessos em conluio com a Al-Qaeda (ou, no caso do ISIL, repudiado por ela por suas táticas julgadas excessivas até mesmo pela Al-Qaeda), preocupavam-se com as consequências de uma vitória esmagadora dos adversários de Assad. A China sugeriu que não tinha nenhum interesse particular no desfecho dos acontecimentos na Síria, exceto pelo fato de ser determinado pelo "povo sírio" e não por forças estrangeiras. A Rússia, um aliado formal da Síria, estava interessada na continuação do regime de Assad e, em alguma medida, na sobrevivência da Síria enquanto um Estado unitário. Na falta de um consenso internacional e com a oposição síria fragmentada, o que havia nascido como um levante em prol dos valores democráticos degenerou num dos maiores desastres humanitários do jovem século XXI e numa ordem regional em vias de sofrer uma implosão.

Um sistema de segurança internacional ou regional que funcionasse poderia ter evitado, ou pelo menos contido, a catástrofe. No entanto, as percepções do interesse nacional se revelaram diferentes demais, e os custos da estabilização intimidantes demais. Uma intervenção massiva num estágio inicial poderia ter silenciado as forças em disputa, porém teria exigido uma presença militar substancial, de longo prazo, para sustentar seus efeitos. Em vista da experiência do Iraque e do Afeganistão, isso não era algo factível para os Estados Unidos, pelo menos não atuando sozinho. Um consenso político no Iraque poderia ter detido o conflito na fronteira síria, mas os impulsos sectários do governo de Bagdá e seus associados regionais eram um obstáculo a essa opção. De modo alternativo, a comunidade internacional poderia ter imposto um embargo de armas à Síria e às milícias jihadistas. Isso se tornou impossível devido aos interesses incompatíveis dos membros permanentes do Conselho de Segurança. Se a ordem não pode ser alcançada pelo consenso ou imposta pela força, ela extrairá sua forma, a um custo desastroso para a humanidade, da experiência do caos.

A questão palestina e a ordem internacional

Em meio a todas essas convulsões no Oriente Médio, um processo de paz vem se desenvolvendo — às vezes de modo espasmódico, às vezes intensamente — para pôr fim ao conflito árabe-israelense, que por décadas tem resultado num impasse explosivo. Ocorreram três guerras convencionais e numerosos confrontos militares não convencionais; todo grupo islâmico ou jihadista invoca o conflito como um chamado às armas. A existência de Israel e suas proezas militares foram sentidas através do mundo árabe como uma humilhação. O compromisso doutrinário de jamais ceder territórios fez com que, para alguns, a coexistência com Israel deixasse de ser a aceitação de uma realidade para se tornar uma negação da fé.

Poucos temas inspiram tanta exaltação quanto a reconciliação da busca de Israel por segurança e identidade, as aspirações dos palestinos ao autogoverno e a busca dos países árabes vizinhos por uma política compatível com sua percepção dos seus imperativos históricos e religiosos. As partes interessadas têm vivido uma árdua jornada — de rejeição e guerra à limitada aceitação da coexistência sustentada por armistícios —, caminhando para um futuro incerto. Poucos assuntos internacionais têm gerado interesse tão intenso nos Estados Unidos ou demandado tanta atenção de presidentes norte-americanos.

O problema envolve uma série de questões, cada uma delas tendo dado origem a uma extensa literatura. As partes têm elaborado esses temas ao longo de décadas de negociações esporádicas. As páginas a seguir abordam apenas um aspecto delas: os conceitos conflitantes de ordem pacífica expressos pelos negociadores.

Duas gerações de árabes foram formadas com a convicção de que o Estado de Israel é um usurpador ilegítimo do patrimônio islâmico. Em 1947, os países árabes rejeitaram um plano da ONU para a partição do protetorado britânico na Palestina em dois Estados separados, um árabe e um judeu. Eles acreditavam estar em condições de triunfar militarmente e assegurar a posse de todo o território. O fracasso da tentativa de extinguir o recém-declarado Estado de Israel não levou a um acordo político e à abertura de relações entre os Estados, como ocorreu na maior parte dos conflitos pós-coloniais na Ásia e na África. Em vez disso, o que se sucedeu foi um longo período de rejeição política e a um relutante acordo de armistício, tendo como pano de fundo os grupos radicais que procuravam forçar a submissão de Israel por meio de campanhas terroristas.

Grandes líderes tentaram transcender o aspecto conceitual do conflito ao negociar a paz com base nos princípios vestfalianos — ou seja, entre povos organizados enquanto Estados soberanos, cada um movido por uma avaliação realista de seus interesses nacionais e capacidades, não por imperativos absolutos religiosos. Anwar al-Sadat, do Egito, ousou olhar para além desse confronto e firmou a paz com Israel com base nos interesses nacionais egípcios em 1979; ele pagou com sua vida por sua visão de estadista, tendo sido assassinado dois anos mais tarde por militantes islamistas radicais nas forças armadas egípcias. O mesmo destino teve Yitzhak Rabin, o primeiro entre os primeiros-ministros israelenses a assinar um acordo com a Organização pela Libertação da Palestina, morto por um estudante israelense radical 14 anos após o assassinato de Sadat.

No Líbano, na Síria e nos territórios palestinos — especialmente em Gaza — uma razoável força política e militar é agora exercida por islamistas radicais — Hezbollah e Hamas —, proclamando o jihad um dever religioso para pôr fim ao que é em geral denunciado como a "ocupação sionista". O regime dos aiatolás no Irã desafia regularmente a própria existência de Israel; seu ex-presidente, Mahmoud Ahmadinejad clamou pela sua extirpação.

Pelo menos três pontos de vista podem ser identificados nas atitudes árabes: um pequeno, dedicado, mas não muito enfático em suas manifestações, que aceita uma genuína coexistência com Israel e se encontra preparado para trabalhar em prol disso; um grupo bem maior que procura destruir Israel pela confrontação permanente; e os que se dispõem a negociar com Israel, mas justificam as negociações — pelo menos internamente — como um meio para triunfar sobre o Estado judeu por etapas.

Israel, com uma pequena população (comparada à de seus vizinhos) e um pequeno território, com uma extensão de apenas cerca de 15 quilômetros em sua faixa mais estreita e 100 quilômetros em sua faixa mais larga, tem hesitado em ceder território, particularmente em áreas adjacentes a grandes centros populacionais, no que pode vir a ser um documento revogável. Suas posições na negociação, por isso, tendem a um caráter legalista, elaborando definições de segurança e garantias políticas que apresentam uma combinação de grande abrangência teórica e detalhes irritantes, com uma tendência a reforçar justamente as paixões que um processo de paz visa superar.

No mundo árabe, a questão palestina perdeu parte de sua urgência, ainda que não sua importância. Os principais protagonistas do processo de paz dispersaram energias e reflexões para lidar com o advento de um Irã possivelmente nuclear e seus associados regionais. Isso afeta o processo de paz de duas maneiras: no papel que podem desempenhar países importantes, como o Egito e a Arábia Saudita, na forma assumida pelo processo de paz; e, ainda mais importante, na sua capacidade de agir como fiadores de um acordo que venha a ser alcançado. Os líderes palestinos não podem eles mesmos sustentar os resultados do processo de paz caso não seja endossado — não apenas tolerado, mas com seu apoio ativo — por outros governos regionais. Quando este livro estava sendo escrito, os principais Estados árabes encontravam-se ou dilacerados por guerras civis ou preocupados com o conflito entre sunitas e xiitas e com um Irã cada vez mais poderoso. Entretanto, a questão palestina cedo ou tarde precisará ser enfrentada como um elemento essencial da ordem regional e — em última instância — mundial.

Alguns líderes árabes propuseram firmar uma paz árabe-israelense que reconcilie as preocupações de Israel em relação à segurança com as emoções árabes ao aceitar como uma realidade a existência do Estado de

Israel sem formalmente lhe garantir uma existência legítima no Oriente Médio islâmico. A exigência básica de Israel é uma garantia vinculante de que a paz implicará uma espécie de reconhecimento moral e legal capaz de ser traduzido em atos concretos. Desse modo, Israel, indo além dos princípios vestfalianos, pede que seja certificado como um Estado Judeu, um atributo difícil de ser aceito formalmente pela maior parte dos muçulmanos pelo fato de significar um endosso religioso, além de territorial.

Vários Estados árabes declararam seu desejo de estabelecer relações diplomáticas com Israel caso o país aceite retornar às fronteiras de 1967 — uma linha de cessar-fogo numa guerra que terminou há meio século. Mas a verdadeira questão é o que relações diplomáticas representam em termos de ações concretas. Trará o reconhecimento diplomático um fim à campanha promovida pelos governos, na mídia e nas instituições educacionais dos países árabes que apresenta Israel como um intruso ilegítimo, imperialista e quase criminoso na região? Que governo árabe, sob as pressões deflagradas pela Primavera Árabe, mostrará disposição para publicamente avalizar e garantir uma paz que aceite a existência de Israel por meio de um conjunto específico de compromissos realizáveis? Isso, mais do que o rótulo concedido ao Estado de Israel, irá determinar as perspectivas de paz.

O conflito entre dois conceitos de ordem mundial está como que cristalizado na questão árabe-palestina. Israel é, por definição, um Estado vestfaliano, fundado como tal em 1947; os Estados Unidos, seu principal aliado, têm sido um guardião e importante defensor da ordem internacional vestfaliana. Porém os principais países e facções no Oriente Médio veem essa ordem internacional num grau maior ou menor através de uma consciência islâmica. Israel e seus vizinhos apresentam diferenças que não podem ser desvinculadas da geografia e história: acesso à água, recursos, arranjos específicos sobre segurança, refugiados. Em outras regiões desafios comparáveis geralmente são resolvidos por meio da diplomacia. Nesse sentido, a questão se resume afinal à possibilidade de coexistência entre dois conceitos de ordem mundial, por meio de dois estados — Israel e Palestina — num espaço relativamente estreito entre o rio Jordão e o mar Mediterrâneo. Como cada quilômetro quadrado na visão dos dois lados está imbuído de significado profundo, o sucesso pode vir a exigir uma experiência na qual algum tipo de arranjo provisório possa ser testado, de modo a, no mínimo, aumentar a possibilidade de uma coexistência prática na qual parte da Cisjordânia adquira atributos de soberania a serem confirmados por um acordo definitivo.

Enquanto eram conduzidas essas negociações, a evolução política e filosófica do Oriente Médio produziu no mundo ocidental um grande número de contradições. Os Estados Unidos têm mantido vínculos estreitos com partidos ao longo de todo o espectro de opções no Oriente Médio: uma aliança com Israel, uma associação com o Egito, uma parceria com a Arábia Saudita. Uma ordem regional evolui quando seus componentes mais importantes assumem perspectivas coerentes a respeito dos assuntos que os afetam. Este grau de coerência tem se revelado difícil de alcançar no Oriente Médio. Os principais atores divergem com respeito às três questões mais importantes: a evolução interna; o futuro político dos árabes palestinos; e o futuro de um programa nuclear iraniano. Há os que na verdade concordam com alguns dos objetivos, mas não podem se dar ao luxo de confessar isso. Por exemplo: a Arábia Saudita e Israel compartilham o mesmo objetivo geral em relação ao Irã: evitar a emergência de uma capacidade nuclear iraniana e contê-la se isso se tornar inevitável. Mas sua percepção de legitimidade — e a sensibilidade saudita com relação a um consenso árabe — inibe o anúncio dessa visão ou mesmo uma articulação muita explícita dela. É por isso que uma parte tão grande da região permanece dividida entre o medo do jihad e o medo de lidar com alguma de suas causas.

As consequências do conflito religioso e político descrito neste capítulo se apresentam como questões aparentemente distintas. Na realidade, representam algo que está implícito nelas, ou seja, a busca por uma nova definição de legitimidade política e internacional.

Arábia Saudita

Com certa dose de ironia histórica, entre os aliados mais importantes com que contaram as democracias ocidentais no decorrer de todas essas convulsões está um país cujas práticas internas divergem quase completamente das adotadas por elas — o Reino da Arábia Saudita. A Arábia Saudita é um parceiro que tem atuado nos bastidores de forma silenciosa, porém às vezes decisiva, na maior parte dos grandes esforços na área da segurança desde a Segunda Guerra Mundial, quando se alinhou com os aliados. Tem sido uma associação adequada para demonstrar o caráter especial do sistema de estado vestfaliano, o qual permitiu que sociedades tão diferentes cooperassem em torno de objetivos comuns por meio de mecanismos formais, em geral em benefício significativo de ambas as partes. Inversamente, suas tensões tocaram em alguns dos maiores desafios na busca por uma ordem mundial contemporânea.

O Reino da Arábia Saudita é um domínio árabe-islâmico tradicional: ao mesmo tempo monarquia tribal e teocracia islâmica. Duas famílias dominantes, unidas em apoio mútuo desde o século XVIII, compõem o cerne da sua estrutura de governo. A hierarquia política é comandada por um monarca da família Al Saud, que exerce o papel de chefe de uma complexa rede de relações tribais baseadas em antigos laços de lealdade e obrigações mútuas, e que controla os assuntos internos e externos do reino. A hierarquia religiosa é liderada pelo Grande Mufti e pelo Conselho Supremo dos Ulemás, os estudiosos do Islá, em sua maior parte dominada pela família Aal al-Shaykh. O rei se esforça para preencher o hiato entre esses dois ramos do poder, desempenhando o papel de "Guardião das Duas Mesquitas Sagradas" (Meca e Medina), título que lembra o de Sacro Imperador Romano como "Fidei defensor".

A experiência histórica saudita é marcada pelo zelo e pela pureza da sua expressão religiosa. Três vezes em três séculos (nas décadas de 1740, 1820 e no início do século XX) o Estado saudita foi fundado ou reunificado pelas mesmas duas famílias dominantes, em cada caso afirmando seu compromisso de governar a terra em que havia nascido o Islá e seus santuários mais sagrados ao sustentar a mais austera interpretação dos princípios religiosos. Em cada caso, exércitos sauditas se espalharam para unificar os desertos da península em ondas de conquista notavelmente semelhantes à exaltação sagrada original e à guerra santa que produziu o primeiro estado islâmico, e no mesmo território. Absolutismo religioso, ousadia militar e uma maneira moderna e perspicaz de administrar o Estado produziram o reino no coração do mundo islâmico e que tem um papel central no seu destino.

O que é a Arábia Saudita hoje surgiu do domínio da Turquia após a Primeira Guerra Mundial, quando Ibn Saud reunificou os vários principados feudais espalhados pela península Arábica, mantendo-os unidos pela lealdade patriarcal e devoção religiosa. A família real tem desde então enfrentado tarefas difíceis. Ela governa tanto tribos que adotam a tradicional vida nômade e são ferozmente leais à coroa quanto concentrações urbanas que se aproximam — e em alguns casos ultrapassam — as metrópoles ocidentais, ainda que repousando como miragens em meio a planaltos que de outro modo estariam desertos. Existe uma nova classe média emergente no contexto de um sentido ancestral, semifeudal, de obrigação recíproca. Dentro dos limites de uma cultura política extremamente conservadora, os príncipes governantes combinaram a monarquia com um sistema de consenso, pelo qual os membros mais distantes de uma extensa família real têm algum tipo de voz nas decisões, e em que aos cidadãos comuns foi concedido de forma gradual um grau de participação na vida pública.

Milhões de trabalhadores estrangeiros — palestinos, sírios, libaneses, egípcios, paquistaneses e iemenitas — se combinam num mosaico que se mantém unido pelo vínculo com o Islã e pelo respeito pela autoridade tradicional. A cada ano milhões de viajantes muçulmanos vindos de todo o mundo chegam à Arábia Saudita simultaneamente para fazer a *hadji* — uma peregrinação a Meca para praticar rituais santificados pelo profeta Maomé quando ainda vivo. Essa afirmação de fé, obrigatória — pelo menos uma vez na vida — para todos os fiéis com capacidade de se deslocar, confere à Arábia Saudita um significado religioso singular, assim como um desafio logístico anual não enfrentado por nenhum outro Estado. Enquanto isso, a descoberta de vastas reservas de petróleo tornou a Arábia Saudita um país cuja riqueza quase não tem paralelo na região, gerando um desafio implícito para a segurança de um país de população esparsa, fronteiras sem nenhum tipo de divisor natural, e uma minoria xiita mantida politicamente à parte numa das suas mais importantes regiões produtoras de petróleo.

Os governantes sauditas vivem sempre conscientes de que a cobiça de seus vizinhos pode se traduzir numa tentativa de conquista — ou, numa era de revolução, servir como potencial fonte de recursos para agitação política ou religiosa. Cientes do destino de nações vizinhas, eles se mostram inevitavelmente ambivalentes em relação à modernização econômica e social — sabendo que a ausência de reformas pode afastar sua população mais jovem, enquanto uma reforma demasiado rápida pode adquirir impulso próprio e acabar, em última análise, pondo em risco a coesão de um país que até agora só conheceu monarquias conservadoras. A dinastia tem procurado conduzir o processo de mudança social e econômica — dentro dos padrões da sua sociedade — precisamente para poder controlar seu ritmo e seu conteúdo. Essa tática permitiu que Al Saud produzisse apenas a mudança necessária para evitar a acumulação de tensões sociais potencialmente explosivas, enquanto evitava os efeitos desestabilizadores de mudanças rápidas demais.

A política externa do país, pela maior parte da existência do moderno Estado saudita, tem se caracterizado por uma cautela que elevou evasão a uma forma especial de arte. Pois se o reino se entregasse a uma política muito impetuosa, se transformasse a si mesmo no foco de todas as disputas, seria submetido a súplicas, ameaças e tentativas de persuasão por parte de países muito mais poderosos, cujo impacto cumulativo levaria a pôr em perigo sua independência ou sua coerência. Em vez disso, suas autoridades alcançaram segurança e autoridade por meio da posição remota que conservaram; mesmo em meio a crises — às vezes enquanto realizavam ousadas mudanças de curso que produziriam reverberações globais — eles se mantinham quase invariavelmente recolhidos e distantes. A Arábia Saudita obscureceu sua vulnerabilidade ao se tornar opaca, disfarçando aos olhos dos estrangeiros a incerteza a respeito das suas motivações e recorrendo a uma atitude remota, igualmente impermeável à eloquência e a ameaças.

O reino procurou manobrar para se manter fora da linha de frente de confrontação, mesmo quando eram os seus recursos que a sustentavam, como foi o caso no embargo de petróleo em 1973, assim como no jihad antissoviético no Afeganistão em 1979-89. Ele facilitou o processo de paz no Oriente Médio, mas deixou que as negociações propriamente ditas fossem levadas adiante por outros países. Desse modo, o reino tem navegado entre os marcos fixos da amizade com os Estados Unidos, a lealdade árabe, uma interpretação puritana do Islã e a consciência dos perigos internos e externos. Numa era de jihad, convulsões revolucionárias e a percepção de um movimento de retirada por parte dos norte-americanos, a atitude mais sutil tem sido em parte deixada de lado para dar lugar a uma abordagem mais direta, tornando mais explícita sua hostilidade e seu medo em relação ao Irã xiita.

Nenhum Estado no Oriente Médio tem sido mais afetado pela agitação islâmica e a ascensão do Irã revolucionário do que a Arábia Saudita, dividida entre sua fidelidade formal aos conceitos vestfalianos que dão sustentação à sua segurança e ao seu reconhecimento internacional enquanto um Estado soberano legítimo, o purismo religioso que dá forma à sua história e os apelos do radicalismo islâmico, que abalam sua coesão interna (e que, efetivamente, ameaçaram a sobrevivência do reino durante a tomada da Grande Mesquita de Meca por fanáticos salafistas em 1979).

Em 1989, um dos filhos desiludidos do reino, Osama bin Laden, voltou do jihad antissoviético no Afeganistão para proclamar uma nova luta. Retomando os ensinamentos de Qutb, ele e seus seguidores fundaram uma organização de vanguarda, a Al-Qaeda (a Base), a partir da qual promoveriam um jihad omnidirecional. Seus alvos mais "próximos" eram o governo saudita e os Estados que eram seus parceiros regionais; seu inimigo "distante" eram os Estados Unidos, condenado pela Al-Qaeda por apoiar estados no Oriente Médio que não se baseavam na charia e por supostamente profanar o Islá ao instalar efetivos militares na Arábia Saudita durante a Guerra do Golfo de 1990-91.[29] Na análise de Bin Laden, a luta entre a verdadeira fé e o mundo dos infiéis era de ordem existencial, já estando bem adiantada em seu curso. A injustiça mundial havia chegado a um ponto em que métodos pacíficos eram inúteis; a tática exigida incluiria assassinatos e terrorismo, que levariam o medo às fileiras dos inimigos da Al-Qaeda, tanto os próximos como os distantes, minando sua disposição para resistir.

A ambiciosa campanha da Al-Qaeda começou com ataques a instalações dos norte-americanos e de seus aliados no Oriente Médio e na África. Um ataque em 1993 ao World Trade Center deu mostra das ambições globais da organização. Em 11 de setembro de 2001, a ofensiva alcançou seu apogeu ao golpear Nova York, ponto nodal do sistema financeiro mundial, e Washington, o ponto nodal do poder americano. O ataque terrorista mais mortífero da história, o ataque de 11 de setembro matou 2.977 pessoas em alguns minutos, quase todos civis; outros milhares ficaram feridos ou vieram a sofrer de graves problemas de saúde. Osama bin Laden fez com que os ataques fossem precedidos de uma proclamação dos objetivos da Al-Qaeda: o Ocidente e sua influência deveriam ser expelidos do Oriente

Médio.[30] Governos que tivessem estabelecido uma parceria com os Estados Unidos — difamados como "Estados marionetes", formados segundo a conveniência das potências ocidentais — e que com eles colaborassem deveriam ser derrubados e suas estruturas políticas dissolvidas. Um novo califado islâmico tomaria o lugar deles, restaurando o Islã ao seu sétimo século de glória. Uma guerra entre ordens mundiais havia sido declarada.

O campo de batalha desse conflito passava pelo coração da Arábia Saudita, a qual — depois que a Al-Qaeda organizou uma tentativa fracassada de derrubar a dinastia Al Saud em 2003 — acabou por se tornar um dos mais ardorosos adversários da organização. A tentativa de encontrar segurança tanto na ordem vestfaliana quanto na ordem islâmica funcionou durante algum tempo. Entretanto, o grande erro estratégico da dinastia foi supor, dos anos 1960 até 2003, que seria capaz de apoiar e até manipular o islamismo radical no exterior sem ameaçar com isso sua própria posição interna. A deflagração de uma grave insurgência no reino, em 2003, apoiada pela Al-Qaeda, revelou a falha fatal nessa estratégia, abandonada pela dinastia em favor de uma efetiva campanha de contrainsurgência comandada por um príncipe da nova geração, Muhammad bin Nayif, agora ministro do Interior saudita. Mesmo assim a dinastia corria o risco de ser derrubada. Com o advento de correntes jihadistas no Iraque e na Síria, a perspicácia demonstrada nessa campanha pode ser novamente posta à prova.

A Arábia Saudita optou por um curso tão complexo quanto os desafios que enfrenta. A família real avaliou que a segurança saudita e os interesses nacionais residem em relações construtivas com o Ocidente e a participação na economia global. Contudo, na condição de local de nascimento do Islã e protetor dos locais mais sagrados do Islã, a Arábia Saudita não pode se dar ao luxo de desviar-se da ortodoxia islâmica. Ela tentou cooptar um universalismo islamista radicalmente ressurgente com um vago amálgama de concepção moderna de Estado e relações internacionais vestfalianas, enxertado na prática do wahhabismo, talvez a mais fundamentalista versão da fé, optando por financiá-la no plano internacional. O resultado muitas vezes tem sido contraditório no âmbito interno. Em termos diplomáticos, a Arábia Saudita tem se alinhado numa grande medida com os Estados Unidos, enquanto espiritualmente tem propagado uma forma de Islã que contradiz a modernidade e que implica um choque com o mundo não muçulmano. Ao financiar as madrassas (escolas religiosas) que pregam o austero credo wahhabista pelo mundo, os sauditas não apenas cumpriram com seus deveres de muçulmanos, como também tomaram uma medida defensiva, fazendo com que seus adeptos ajam como missionários no exterior, em vez de no interior do reino. O projeto teve a consequência não prevista de alimentar um fervor jihadista que acabaria por ameaçar o próprio estado saudita e seus aliados.

A estratégia adotada pelo reino de ambiguidade amparada em certos princípios funcionou apenas enquanto os estados sunitas eram em sua maioria governados por regimes militares. Mas assim que a Al-Qaeda entrou em cena, que o Irã dos aiatolás estabeleceu sua liderança sobre um campo militante revolucionário que se espalha pela região, e que a Irmandade Muçulmana ameaçou tomar o poder no Egito e em outros países, a Arábia Saudita se viu enfrentando duas formas de guerra civil no Oriente Médio, a qual seus esforços de proselitismo tinham (ainda que involuntariamente) ajudado a insuflar: uma entre regimes islâmicos que eram membros do sistema de Estados vestfaliano e islamistas que consideravam o conceito ocidental de Estado e as instituições da ordem internacional existentes uma ofensa ao Corão; e aquela travada entre xiitas e sunitas na região, com o Irã e a Arábia Saudita vistos como líderes dos dois lados opostos.

Esta disputa se desdobraria tendo como pano de fundo outras duas, cada uma delas pondo à prova, à sua maneira, a ordem regional: de um lado, ações militares americanas para derrubar as odiosas ditaduras no Iraque e na Líbia, acompanhadas por pressões políticas americanas em prol da "transformação do Grande Oriente Médio"; e de outro, a rivalidade ressurgente entre sunitas e xiitas, manifestada em sua forma mais devastadora na Guerra do Iraque e no conflito sírio. Em cada um desses casos, os interesses paralelos da Arábia Saudita e dos Estados Unidos se mostraram difíceis de serem separados.

No que diz respeito aos aspectos da liderança regional, da balança de poder e da contenção doutrinária, a Arábia Saudita se considera ameaçada pelo Irã xiita, tanto como fenômeno religioso como imperial. A Arábia Saudita se vê diante de um arquipélago de crescentes poder e influência xiita comandado por Teerã e se espalhando das fronteiras afegãs com o Irã pelo Iraque, Síria e Líbano rumo ao Mediterrâneo, em confronto com uma ordem sunita liderada pelos sauditas e composta pelo Egito, Jordânia, os Estados do Golfo e da península Arábica, todos em uma parceria instável com a Turquia.

A atitude americana em relação ao Irã e à Arábia Saudita, portanto, não pode ser fruto simplesmente de um cálculo baseado na balança de poder ou sobre a questão da democratização; precisa ser moldada no contexto do que é, acima de tudo, uma luta religiosa, que já dura um milênio, entre as duas alas do Islã. Os Estados Unidos e seus aliados precisam calibrar de forma cuidadosa sua conduta. Pois pressões exercidas na região acabarão por afetar a delicada rede de relacionamentos que escoram o reino no seu cerne e na administração dos lugares mais sagrados do Islã. Uma convulsão na Arábia Saudita teria profundas repercussões para a economia mundial, para o futuro do mundo islâmico e para a paz mundial. Considerando a experiência com revoluções em outras partes do mundo árabe, os Estados Unidos não podem partir do pressuposto de que uma oposição democrática esteja a postos nos bastidores esperando para governar a Arábia Saudita segundo os princípios mais condizentes com as sensibilidades ocidentais. Os Estados Unidos devem alcançar um entendimento comum com um país que pode, em última instância, vir a ser o troféu maior, cobiçado tanto pela versão sunita quanto pela versão xiita do jihad, e cujos esforços, por mais tortuosos que sejam, serão essenciais para propiciar uma evolução regional construtiva.

Para a Arábia Saudita, o conflito com o Irã é existencial. Envolve a sobrevivência da monarquia, a legitimidade do Estado e, na verdade, o futuro do Islã. Na medida em que o Irã continuar a emergir como uma força potencialmente dominante, a Arábia Saudita procurará, no mínimo, fortalecer sua própria posição para manter o equilíbrio. Em vista das questões vitais em jogo, declarações tranquilizadoras não bastarão. Dependendo do resultado das negociações nucleares do Irã, a Arábia Saudita provavelmente procurará ganhar acesso à sua própria capacidade nuclear de alguma forma — seja adquirindo ogivas de uma potência nuclear já existente, de preferência islâmica (como o Paquistão), seja financiando o seu desenvolvimento em algum outro país, como uma precaução. Se a Arábia Saudita acreditar que os Estados Unidos estão se retirando da região, ela pode muito bem buscar uma ordem regional que envolva alguma outra potência de fora, talvez China, Índia ou mesmo a Rússia. As tensões, os tumultos e a violência que assolam o Oriente Médio nas duas primeiras décadas do século XXI devem, portanto, ser compreendidas como camadas de conflitos civis e religiosos que se desdobram no contexto de uma disputa para determinar se e como a região irá se relacionar com qualquer conceito mais amplo de ordem mundial. Muito vai depender da capacidade, habilidade e vontade dos Estados Unidos de ajudar a dar forma a um resultado que satisfaça aos interesses norte-americanos e que a Arábia Saudita e seus aliados considerem compatíveis com sua segurança e seus princípios.

O declínio do Estado?

Síria e Iraque — que no passado foram ícones do nacionalismo no mundo árabe — podem vir a perder a capacidade de se reconstituírem como Estados vestfalianos unificados. À medida que as facções em guerra buscam apoio de comunidades afiliadas pela região e para além dela, sua luta expõe ao risco a coerência de todos os países vizinhos. Se múltiplos Estados contíguos no coração do mundo árabe se mostram incapazes de estabelecer formas legítimas de governos e um controle efetivo de seus territórios, a disposição territorial do Oriente Médio fixada no período após a Primeira Guerra Mundial terá chegado a uma fase terminal.

O conflito na Síria, no Iraque e nas áreas vizinhas se tornou, assim, o símbolo de uma nova e ameaçadora tendência: a desintegração do Estado, enquanto instituição, para dar lugar a unidades tribais ou sectárias, algumas delas se sobrepondo a fronteiras, em conflito violento umas com as outras ou manipuladas por facções rivais de fora, sem respeitar regras comuns além da lei do mais forte — o que Hobbes teria chamado de estado de natureza.

Em meio a uma revolução ou a uma troca de regime, na ausência de uma nova autoridade estabelecida aceita como legítima por uma clara maioria da população, uma infinidade de facções diferentes continuarão a se engajar em conflitos abertos com os que consideram ser seus rivais na disputa pelo poder; partes do Estado podem cair na anarquia ou em rebelião permanente, ou se fundir a partes de outro Estado em desintegração.

O governo central existente pode vir a se mostrar sem vontade ou capacidade para restabelecer a autoridade sobre regiões de fronteira ou sobre entidades não estatais, como o Hezbollah, a Al-Qaeda, o ISIL e o Talibã. Isso aconteceu no Iraque, na Líbia e, perigosamente, no Paquistão.

Alguns Estados, na sua atual conformação, podem não vir mais a ser governáveis, exceto por métodos de governança e coesão social rejeitados pelos norte-americanos como ilegítimos. Essas limitações podem ser superadas, em alguns casos, por meio de uma evolução rumo a um sistema doméstico mais liberal. No entanto, onde facções no interior de um Estado aderem a diferentes conceitos de ordem mundial ou consideram a si mesmas engajadas numa luta existencial pela sobrevivência, as conclamações americanas para cessar a luta e formar um governo de coalizão democrática tendem ou a paralisar o governo no poder (como no Irã do Xá) ou a cair em ouvidos moucos (caso do governo egípcio liderado pelo general Sisi — que, no momento, após ponderar sobre as lições proporcionadas pela derrubada de seu predecessor, vem se afastando de uma histórica aliança com os Estados Unidos para desfrutar de maior liberdade de manobra). Nessas condições, os Estados Unidos precisam tomar uma decisão com base no que se revelar a melhor combinação de segurança e moralidade, reconhecendo que ambas serão imperfeitas.

No Iraque, a dissolução da brutal ditadura de Saddam Hussein, de hegemonia sunita, produziu pressões que eram menos por democracia do que por vingança — buscada pelas várias facções por meio da consolidação de suas formas diferentes de religião em unidades autônomas que, concretamente, se encontravam em guerra umas com as outras. Na Líbia, país de grande extensão, porém de forma relativa pouco densamente povoado e dilacerado por divisões sectárias e rixas entre grupos tribais — sem outro elemento histórico comum a não ser o colonialismo italiano —, a derrubada do ditador sanguinário Kadafi teve o efeito prático de remover qualquer vestígio de um governo nacional. Tribos e regiões se armaram para assegurar o autogoverno ou a dominação por meio de milícias autônomas. Um governo provisório em Trípoli conquistou reconhecimento internacional, mas não consegue exercer sua autoridade prática para além dos limites da cidade, e às vezes nem mesmo ali. Grupos extremistas proliferaram, levando o jihad aos Estados vizinhos — especialmente na África — munidos de armas dos arsenais de Kadafi.

Quando Estados não são governados em sua integridade, a própria ordem internacional ou regional começa a se desintegrar.[31] Áreas vagas denotando um espaço sem lei acabam predominando em certas partes do mapa. O colapso de um Estado pode transformar seu território numa base para o terrorismo, suprimento de armas ou agitação sectária contra vizinhos. Zonas sem governo ou sob domínio do jihad agora se espalham através do mundo muçulmano, afetando Líbia, Egito, Iêmen, Gaza, Líbano, Síria, Iraque, Afeganistão, Paquistão, Nigéria, Mali, Sudão e Somália. Quando se levam em consideração também os sofrimentos da África Central — onde uma guerra civil congolesa em curso há gerações provocou o envolvimento de quase todos os Estados vizinhos, e conflitos na República Central Africana e Sudão do Sul ameaçam entrar numa metástase similar —, constatamos que uma parte significativa do território mundial e de sua população se veem na iminência de efetivamente ficarem de fora do sistema internacional de Estados.

Assombrado por esse perigo, o Oriente Médio se vê envolvido num confronto semelhante — porém de caráter mais amplo — ao das guerras religiosas da Europa pré-vestfaliana. Conflitos internacionais e domésticos reforçam uns aos outros. Disputas políticas, sectárias, tribais, territoriais, ideológicas e de interesses nacionais tradicionais acabam por se fundir. A religião é transformada em uma arma a serviço de objetivos geopolíticos; civis são marcados para extermínio com base na sua preferência religiosa. Onde os Estados conseguem preservar sua autoridade, eles a consideram como ilimitada, justificada pelas necessidades de sobrevivência; onde os Estados se desintegram, eles se tornam campos de luta das potências vizinhas, nos quais a autoridade com grande frequência é obtida pelo total menosprezo pela dignidade e pelo bem-estar humanos.

O conflito agora em curso é tanto religioso como geopolítico. Um bloco sunita consistindo na Arábia Saudita, nos Estados do Golfo e, em alguma medida, no Egito e na Turquia enfrenta um bloco liderado pelo Irã xiita, que apoia a parte da Síria sob o regime de Bashar al-Assad, as regiões central e sul do Iraque sob o poder de Nuri al-Maliki,* e as milícias do Hezbollah, no Líbano, e Hamas, em Gaza. O bloco sunita apoia os levantes contra Assad, na Síria, e no Iraque, contra Maliki; o Irã tem como objetivo o domínio regional

---

* Primeiro-ministro do Iraque até agosto de 2014. (N.T.)

ao empregar atores que não são Estados aliados ideologicamente a Teerá para minar a legitimidade doméstica de seus rivais regionais.

Participantes dessa disputa buscam apoio fora da região, particularmente junto à Rússia e aos Estados Unidos, adaptando suas relações ora a um, ora a outro. Os objetivos da Rússia são em grande medida estratégicos, no mínimo para evitar que os grupos jihadistas da Síria e do Iraque se espalhem e penetrem em seus próprios territórios muçulmanos e, numa escala mais global, para melhorar sua posição em relação à dos Estados Unidos (revertendo, assim, as consequências da guerra de 1973 descritas no capítulo anterior). O dilema americano reside no fato de que condena Assad — corretamente — com base no desrespeito aos direitos humanos, porém o maior contingente de seus opositores é formado pela Al-Qaeda e outros grupos ainda mais extremistas, aos quais os Estados Unidos precisam se opor estrategicamente. Nem a Rússia nem os Estados Unidos conseguiram decidir se deveriam cooperar ou manobrar um contra o outro — ainda que os acontecimentos na Ucrânia possam resolver essa ambivalência na direção das atitudes da Guerra Fria. O Iraque é disputado por vários campos diferentes — dessa vez Irã, o Ocidente e uma série de facções sunitas revanchistas —, como tem ocorrido muitas vezes na história, com o mesmo roteiro interpretado por diferentes atores.

Depois das amargas experiências americanas e sob condições tão pouco promissoras para o pluralismo, é tentador deixar que essas convulsões sigam seu curso e se concentrar em lidar com os Estados sucessores. Entretanto, vários dos potenciais sucessores já proclamaram os Estados Unidos e a ordem mundial vestfaliana como seus principais inimigos.

Numa era de terrorismo suicida e de proliferação de armas de destruição em massa, a tendência aos confrontos sectários panregionais deve ser considerada uma ameaça à estabilidade mundial, justificando um esforço de cooperação da parte de todas as potências responsáveis, expresso em alguma definição aceitável de pelo menos uma ordem regional. Se a ordem não puder ser estabelecida, vastas áreas correm o risco de sucumbir à anarquia e a formas de extremismo que se espalharão organicamente para o interior de suas regiões. Desse padrão inflexível, o mundo espera que venha a emergir alguma nova ordem regional pela ação dos Estados Unidos e de outros países em condições de assumir uma perspectiva global.

CAPÍTULO 4

Os Estados Unidos e o Irã: abordagens da ordem

NA PRIMAVERA DE 2013, o aiatolá Ali Khamenei, o Líder Supremo da República Islâmica do Irã — autoridade superior a todos os ministros do governo iraniano, inclusive o presidente e o ministro do Exterior —, proferiu um discurso numa conferência internacional de clérigos muçulmanos, saudando o advento de uma nova revolução global. O que em outras partes do mundo vinha sendo chamado de "Primavera Árabe", declarou ele, era na realidade um "Despertar Islâmico" de consequências mundiais. O Ocidente se enganava ao julgar que as multidões de manifestantes representavam um triunfo da democracia liberal, explicou Khamenei. Aquelas pessoas iriam rejeitar as "amargas e terríveis experiências dos que seguiam o Ocidente na política, no comportamento e estilo de vida" porque elas encarnavam "o cumprimento miraculoso de promessas divinas":

> O que temos diante dos nossos olhos hoje, e não pode ser negado por qualquer indivíduo bem informado e inteligente, é que o mundo do Islã agora emergiu do segundo plano das equações social e política do mundo, e que se encontra numa posição proeminente e destacada no centro dos acontecimentos mundiais decisivos, oferecendo uma nova perspectiva da vida, da política, do governo e dos desenvolvimentos sociais.[1]

Na análise de Khamenei, esse novo despertar da consciência islâmica estava abrindo a porta para uma revolução religiosa global que iria finalmente vencer a esmagadora influência dos Estados Unidos e seus aliados e pôr um fim a três séculos de supremacia do Ocidente:

> O Despertar Islâmico, que os oradores no campo reacionário e arrogante sequer ousam mencionar com palavras, é uma verdade, cujos indícios podem ser testemunhados em todas as partes do mundo do Islá. O sinal mais óbvio é o entusiasmo da opinião pública, especialmente entre os jovens, para reviver a glória e a grandeza do Islá, para se tornar conscientes da natureza da ordem internacional de dominação e para arrancar a máscara da desavergonhada, opressiva e arrogante face de governos e centros que têm pressionado o Oriente islâmico e não islâmico.

Diante do "fracasso do comunismo e do liberalismo" e com a força e a confiança do Ocidente abaladas, o Despertar Islâmico acabaria por ecoar através do mundo, prometeu Khamenei, unificando a *umma* muçulmana global (a comunidade transnacional de crentes) e restaurando-a à centralidade mundial:

> O objetivo final não pode ser nada menos do que criar uma brilhante civilização islâmica. Todas as partes da *umma* islâmica — na forma de diferentes nações e países — deveriam alcançar a posição civilizacional que foi especificada no Corão Sagrado [...] recorrendo à fé, ao conhecimento e à ética religiosos e por meio de uma luta constante, a civilização islâmica pode oferecer o pensamento avançado e nobres códigos de comportamento à *umma* islâmica e para toda a humanidade, e pode se tornar o ponto de libertação das perspectivas materialistas e opressivas e dos códigos de comportamento corruptos que formam os pilares da civilização ocidental.[2]

Khamenei já tinha lidado com esse tema antes. Como observou diante de uma plateia composta de forças paramilitares iranianas em 2011, protestos populares no Ocidente eram indícios de uma sede global por espiritualidade e legitimidade, como exemplificado pela teocracia iraniana. Era de se esperar uma revolução mundial:

> Os acontecimentos nos Estados Unidos e na Europa sugerem uma ampla mudança que o mundo irá testemunhar no futuro. [...] Hoje os slogans dos egípcios e dos tunisianos estão sendo repetidos em Nova York e na Califórnia. [...] A República Islâmica ocupa atualmente o ponto focal do movimento das nações pelo despertar e é essa realidade que perturba os inimigos.[3]

Em qualquer outra região, declarações como essas seriam tratadas como um grande desafio revolucionário: uma figura teocrática exercendo poder supremo espiritual e temporal estava, num país significativo, adotando publicamente um projeto de construção de uma ordem mundial alternativa oposta àquela que vem sendo posta em prática pela comunidade mundial. O Líder Supremo do Irã contemporâneo estava declarando que princípios religiosos universais, não os interesses nacionais ou o internacionalismo liberal, dominariam o novo mundo que ele profetizava. Se sentimentos como esses tivessem sido manifestados por um líder asiático ou europeu, teriam sido interpretados como um chocante desafio global. No entanto, 35 anos de repetição tinham praticamente embotado a sensibilidade do mundo para o radicalismo desses sentimentos e das ações que lhes davam sustentação. Por sua parte, o Irã combinava o seu desafio à modernidade com uma milenar tradição política de excepcional sutileza.

A tradição iraniana de estadismo

A primeira implementação dos princípios do islamismo radical enquanto doutrina de Estado ocorreu em 1979, na capital na qual menos se esperava que isso acontecesse — num país que, ao contrário da maior parte dos Estados do Oriente Médio, tinha uma longa e insigne história nacional e uma antiga reverência por seu passado pré-islâmico. De modo que, quando o Irã, um Estado aceito no sistema vestfaliano, se transformou num defensor do Islã radical depois da revolução do aiatolá Khomeini, a ordem regional do Oriente Médio foi virada de ponta-cabeça.

152 | *Os Estados Unidos e o Irã: abordagens da ordem*

De todos os países da região, o Irã é aquele que talvez tenha o mais coerente sentido de nacionalidade e a mais elaborada tradição de estadismo com base nos interesses nacionais. Ao mesmo tempo, os líderes do Irã tradicionalmente têm ido bem além das modernas fronteiras do país e raras vezes tiveram a oportunidade de aderir a conceitos vestfalianos de Estado e igualdade soberana. A tradição fundadora do Irã foi a do Império Persa, o qual, numa série de encarnações desde o século VII a.C. até o século VII d.C., estabeleceu seu domínio através de grande parte do Oriente Médio contemporâneo e trechos da Ásia Central, Sudoeste Asiático e Norte da África. Com uma arte e uma cultura resplandecentes, uma burocracia sofisticada, experiência na administração de províncias distantes e uma vasta força militar multiétnica, forjada em bem-sucedidas campanhas travadas em todas as direções, a Pérsia via a si mesma como muito mais do que uma mera sociedade entre outras. O ideal persa da monarquia elevava seu soberano a um status quase divino como um magnânimo senhor feudal de povos — o "Rei dos Reis", distribuindo justiça e decretando a tolerância em troca de submissão política pacífica.[4]

O projeto imperial persa, como o da China clássica, representava uma forma de ordem mundial na qual as realizações culturais e políticas, assim como a segurança psicológica, desempenhavam um papel tão importante como os das tradicionais conquistas militares. O historiador grego Heródoto, do século V a.C., descreveu a autoconfiança de um povo que tinha absorvido o que havia de melhor em todos os costumes estrangeiros — as vestimentas medas, as armaduras egípcias — e que agora via a si mesmo como a principal realização da humanidade:

> Acima de tudo, eles demonstram grande respeito por si mesmos, em seguida por aqueles que vivem perto *deles*, e depois por aqueles que vivem perto desses últimos, e assim por diante, de modo que existe uma gradação em termos de respeito na proporção da distância. Os persas demonstram menos respeito pelos que vivem mais longe deles. Isso ocorre porque acreditam representar o que há de melhor na humanidade em todos os aspectos e que outros seriam virtuosos na medida da sua proximidade; aqueles que vivem mais longe são os mais desprezíveis.[5]

Cerca de 2.500 anos mais tarde algo desse sentido de serena autoconfiança havia subsistido, como demonstra o texto de um acordo comercial de 1850 entre os Estados Unidos e a Dinastia Safávida — a qual governava uma versão menor, mas ainda extensa, do Império Persa, consistindo no Irã e em partes significativas dos atuais territórios do Afeganistão, Iraque, Kuwait, Paquistão, Tadjiquistão, Turquia e Turcomenistão. Mesmo tendo perdido pouco antes Armênia, Azerbaijão, Daguestão e Geórgia oriental em duas guerras com o Império Russo em expansão, o xá irradiava a autoconfiança do herdeiro de Xerxes e Ciro:

> O presidente dos Estados Unidos da América do Norte e sua Majestade, tão exaltada quanto o planeta Saturno; o Soberano a quem o Sol serve como modelo; cujo esplendor e magnificência são iguais àqueles dos Céus; o Sublime Soberano, o Monarca cujos exércitos são tão numerosos como as Estrelas; cuja grandeza evoca a de Jamshid; cuja magnificência iguala à de Dario; o Herdeiro da Coroa e do Trono dos Kaianianos, o Sublime Imperador de toda a Pérsia, sendo igual e sinceramente desejoso do estabelecimento de relações de Amizade entre os dois governos, a qual querem reforçar por meio de um Tratado de Amizade e Comércio, reciprocamente vantajoso e útil para os cidadãos e súditos das duas Altas partes contratantes, vêm com este propósito nomear os seus Plenipotenciários...[6]

Na intercessão entre Oriente e Ocidente e administrando províncias e possessões que, na sua extensão máxima, iam da Líbia dos dias de hoje até o Quirguistão e a Índia, a Pérsia foi o ponto de partida ou o alvo final de quase todos os grandes conquistadores na massa territorial da Eurásia, da antiguidade à Guerra Fria. Ao longo de todas essas turbulências, a Pérsia — como a China sob circunstâncias mais ou menos comparáveis — conservou seu sentido característico de identidade. Ao se expandir em meio a culturas e regiões imensamente diversas, o Império Persa adotou e sintetizou suas realizações no seu próprio conceito distinto de ordem. Ao submergir em meio às ondas de conquistadores, como Alexandre, o Grande, os primeiros exércitos islâmicos e mais tarde os mongóis — choques que quase apagaram a memória histórica e a autonomia política de outros povos —, a Pérsia conservou a confiança na sua superioridade cultural. Ela se curvou diante dos conquistadores como uma concessão temporária, porém manteve sua independência por meio da visão de mundo, mapeando "grandes espaços interiores" na poesia e no misticismo e reverenciando seus vínculos com soberanos heroicos da antiguidade em episódios recontados no seu épico *O Livro dos Reis*.[7] Enquanto isso, a Pérsia ia aprimorando sua experiência na administração de todos os tipos de territórios e de desafios políticos, criando assim um sofisticado cânone da diplomacia, que valorizava a capacidade de resiliência, a perspicácia demonstrada na análise das realidades geopolíticas e a manipulação psicológica dos adversários.

Esse sentido da própria singularidade e a habilidade com que executava suas manobras persistiriam na era islâmica, quando a Pérsia adotou a religião de seus conquistadores árabes, mas, caso único nessa primeira leva de povos conquistados, insistiu em conservar seu idioma e em inserir na nova ordem os legados culturais do império que o Islã acabara de derrubar. A Pérsia acabou por se tornar o centro demográfico e cultural do xiismo — primeiro como uma tradição dissidente no interior do domínio árabe, mais tarde como uma religião estatal que teve início no século XVI (adotada em parte como uma maneira de se distinguir e desafiar o crescente Império Otomano nas suas fronteiras, que era sunita). Contrariando a interpretação sustentada pela maioria sunita, esse ramo do Islã enfatizava as qualidades místicas e inexprimíveis da verdade religiosa e autorizava uma "prudente dissimulação" a serviço dos interesses dos fiéis.[8] Na sua cultura, religião e perspectiva geopolítica, o Irã (como veio a se chamar oficialmente a partir de 1935) tinha preservado a singularidade da sua tradição e o caráter especial do seu papel regional.

A Revolução Khomeinista

A revolução contra o xá Reza Pahlavi, no Irã do século XX, começara (ou pelo menos assim foi retratada no Ocidente) como um movimento antimonarquista, que exigia democracia e redistribuição de renda. Muitas dessas reivindicações tinham motivos concretos, produzidos pelas mudanças provocadas pelos programas de modernização do xá e pelas táticas brutais e arbitrárias com que o governo tentava controlar os dissidentes. Porém, quando, em 1979, o aiatolá Ruhollah Khomeini voltou de seu exílio, em Paris e no Iraque, reclamando para si o papel de "Supremo Líder" da revolução, fez isso não apenas em nome de programas sociais ou de um governo democrático, mas como um ataque contra toda a ordem regional e, na realidade, contra as próprias bases institucionais da modernidade.

A doutrina que criou raízes no Irã sob Khomeini não era comparável a nada que tivesse sido posto em prática no Ocidente desde as guerras religiosas da era pré-vestfaliana. Ela concebia o Estado não como uma entidade legítima por si mesma, mas como uma arma a ser empregada segundo a conveniência no contexto de uma luta religiosa mais ampla. O mapa do Oriente Médio do século XX, anunciou Khomeini, era uma criação falsa e não islâmica dos "imperialistas" e de "governantes tirânicos e egoístas", que tinham "separado os vários segmentos de uma comunidade islâmica (*umma*), criando artificialmente nações separadas".[9] Todas as instituições políticas no Oriente Médio e para além dele eram "ilegítimas" porque não estavam "baseadas na lei divina". As modernas relações internacionais guiadas pelos procedimentos adotados em Vestfália repousavam sobre fundamentos falsos porque "as relações entre nações deveriam se apoiar em bases religiosas" e não sobre os princípios do interesse nacional.[10]

Na visão de Khomeini — paralela àquela adotada por Qutb — uma leitura ideologicamente expansionista do Corão indicava o caminho para se afastar dessas blasfêmias rumo à criação de uma ordem mundial genuinamente legítima. O primeiro passo nesse sentido seria a derrubada de todos os governos no mundo muçulmano e sua substituição por um "governo islâmico".[11] As lealdades nacionais tradicionais seriam superadas porque "é um dever que cabe a todos nós derrubar o *taghut*; ou seja, os poderes políticos ilegítimos que agora governam o conjunto do mundo islâmico". A criação de um sistema político verdadeiramente islâmico no Irã iria marcar, como declarou Khomeini por ocasião da fundação da República Islâmica do Irã a 1º de abril de 1979, "o Primeiro Dia do Governo de Deus".

Essa entidade não seria comparável a nenhum outro Estado moderno. Como disse ao *New York Times* Mehdi Bazargan, o primeiro-ministro indicado por Khomeini, o primeiro a ocupar aquele cargo, "o que se queria... era um governo do tipo visto nos dez anos de domínio do profeta

156 | *Os Estados Unidos e o Irã: abordagens da ordem*

Maomé e os cinco anos de seu genro, Ali, o primeiro imã xiita".[12] Quando o governo é concebido como divino, a dissidência é tratada como blasfêmia, não como oposição política. Sob Khomeini, a República Islâmica pôs em prática esses princípios, começando por uma onda de julgamentos e execuções e uma repressão sistemática de minorias religiosas que superou em muito tudo o que havia acontecido no governo autoritário do xá.

Em meio a essas turbulências um novo paradoxo veio à luz, sob a forma de um desafio dualístico à ordem internacional.[13] Com a revolução iraniana, um movimento islâmico dedicado à derrubada do sistema vestfaliano adquiriu o controle sobre um Estado moderno e fez valer seus direitos e privilégios "vestfalianos" — tomar seu lugar nas Nações Unidas, manter relações comerciais e operar seu aparato diplomático. Dessa forma, o regime clerical iraniano colocou a si mesmo na interseção entre duas ordens mundiais, desfrutando das proteções formais do sistema vestfaliano mesmo quando proclamava repetidamente não acreditar nele, não aceitar seus limites e ter como objetivo final substituí-lo.

Esta dualidade tem raízes profundas na doutrina iraniana de governo. O Irã se apresenta como "a República Islâmica", deixando implícita a ideia de que é uma entidade cuja autoridade transcende limites territoriais, e que o aiatolá que está à frente da estrutura de poder iraniana (primeiro Khomeini, depois seu sucessor, Ali Khamenei) é compreendido não apenas como um personagem político do Irã, mas como uma autoridade global — "o Supremo Líder da Revolução Islâmica" e "o Líder da Umma Islâmica e do Povo Oprimido".

A República Islâmica se apresentou no cenário mundial com uma flagrante violação do princípio básico do sistema internacional vestfaliano — a imunidade diplomática — ao invadir a embaixada americana em Teerã e manter funcionários como reféns durante 444 dias (um ato reafirmado pelo atual governo que, em 2014, nomeou o intérprete junto aos reféns como seu embaixador nas Nações Unidas). No mesmo espírito, em 1989, o aiatolá Khomeini reivindicou a autoridade sobre uma jurisdição universal ao emitir uma *fatwa* (um decreto religioso) sentenciando à morte Salman Rushdie, um cidadão britânico de ascendência indiana muçulmana, pela publicação de um livro na Grã-Bretanha e nos Estados Unidos e considerado ofensivo aos muçulmanos.

Embora mantendo ao mesmo tempo relações diplomáticas normais com os países de cujos territórios esses grupos se apropriaram indevidamente, o Irã, com relação ao aspecto islâmico, vem dando apoio a organizações como o Hezbollah, no Líbano; e o Exército Mahdi, no Iraque — milícias não estatais que desafiam as autoridades estabelecidas e recorrem a ataques terroristas como parte de sua estratégia. O imperativo da revolução islâmica sustentado por Teerá tem sido interpretado de modo a permitir uma cooperação que transcenda a cisão sunitas-xiitas para fazer avançar a causa mais ampla da luta contra os interesses antiocidentais, inclusive o armamento pelo Irã do grupo jihadista sunita Hamas contra Israel e, segundo certos relatos, o Talibã, no Afeganistão; o relatório da comissão que investigou os atentados de 11 de Setembro e investigações sobre um plano para um atentado terrorista em 2013, no Canadá, sugeriram que homens da Al-Qaeda encontraram receptividade para operar também desde o Irã.[14]

A respeito do tema da necessidade de se derrubar a ordem existente mundial, muçulmanos dos dois lados — sunitas e xiitas — de um modo geral têm se colocado de acordo. A despeito da intensidade da divergência doutrinária entre sunitas e xiitas que eclodiu no Oriente Médio no início do século XXI, as opiniões de Sayyid Qutb são essencialmente idênticas àquelas adiantadas pelos aiatolás políticos do Irã. A premissa de Qutb de que o Islã iria reordenar e, em última instância, dominar o mundo encontrou eco entre os homens que transformaram o Irã numa fonte de uma revolução religiosa. As obras de Qutb circulam amplamente no Irã, algumas delas traduzidas pelo próprio aiatolá Ali Khamenei. Como escreveu Khamenei na sua introdução de 1967 à obra de Qutb *O futuro desta religião*:

> Este soberbo e excelente autor procurou, ao longo dos capítulos deste livro... primeiramente apresentar a essência da fé como ela é e, depois, mostrar que vem a ser um programa de vida [...] [para confirmar] com suas palavras eloquentes e sua perspectiva mundial distinta que o governo mundial acabará, afinal, nas mãos de nossa escola e que "o futuro pertence ao Islã".[15]

Para o Irã, como representante da minoria xiita nesse esforço, a vitória poderia ser vista através da sublimação das diferenças de doutrina em prol de objetivos comuns. Para atingir este fim, a constituição iraniana proclama o objetivo da unificação de todos os muçulmanos como uma obrigação nacional:

> De acordo com o versículo sagrado do Corão ("Essa sua comunidade é uma única comunidade, e Eu sou o seu Senhor, então idolatre-Me" [21:92]), todos os muçulmanos formam uma única nação, e o governo da República Islâmica do Irã tem o dever de formular suas políticas gerais tendo em vista o cultivo da amizade e da unidade de todos os povos muçulmanos, e deve lutar continuamente para estimular a unidade política, econômica e cultural do mundo islâmico.[16]

A ênfase não seria colocada em disputas teológicas, mas na conquista ideológica. Como elaborou Khomeini: "Precisamos lutar para exportar nossa revolução pelo mundo e devemos abandonar toda ideia de não fazer isso, pois não apenas o Islã se recusa a reconhecer qualquer diferença entre países islâmicos, como é também o campeão de todos os povos oprimidos."[17] Isso exigiria uma luta épica contra a "América, o saqueador global", e as sociedades comunistas materialistas da Rússia e da Ásia, assim como contra "o sionismo e Israel".

Khomeini e seus companheiros xiitas de revolução têm se diferenciado dos sunitas, no entanto — e nisso consiste a essência de sua rivalidade fratricida —, ao proclamarem que a insurreição global seria finalizada com a chegada do Mahdi, que voltaria assim do "ocultamento" (já que está presente, porém não visível) para assumir os poderes soberanos que o Supremo Líder da República Islâmica exerce temporariamente no lugar do Mahdi.[18] O então presidente iraniano Mahmoud Ahmadinejad considerou este princípio suficientemente consolidado para apresentá-lo diante das Nações Unidas em seu discurso de 27 de setembro de 2007:

> Sem nenhuma dúvida, o Prometido, que é o Salvador final, virá. Na companhia de todos os crentes, dos que buscam a Justiça e dos que são seus benfeitores, ele estabelecerá um futuro brilhante e encherá o mundo com justiça e beleza. Essa é a promessa de Deus; portanto, ela será cumprida.[19]

A paz visada por um conceito como esse tem como seu pré-requisito, conforme escreveu o presidente Ahmadinejad ao presidente George W. Bush em 2006, uma submissão global à doutrina religiosa correta. A carta de Ahmadinejad (interpretada majoritariamente no Ocidente como um gesto de abertura de negociações) concluía com *"Vasalam Ala Man Ataba'al hoda"*, uma frase deixada por traduzir na versão distribuída ao público: "Paz apenas aos que seguem o verdadeiro caminho."[20] Essa era uma admoestação idêntica àquela enviada pelo profeta Maomé aos imperadores de Bizâncio e da Pérsia, que logo seriam atacados pela guerra santa islâmica.

Durante décadas observadores ocidentais procuraram detectar "as raízes" de sentimentos como esse, convencendo a si mesmos de que as afirmações de cunho mais extremado teriam um sentido parcialmente metafórico e que a renúncia a uma política ou a uma conduta adotada pelo Ocidente no passado — como a interferência americana e britânica na política doméstica iraniana nos anos 1950 — poderia abrir as portas à reconciliação. Entretanto, o islamismo revolucionário não se manifestou, até o momento, como uma busca da cooperação internacional, da forma como o termo é compreendido pelo Ocidente; nem o regime teocrático do Irã se deixa compreender sob o prisma de um movimento de independência pós-colonial injustiçado, esperando ansiosamente por demonstrações da boa vontade americana. Sob o conceito de política adotado pelos aiatolás, a disputa com o Ocidente não é uma questão de concessões técnicas específicas ou fórmulas de negociação, mas uma disputa pela natureza da ordem mundial.

Mesmo num momento saudado no Ocidente como indício de um novo espírito de conciliação — após a conclusão de um acordo temporário a respeito do programa nuclear iraniano com cinco membros permanentes do Conselho de Segurança da ONU mais a Alemanha — o Supremo Líder Iraniano, Khamenei, declarou em janeiro de 2014:

> Ao maquiar a face dos Estados Unidos, alguns indivíduos estão tentando remover sua feiura, a violência e o terror dessa face, e apresentar o governo dos Estados Unidos ao povo do Irã como sendo afetuoso e humanitário. [...] Como é possível mudar com maquiagem uma face feia e criminosa diante do povo iraniano? [...] O Irã não violará aqui-

lo com que se comprometeu. Mas os norte-americanos são inimigos da Revolução Islâmica, são inimigos da República Islâmica, são inimigos dessa bandeira que vocês levantaram.[21]

Ou, como disse Khamenei de forma ligeiramente mais sutil num discurso diante do Conselho de Guardiães em setembro de 2013: "Quando um lutador está enfrentando um oponente e em certos aspectos demonstra mais flexibilidade por motivos técnicos, que ele não se esqueça de quem é o oponente."[22]

A PERMANÊNCIA DESSE estado de coisas não é inevitável. Entre os Estados do Oriente Médio, talvez seja o Irã aquele que tenha uma experiência mais coerente de grandeza nacional e a tradição estratégica mais antiga e sutil. Preservou sua cultura essencial por 3 mil anos, às vezes na condição de império em expansão, durante muitos séculos, graças à habilidade com que manipulou os elementos que o cercavam. Antes da revolução dos aiatolás, a interação do Ocidente com o Irã tinha sido cordial e cooperativa de ambas as partes, baseada no que era percebido como um paralelismo dos interesses nacionais. (Ironicamente, a ascensão dos aiatolás ao poder foi ajudada em suas últimas fases pelo fato de os Estados Unidos terem se dissociado do antigo regime, levados pela crença equivocada de que a mudança iminente aceleraria o advento da democracia e fortaleceria os laços entre o Irã e os Estados Unidos.)

Os Estados Unidos e as democracias ocidentais deveriam estar abertos ao cultivo de relações de cooperação com o Irã. O que não devem fazer é basear essa política na projeção de sua própria experiência interna, como sendo algo inevitável ou automaticamente relevante para aquela de outras sociedades, em especial a do Irã. Devem estar prontos para a possibilidade de que a retórica persistente por toda uma geração seja baseada em convicção e não simples bravata e que isso exercerá um impacto sobre um número significativo de iranianos. Uma mudança de tom não significa necessariamente uma volta à normalidade, sobretudo onde definições de normalidade diferem de forma tão radical daquelas com que estamos habituados. Ela inclui também — e mais provavelmente — a possibilidade de uma mudança de tática para alcançar metas que, em sua essência, não mudariam. Os Estados Unidos devem estar abertos à reconciliação genuína e a fazer um esforço real para facilitá-la. No entanto, para que tal esforço seja bem-sucedido, é essencial que se tenha um claro sentido de direção, em particular no que tange ao programa nuclear iraniano.

Proliferação nuclear e o Irã

O futuro das relações entre Irã e Estados Unidos dependerá — pelo menos a curto prazo — da resolução de uma questão ostensivamente técnico-militar. Enquanto essas páginas estão sendo escritas, pode estar prestes a acontecer uma mudança potencialmente fundamental na balança militar e no equilíbrio psicológico da região. Essa mudança foi propiciada pelo rápido progresso do Irã rumo ao status de um Estado detentor de armas nucleares em meio a uma negociação entre o país e os cinco membros permanentes do Conselho de Segurança da ONU mais a Alemanha (o P5+1). Ainda que expressa em termos de capacidades técnicas e científicas, a questão, no fundo, diz respeito à ordem internacional — sobre a capacidade de a comunidade internacional fazer valer suas exigências diante de formas sofisticadas de rejeição, a permeabilidade do regime global de não proliferação e as perspectivas de uma corrida armamentista nuclear na região mais volátil do mundo.

A balança de poder tradicional enfatizava a capacidade militar e industrial. Uma mudança na distribuição de poder só poderia ser alcançada de forma gradual ou por conquista. A balança de poder moderna reflete o nível do desenvolvimento científico de uma sociedade e pode ser ameaçada de forma drástica por desdobramentos inteiramente no interior do território de um Estado. Nenhuma conquista poderia ter aumentado tanto a capacidade soviética quanto o fim do monopólio nuclear americano em 1949. De modo semelhante, a disseminação de armas nucleares utilizáveis está fadada a afetar equilíbrios regionais — e a ordem internacional — de forma dramática e a provocar uma série de contramedidas em escalada.

Todos os governos norte-americanos da época da Guerra Fria foram obrigados a conceber suas estratégias internacionais no contexto do temeroso cálculo da deterrência* nuclear: o conhecimento de que a guerra nu-

---

* Deterrência, *deterrence* em inglês, é a dissuasão pela ameaça de retaliação. (N.R.T.)

clear implicaria um número de baixas numa escala capaz de ameaçar a vida civilizada. Eles também eram assombrados pela consciência de ser fundamental demonstrar disposição de correr esse risco — pelo menos até certo ponto — se o mundo não quisesse se entregar a totalitarismos impiedosos. A deterrência se sustentava diante desses pesadelos paralelos porque só existiam duas superpotências nucleares. Cada uma delas fazia avaliações comparáveis dos perigos oferecidos pelo uso de armas nucleares. Porém, à medida que as armas nucleares ficavam ao alcance de um número cada vez maior de países, o cálculo da deterrência se tornava mais efêmero e a estabilidade da deterrência mútua cada vez menos confiável. Num mundo de grande proliferação, torna-se cada vez mais difícil decidir quem está dissuadindo quem e por meio de que cálculos.

Mesmo supondo que os países que tenham adquirido armas nucleares façam os mesmos cálculos de sobrevivência que as superpotências já estabelecidas em relação a iniciar hostilidades umas contra as outras — uma suposição extremamente discutível —, os novos Estados nucleares poderiam minar a ordem internacional de várias maneiras. A complexa dificuldade de proteger os arsenais e as instalações nucleares (construir os sofisticados sistemas de alerta de que dispõem os Estados nucleares mais avançados) pode aumentar o risco de um ataque preventivo por meio de incentivos progressivos a um ataque surpresa. Armas nucleares também podem ser usadas como um escudo para dissuadir retaliações contra ações militares de grupos não estatais. E as potências nucleares também não poderiam ignorar uma guerra nuclear às suas portas. Por fim, a experiência com a rede de proliferação "privada" do Paquistão, tecnicamente um país amigável aos Estados Unidos, vendendo tecnologia nuclear para a Coreia do Norte, a Líbia e o Irã, demonstra as vastas consequências para a ordem internacional da disseminação de armas nucleares, mesmo quando o Estado proliferador não se encaixa nos critérios formais de um Estado pária.

Três obstáculos devem ser superados para a aquisição de capacidade nuclear que possa ser empregada em um conflito: a aquisição de sistemas de entrega, a produção do material físsil e a construção de ogivas. Em relação aos sistemas de entrega, existe um mercado substancialmente aberto na França, Rússia e, em alguma medida, China; comprar esses sistemas requer essencialmente recursos financeiros. O Irã já adquiriu o núcleo de um sistema de entrega e pode incrementá-lo como bem entender. O conhecimento necessário para a construção de ogivas não é nem esotérico nem difícil de descobrir, e sua construção é relativamente fácil de ser encoberta. O melhor — e talvez o único — modo de evitar a emergência de uma capacidade de produzir armas nucleares é inibir o desenvolvimento do processo de enriquecimento de urânio. O componente indispensável para esse processo é o dispositivo de centrífugas — as máquinas que produzem o urânio enriquecido. (O enriquecimento de plutônio também deve ser evitado e é parte da mesma negociação.)[23]

Os Estados Unidos e os outros membros do Conselho de Segurança da ONU têm negociado nos últimos dez anos, ao longo de dois governos dos dois partidos para evitar a emergência dessa capacidade por parte do Irã. Seis resoluções do Conselho de Segurança da ONU desde 2006 insistiram na interrupção pelo Irã de seu programa de enriquecimento nuclear. Três presidentes norte-americanos dos dois partidos, todos os membros do Conselho de Segurança da ONU (incluindo China e Rússia) mais a Alemanha, e vários relatórios da Agência Internacional de Energia Atômica, todos declararam como inaceitável a aquisição de armas nucleares pelo Irã e pediram uma interrupção incondicional do programa de enriquecimento nuclear iraniano. Nenhuma opção deveria ficar "fora da mesa" — nas palavras de pelo menos dois presidentes norte-americanos — na realização desse objetivo.

O histórico da crise aponta um contínuo avanço das capacidades nucleares iranianas, ao passo que a posição ocidental tem sido progressivamente amenizada. Enquanto o Irã vem ignorando as resoluções da ONU e construindo centrífugas, o Ocidente tem sugerido uma série de propostas cada vez mais permissivas — desde a insistência de que o Irã desse um fim definitivo em caráter permanente ao enriquecimento de urânio (2004) até chegar a permitir que o Irã continuasse a produzir alguma quantidade de urânio fracamente enriquecido (LEU),* enriquecido a menos de 20% (2005); passando pela proposta de que o Irã enviasse para fora do país a maior parte do LEU, de modo que a França ou a Rússia pudessem transformá-lo em varetas de combustível de urânio enriquecido a 20% (2009) até

---

* Do termo, em inglês, *Low-Enriched Uranium*. (N.T.)

164 | *Os Estados Unidos e o Irã: abordagens da ordem*

uma proposta de permitir que o Irã conservasse uma quantidade suficiente do seu urânio enriquecido a 20% para fazer funcionar um reator de pesquisas, suspendendo ao mesmo tempo as operações das instalações em Fordow de centrífugas capazes de produzir maior quantidade (2013). As próprias instalações de Fordow eram um local secreto; ao serem descobertas, foram tema de exigências ocidentais no sentido de serem completamente fechadas. Agora a proposta ocidental é a de que as atividades ali sejam suspensas, com providências que tornem difícil sua reativação. Quando, em 2006, foi formado pela primeira vez o grupo P5+1 para coordenar as posições da comunidade internacional, seus negociadores insistiam que o Irã interrompesse as atividades relacionadas ao ciclo de produção de combustível antes que as negociações pudessem continuar; em 2009 essa exigência foi abandonada. Diante do histórico dessas negociações, o Irã tem tido pouco incentivo para tratar qualquer proposta como final. Com sutileza e uma dose generosa de ousadia, a cada estágio da negociação tem demonstrado um interesse menor em encontrar uma solução do que as maiores potências do mundo atuando em conjunto, convidando esses países a fazerem novas concessões.

Quando as negociações começaram em 2003, o Irã tinha 130 centrífugas. No momento em que escrevo este livro, conta com cerca de 19 mil (ainda que apenas metade delas esteja em uso). No início das negociações, o Irã não detinha a capacidade de produzir material físsil; no acordo provisório de novembro de 2013, o Irã reconheceu que dispunha de sete toneladas de urânio fracamente enriquecido que, junto com o número de centrífugas que possui, pode ser transformado em poucos meses em material capaz de ser usado em armas nucleares (o bastante para produzir de sete a dez bombas equivalentes à de Hiroshima). No acordo provisório, o Irã prometeu abrir mão de cerca de metade do seu urânio enriquecido a 20%, mas por meio de um trajeto tortuoso; prometia convertê-lo numa forma de urânio que poderia ser facilmente reconvertido ao seu status original e conservou os meios para fazer isso. De qualquer modo, com a quantidade de centrífugas atualmente em poder do Irã, o estágio dos 20% é menos significativo porque o urânio enriquecido a 5% (o limite assumido como objetivo pelos negociadores) pode ser enriquecido, em questão de meses, até se tornar adequado à fabricação de armas.

A atitude dos negociadores dos dois lados refletia diferentes percepções da ordem mundial. Os negociadores iranianos comunicaram a seus interlocutores que não se deixariam desviar de curso mesmo sob o risco de um ataque às instalações nucleares do Irã. Os negociadores ocidentais estavam convencidos (e, enfatizando seu compromisso com a paz e a diplomacia, reafirmavam de forma periódica essa convicção) de que as consequências de um ataque militar ao Irã seriam imensamente piores do que o risco associado a uma crescente capacidade nuclear iraniana. Eram confirmados nos seus cálculos pelo mantra repetido por profissionais: cada impasse precisa ser rompido por uma nova proposta, cuja responsabilidade eles assumiriam. Para o Ocidente, a questão central era saber se seria possível encontrar uma solução diplomática ou se seriam necessárias medidas militares. No Irã, a questão nuclear era tratada como um aspecto de uma luta geral associada à ordem regional e à supremacia ideológica, travada numa série de arenas e territórios com métodos que cobrem um espectro que vai da guerra à paz — operações militares e paramilitares, diplomacia, negociações formais, propaganda, subversão política — numa combinação fluida cujos elementos se reforçavam uns aos outros. Nesse contexto, a busca por um acordo deve lidar com a possibilidade de que Teerã tentará no mínimo explorar uma estratégia que implique em relaxar tensões só o suficiente para romper o regime de sanções, conservando, contudo, uma substancial infraestrutura nuclear e um máximo de liberdade de ação para, mais tarde, transformá-lo num programa de produção de armas.

O processo resultou, em novembro de 2013, num acordo provisório no qual o Irã concordava com uma relativa e temporária interrupção do programa de enriquecimento de urânio em troca da suspensão de algumas das sanções internacionais impostas por seu desafio às exigências do Conselho de Segurança da ONU.[24] Porém, como o programa iraniano de enriquecimento de urânio foi autorizado a seguir em atividade durante os seis meses do acordo provisório, seu prosseguimento, assim como a implementação de restrições mais abrangentes vão se sobrepor ao prazo para a conclusão do acordo global. As consequências práticas têm sido a aceitação, na prática, do programa de enriquecimento iraniano, sem uma decisão (mas apenas do lado ocidental) a respeito da sua proporção.

Negociações para um acordo permanente estão em curso no momento em que escrevo. Mesmo que seus termos — se é que estes poderão ser alcançados — não sejam ainda conhecidos, está claro que, como tantas outras questões no Oriente Médio, mencionarão "linhas vermelhas" que não deverão ser ultrapassadas. Será que os negociadores ocidentais (operando via o P5+1) insistirão em que a linha vermelha consiste na capacidade de enriquecimento do urânio, como insistiram as resoluções do Conselho de Segurança da ONU? Essa seria uma tarefa formidável. O Irã precisaria reduzir o número de centrífugas a um nível compatível com os requisitos plausíveis para um programa nuclear civil, assim como destruir ou desmontar as restantes. Um desfecho como esse, cuja consequência prática seria o abandono de programa nuclear pelo Irã, abriria a perspectiva para uma mudança fundamental nas relações do Ocidente com o Irã, particularmente se estivesse vinculado a um consenso de que os dois lados trabalhariam para conter as ondas de extremismo militante, tanto sunita quanto xiita, que agora ameaçam a região.

Tendo em vista as repetidas declarações do Líder Supremo Iraniano de que o país não abriria mão em qualquer medida da capacidade que já detém — afirmações reiteradas por uma série de funcionários de alto escalão —, a ênfase iraniana parece ter mudado no sentido de deslocar a linha vermelha para a produção de ogivas, ou para a diminuição do número de centrífugas para um nível que deixa ainda margem substancial para a realização de um programa nuclear militar. Sob tal esquema, o Irã iria consagrar num acordo internacional a suposta *fatwa* emitida por seu Líder Suprema proibindo a fabricação de armas nucleares (decreto que jamais foi publicado nem visto por qualquer pessoa fora da estrutura de poder iraniana); ele se comprometeria perante o P5+1 a não produzir armas nucleares e admitiria o direito de inspeção para garantir o seu cumprimento do acordo. O efeito prático de um compromisso como esse dependeria de quanto tempo o Irã precisaria para construir uma arma depois que anulasse ou violasse esse acordo. Em vista do fato de que o Irã conseguiu construir duas instalações secretas de enriquecimento de urânio enquanto se encontrava sob inspeção internacional, a estimativa sobre essa violação deveria considerar a possibilidade de violações terem ocorrido em sigilo. Um acordo não deve deixar o Irã na condição de potência nuclear "virtual" — um país que pode se tornar uma potência militar nuclear num intervalo de tempo mais curto do que o de qualquer outro vizinho não nuclear precisaria para seguir seus passos ou de que qualquer potência nuclear necessitaria para prevenir esse fato de modo efetivo.

O Irã tem demonstrado notáveis habilidade e coerência na busca de seu objetivo confesso de minar o sistema de Estados do Oriente Médio e eliminar a influência exercida pelo Ocidente sobre a região. Caso o Irã conseguisse produzir e testar uma arma nuclear num prazo relativamente curto ou "apenas" reter a capacidade de fazer isso em questão de alguns meses uma vez que tivesse tomado essa decisão, as implicações sobre a ordem regional e global seriam comparáveis. Mesmo se o Irã se detivesse no estágio em que ficaria na iminência de adquirir capacidade de produzir armas nucleares, seu gesto seria percebido como uma façanha, já que teria alcançado esse nível em desafio às sanções internacionais. As tentações dos rivais geoestratégicos do Irã — como Turquia, Egito e Arábia Saudita — de desenvolverem ou comprarem seus próprios programas nucleares para fazer frente à capacidade adquirida pelos iranianos se tornarão irresistíveis. O risco de um ataque preventivo por parte de Israel iria aumentar de modo significativo. Quanto ao Irã, tendo suportado as sanções ao desenvolver sua capacidade nuclear, terá conquistado prestígio, novos poderes em termos de intimidação e uma capacidade reforçada para agir com armas convencionais ou formas não convencionais e não nucleares de fazer guerra.

Alguns já argumentaram que uma nova abordagem das relações Estados Unidos-Irã acabará por se desenvolver a partir das negociações nucleares, o que terminaria por compensar o abandono de posições históricas pelo Ocidente. A esse respeito, é muito citado o exemplo das relações entre os Estados Unidos e a China, por ter avançado da hostilidade para a aceitação mútua e até mesmo cooperação num período relativamente curto de tempo nos anos 1970. O Irã pode estar preparado, argumenta-se às vezes, para refrear o uso diplomático do seu virtual programa nuclear militar em troca da boa vontade e da cooperação estratégica dos Estados Unidos.

A comparação não é adequada. A China se via diante de 42 divisões soviéticas na sua fronteira norte depois de uma escalada de uma década de hostilidades mútuas e turbulências internas chinesas. Tinha todos os motivos para explorar um sistema internacional alternativo no qual pudesse

168 | *Os Estados Unidos e o Irã: abordagens da ordem*

estar ancorada. Nenhum incentivo semelhante se apresenta nas relações entre o Irã e o Ocidente. Na década passada, o Irã testemunhou a remoção de dois dos seus mais importantes adversários, o regime do Talibã, no Afeganistão, e Saddam Hussein, no Iraque — ironicamente pela ação dos Estados Unidos —, e viu aprofundar sua influência e seu papel militar no Líbano, Síria e Iraque. Dois de seus maiores competidores por influência regional, Egito e Arábia Saudita, têm estado preocupados com desafios internos, mesmo enquanto o Irã agiu com rapidez e, aparentemente, com sucesso para esmagar sua oposição interna após um movimento pró-democracia em 2009. Os seus líderes, numa grande medida, têm sido admitidos no âmbito da respeitabilidade internacional sem que tenham feito qualquer mudança substancial na sua política e têm sido cortejados pelas empresas ocidentais em busca de oportunidades de investimento mesmo com as sanções ainda em vigor. De forma irônica, a ascensão do jihadismo sunita nas fronteiras do Irã pode fazer com que seus líderes repensem seus objetivos. Porém é igualmente plausível que Teerã considere que o panorama estratégico esteja se deslocando a seu favor e seu rumo revolucionário esteja sendo comprovado. Qual dessas opções será escolhida pelo Irã é algo a ser determinado pelos seus próprios cálculos, não pelas ideias que os norte-americanos alimentem a esse respeito.

Até o momento em que escrevo este livro, o Irã e o Ocidente têm atribuído significados diferentes ao conceito de negociação. Enquanto negociadores norte-americanos e europeus falavam com um cauteloso otimismo sobre as possibilidades de um acordo nuclear e mostrando a maior discrição possível em suas declarações públicas com a esperança de fomentar uma atmosfera favorável, o aiatolá Khamenei descreveu as negociações nucleares como parte de uma eterna luta religiosa na qual a negociação era a forma de combate e concessões seriam proibidas. Ainda em maio de 2014, faltando seis semanas para o término do período de vigência do acordo provisório, o Supremo Líder Iraniano, segundo relatos, teria descrito assim as negociações nucleares:

> O motivo para a ênfase posta na continuação do combate não está na disposição para fazer guerra por parte da liderança islâmica. Isso se deve ao fato de que, ao cruzar uma região cheia de piratas, é preciso

estar preparado para tudo; deve-se permanecer motivado e manter a capacidade de se defender.

Nessas circunstâncias, não temos outra opção a não ser continuar o combate e deixar que a noção de combate dê o rumo dos assuntos do país, no plano interno e externo. Os que procuram estimular a tendência a fazer concessões e a se render aos rufiões e os que acusam a liderança islâmica de pregar a guerra estão na verdade cometendo uma traição.

Todos os funcionários do país nos campos da economia, ciência, cultura, política, direito e negociações externas deviam estar conscientes de que estão lutando e continuando o combate pela consolidação e sobrevivência do sistema islâmico. [...] O jihad nunca terminará porque Satá e o front satânico existirão eternamente.[25]

Para nações, a história é o equivalente ao caráter nos seres humanos. Na orgulhosa e rica história do Irã, é possível distinguir três diferentes abordagens em relação à ordem internacional. Havia a política de Estado que precedeu a revolução de Khomeini: vigilante ao proteger suas fronteiras, respeitosa diante da soberania das outras nações, disposta a tomar parte de alianças — na realidade, buscando atender a seus interesses nacionais no âmbito dos princípios vestfalianos. Há também a tradição do império, que via o Irã como o centro do mundo civilizado e que procurava eliminar a autonomia dos países vizinhos até onde seu poder conseguisse alcançar. Finalmente, há o Irã do jihad descrito nas páginas precedentes. De qual dessas tradições o novo comportamento de alguns altos funcionários iranianos extrai sua inspiração? Se partirmos do pressuposto de que ocorreu uma mudança fundamental, o que fez com que ela ocorresse? O conflito é psicológico ou estratégico? Será resolvido por uma mudança de atitude ou uma modificação da política? E se for o caso dessa última possibilidade, qual a modificação que deveria ser buscada? As visões de ordem mundial dos dois países podem ser reconciliadas? Ou o mundo terá de esperar que a pressão jihadista seja atenuada, da mesma forma que elas desapareceram no passado, no Império Otomano, como resultado de uma mudança na dinâmica de poder e de prioridades internas? Da resposta a essas perguntas depende o futuro das relações entre o Irã e os Estados Unidos e talvez a paz do mundo.

Em princípio, os Estados Unidos deveriam estar preparados para alcançar um entendimento geopolítico com o Irã com base nos princípios vestfalianos da não intervenção e desenvolver um conceito de ordem regional compatível com esta noção. Até a revolução de Khomeini, o Irã e os Estados Unidos tinham sido, na prática, aliados com base numa avaliação pragmática do interesse nacional feita por presidentes tanto democratas como republicanos. Interesses nacionais iranianos e norte-americanos eram tratados pelos dois lados como paralelos. Ambos se opunham à dominação da região por uma superpotência, que naquele período era a União Soviética. Ambos em suas políticas para a região estavam preparados para se basear no princípio do respeito a outras soberanias. Ambos favoreciam o desenvolvimento econômico da região — mesmo quando este não se dava de uma forma abrangente, como seria mais adequado. Do ponto de vista americano, existem todos os motivos para restabelecer um relacionamento nessas bases. A tensão nas relações Irã-Estados Unidos resultou da adesão por Teerá de princípios e retóricas jihadistas com ataques diretos aos interesses e às visões de ordem internacional norte-americanos.

O modo como o Irã sintetiza esses legados complexos será definido em grande parte pelas dinâmicas internas; num país de tamanha complexidade cultural e política, essas podem ser imprevisíveis para observadores de fora e podem não estar expostas à influência direta de ameaças e lisonjas externas. Entretanto, seja qual for a face que o Irã decidir mostrar para o mundo exterior, isso não altera a realidade do fato de que o país precisa fazer uma escolha. Precisa decidir se é um país ou uma causa. Os Estados Unidos devem se manter abertos a um caminho cooperativo e encorajar essa possibilidade. Contudo, a habilidade e a determinação dos negociadores ocidentais, ainda que aquelas sejam um componente necessário dessa evolução, não bastarão para assegurar isso. A interrupção pelo Irã do apoio a grupos como o Hezbollah seria um passo necessário e importante no restabelecimento de um padrão construtivo de relações bilaterais. O teste será se o Irã interpreta o caos ao longo das suas fronteiras como uma ameaça ou como uma oportunidade para realizar suas esperanças milenaristas.

Os Estados Unidos precisam desenvolver uma visão estratégica do processo no qual está engajado. Ao explicarem a diminuição do papel desempenhado pelo país no Oriente Médio, porta-vozes da atual administração descreveram a visão de um equilíbrio de Estados sunitas (e talvez Israel) contrabalançando o peso do Irã.[26] Mesmo se uma constelação semelhante viesse a se afirmar, só poderia ser sustentada por uma política externa americana ativa. Pois o equilíbrio de poder nunca é estático; seus componentes estão em fluxo constante. Os Estados Unidos seriam necessários como um fiador da balança no futuro previsível. O papel de promotor do equilíbrio poderá ser desempenhado de modo mais eficiente se os Estados Unidos estiverem mais próximos das forças em disputa do que eles estão uma da outra, e não se deixar atrair para avaliar as estratégias de nenhum dos lados, particularmente os que ocupam posições extremas. Ao perseguir seus próprios objetivos estratégicos, os Estados Unidos podem vir a ser um fator crucial — talvez *o* fator crucial — para determinar se o Irã vai trilhar o caminho do Islã revolucionário ou o de uma grande nação legítima e significativamente alojada no sistema de Estados vestfaliano. Porém os Estados Unidos só podem desempenhar este papel com base no seu envolvimento, não na sua retirada.

Visão e realidade

A questão da paz no Oriente Médio nos últimos anos permaneceu focada no tema altamente técnico das armas nucleares no Irã. Não existe nenhum atalho que contorne o imperativo que consiste em evitar o seu aparecimento. No entanto, convém relembrar períodos em que outras crises aparentemente insolúveis no Oriente Médio adquiriram uma nova dimensão, graças à firmeza moral e a uma visão.

Entre 1967 e 1973, tinham acontecido duas guerras árabe-israelenses, dois alertas militares norte-americanos, uma invasão da Jordânia pela Síria, uma ponte aérea de volume significativo para o interior de uma zona de guerra, vários sequestros de aviões e o rompimento de relações entre os Estados Unidos e a maioria dos estados árabes. No entanto, essa fase foi seguida por um processo de paz que proporcionou três acordos entre Egito e Israel (culminando no tratado de paz de 1979); num acordo de retirada de tropas com a Síria em 1974 (que tem perdurado por quatro décadas, a despeito da guerra civil síria); a Conferência de Madri em 1991, que retomou o processo de paz; o acordo de Oslo entre a Organização de Liberta-

172 | *Os Estados Unidos e o Irã: abordagens da ordem*

ção da Palestina e Israel em 1993; e um tratado de paz entre Jordânia e Israel em 1994.

Essas metas foram atingidas porque três condições foram satisfeitas: Uma política ativa dos Estados Unidos; a frustração de projetos que procuravam estabelecer uma ordem regional impondo pela violência princípios universalistas; e a emergência de líderes com uma visão de paz.

Dois acontecimentos simbolizam, segundo minha vivência pessoal, essa visão. Em 1981, durante sua última visita a Washington, o presidente Sadat me convidou a visitar o Egito na primavera seguinte para a cerimônia na qual a península do Sinai seria devolvida ao Egito por Israel. Então, ele ficou em silêncio por um momento e disse: "Não venha para a cerimônia de celebração, seria muito ofensivo a Israel. Venha seis meses mais tarde, e você e eu iremos juntos de carro até o topo do Monte Sinai, onde planejo construir uma mesquita, uma igreja e uma sinagoga, para simbolizar a necessidade de alcançarmos a paz."

Yitzhak Rabin, que no passado foi chefe do Estado-Maior do exército israelense, era primeiro-ministro durante o primeiro acordo político jamais firmado entre Israel e o Egito em 1975, e mais tarde, novamente, quando ele e o antigo ministro da Defesa, e então ministro do Exterior, Shimon Peres, negociaram um acordo de paz com a Jordânia em 1994. Na ocasião do acordo de paz entre os dois países, em julho de 1994, Rabin discursou numa sessão conjunta no Congresso dos Estados Unidos com o rei Hussein, da Jordânia:

> Hoje estamos nos aventurando numa batalha em que não há mortos nem feridos, nenhum sangue, nem aflição. Essa é a única batalha que travamos com prazer: a batalha da paz. [...]
>
> Na Bíblia, nosso Livro dos Livros, a paz é mencionada em seus vários idiomas, 237 vezes. Na Bíblia, de onde extraímos nossos valores e nossa força, no Livro de Jeremias, encontramos uma lamentação por Raquel, a Matriarca. Ela diz:
>
> "Que sua voz se detenha antes de se lamentar, e os seus olhos diante das lágrimas: pois seus esforços serão recompensados, diz o Senhor."
>
> Não vou deixar de lamentar pelos que se foram. Mas nesse dia de verão, em Washington, longe de casa, sentimos que nossos esforços serão recompensados, como previu o profeta.[27]

Tanto Sadat como Rabin foram assassinados. Mas suas realizações e a inspiração que proporcionaram jamais se extinguirão.

Mais uma vez, doutrinas de intimidação violenta desafiam a esperança de alcançarmos uma ordem mundial. Porém quando essas doutrinas forem derrotadas — e não há outra alternativa a essa opção —, é possível que cheguemos a um momento semelhante àquele que levou ao avanço histórico relatado aqui, no qual a visão se impôs à realidade.

CAPÍTULO 5

A multiplicidade da Ásia

Ásia e Europa: concepções diferentes de balança de poder

O termo "Ásia" atribui uma enganosa coerência a uma região de grande diversidade. Até a chegada das potências ocidentais modernas, nenhum idioma asiático possuía uma palavra equivalente a "Ásia"; nenhum dos povos entre os que formam agora os seus quase cinquenta Estados soberanos via a si mesmo como habitante de um único "continente" ou região que impusesse algum tipo de solidariedade em relação a todos os outros.[1] Na condição de "o Oriente", nunca ocupou uma posição claramente paralela à do "Ocidente". Não existiu uma religião comum, nem mesmo uma que se dividisse em ramos diferentes, como ocorreu com o cristianismo no Ocidente. Budismo, hinduísmo, islã e cristianismo, todas essas religiões prosperam em diferentes partes da Ásia. Não existe a memória de um império comum, comparável ao de Roma. Através do nordeste, leste, sudeste, sul e centro da Ásia importantes diferenças étnicas, linguísticas, religiosas, sociais e culturais têm se aprofundado, às vezes de modo doloroso, por meio de guerras ocorridas na história moderna.

O mapa político e econômico da Ásia ilustra a complexa tapeçaria da região. Ela compreende países industrial e tecnologicamente avançados, como o Japão, a República da Coreia e Cingapura, dispondo de economias e padrões de vida que rivalizam com os encontrados na Europa; três países de escala continental, a China, Índia e Rússia; dois grandes arquipélagos (além do Japão), as Filipinas e a Indonésia, compostos de milhares de ilhas e situados de forma estratégica entre duas importantes rotas marítimas; três antigas nações com populações que se aproximam daquelas da França ou Itália, a Tailândia, o Vietnã e Mianmar; a grande Austrália e a pastoril Nova Zelândia, com populações em sua maioria de ascendência europeia; e a Coreia do Norte, uma ditadura stalinista baseada numa dinastia familiar, privada de indústria e tecnologia, exceto pelo seu programa de armas nucleares. Uma população de ampla maioria muçulmana prevalece através da Ásia Central, Afeganistão, Paquistão, Bangladesh, Malásia e Indonésia, além de significativas minorias islâmicas existentes na Índia, na China, em Mianmar, na Tailândia e nas Filipinas.

A ordem global durante o século XIX e a primeira metade do século XX foi predominantemente europeia, concebida para manter um equilíbrio imperfeito entre os maiores países da Europa. Fora do seu próprio continente, os Estados europeus construíram colônias e justificaram suas ações sob várias versões do que por elas era classificado de "missão civilizadora". Do ponto de vista do século XXI, no qual as nações asiáticas vêm aumentando sua riqueza, seu poder e sua confiança, pode parecer improvável que o colonialismo tivesse adquirido tamanha força ou que suas instituições fossem consideradas um mecanismo normal da vida internacional. Fatores materiais apenas não bastam para explicá-lo; um sentido de missão e um impulso psicológico intangível também desempenharam um papel.

Os panfletos e as grandes obras escritas das potências coloniais formulados no início do século XX revelam uma notável arrogância, deixando transparecer a convicção de que detinham o direito de moldar uma ordem mundial de acordo com suas máximas. Relatos a respeito da China e da Índia adotavam um tom condescendente, definindo a missão europeia como sendo a de educar as culturas tradicionais de modo a elevá-las a níveis mais altos de civilização. Com um número relativamente pequeno de funcionários, administradores europeus redesenharam as fronteiras de nações antigas, ignorando o fato de que esta atitude poderia não ser bem--vinda ou ser considerada anormal e ilegítima.

176 | *A multiplicidade da Ásia*

Nos primórdios do que é agora considerada a Era Moderna, no século xv, um Ocidente confiante, truculento e territorialmente dividido, havia se lançado ao mar disposto a fazer o reconhecimento do globo e aperfeiçoar, explorar e "civilizar" as terras às quais chegaria. Sobre os povos que encontrou, imprimiu suas visões sobre religião, ciência, comércio, governo e diplomacia, modeladas pela experiência histórica ocidental, a qual considerava o ápice da realização humana.

O Ocidente se expandiu juntamente com as características habituais do colonialismo — avareza, chauvinismo cultural, sede de glória. Porém é igualmente verdade que seus melhores elementos tentaram promover uma espécie de método intelectual que encorajasse o ceticismo e um conjunto de práticas políticas e diplomáticas as quais, em última instância, conduziriam à democracia. Isso quase garantiu que, depois de longos períodos de submissão, os povos colonizados acabassem por pedir — e obter — a autodeterminação. Mesmo em meio às suas mais brutais depredações, as potências expansionistas, sobretudo a Grã-Bretanha, estimularam a visão de que, em algum momento do futuro, os povos conquistados começariam a participar dos frutos de um sistema comum global. Recuando, finalmente, da prática sórdida da escravidão, o Ocidente produziu o que nenhuma outra civilização escravocrata fizera antes: um movimento abolicionista global baseado na convicção de uma humanidade comum e da dignidade inerente ao indivíduo. Rejeitando sua adesão anterior a esse comércio desprezível, a Grã-Bretanha assumiu a liderança na aplicação de uma nova norma relativa à dignidade humana, abolindo a escravidão do seu império e proibindo a circulação de navios negreiros em alto-mar. A combinação singular de uma conduta autoritária, arrojo tecnológico, humanitarismo idealista e um fermento intelectual revolucionário provou ser um dos fatores que ajudaram a dar forma ao mundo moderno.

Com exceção do Japão, a Ásia foi uma vítima de ordem internacional imposta pelo colonialismo, não um agente nesse processo. A Tailândia conseguiu manter sua independência, porém, ao contrário do Japão, era fraca demais para tomar parte na balança de poder enquanto um sistema de ordem regional. O tamanho da China evitava que fosse submetida a uma completa colonização; no entanto, ela perdeu controle sobre aspectos vitais de seus assuntos internos. Até o fim da Segunda Guerra Mundial, a maior parte da Ásia conduzia suas políticas na condição de apêndice das potências europeias ou, no caso das Filipinas, dos Estados Unidos. As condições para a diplomacia vestfaliana só começaram a surgir com a descolonização que se seguiu à devastação da ordem europeia por duas guerras mundiais.

O processo de emancipação da ordem regional então em vigor se deu de forma brutal e sangrenta: guerra civil chinesa (1927-49), Guerra da Coreia (1950-53), confronto sino-soviético (aproximadamente 1955-80), insurgências de guerrilhas revolucionárias por todo o Sudeste Asiático, Guerra do Vietnã (1961-75), quatro guerras entre Índia e Paquistão (1947, 1965, 1971 e 1999), uma guerra entre China e Índia (1962), uma guerra entre China e Vietnã (1979) e as devastações promovidas pelo genocida Khmer Vermelho (1975-79).

Após décadas de guerra e turbulência revolucionária, a Ásia se transformou radicalmente. A ascensão dos "Tigres Asiáticos", fato evidente a partir de 1970, envolvendo Hong Kong, a República da Coreia, Cingapura, Taiwan e Tailândia, fez com que a prosperidade e o dinamismo econômico passassem a fazer parte da perspectiva do continente. O Japão adotou instituições democráticas e construiu uma economia capaz de rivalizar — e em alguns casos ultrapassar — as nações ocidentais. Em 1979, a China mudou seu curso e, com Deng Xiaoping, proclamou uma política externa não ideológica e uma política de reformas econômicas que, continuada e acelerada por seus sucessores, exerceu um efeito profundamente transformador sobre a China e o mundo.

À medida que essas mudanças se desenvolveram, políticas externas baseadas nos interesses nacionais e em pressupostos vestfalianos prevaleceram na Ásia. Ao contrário do Oriente Médio, onde quase todos os Estados parecem enfrentar desafios militantes à sua legitimidade, na Ásia o Estado é tratado como se fosse a unidade básica da política internacional e doméstica. As várias nações que emergiram do período colonial de um modo geral confirmaram as soberanias umas das outras e se comprometeram com a não interferência nos seus assuntos internos; seguindo as normas das organizações internacionais, elas construíram organizações econômicas e sociais regionais e internacionais. Dentro desse espírito, um alto oficial das Forças Armadas chinesas, o vice-chefe do Estado-Maior do Exército de

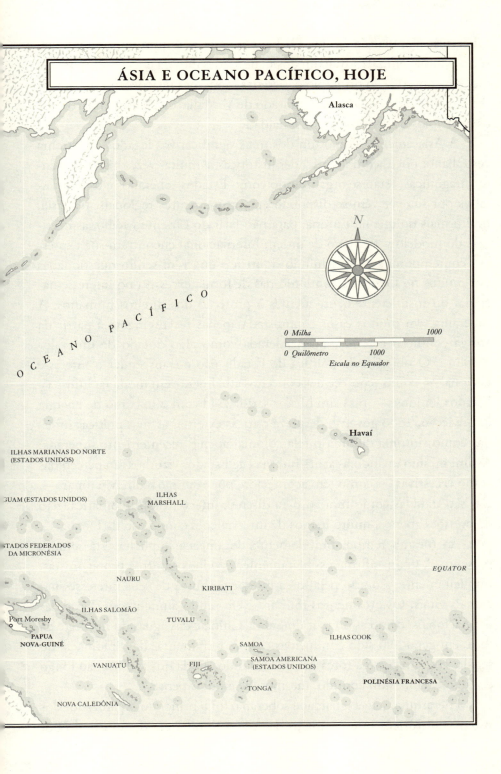

180 | *A multiplicidade da Ásia*

Libertação Popular da China, Qi Jianguo, escreveu num importante relatório político em 2013 que um dos maiores desafios da era contemporânea está em conservar "o princípio básico das modernas relações internacionais firmemente estabelecido pelo 'Tratado de Vestfália' de 1648, em particular os princípios de soberania e de igualdade".[2]

A Ásia emergiu como um dos mais significativos legados do sistema vestfaliano: povos com identidades históricas, e muitas vezes historicamente antagônicas, estão se organizando como Estados soberanos e os seus Estados por sua vez vêm se dispondo em agrupamentos regionais. Na Ásia, muito mais do que na Europa, para não falar do Oriente Médio, as máximas do modelo vestfaliano de ordem internacional encontram sua expressão contemporânea — incluindo doutrinas que vêm sendo questionadas por muitos no Ocidente como focadas de forma excessiva no interesse nacional ou insuficientemente atentas à proteção dos direitos humanos. A soberania, em muitos casos conquistada apenas recentemente a partir da antiga condição colonial, é considerada como algo dotado de um valor absoluto. O objetivo da política de Estado não é transcender o interesse nacional — como acontece nos conceitos atualmente em moda na Europa e Estados Unidos —, mas sim buscar satisfazê-lo com o máximo de energia e convicção. Todo governo despreza críticas externas às suas práticas internas como sintoma de uma tutela colonial apenas recentemente superada. Assim, mesmo quando as ações internas de Estados vizinhos são percebidas como excessivas — como tem acontecido, por exemplo, com Mianmar —, elas são tratadas como motivo para discreta intervenção diplomática, não de pressões abertas, muito menos de intervenções com o uso da força.

Ao mesmo tempo, um elemento de ameaça implícita está sempre presente. A China afirma explicitamente, e todos os outros protagonistas, implicitamente, a opção pela força militar na busca de seus interesses nacionais vitais. Os orçamentos militares vêm sendo aumentados. Rivalidades nacionais, como as do mar do Sul da China e das águas do nordeste da Ásia, em geral têm sido conduzidas com as ferramentas da diplomacia do século XIX; o recurso à força não foi excluído, ainda que seu uso, ao longo dos anos, tenha sido contido, mesmo que a duras penas.

Hierarquia, não a igualdade soberana, foi o princípio organizador dos sistemas históricos internacionais da Ásia. O poder era demonstrado por meio da deferência exibida em relação a um soberano e às estruturas de autoridade que reconheciam o seu domínio, não da delineação de fronteiras específicas num mapa. Impérios disseminavam seu comércio e suas doutrinas políticas, solicitando o alinhamento de unidades políticas menores. Para os povos que existiam na intercessão de duas ou mais ordens imperiais, o caminho para a independência consistia muitas vezes em se colocar numa posição de subordinação nominal em mais de uma esfera (uma arte até hoje lembrada e praticada em alguns rincões).

Nos sistemas diplomáticos empregados pela Ásia ao longo da história, tanto os baseados em modelos chineses como em indianos, a monarquia era considerada uma expressão de divindade ou, ao menos, de um tipo de autoridade paternal; expressões tangíveis de consideração em relação a países superiores eram consideradas um dever a ser cumprido pelos que ocupavam uma posição inferior.[3] Teoricamente isso não deixava margem para nenhuma ambiguidade quanto à natureza das relações de poder de uma ordem regional, levando a uma série de rígidos alinhamentos. Na prática, contudo, esses princípios eram implementados com notáveis criatividade e fluidez. No nordeste da Ásia, o Reino de Ryukyu, durante certo tempo, pagou tributos tanto ao Japão como à China. Nas colinas do norte de Burma, algumas tribos asseguravam um tipo de autonomia *de facto* manifestando de forma simultânea sua lealdade tanto à corte real de Burma quanto ao imperador chinês (e em geral sem se esforçar para seguir as ordens de um ou de outro). Durante séculos o Nepal procurou cuidadosamente equilibrar sua postura diplomática entre as dinastias governantes na China e na Índia — oferecendo cartas e presentes que eram interpretados como um tributo na China, mas registradas como indícios de uma relação de igualdade no Nepal, e mantendo laços especiais com a China como uma garantia da independência nepalesa em relação à Índia. A Tailândia, vista como um alvo estratégico por impérios ocidentais em constante expansão no século XIX, evitou qualquer tipo de colonização recorrendo a uma estratégia ainda mais elaborada e afirmando laços cordiais com todas as potências estrangeiras ao mesmo tempo — recebeu de braços abertos na sua corte conselheiros enviados por vários Estados ocidentais que competiam pelos seus favores enquanto, simultaneamente, enviava missões para render seu tributo à China e conservava sacerdotes hinduístas de ascendência indiana junto à família real. (A maleabilidade intelectual e a paciência emocional exigidas por essa estratégia de equilíbrio pareciam ainda mais notáveis tendo em vista que o próprio rei era tido como uma figura divina.) Qualquer conceito de uma ordem regional era considerado demasiado restritivo em vista da flexibilidade exigida pela diplomacia.

Contra esse pano de fundo de legados diferentes e sutis, ao ajustarmos a moldura da soberania vestfaliana de Estados soberanos sobre um mapa da Ásia, obtemos um quadro excessivamente simplificado das realidades regionais. Ele não se mostra capaz de captar a diversidade das aspirações que os líderes associam às suas missões ou a combinação de atenção minuciosa à hierarquia e ao protocolo com a habilidade demonstrada por grande parte da diplomacia asiática. São esses elementos que compõem o arcabouço fundamental da vida internacional na Ásia. Contudo, o Estado asiático é impregnado de uma série de legados culturais de uma maior diversidade e de um efeito mais direto do que ocorre em qualquer outra região. Isso é enfatizado pela experiência de duas das maiores nações da Ásia, o Japão e a Índia.

Japão

De todas as entidades políticas e culturais que marcaram a história da Ásia, o Japão foi a primeira a reagir ao súbito aparecimento do Ocidente na região, sendo aquela que, de longe, o fez de modo mais decisivo. Situado num arquipélago a cerca de 160 quilômetros, em seu ponto mais próximo do continente asiático, o Japão durante um longo período cultivou, numa posição de isolamento, suas tradições e sua cultura singulares. Dotado de uma quase homogeneidade em termos étnicos e linguísticos e de uma ideologia oficial que enfatizava a ascendência divina do povo japonês, o país transformou a convicção de sua identidade única num tipo de compromisso de cunho quase religioso. Esse sentido de singularidade deu ao país uma grande flexibilidade quando precisou ajustar suas políticas ao seu conceito de necessidade estratégica nacional. No curto período de pouco mais de um século, a partir de 1868 o Japão deixou o total isolamento para passar a tomar emprestada uma série de elementos dos Estados aparentemente mais modernos do Ocidente (para seu exército, da Alemanha; para as instituições parlamentares e para a Marinha, da Grã-Bretanha); das tentativas audaciosas de construir um império até a opção pelo pacifismo, e daí para a reemergência de uma espécie de novo tipo de postura da parte de uma potência; do feudalismo às variedades ocidentais de autoritarismo e daí para a adoção da democracia; e oscilando entre a saída e entrada em ordens mundiais (primeiramente, a ocidental; depois, a asiática; agora, a global). Ao longo de todos esses processos, esteve convencido de que sua missão nacional não seria diluída por ajustes a técnicas e instituições de outras sociedades; ao contrário, só poderia vir a se fortalecer por essa adaptação bem-sucedida.

Durante séculos o Japão existiu nas franjas do mundo chinês, incorporando grande parte dos elementos da religião e da cultura daquele país. Porém, ao contrário da maior parte das sociedades que existiam à sombra da influência cultural chinesa, transformou aqueles elementos, inserindo-os em padrões japoneses, jamais confundindo esse recurso com uma obrigação hierárquica em relação à China. A resistência demonstrada pelo Japão foi muitas vezes motivo de consternação na corte chinesa. Outros povos asiáticos aceitaram os pressupostos e o protocolo inerentes ao sistema de tributos — uma subordinação simbólica ao imperador da China pela qual o protocolo chinês ordenava o universo —, rotulando seu comércio como "tributo" para obter acesso aos mercados chineses. Esses países respeitavam (pelo menos nas suas trocas de mensagens com a corte chinesa) o conceito confuciano de ordem internacional como sendo comparável a uma hierarquia familiar na qual a China exercia o papel de patriarca. Em termos geográficos, o Japão se encontrava próximo o suficiente para compreender muito bem este vocabulário e em geral reconhecia tacitamente a ordem mundial chinesa como uma realidade regional. Em sua busca pelo comércio ou por intercâmbios culturais, as missões japonesas mostravam-se suficientemente fiéis às fórmulas aceitas de etiqueta para que os funcionários chineses interpretassem essa atitude como um indício da aspiração japonesa a integrar uma hierarquia comum. Entretanto, numa região cuidadosamente afinada com as gradações de status implícitas nas complicadas decisões relacionadas ao protocolo — como, por exemplo, saber o termo apropriado para se referir ao soberano, o modo como uma carta formal deveria ser entregue, ou o estilo de data de calendário a ser afixada num

184 | *A multiplicidade da Ásia*

documento oficial — o Japão se recusou de forma sistemática a assumir formalmente um papel no sistema sinocêntrico de tributos.[4] Deteve-se na iminência de reconhecer uma ordem mundial hierárquica chinesa, insistindo periodicamente na sua posição de igualdade e, em alguns momentos, na sua própria superioridade.

No cume da sociedade japonesa, e de acordo com a sua própria visão de ordem mundial, estava o imperador do Japão, uma figura concebida, a exemplo do imperador chinês, como o Filho do Céu, um intermediário entre o humano e o divino.[5] Esse título — ostentado insistentemente nos despachos diplomáticos à corte chinesa — representava um desafio direto à cosmologia da ordem mundial chinesa, que posicionava o imperador da China como o pináculo, isolado, da hierarquia humana. Além do seu status (que implicava um significado transcendente acima e além do que seria reivindicado por qualquer Sacro Imperador Romano na Europa), a tradicional filosofia política do Japão postulava outra distinção, a de que os imperadores japoneses eram divindades que descendiam da Deusa do Sol, que deu à luz o primeiro imperador, concedendo a seus sucessores o eterno direito de governar. De acordo com os "Registros da Sucessão Legítima dos Divinos Soberanos", do século XIV,

> o Japão é um país divino. O ancestral celestial foi aquele que ergueu suas primeiras fundações, e a Deusa do Sol deixou seus descendentes para reinar sobre ele para todo o sempre. Isso só é verdade para o nosso país, e nada de parecido pode ser encontrado em terras estrangeiras. É por isso que o chamamos de o país divino.[6]

A posição insular do Japão concedia ao país uma ampla margem de manobra quando se tratava de decidir se queria ou não participar dos assuntos internacionais. Durante muitos séculos permaneceu na periferia mais afastada dos negócios asiáticos, cultivando suas tradições militares em disputas internas e admitindo, apenas quando fosse do seu interesse, o comércio e a cultura dos estrangeiros. Ao fim do século XVI, o Japão tentou reajustar seu papel com uma ambição que, pelo caráter abrupto e pela impetuosidade, a princípio foi descartada como implausível por seus vizinhos. O resultado foi um dos maiores conflitos militares da Ásia — cujos legados regionais permanecem como tema de vívidas memórias e discussões, e cujas lições, se tivessem sido objeto de ponderação, poderiam ter mudado a conduta dos Estados Unidos durante a Guerra da Coreia, no século XX.

Em 1590, o guerreiro Toyotomi Hideyoshi — após ter derrotado seus rivais, unificado o Japão e encerrado mais de meio século de conflitos internos — anunciou uma visão grandiosa: ele reuniria o maior exército da terra, marcharia sobre a península da Coreia, conquistaria a China e subjugaria o mundo.[7] Ele enviou uma carta ao rei coreano na qual anunciava sua intenção de se "encaminhar para o país do Grande Ming e forçar aquele povo a adotar nossos costumes e maneiras", pedindo para tanto a sua ajuda. Depois que o rei fez uma objeção a esse plano, aconselhando-o a não empreender a tentativa (mencionando uma "relação inseparável entre o Império do Meio e o nosso reino" e o princípio confuciano de que "invadir outro Estado é um ato do qual homens cultural e intelectualmente desenvolvidos deveriam se envergonhar"), Hideyoshi procedeu a uma invasão lançando mão de 160 mil homens e cerca de setecentos navios. Essa força imponente venceu as primeiras linhas de defesa e, a princípio, avançou rapidamente pela península. Seu progresso diminuiu quando o almirante coreano Yi Sun-sin organizou uma forte resistência naval, pilhando as linhas de suprimentos de Hideyoshi e desviando os exércitos invasores para travar batalhas ao longo da costa. Quando as forças japonesas chegaram a Pyongyang, perto do trecho mais estreito da península (no que hoje é a capital da Coreia do Norte), a China interveio com toda a força, sem mostrar disposição para deixar que o Estado que lhe era subalterno fosse derrotado. Uma força expedicionária chinesa com um número estimado entre 40 mil e 100 mil soldados atravessou o rio Yalu e empurrou as forças japonesas até Seul. Depois de cinco anos de negociações inconclusivas e combates devastadores, Hideyoshi morreu, a força invasora se retirou e o *status quo* anterior foi restaurado.[8] Os que argumentam que a história nunca se repete deveriam ponderar se não seria o caso de comparar a resistência da China ao empreendimento de Hideyoshi com aquela que os Estados encontraram na Guerra da Coreia, quase quatrocentos anos mais tarde.

O fracasso dessa aventura levou o Japão a mudar de curso, voltando-se para uma introspecção cada vez maior. Sob a política do "país trancado",

186 | *A multiplicidade da Ásia*

que perdurou por quase dois séculos, o Japão praticamente se absteve de tomar parte de qualquer tipo de ordem mundial. Relações interestatais abrangentes, sob condições de estrita igualdade diplomática, existiam apenas com a Coreia.[9] Mercadores chineses só tinham permissão para atuar em locais selecionados, ainda que não existissem relações oficiais entre China e Japão, já que nenhum protocolo poderia ser acordado que satisfizesse o ego dos dois lados.[10] O comércio com os países europeus era restrito a algumas poucas cidades costeiras determinadas; por volta de 1673, todos os estrangeiros — com exceção dos holandeses — tinham sido expulsos, ficando confinados a uma única ilha artificial ao largo do porto de Nagasaki. Em 1825, a suspeita em relação às potências marítimas ocidentais havia aumentado de tal forma que as autoridades militares japonesas promulgaram "uma lei para expulsar os estrangeiros a qualquer custo" — declarando que toda embarcação estrangeira que se aproximasse da costa japonesa deveria ser afastada de forma incondicional, pela força se necessário.[11]

Tudo isso, no entanto, era o prenúncio de outra guinada dramática, na qual o Japão, por fim, acabaria por saltar a bordo da ordem mundial — que durante dois séculos permanecera basicamente ocidental — e se tornar uma grande potência moderna segundo os princípios vestfalianos. O elemento catalisador decisivo se deu quando o Japão foi confrontado, em 1853, por quatro navios da Marinha americana despachados desde Norfolk, na Virgínia, numa expedição deliberadamente destinada a, entrando na Baía de Tóquio, ridicularizar os decretos que determinavam o fechamento dos portos. Seu oficial comandante, o comodoro Matthew Perry, trazia uma carta do presidente Millard Fillmore para o imperador do Japão, que ele insistia em entregar pessoalmente aos seus representantes na capital japonesa (numa quebra de dois séculos de vigência da lei e do protocolo diplomático japoneses). O Japão, que tinha o comércio externo em tão baixa conta como a China, não poderia se sentir tranquilizado pela carta do presidente, que informava ao imperador (a quem Fillmore se dirigia como seu "Grande e Bom Amigo!") que o povo americano "acredita que se sua majestade imperial acabasse por mudar as leis antigas de modo a permitir o livre-comércio entre os dois países, isso seria extremamente benéfico para ambos". Fillmore travestiu o que vinha a ser um ultimato *de facto* como uma proposta pragmática classicamente americana, pela qual as leis que determinavam o isolamento, até então descritas como imutáveis, poderiam ser amenizadas em caráter experimental:

> Se sua majestade imperial não ficar convencida de que seria seguro abolir inteiramente as antigas leis que proíbem o comércio com os estrangeiros, elas poderiam ser suspensas por cinco ou dez anos, de modo a realizar uma experiência. Se a mudança não se revelar tão benéfica como esperamos, as antigas leis poderiam ser restauradas. Os Estados Unidos muitas vezes limitam seus tratados com Estados estrangeiros há alguns poucos anos, e então decidem renová-los ou não, segundo o que for mais conveniente para o país.[12]

Os japoneses que receberam a mensagem identificaram nela um desafio ao seu conceito de ordem política e internacional. Reagiram, contudo, com a atitude reservada de uma sociedade que havia vivenciado e estudado o caráter transitório dos esforços humanos por séculos, sabendo, ao mesmo tempo, conservar sua natureza essencial. Admitindo o poder de fogo bastante superior de Perry (os canhões e as armas de fogo dos japoneses mal tinham avançado nos últimos dois séculos, enquanto os navios de guerra norte-americanos estavam equipados com a última palavra em matéria de armamento naval, com capacidade para, como ele demonstrou ao longo da costa do Japão, disparar obuses explosivos), os líderes japoneses concluíram que uma resistência direta aos "navios pretos" seria fútil. Confiaram na coesão da sua sociedade para absorver o choque e conservar sua independência recorrendo àquela mesma coesão. Prepararam uma resposta redigida nas mais rebuscadas fórmulas de cortesia explicando que, apesar do fato de as mudanças desejadas pelos Estados Unidos serem "decididamente proibidas pelas leis de nossos ancestrais imperiais", mesmo assim "permanecer presos às leis antigas seria demonstrar uma incompreensão do espírito da era atual".[13] Reconhecendo que "somos governados agora por uma necessidade imperativa", os representantes do Japão asseguraram a Perry que estavam preparados para atender a quase todas as exigências dos Estados Unidos, inclusive a de construir um novo porto, capaz de acomodar navios americanos.

Do desafio ocidental, o Japão extraiu uma conclusão oposta à da China, quando do aparecimento do enviado britânico em 1793 (a ser discuti-

188 | *A multiplicidade da Ásia*

da no capítulo seguinte). A China reafirmou sua tradicional postura de descartar o intruso com uma atitude de altiva indiferença enquanto cultivava as virtudes tipicamente chinesas, confiante de que as vastas dimensões de sua população e de seu território, assim como o refinamento da sua cultura, acabariam por fazer com que prevalecesse. O Japão preparou-se, com uma atenção cuidadosa aos detalhes e uma análise sutil do equilíbrio das forças materiais e psicológicas, para ingressar numa ordem internacional baseada nos conceitos ocidentais de soberania, livre-comércio, direito internacional, tecnologia e poder militar — ainda que voltado para o objetivo de repelir a dominação estrangeira. Depois que uma nova facção chegou ao poder em 1868 prometendo "reverenciar o imperador e expulsar os bárbaros", eles anunciaram que conseguiriam fazer isso se apropriando dos conceitos e das tecnologias dos bárbaros e aderindo à ordem mundial vestfaliana como um membro em condições de igualdade. A coroação do novo imperador Meiji foi marcada pela Carta de Juramento, assinada pela nobreza, prometendo um amplo programa de reformas que incluía medidas das quais todas as classes sociais eram encorajadas a participar. Determinava a instalação de assembleias em todas as províncias, uma afirmação de processos ordeiros e um compromisso com a realização das aspirações da população. O programa se apoiava no consenso nacional, que tem sido uma das principais forças — talvez o traço mais característico — da sociedade japonesa:

1. Por esse juramento, nós estabelecemos como nosso objetivo a prosperidade nacional sobre uma ampla base e o arcabouço de uma constituição e suas leis.[14]
2. Assembleias deliberativas devem ser convocadas por toda parte e todas as questões decididas pela discussão franca.
3. Todas as classes, altas e baixas, devem se unir vigorosamente nas tarefas relacionadas à administração dos negócios de Estado.
4. Às pessoas comuns, em não menor grau do que aos funcionários civis e militares, deve ser permitido seguir suas próprias vocações, de modo a não gerar descontentamento.
5. Os costumes vis do passado devem ser rompidos e tudo deve passar a ter como base as leis justas da Natureza.

6. O conhecimento deve ser buscado por todo o mundo com o objetivo de fortalecer os fundamentos do domínio imperial.

A partir de então o Japão se dedicaria à construção sistemática de ferrovias, indústrias modernas, uma economia voltada para a exportação e a preparação de forças militares modernas. Em meio a todas essas transformações, o caráter único da cultura e da sociedade japonesas preservaria a identidade do país.

Os resultados dessa drástica mudança de curso, algumas poucas décadas depois, acabariam por projetar o Japão para o interior do grupo formado pelas potências globais. Em 1886, depois de uma briga de rua entre marinheiros chineses e a polícia de Nagasaki, um navio de guerra chinês moderno, construído na Alemanha, rumou para o Japão, forçando a conclusão de um acordo. Em uma década, um programa naval intensivo de construção e treinamento havia feito com que o Japão virasse o jogo. Quando, em 1894, uma disputa a respeito das influências rivais japonesa e chinesa exercidas sobre a Coreia culminou numa guerra, o Japão obteve uma vitória decisiva. Os termos com que a paz foi assinada incluíam um fim da suserania chinesa sobre a Coreia (originando novas disputas entre o Japão e a Rússia) e a cessão de Taiwan, que o Japão passou a governar como colônia.

As reformas no Japão foram empreendidas com tal vigor que as potências ocidentais logo se viram obrigadas a abandonar o modelo de "extraterritorialidade" — o seu "direito" a julgar os próprios cidadãos no Japão pelas suas próprias leis —, modelo primeiramente aplicado na China. Num histórico tratado de comércio, a Grã-Bretanha — a potência ocidental hegemônica — se comprometeu a aceitar a jurisdição do Japão para os súditos britânicos que se encontrassem naquele país. Em 1902, o tratado britânico foi transformado numa aliança militar, o primeiro alinhamento estratégico formal entre uma potência asiática e uma potência ocidental. A Grã-Bretanha procurou firmar esta aliança para contrabalançar as pressões exercidas pela Rússia sobre a Índia. O objetivo do Japão era derrotar as aspirações russas de domínio sobre a Coreia e a Manchúria, estabelecendo a própria liberdade de manobra para seus projetos posteriores na região. Três anos mais tarde, o Japão espantaria o mundo ao vencer o Império Russo numa guerra, a primeira derrota de um país ocidental diante de um país asiático na Era Moderna. Na Primeira Guerra Mundial, o Japão se uniu às potências da Entente, se apossando de bases alemãs na China e no Sul do Pacífico.

O Japão havia "chegado" como a primeira grande potência não ocidental na era contemporânea, aceita no âmbito militar, econômico e diplomático num plano de igualdade pelos países que tinham até então dado forma à ordem internacional. Havia uma importante diferença: pelo lado do Japão, as alianças com países ocidentais não eram baseadas em objetivos estratégicos comuns, mas sim na intenção de expulsar seus aliados europeus da Ásia.

Após o esgotamento sofrido pela Europa durante a Primeira Guerra Mundial, os líderes do Japão concluíram que um mundo abalado por conflitos, crise financeira e pelo isolacionismo americano favorecia a expansão imperial voltada para a obtenção da hegemonia na Ásia. O Japão imperial separou a Manchúria da China em 1931, estabelecendo-a como um Estado-satélite sob o controle do imperador chinês exilado. Em 1937 o Japão declarou guerra à China para subjugar novas extensões de território chinês. Em nome de uma "Nova Ordem na Ásia" e em seguida de uma "Esfera de Coprosperidade do Leste da Ásia", o Japão se empenhou em organizar sua própria esfera de influência antivestfaliana — um "bloco de nações asiáticas liderado pelos japoneses e livre de potências ocidentais", disposto hierarquicamente de modo a "possibilitar que todas as nações encontrassem seu próprio lugar no mundo".[15] Nessa nova ordem, a soberania de outros Estados asiáticos acabaria anulada sob a tutela japonesa.

Os membros da ordem internacional estabelecida se encontravam exaustos demais após a Primeira Guerra e demasiado preocupados com a crise europeia que se agravava para resistir a esse movimento. Um único país ocidental se encontrava no caminho para a realização daquele objetivo: os Estados Unidos, o país que, um século antes, havia forçado o Japão a se abrir para o exterior. Como se a história seguisse uma narrativa, as primeiras bombas de uma guerra entre os dois países caíram em território americano, em 1941, quando os japoneses lançaram um ataque de surpresa a Pearl Harbor. A mobilização americana no Pacífico acabou por culminar no uso de duas armas nucleares (o único uso militar desse tipo de armas registrado até hoje), levando à rendição incondicional do Japão.

O Japão se adaptou à derrocada recorrendo a métodos semelhantes aos empregados na sua reação ao comodoro Perry: a capacidade de resistência apoiada num espírito nacional altivo baseado numa cultura nacional singular. Para restaurar a nação japonesa, seus líderes no pós-guerra (dos quais quase todos tinham trabalhado no serviço público entre os anos 1930 e 1940) retrataram a rendição como uma adaptação às prioridades americanas. E, de fato, o Japão usou a autoridade da ocupação americana para se modernizar mais completamente e para se recuperar mais rapidamente do que teria sido possível se tivesse contado apenas com os esforços nacionais. Renunciou à guerra como instrumento de política nacional, afirmou os princípios da democracia constitucional, e ingressou mais uma vez no sistema internacional de Estados na condição de aliado americano — ainda que um aliado discreto, mais preocupado com seu renascimento econômico do que com sua participação em qualquer estratégia mais abrangente. Durante quase sete décadas, essa nova orientação se revelou uma importante âncora para a estabilidade asiática e para a paz e a prosperidade mundiais.

A postura do Japão no pós-guerra foi com frequência descrita como um novo pacifismo; na realidade, era consideravelmente mais complexa. Acima de tudo, refletia a aquiescência ao predomínio dos Estados Unidos, uma avaliação do cenário estratégico e os imperativos da sobrevivência do Japão, assim como de seu sucesso a longo prazo. A classe governante do país no pós-guerra aceitou a constituição esboçada pelas autoridades americanas de ocupação — com sua rígida proibição de ação militar — como uma necessidade imposta pelas circunstâncias imediatas. Assumiram a orientação liberal-democrática daquela carta como se fosse sua; afirmaram os princípios da democracia e da comunidade internacional afinados com os que eram adotados nas capitais ocidentais.

Ao mesmo tempo, os líderes do Japão adaptaram o papel incomum representado pela sua condição desmilitarizada aos propósitos estratégicos de longo prazo do país. Transformaram os aspectos pacifistas da ordem do pós-guerra, passando de uma proibição a qualquer ação militar para um imperativo que voltava seu foco para outros elementos vitais de estratégia nacional, inclusive a revitalização econômica. Forças americanas foram convidadas a permanecer no Japão com efetivos substanciais, e o compro-

192 | *A multiplicidade da Ásia*

misso com a defesa do país foi consolidado num tratado de segurança mútua, dissuadindo países potencialmente antagônicos (incluindo uma União Soviética que expandia sua presença no Pacífico) a verem no Japão um alvo para ações estratégicas. Tendo estabelecido um arcabouço para a relação, os líderes do Japão da era da Guerra Fria começaram a reforçar os meios de defesa do país desenvolvendo uma capacidade militar independente.[16]

O efeito do primeiro estágio da evolução do Japão no pós-guerra foi tirar sua orientação estratégica das disputas da Guerra Fria, liberando o país para centrar seu foco num programa transformativo do desenvolvimento econômico. Em termos legais, o Japão se colocou no campo das democracias desenvolvidas, mas — alegando sua orientação pacifista e seu compromisso com a comunidade mundial — se recusou a tomar parte das lutas ideológicas daquela era. O resultado dessa estratégia sutil foi um período de crescimento econômico coordenado só comparável àquele que se seguiu à Revolução Meiji de 1868. Duas décadas depois da devastação sofrida pela Segunda Guerra Mundial, o Japão tinha se reconstruído como uma potência econômica global. O milagre japonês logo depois viria a ser invocado como um desafio ao predomínio americano na economia, ainda que tenha perdido seu ímpeto na última década do século xx.

A coesão social e o sentido de compromisso nacional que permitiram essa transformação notável foram acionados em resposta a desafios contemporâneos. Foi isso que tornou possível que o povo japonês reagisse aos efeitos devastadores de um tsunami, um terremoto e uma crise nuclear no noroeste do país, em 2011 — pela estimativa do Banco Mundial, o desastre natural que provocou os maiores danos materiais da história —, com uma espantosa demonstração de assistência mútua e solidariedade nacional. Desafios demográficos e financeiros têm sido temas de questionamentos internos e, em alguns aspectos, medidas igualmente ousadas. A cada esforço, o Japão lançou mão dos seus recursos mostrando sua tradicional confiança no fato de que sua essência e cultura nacionais podiam ser conservadas em meio a qualquer tipo de ajuste.

Mudanças drásticas na balança de poder acabarão inevitavelmente por serem traduzidas pelo *establishment* do Japão em outra adaptação da política externa japonesa. A volta a uma forte liderança nacional com o primeiro-ministro Shinzo Abe confere a Tóquio uma nova liberdade para agir com base em suas avaliações. Um documento oficial do governo japonês emitido em dezembro de 2013 concluía que "à medida que o ambiente no qual o Japão se encontra se torna cada vez mais severo no plano da segurança [...] tornou-se indispensável para o Japão empreender esforços mais proativos alinhados com o princípio da cooperação internacional", incluindo fortalecer a capacidade do Japão de "dissuadir" e, se necessário, "derrotar" ameaças.[17] Ao avaliar um cenário asiático em constante mudança, o Japão vem articulando cada vez mais uma disposição de se tornar um "país normal" com uma força militar não impedida, pela constituição, de tomar parte em guerras ou de manter uma política de alianças ativa. A questão em relação à ordem regional asiática residirá na definição de "normalidade".

Como ocorreu em outros momentos vitais da história, o Japão vem caminhando para uma redefinição de seu papel na ordem internacional, um movimento que certamente terá profundas consequências na região e para além dela. Ao buscar um novo papel, voltará a avaliar de forma cuidadosa, não sentimental e objetiva, o equilíbrio das forças materiais e psicológicas à luz da ascensão da China, dos acontecimentos na Coreia e de seu impacto sobre a segurança do Japão. Examinará a utilidade e o desempenho da aliança com os Estados Unidos e seu razoável sucesso ao atender a um amplo leque de interesses mútuos; também vai considerar a retirada dos Estados Unidos de três conflitos militares. O Japão vai conduzir essa análise em termos de três opções gerais: ênfase contínua na aliança com os Estados Unidos; adaptação à ascensão da China; e o recurso a uma política externa cada vez mais nacional. Qual delas emergirá como a dominante ou se a escolha será por uma combinação delas, isso dependerá dos cálculos do Japão a respeito da balança de poder em nível global — não de garantias formais por parte dos Estados Unidos — e de como o país avalia as tendências subjacentes a esse quadro. Caso o Japão venha a perceber que uma nova configuração de poder está ganhando forma na sua região ou no mundo, ele baseará sua segurança no julgamento que fizer sobre essa realidade, não em alinhamentos tradicionais. O resultado, portanto, depende da credibilidade que o Japão atribuir à política americana na Ásia e de como avaliará o equilíbrio geral de forças. A direção adotada pela política americana a longo prazo será tão relevante como a análise feita pelo Japão.

Índia

No Japão, o incentivo proporcionado pela interferência ocidental mudou o curso de uma nação histórica; na Índia ele transformou uma grande civilização num Estado moderno. Durante um longo período a Índia desenvolveu suas qualidades na interseção de ordens mundiais, dando forma e sendo formada pelos seus ritmos. Foi definida menos pelas suas fronteiras políticas do que por um espectro de tradições culturais compartilhadas. Nenhum fundador mítico recebe o crédito pela promulgação da tradição hinduísta, a fé majoritária na Índia e a fonte de várias outras religiões. Historiadores reconstituem a evolução do hinduísmo, de forma pouco clara e incompleta, na síntese de hinos, lendas e rituais tradicionais originados em culturas surgidas ao longo dos rios Indo e Ganges e planaltos e montanhas ao norte e a oeste. Na tradição hinduísta, contudo, essas formas específicas eram as diferentes articulações de princípios subjacentes que precederam qualquer tipo de registro escrito. Em sua diversidade e na resistência que demonstra à definição — abrangendo diferentes deuses e tradições filosóficas, cujos equivalentes teriam sido definidos na Europa como religiões distintas —, o hinduísmo era tido como uma religião que considerava e comprovava a unidade fundamental da criação em toda a sua multiplicidade, refletindo "a longa e diversificada história do esforço empreendido pelo homem em busca da realidade [...] a um só tempo abrangente e infinita".[18]

Quando esteve unida — como ocorreu do século IV ao II a.C. e do século IV ao VII d.C. —, a Índia deu origem a correntes que exerceram enorme influência cultural: o budismo se espalhou da Índia para Burma, Ceilão, China e Indonésia, e sua arte e cultura política influenciaram a Tailândia, a Indochina e outras regiões. Quando dividida — como foi o caso durante vários períodos — em reinos rivais, a Índia atraiu invasores, mercadores e aventureiros espirituais (alguns desempenhando vários papéis ao mesmo tempo, como os portugueses que chegaram em 1498 "em busca de cristãos e especiarias"), cujas devastações teve de suportar e cujas culturas acabaria por absorver, combinando-as com a sua própria.[19]

A China, até a Era Moderna, impôs aos invasores sua própria matriz de costumes e de cultura com tamanho sucesso que aqueles terminaram por não mais se distinguir do povo chinês. A Índia, ao contrário, transcendeu os estrangeiros, não os convertendo à religião ou à cultura indianas, mas sim tratando suas ambições com uma suprema equanimidade; ela integrou suas realizações e suas diferentes doutrinas no tecido da vida indiana sem jamais se dizer especialmente impressionada por qualquer delas. Os invasores podiam erguer monumentos extraordinários para celebrar a própria importância, como se quisessem tranquilizar a si mesmos a respeito da sua grandeza diante de tamanha indiferença, mas os povos indianos suportaram esta provação amparados pelo cerne de sua cultura, que permanecia impermeável às influências de fora. As religiões fundadoras da Índia são inspiradas não por visões proféticas de realizações messiânicas; testemunham — ao contrário — a fragilidade da existência humana. Oferecem não a salvação pessoal, mas o consolo de um destino inextricável.

A ordem mundial na cosmologia indiana era governada por ciclos imutáveis cuja escala era de uma vastidão quase inconcebível — com milhões de anos de duração. Reinos cairiam por terra, e o universo seria destruído, mas acabaria por ser recriado, e novos reinos ressurgiriam. Quando cada onda de invasores chegava (persas no século VI a.C.; Alexandre e seus gregos bactrianos no século IV a.C.; árabes no século VIII; turcos e afegãos nos séculos XI e XII; mongóis nos séculos XIII e XIV; os moguls no século XVI; e várias nações europeias chegando pouco depois), eles eram vistos sob o prisma dessa matriz imemorial. Seus esforços poderiam provocar rupturas, mas, medidos com base nessa perspectiva quase infinita, eles eram irrelevantes. A verdadeira natureza da experiência humana era conhecida apenas daqueles que suportavam e transcendiam aquelas turbulências temporais.

O clássico do hinduísmo, o *Bhagavad Gita*, coloca essas provações vigorosas em termos da relação entre moralidade e poder.[20] A obra, um episódio contido no *Mahabharata* (o antigo poema épico sânscrito às vezes comparado, na extensão de sua influência, à Bíblia e aos épicos homéricos), assume a forma de um diálogo entre o príncipe guerreiro Arjuna e o seu cocheiro, uma manifestação do deus Krishna. Arjuna, "prostrado pelo sofrimento" na véspera de uma batalha, diante dos horrores que está prestes a desencadear, pergunta-se o que poderia justificar as terríveis consequências da guerra. Essa é a pergunta errada, retruca Krishna. Como a vida é eterna e cíclica e a essência do universo é indestrutível, "aquele que é sábio não lamenta nem os vivos, nem os mortos. Nunca existiu um tempo em que você, eu e os deuses aqui reunidos não existíssemos, nem jamais haverá um tempo em que nós deixaremos de existir". A redenção chegará por meio da realização de um dever que nos foi atribuído antes, juntamente com o reconhecimento de que suas manifestações externas são ilusórias porque "o que não é permanente não possui realidade; a realidade reside no eterno". Arjuna, um guerreiro, foi deparado com uma guerra que ele não buscou. Ele deveria aceitar as circunstâncias com equanimidade e cumprir seu papel com honra, lutando para matar e vencer e "sem se lamentar".

Enquanto prevalece o apelo do deus Krishna em favor do cumprimento do dever e Arjuna se diz liberado de qualquer dúvida, as catástrofes da guerra — descritas em detalhe no resto do épico — acrescentam maior ressonância às apreensões descritas anteriormente. Esta obra central do pensamento hindu encarnava tanto uma exortação à guerra, como uma afirmação da importância não tanto de evitá-la, mas sim de transcendê-la. A moralidade não foi rejeitada, mas em qualquer situação dada as considerações imediatas constituíam o fator dominante, enquanto a eternidade proporcionava uma perspectiva consoladora. O que alguns leitores louvavam como um chamado a uma atitude de destemor na batalha, Gandhi viria a exaltar como seu "dicionário espiritual".

Tendo como pano de fundo as eternas verdades de uma religião que prega o caráter elusivo de qualquer esforço realizado no plano terreno, ao governante secular era na realidade concedida uma ampla liberdade para tomar decisões práticas.[21] O exemplo pioneiro dessa escola foi o ministro Kautilya, do século IV a.C., que recebe o crédito por ter arquitetado a ascensão da dinastia Maurya da Índia, que veio a expulsar os sucessores de Alexandre, o Grande, e unificar o subcontinente pela primeira vez sob o domínio de um único governante.

Kautilya escreveu a respeito de uma Índia cuja estrutura era comparável à da Europa antes da Paz de Vestfália. Ele descreve um conjunto de Estados potencialmente em conflito permanente uns com os outros. Como Maquiavel, a sua análise era baseada no mundo como ele é; oferece um guia prático, não normativo, para ação. E sua base moral é idêntica àquela de Richelieu, que viveu quase 2 mil anos depois: o Estado é uma organização frágil, e o estadista não tem o direito moral de arriscar sua sobrevivência em prol de uma ética de moderação.

Segundo reza a tradição, em algum momento, durante ou depois de concluir seus esforços, Kautilya registrou as práticas estratégicas e de política externa por ele observadas num manual abrangente da arte da política, o *Arthashastra*. Esta obra expõe, com clareza e sobriedade, uma visão de como fundar e preservar um Estado e, ao mesmo tempo, neutralizar, subverter e (quando condições apropriadas fossem criadas) conquistar seus vizinhos. O *Arthashastra* engloba todo um mundo de itens de ordem prática relacionados à arte de governar, deixando de lado polêmicas filosóficas. Para Kautilya, o poder era a realidade dominante. Era multidimensional, e os seus fatores eram interdependentes. Todos os elementos de uma dada situação são relevantes, calculáveis e passíveis de manipulação no sentido dos objetivos estratégicos de um líder. Geografia, finanças, força militar, diplomacia, espionagem, lei, agricultura, tradições culturais, moral e opinião popular, rumores e lendas, e os vícios e as fraquezas dos homens, tudo deve ser moldado como uma unidade por um rei que se mostre sábio para fortalecer e expandir seu domínio — de um modo parecido com o que um maestro de uma orquestra moderna usa os instrumentos ao seu dispor para transformá-los numa melodia coerente. Era uma combinação de Maquiavel com Clausewitz.

Milênios antes de pensadores europeus traduzirem sua prática contemporânea em uma teoria da balança de poder, o *Arthashastra* apresentou um sistema análogo, ainda mais elaborado, chamado de "círculo de Estados". Estados contíguos, na análise de Kautilya, existiam num estado de hostilidade latente. Não obstante as manifestações de amizade que viesse a proclamar, qualquer governante cujo poder crescesse de modo significativo acabaria por chegar à conclusão de que era do seu interesse subverter os domínios de seu vizinho. Isso era inerente a uma dinâmica de autopreservação diante da qual qualquer moralidade se tornava irrelevante. De modo muito parecido ao de Frederico II, o Grande, dois mil anos depois, Kautilya concluiu que a lógica implacável da competição não permitia nenhum desvio dessa norma: "O conquistador [sempre] deve ampliar o próprio poder e aumentar sua própria felicidade."[22] O imperativo era claro: "Se [...] o conquistador é superior, a campanha deve ser realizada; de outro modo, não."[23]

Teóricos europeus proclamaram o equilíbrio de poder como uma meta da política externa e imaginaram uma ordem mundial baseada no equilíbrio entre os Estados. No *Arthashastra*, o propósito da estratégia era conquistar todos os outros Estados e, a caminho da vitória, superar este equilíbrio tal como ele existia. A esse respeito, Kautilya era mais comparável a Napoleão e a Qin Shi Huang (o imperador que unificou a China) do que a Maquiavel.

Na visão de Kautilya, os Estados tinham obrigação de atender aos próprios interesses, ainda mais do que à glória. O governante sábio buscaria seus aliados entre *os vizinhos* do seu vizinho. O objetivo seria um sistema de alianças que tivesse o conquistador plantado em seu centro: "O Conquistador deve pensar no círculo de Estados como uma roda — ele próprio no centro da roda e seus aliados, ligados a ele pelos raios ainda que separados pelo território entre eles, como o aro.[24] O inimigo, não importa o quão forte possa ser, se torna vulnerável quando espremido entre o conquistador e seus aliados." Nenhuma aliança é concebida como permanente, jamais. Mesmo no interior do seu próprio sistema de alianças, o rei deve "tomar as medidas necessárias para aumentar o seu próprio poder" e manobrar para fortalecer a posição do seu estado, evitando que os estados vizinhos entrem em acordo contra ele.[25]

Como o estrategista chinês Sun Tzu, Kautilya sustentava que o caminho menos direto era frequentemente o mais adequado: fomentar a divergência entre vizinhos ou potenciais aliados, para "fazer com que um rei lute com seu vizinho e, tendo conseguido evitar que os dois permaneçam juntos, avançar para conquistar o território do seu próprio inimigo".[26] O esforço estratégico não tem fim. Quando a estratégia prevalece, o território do rei se expande e as fronteiras são redesenhadas, o círculo de Estados precisaria ser recalibrado. Novos cálculos de poder teriam de ser empreendidos; alguns aliados se tornariam agora inimigos e vice-versa.

O que hoje chamamos de operações secretas da inteligência eram descritas no *Arthashastra* como sendo uma importante ferramenta. Operando em "todos os Estados do círculo" (ou seja, tanto entre amigos, como entre adversários) e recrutados entre as fileiras de "homens santos ascetas, monges andarilhos, condutores de carroças, menestréis ambulantes, saltimbancos, vagabundos [e] cartomantes", esses agentes espalhariam rumores para fomentar a discórdia no interior e entre os Estados, subverter exércitos inimigos e "destruir" os adversários do rei nos momentos oportunos.[27]

É certo que Kautilya insistia que o propósito dessa postura impiedosa era construir um império universal harmonioso e preservar o *dharma* — a ordem moral imemorial cujos princípios eram concedidos pelos deuses.[28] Porém o apelo exercido pela moralidade e pela religião era mais em nome de objetivos operacionais práticos do que um princípio que tivesse um valor em si mesmo — como elementos da estratégia e da tática do conquistador, não imperativos de um conceito de ordem que fosse unificador. O *Arthashastra* aconselhava que uma conduta comedida e humanitária na maior parte das vezes costumava ser estrategicamente útil: um rei que oprimia seus súditos perderia seu apoio e se tornaria vulnerável em caso de rebelião ou invasão; um conquistador que, sem necessidade, violasse os costumes ou as sensibilidades morais de um povo subjugado se arriscava a despertar resistência.[29]

Catálogo exaustivo e prático sobre os imperativos do sucesso, o *Arthashastra* levou o eminente teórico político do século xx, Max Weber, a concluir que o *Arthashastra* era um exemplo de um "'maquiavelismo' verdadeiramente radical [...] comparado a ele, *O príncipe*, de Maquiavel, parece inofensivo."[30] Ao contrário de Maquiavel, Kautilya não expressa nostalgia em relação às virtudes de alguma era melhor. O único critério de virtude que aceitaria seria saber se a análise do caminho para a vitória estava correta ou não. Ele de fato descreveria o modo como a política efetivamente estava sendo conduzida? De acordo com o conselho de Kautilya, o equilíbrio, se é que seria alcançado algum dia, era o resultado temporário de uma interação de motivos associados ao próprio interesse; não era, como nos conceitos europeus de Vestfália, o objetivo estratégico da política externa. O *Arthashastra* era um guia para a conquista, não para a construção de uma ordem internacional.

Seguindo ou não as receitas ditadas pelo *Arthashastra*, a Índia atingiu o ponto máximo de sua extensão territorial no século iii a.C., quando seu reverenciado imperador Asoka governou um território que compreendia toda a Índia atual, mais Bangladesh, Paquistão e uma parte do Afeganistão e do Irã.[31] Então, mais ou menos na mesma época em que a China estava sendo unificada pelo imperador fundador, Qin Shi Huang, no ano de 221 a.C., a Índia se dividiu em reinos rivais. Reunificado vários séculos mais tarde, o país se fragmentou novamente no século vii, quando o Islã começou a lançar seu desafio aos impérios da Europa e da Ásia.

200 | *A multiplicidade da Ásia*

Por quase um milênio, a Índia — com seu solo fértil, cidades prósperas e brilhantes realizações intelectuais e tecnológicas — tornou-se um alvo para a conquista e a conversão. Ondas de conquistadores e aventureiros — turcos, afegãos, partas e mongóis — a cada século desciam da Ásia Central e do sudoeste do continente para as planícies indianas, estabelecendo uma rede de principados menores. O subcontinente era como um "enxerto de um Grande Oriente Médio", com vínculos religiosos e étnicos, assim como sensibilidades estratégicas que persistem até hoje.[32] Pela maior parte desse período, os conquistadores eram hostis demais em relação uns aos outros para permitir que qualquer um deles controlasse a região inteira ou extinguisse o poder das dinastias hinduístas no sul. Então, no século XVI, os mais hábeis desses invasores vindos do noroeste, os moguls, tiveram sucesso ao unir a maior parte do subcontinente sob um único domínio. O Império Mogul encarnava as diversas influências exercidas sobre a Índia: muçulmanos na fé, turcos e mongóis quanto à etnia, persas na cultura de sua elite, os moguls exerceram sua soberania sobre uma maioria hinduísta fragmentada por identidades regionais.

Em meio a esse turbilhão de linguagens, culturas e credos, o surgimento de outra onda de aventureiros estrangeiros no século XVI não pareceu, a princípio, um acontecimento altamente significativo. Com o propósito de lucrar com um comércio em expansão com o próspero Império Mogul, companhias privadas britânicas, francesas e portuguesas competiam umas com as outras para estabelecer cabeças de ponte em terra firme em principados amigos. A área dominada pelos britânicos na Índia foi a que mais se expandiu, ainda que, a princípio, sem um objetivo claro (levando um professor de História Moderna em Cambridge a afirmar: "Parecemos ter conquistado e povoado metade do mundo em meio a um estado de distração").[33] Depois de uma base de poder e comércio britânicos ter sido estabelecida na região leste de Bengala, ela se viu cercada por competidores, europeus e asiáticos. A cada guerra que acontecia na Europa ou nas Américas, os britânicos na Índia entravam em choque com as colônias de seus rivais e aliados; a cada vitória eles anexavam as posses do adversário. À medida que as possessões britânicas — tecnicamente propriedades da Companhia das Índias Orientais, não do Estado britânico em si — se expandiram, elas vieram a se considerar sob a ameaça da Rússia, à espreita ao norte; de Burma, ora numa postura militante, ora fragmentada, e pelos ambiciosos e cada vez mais autônomos soberanos moguls, justificando assim (aos olhos britânicos) novas anexações.

Ao fim e ao cabo, a Grã-Bretanha se viu concebendo uma entidade indiana cuja unidade se baseava na segurança de um conjunto de territórios abrangendo os Estados contemporâneos do Paquistão, da Índia, em Banglaseh e em Mianmar. Algo semelhante a um interesse nacional indiano foi definido, sendo associado a uma unidade geográfica que era, de fato, governada como um Estado, mesmo na ausência (era o que se supunha) de uma nação indiana. Essa política baseava a segurança da Índia na supremacia naval britânica no oceano Índico; em regimes amigos, ou pelo menos não ameaçadores, tão distantes como Cingapura e Aden; e num regime não hostil no Passo Khyber e no Himalaia. Ao norte, a Grã-Bretanha procurou se esquivar dos avanços da Rússia tsarista recorrendo a uma complexa combinação de espiões, exploradores e associados nativos, apoiados em pequenos contingentes de forças britânicas, no que veio a ser conhecido como o "Grande Jogo" da geoestratégia do Himalaia. Também fez avançar as fronteiras com a China ao norte, na direção do Tibete — uma questão que voltou à tona na guerra entre a China e a Índia, em 1962. Políticas contemporâneas análogas a essas se tornaram elementos vitais da política externa da Índia pós-independência. Elas dão forma a uma ordem regional para o sul da Ásia, em cujo centro estaria a Índia, e a oposição às tentativas de qualquer país de, a despeito da sua estrutura doméstica, concentrar poder nos territórios vizinhos a ponto de se tornar uma ameaça.

Quando Londres reagiu ao motim de 1857, protagonizado por soldados muçulmanos e hindus do exército da Companhia das Índias Orientais, colocando a região sob domínio direto britânico, não concebeu este ato como a imposição da administração britânica a uma nação estrangeira. Via a si mesma, ao contrário, como um supervisor neutro, responsável pelo aprimoramento de uma grande variedade de povos e estados. Ainda em 1888, um importante administrador britânico podia declarar:

> Não existe, e nunca existiu, uma Índia, ou mesmo qualquer parte da Índia que possuísse, segundo as ideias europeias, qualquer tipo de unidade, física, política, social ou religiosa. [...] Poderíamos, com o mes-

202 | *A multiplicidade da Ásia*

mo objetivo e a mesma chance de sucesso, acreditar que no futuro uma única nação terá tomado o lugar das várias nações da Europa.[34]

Ao decidir, depois do motim, administrar a Índia enquanto uma única unidade imperial, a Grã-Bretanha esforçou-se para tornar o projeto uma realidade. As diferentes regiões passaram a ser ligadas por estradas de ferro e por um idioma comum, o inglês. As glórias da antiga civilização indiana foram estudadas e catalogadas e a elite da Índia treinada segundo o pensamento e as instituições britânicas. No decorrer desse processo, a Grã-Bretanha despertou novamente na Índia a consciência de que ela consistia numa única entidade sob o domínio estrangeiro e inspirou um sentimento de que, para derrotar a influência estrangeira, ela teria de se constituir enquanto uma nação. O impacto exercido pela Grã-Bretanha sobre a Índia foi, portanto, semelhante ao que Napoleão produziu na Alemanha, cujos múltiplos Estados tinham sido tratados até então como uma entidade geográfica, não nacional.

A maneira pela qual a Índia obteve sua independência e escolheu o papel que desempenharia no mundo refletiu esses diferentes legados. A Índia sobrevivera ao longo dos séculos ao combinar uma cultura que não se mostrava permeável com uma extraordinária capacidade psicológica para lidar com as forças de ocupação. A resistência passiva de Mohandas Gandhi ao domínio britânico tornou-se possível, em primeiro lugar, graças à elevação espiritual promovida pelo Mahatma, mas também porque aquela se revelou a maneira mais eficaz de lutar contra o poder imperial por causa do seu apelo aos valores básicos da sociedade liberal britânica. Como ocorrera com os norte-americanos dois séculos antes, os indianos obtiveram sucesso no combate pela sua independência ao invocar na luta contra seus governantes coloniais conceitos de liberdade que eles tinham estudado nas escolas britânicas (inclusive na London School of Economics, na qual os futuros líderes da Índia absorveram muitas de suas ideias semissocialistas).

A Índia moderna concebeu sua independência como um triunfo não apenas de uma nação, mas de princípios morais universais. E como os Pais Fundadores dos Estados Unidos, os primeiros líderes da Índia equiparavam o interesse nacional à correção moral. Contudo, quando se trata de levar para fora de suas fronteiras os princípios de suas instituições domésticas, os líderes indianos têm atuado de acordo com os princípios vestfalianos, demonstrando pouco interesse em promover a democracia e os direitos humanos no plano internacional.

Na condição de primeiro-ministro de um Estado que acabara de anunciar sua independência, Jawaharlal Nehru argumentou que a política externa indiana seria norteada pelos interesses nacionais do país, não pela amizade com os outros países por si só ou pelo cultivo de vínculos com países de sistemas domésticos compatíveis com os dela. Num discurso de 1947, pouco depois da independência, ele explicou:

> Seja qual for a política que formulemos, a arte de conduzir os negócios estrangeiros reside em descobrir o que é mais vantajoso para o país. Podemos falar na boa vontade internacional e acreditarmos sinceramente nisso. Mas, em última análise, um governo funciona em função do bem do país que ele governa e nenhuma administração ousa fazer algo que, a curto ou longo prazo, represente uma evidente desvantagem para esse país.[35]

Kautilya (e Maquiavel) não poderiam ter colocado melhor.

Nehru e os primeiros-ministros subsequentes, incluindo sua filha, a formidável Indira Gandhi, agiram para reforçar a posição da Índia como parte do equilíbrio global, elevando sua política externa à condição de uma expressão da autoridade moral superior da Índia. A Índia apresentava a realização do próprio interesse nacional como um empreendimento notavelmente imbuído do espírito iluminista — de modo muito parecido com o que os Estados Unidos fizeram dois séculos antes. E Nehru — e mais tarde Indira Gandhi, primeira-ministra entre 1966 e 1977 e de 1980 a 1984 — teve sucesso ao estabelecer sua jovem nação como um dos principais elementos da ordem internacional do período pós-Segunda Guerra Mundial.

O significado do não alinhamento era diferente da política empreendida por um elemento "equilibrador" no sistema de balança de poder. A Índia não estava preparada para se deslocar para o lado mais fraco — como teria feito alguém disposto a promover o equilíbrio. Não estava interessada em operar um sistema internacional. O impulso que nela predominou foi o de não se encontrar formalmente em nenhum dos dois campos e pôde

204 | *A multiplicidade da Ásia*

aferir seu sucesso pelo fato de não ter sido arrastada a participar de conflitos que não afetavam seus interesses nacionais.

Nascendo como país num mundo em que superpotências já estavam estabelecidas no contexto da Guerra Fria, a Índia independente elevou sutilmente à condição de um princípio ético a liberdade de manobra necessária para barganhar. Combinando um moralismo baseado no sentido de justiça com uma avaliação perspicaz da balança de poder e também da psicologia das grandes potências, Nehru anunciou a intenção da Índia de ser uma potência global que traçaria seu curso manobrando entre os dois grandes blocos. Em 1947, afirmou numa mensagem enviada à revista *The New Republic*:

> Nós nos propomos a evitar o envolvimento com qualquer dos blocos ou grupos de potências por entender que apenas desse modo podemos servir não somente à causa da Índia, mas à da paz mundial. Essa política às vezes leva partidários de um grupo a imaginar que estamos apoiando o outro grupo. Todas as nações, ao formularem sua política externa, colocam em primeiro lugar seus interesses. Felizmente os interesses da Índia coincidem com os de uma política externa pacífica e com a cooperação com todas as nações progressistas. A Índia acabará inevitavelmente sendo atraída para a proximidade daqueles países que se mostram mais amistosos e cooperativos em relação a ela.[36]

Em outras palavras, a Índia se declarava neutra e acima do jogo de poder mundial, em parte por uma questão de princípio no interesse da paz mundial, mas igualmente porque isso atendia ao seu interesse nacional. Durante os ultimatos impostos pelos soviéticos a respeito de Berlim entre 1958 e 1962, dois governos norte-americanos, em especial o de John F. Kennedy, tinham buscado o apoio da Índia em nome de uma cidade isolada que procurava manter seu status de liberdade. Mas a Índia assumiu a posição de que nenhuma tentativa de impor sobre ela as normas dos blocos da Guerra Fria iria privá-la da sua liberdade de ação e, portanto, de uma posição que permitisse exercer seu poder de barganha. Neutralidade moral a curto prazo seria o caminho para exercer influência moral a longo prazo. Como Nehru disse a seus assessores:

Teria sido absurdo e pouco político para a delegação indiana evitar o bloco soviético por medo de irritar os norte-americanos. Chegará um tempo quando poderemos vir a dizer, de um modo claro e definitivo, aos norte-americanos e a outros que, se continuarem a assumir uma atitude pouco amistosa, seremos forçados a procurar amigos em outra parte.[37]

A essência dessa estratégia residia no fato de que permitia à Índia obter apoio dos dois campos da Guerra Fria — assegurando ajuda militar e cooperação diplomática da parte do bloco soviético, enquanto flertava com os norte-americanos em busca de assistência para seu desenvolvimento e do apoio moral da parte do *establishment* intelectual dos Estados Unidos. Por mais que isso fosse irritante para os Estados Unidos da época da Guerra Fria, aquela era uma atitude sensata para uma nação emergente. Com uma capacidade militar então incipiente e uma economia subdesenvolvida, a Índia teria sido respeitada, mas como uma aliada de segunda linha. Na condição de um protagonista independente ela podia exercer uma influência muito mais abrangente.

Ao procurar desempenhar este papel, a Índia se propôs a construir um bloco de Estados que mantivessem uma atitude semelhante — na realidade, um alinhamento dos não alinhados. Como disse Nehru aos delegados da Conferência Afro-Asiática de Bandung, na Indonésia, em 1955:

> Seríamos nós, países da Ásia e da África, desprovidos de qualquer posição positiva a não ser a de pró-comunistas ou anticomunistas? Teríamos chegado a este ponto, em que os líderes do pensamento que deu religiões e todo tipo de coisas ao mundo teriam que se contentar em seguir a reboque desse ou daquele grupo, ou a entrarmos na órbita deste ou daquele partido, realizando seus desejos e oferecendo, de vez em quando, uma ou outra ideia? Isso seria algo degradante e humilhante para qualquer povo ou país que se respeite. É uma noção para mim intolerável achar que os grandes países da Ásia e da África deveriam se livrar dos grilhões e ganhar a liberdade apenas para se degradar ou se humilhar dessa maneira.[38]

O cálculo mais decisivo para justificar a rejeição pela Índia do que descrevia como a política de poder da Guerra Fria era o de que não via nenhum interesse nacional nas disputas então em curso. Em razão das rivalidades distribuídas ao longo das linhas divisórias na Europa, a Índia não iria desafiar a União Soviética, situada a apenas algumas poucas centenas de quilômetros de distância, a quem a Índia não desejava oferecer nenhum incentivo para se aliar ao Paquistão. Da mesma forma não iria se arriscar a ser alvo da hostilidade dos muçulmanos em nome das controvérsias no Oriente Médio. A Índia evitava se pronunciar sobre a invasão da Coreia do Sul pela Coreia do Norte e sobre a subversão no Vietná do Sul promovida pelo Vietná do Norte. Os líderes indianos estavam determinados a não se deixar isolar do que identificavam como sendo as tendências progressistas no mundo em desenvolvimento ou se arriscar a ser alvo da hostilidade da superpotência soviética.

No entanto, a Índia se viu envolvida numa guerra com a China em 1962 e em quatro guerras contra o Paquistão (uma delas, em 1971, foi travada sob a proteção de um recém-assinado tratado de defesa com a União Soviética, vindo a terminar com a divisão do principal adversário da Índia em dois Estados separados, o Paquistão e Bangladesh — reforçando numa grande medida a posição estratégica geral da Índia).

Ao procurar assumir um papel de liderança entre os não alinhados, a Índia estava aderindo a um conceito de ordem internacional compatível com aquele que herdara, tanto no plano global quanto no regional. Sua articulação formal se deu de modo classicamente vestfaliano e foi coerente com análises históricas europeias sobre a balança de poder. Nehru definiu a abordagem da Índia sintetizando-a em "cinco princípios da coexistência pacífica". Ainda que batizados com o nome de um conceito filosófico indiano, *Pancha Shila* (Cinco Princípios de Coexistência), eles vinham a ser na verdade uma recapitulação mais magnânima do modelo vestfaliano para uma ordem multipolar de Estados soberanos:

(1) respeito mútuo pela integridade territorial e soberania;
(2) não agressão mútua;
(3) não interferência mútua nos assuntos internos;
(4) igualdade e benefício mútuos;
(5) coexistência pacífica.[39]

A defesa indiana de princípios abstratos da ordem mundial foi acompanhada por uma doutrina para a segurança indiana no plano regional. Da mesma forma que os primeiros líderes norte-americanos desenvolveram com a Doutrina Monroe um conceito para o papel especial exercido pelos Estados Unidos no Hemisfério Ocidental, a Índia, na prática, forjou para si mesma uma posição especial na região do oceano Índico, entre as Índias Orientais e o Chifre da África. A exemplo do que a Grã-Bretanha fizera em relação à Europa nos séculos XVIII e XIX, a Índia se esforça para evitar a emergência de um poder dominante nessa vasta região do globo. Assim como os primeiros líderes norte-americanos não tinham buscado a aprovação do Hemisfério Ocidental com respeito à Doutrina Monroe, da mesma forma a Índia, na região de seus interesses estratégicos especiais, conduz sua política com base na própria definição da ordem do sul da Ásia. E ainda que as opiniões da Índia e dos Estados Unidos frequentemente entrassem em choque a respeito dos acontecimentos da Guerra Fria, os dois países, após o colapso da União Soviética, têm tomado rumos paralelos em suas políticas para a região do oceano Índico e suas periferias.

Com o fim da Guerra Fria, a Índia se libertou de muitas pressões conflitantes e de alguns de seus flertes com o ideal socialista. Engajou-se numa reforma econômica, desencadeada por uma crise na balança de pagamentos em 1991 e que contou com a assistência de um programa do Fundo Monetário Internacional. As empresas indianas lideram hoje importantes setores da economia mundial. Essa nova direção se reflete na postura diplomática do país, com novas parcerias no nível global e em particular através da África e Ásia, granjeando grande respeito no mundo pelo papel da Índia nas instituições multilaterais econômicas e financeiras. Além da sua crescente influência econômica e diplomática, a Índia aumentou consideravelmente sua capacidade militar, incluindo uma marinha e seu estoque de armas nucleares. E, dentro de poucas décadas, ela ultrapassará a China na condição de país mais populoso da Ásia.

O papel da Índia na ordem mundial se torna mais complicado devido a fatores estruturais relacionados à sua fundação. Entre os mais complexos estão suas relações com os vizinhos mais próximos, particularmente Paquistão, Bangladesh, Afeganistão e China. Seus laços ambivalentes e antagonismos refletem o legado de um milênio de invasões e migrações concorrentes no espaço do subcontinente, dos ataques da Grã-Bretanha nas franjas de seu domínio indiano e do brusco fim do domínio colonial

208 | *A multiplicidade da Ásia*

britânico no período imediato após a Segunda Guerra Mundial. Nenhum Estado aceitou plenamente as fronteiras estabelecidas pela partilha do subcontinente em 1947. Tratadas como um arranjo provisório por uma ou outra das partes, as fronteiras contestadas têm sido desde então motivo para violências comunais esporádicas, confrontos militares e infiltração terrorista.[40]

As fronteiras com o Paquistão, que em linhas gerais reconstituíam as concentrações de população islâmica no subcontinente, ignoram limites étnicos. Elas deram origem a um Estado baseado na religião islâmica em duas partes não contíguas do que tinha sido a Índia britânica, separadas por milhares de quilômetros de território indiano, situação que preparou o cenário para várias guerras subsequentes. As fronteiras com o Afeganistão e a China foram proclamadas tendo como base linhas fixadas por administradores coloniais britânicos no século XIX, limites mais tarde renegados por ambas as partes e até hoje contestados. Tanto a Índia como o Paquistão investiram pesadamente em arsenais nucleares e em posturas militares regionais. O Paquistão também tolera, quando não instiga, extremismos violentos, incluindo terrorismo no Afeganistão e na própria Índia.

Um fator capaz de complicar ainda mais a situação serão as relações entre a Índia e o mundo muçulmano, do qual ela é parte integrante.[41] A Índia é frequentemente classificada como um país do leste da Ásia ou do sul da Ásia, porém possui vínculos históricos mais profundos com o Oriente Médio e uma população muçulmana maior do que a do próprio Paquistão. Na realidade, maior do que a de qualquer outro país muçulmano, com exceção da Indonésia. Até o momento a Índia conseguiu manter-se ao largo das correntes mais turbulentas e da violência sectária, em parte devido ao tratamento esclarecido concedido às minorias e ao cultivo de princípios comuns indianos em termos de política interna — incluindo democracia e nacionalismo —, transcendendo diferenças comunais. No entanto, este desfecho não está dado de antemão e mantê-lo é algo que exigirá esforços constantes. Uma maior radicalização no mundo árabe ou o agravamento do conflito civil no Paquistão poderiam expor a Índia a pressões internas significativas.

Hoje a Índia procura praticar uma política externa em muitos aspectos semelhante à do antigo Raj britânico, na medida em que tenta basear uma ordem regional sobre um equilíbrio de poder num arco que se estende por metade do mundo, do Oriente Médio a Cingapura, e depois, ao norte, até o Afeganistão. Suas relações com a China, o Japão e o Sudeste Asiático seguem um padrão análogo ao do equilíbrio de poder europeu do século XIX. A exemplo da China, não hesita em recorrer a "bárbaros" distantes, como os Estados Unidos, se isso for útil para atingir seus objetivos regionais — ainda que, ao descrever suas políticas, ambos os países utilizem termos mais elegantes. Na administração George W. Bush, uma coordenação estratégica entre a Índia e os Estados Unidos numa escala global foi discutida ocasionalmente. Tal arranjo permanece restrito à região do Sul da Ásia porque o tradicional não alinhamento da Índia permaneceu como um obstáculo para uma coordenação global e porque nenhum dos dois países estava disposto a adotar um confronto com a China como um princípio permanente de suas políticas nacionais.

Como a Grã-Bretanha do século XIX, que foi levada a aprofundar seu envolvimento global para proteger as rotas estratégicas para a Índia, ao longo do século XXI a Índia se sentiu obrigada a desempenhar um papel estratégico de importância crescente na Ásia e no mundo islâmico para evitar que a região venha a ser dominada por países e ideologias considerados hostis pelos indianos. Ao persistir nesse rumo, a Índia forjou vínculos naturais com a "anglosfera", formada pelos países de língua inglesa. Contudo, provavelmente continuará a honrar o legado de Nehru, preservando a liberdade de manobra em suas relações na Ásia e no Oriente Médio e em suas políticas em relação a importantes países autocráticos, a cujos recursos a Índia precisará continuar a ter acesso para manter seus planos econômicos de expansão. Essas prioridades criarão seus próprios imperativos, transcendendo atitudes históricas. Com a reconfiguração da posição americana no Oriente Médio, os vários países da região procurarão novos parceiros para fortalecer suas posições e para desenvolver algum tipo de ordem regional. E a análise estratégica da própria Índia não permitirá que se crie um vácuo no Afeganistão ou que se afirme na Ásia a hegemonia de outra potência.

Sob a liderança de um governo nacionalista hindu, eleito por uma ampla maioria em maio de 2014 com um programa voltado para a reforma e o crescimento econômicos, pode-se esperar que a Índia persistirá, com ânimo

210 | *A multiplicidade da Ásia*

redobrado, na sua política externa tradicional. Munida de um mandado firme e de uma liderança carismática, o governo de Narendra Modi pode se considerar em condições de apontar para novas direções em temas históricos, como o conflito com o Paquistão e as relações com a China. Com a Índia, Japão e China conduzidos por governos fortes e dotados de clara orientação estratégica, aumentará a possibilidade de que rivalidades venham a ser intensificadas e de que sejam tomadas decisões potencialmente ousadas.

Em qualquer desses casos, a Índia será o ponto de apoio e alavanca para a ordem do século XXI: um elemento indispensável, baseado em sua geografia, em seus recursos, na tradição de sua liderança sofisticada, na evolução estratégica e ideológica das regiões e dos conceitos de ordem, na intercessão das quais ela está situada.

O que é uma ordem regional asiática?

Historicamente, a ordem europeia tinha se desenvolvido dentro dos limites do próprio continente. A Inglaterra conseguiu, até o início do século XX, preservar o equilíbrio por meio da sua posição insular e da sua supremacia naval. Em determinadas ocasiões, as potências europeias recrutavam países de fora do continente para reforçar temporariamente as suas posições — a França, por exemplo, cortejou o Império Otomano no século XVI, e a Grã-Bretanha estabeleceu uma aliança com o Japão no início do século XX —, porém potências não ocidentais, a não ser em episódios eventuais, como foi o caso de alguns países do Oriente Médio e do norte da África, tinham poucos interesses na Europa e não eram chamadas a intervir em conflitos europeus.

A ordem asiática contemporânea, ao contrário, apresenta como característica permanente a inclusão de potências de fora do continente: os Estados Unidos, cujo papel como uma potência da região Ásia-Pacífico foi afirmado explicitamente em declarações conjuntas pelo presidente dos Estados Unidos Barack Obama e pelo presidente chinês Hu Jintao, em janeiro de 2011, pelo presidente chinês Xi Jinping, em junho de 2013; e a Rússia, uma potência geograficamente asiática, integrante de grupos asiáticos como a Organização de Cooperação de Xangai, mesmo que três quartos de sua população vivam na parte europeia do território russo.[42]

Nos tempos modernos os Estados Unidos têm sido ocasionalmente convidados a intervir como promotor do equilíbrio de poder. No tratado de Portsmouth de 1905, mediou a guerra entre a Rússia e o Japão; na Segunda Guerra Mundial, o país derrotou a pretensão japonesa de obter uma hegemonia asiática. Os Estados Unidos desempenharam um papel asiático comparável durante a Guerra Fria ao procurar contrabalançar a União Soviética por meio de uma rede de alianças que se estendia do Paquistão às Filipinas.

A estrutura asiática em formação terá de levar em consideração uma grande quantidade de Estados até agora não abordados nas páginas deste livro. A Indonésia, Estado que serve de âncora à região do Sudeste Asiático ao mesmo tempo em que afirma sua orientação islâmica, desempenha um papel cada vez mais influente, tendo conseguido até o momento conservar um delicado equilíbrio ao interagir com a China, os Estados Unidos e o mundo muçulmano. Tendo o Japão, a Rússia e a China como vizinhos, a República da Coreia construiu uma vibrante democracia sustentada por uma economia globalmente competitiva, incluindo a liderança em indústrias estratégicas como telecomunicações e o setor naval. Muitos países asiáticos — incluindo a China — veem a Coreia do Norte como um grande perigo. A Coreia do Sul pelo seu lado terá de lidar com crescentes pressões domésticas pela reunificação.

Tendo em vista as vastas dimensões da Ásia e o seu grau de diversidade, suas nações forjaram uma espantosa variedade de grupos multilaterais e mecanismos bilaterais. Ao contrário da União Europeia, da OTAN e da Comissão para Segurança e Cooperação na Europa, essas instituições tratam de temas relacionados à segurança e à economia, lidando com as questões caso a caso, não como uma expressão de regras formais de uma ordem regional. Alguns dos grupos mais importantes incluem os Estados Unidos, e alguns, inclusive econômicos, são apenas asiáticos, do qual o mais elaborado e significativo é a ASEAN, a Associação das Nações do Sudeste Asiático. Seu princípio básico é o de acolher aquelas nações mais diretamente envolvidas com as questões que estão sendo tratadas.

No entanto, será que tudo isso resulta em um sistema de ordem asiático? No equilíbrio europeu, os interesses das partes mais importantes eram comparáveis, quando não coincidentes. Um equilíbrio de poder podia ser desenvolvido não apenas na prática — como é inevitável na ausência de uma hegemonia —, mas como um sistema de legitimidade que facilitava decisões e moderava as políticas dos Estados. Esse tipo de coincidência entre interesses não existe na Ásia, como fica demonstrado pelas prioridades adotadas pelos países de maior peso. Enquanto a Índia parece mais preocupada com a China como um competidor em nível de igualdade, o que ocorre em grande medida como um legado da guerra de fronteira de 1962, a China enxerga seus rivais e pares no Japão e nos Estados Unidos. A Índia tem dedicado menos recursos militares para se precaver em relação à China do que em relação ao Paquistão, o qual, se não é um competidor de igual para igual, tem sido uma preocupação estratégica para Nova Delhi.

A natureza amorfa dos grupos asiáticos se dá em parte porque a geografia, ao longo da história, determinou uma divisão nítida entre o leste da Ásia e o sul da Ásia. Influências culturais, filosóficas e religiosas transcenderam as linhas divisórias geográficas, e os conceitos de governo baseados no hinduísmo e no confucianismo têm coexistido no Sudeste Asiático. As barreiras, contudo, representadas pelas montanhas e pelas florestas, se mostraram impenetráveis demais para permitir interação militar entre os grandes impérios do leste da Ásia e do sul da Ásia até o século xx. Os mongóis e seus sucessores entraram no subcontinente indiano pela Ásia Central, não através dos altos desfiladeiros do Himalaia, e não conseguiram alcançar as partes ao sul da Índia. As diferentes regiões da Ásia têm seguido caminhos diferentes, tanto em termos históricos como geográficos.

As ordens regionais construídas durante esses períodos não incluíram nenhuma que fosse baseada nos pressupostos vestfalianos. Enquanto a ordem europeia adotava um equilíbrio de "Estados soberanos" definidos em termos territoriais, reconhecendo a igualdade jurídica uns dos outros, as forças políticas tradicionais da Ásia operavam segundo critérios mais ambíguos. Até um período bem avançado da Era Moderna, um mundo asiático "interno", influenciado pelo Império Mongol, Rússia e Islã, coexistia com o sistema de tributários do Império Chinês; este último se estendia para além dos seus limites, na direção dos reinos do Sudeste Asiático, que acatavam as pretensões de universalidade por parte da China, mesmo praticando uma forma de governança profundamente influenciada pelos princípios hinduístas recebidos da Índia, os quais atribuíam aos monarcas uma forma de divindade.

Na atualidade, esses dois legados estão se encontrando e os vários países estão longe de chegar a um consenso a respeito do significado da jornada que realizaram ou sobre as lições que guardam para o século XXI. Nas condições atuais, são basicamente duas as balanças de poder que estão surgindo: uma no sul da Ásia, a outra no leste da Ásia. Nenhuma das duas possui a característica típica da balança de poder europeia: um elemento que desempenhe o papel de garantir o equilíbrio, um país capaz de exercer o papel de fiador da balança ao deslocar seu peso para o lado mais fraco. Os Estados Unidos (depois de sua retirada do Afeganistão) têm procurado não tratar a balança interna do sul da Ásia como um problema sobretudo militar. Porém terão de se manter ativos no plano diplomático para restabelecer uma ordem regional se não quiserem ver surgir um vácuo, que acabaria inevitavelmente por arrastar todos os países vizinhos para uma confrontação regional.

CAPÍTULO 6

Rumo a uma ordem asiática: confronto ou parceria?

O TRAÇO MAIS CARACTERÍSTICO dos Estados asiáticos reside na sua percepção de que representam países "emergentes" ou "pós-coloniais". Todos procuraram superar o legado do jugo colonial por meio da afirmação de uma forte identidade nacional. Eles compartilham uma convicção de que a ordem mundial no momento está se reequilibrando depois de uma intervenção não natural do Ocidente ao longo dos últimos séculos, porém extraíram lições muito diferentes das suas trajetórias históricas. Quando altos funcionários procuram fazer alusão aos seus interesses vitais, muitos deles se voltam para tradições culturais diferentes e idealizam um período diferente, que representaria uma "era de ouro".

Nos sistemas da Europa dos séculos XVIII e XIX, a preservação do equilíbrio — e, consequentemente, do status quo — era vista como uma virtude. Na Ásia, quase todos os Estados são impulsionados pelo seu próprio dinamismo. Convencidos de que se encontram em "ascensão", eles operam com a convicção de que o mundo ainda está por reconhecer o papel condizente com sua atual condição. Ainda que nenhum estado condicione a soberania e a dignidade uns dos outros e todos reafirmem a dedicação a uma diplomacia que não incorra na lógica da "soma zero", a busca simultânea de tantos programas de construção de prestígio nacional introduz um grau de volatilidade na ordem regional. Com a evolução das modernas tecnologias, as maiores potências da Ásia se armaram com arsenais de um poder de destruição muito maior do que mesmo o estado europeu mais forte possuía no século XIX, aumentando dessa forma os riscos representados por eventuais erros de cálculo.

A organização da Ásia apresenta, assim, um desafio inerente à ordem mundial. A percepção dos países e a busca dos seus interesses nacionais, e não o equilíbrio de poder enquanto um sistema, deram forma aos mecanismos de poder que acabaram por se desenvolver. Seu teste consistirá em saber se será possível uma parceria que abranja a região, proporcionando uma estrutura pacífica para a interação entre vários interesses estabelecidos.

A ordem internacional asiática e a China

De todos os conceitos de ordem mundial que já existiram na Ásia, aquele adotado pela China foi, de longe, o que funcionou por mais tempo, o mais claramente definido e o mais distanciado das noções vestfalianas. A China percorreu também a trajetória mais complexa, indo de uma antiga civilização, passando por um império clássico, daí para a revolução comunista até atingir o status de uma grande potência moderna — um rumo que acabará por exercer um impacto profundo sobre a humanidade.

Da sua unificação como uma única entidade política em 221 a.C. até o início do século XX, a ideia de que a China ocupava o centro da ordem mundial estava tão arraigada no modo de pensar de sua elite que o idioma chinês não dispunha de nenhuma palavra para designar esta noção. Apenas de modo retrospectivo seus estudiosos viriam a definir o sistema "sinocêntrico" de Estados tributários.[1] Segundo esse conceito tradicional, a China considerava a si mesma, em certo sentido, o único governo soberano do mundo. Seu imperador era tratado como uma figura de dimensões cósmicas e uma peça fundamental a unir os planos humano e divino. Seu raio de ação não era um estado soberano da "China" — ou seja, os territórios diretamente sob seu controle —, mas sim "Tudo que Existe sob o Céu", uma área da qual a China constituía a parte central, civilizada: o "Império do Meio", inspirando e aperfeiçoando o resto da humanidade.

De acordo com essa visão, a ordem mundial refletia uma hierarquia universal, não um equilíbrio de Estados soberanos competindo entre si. Cada sociedade conhecida era considerada como uma entidade que devia algum tipo de tributo à China, numa relação parcialmente ditada pelo seu grau de aproximação em relação à cultura chinesa, à qual nenhuma outra se equiparava. Outros monarcas não eram vistos como pares, mas sim como pupilos ávidos por aprender a arte de governar, se esforçando para alcançar o plano da civilização. A diplomacia não era um processo de barganha entre múltiplos interesses soberanos, mas uma série de cerimônias cuidadosamente encenadas nas quais era dada à sociedades estrangeiras a oportunidade de reafirmar seu lugar na hierarquia global. De forma condizente com essa perspectiva, na China da era clássica o que hoje chamamos de "política externa" era competência do Ministério dos Rituais, que determinava os graus de dependência dos Estados tributários, e do Gabinete de Assuntos de Fronteira, encarregado das relações com as tribos nômades. Um Ministério das Relações Exteriores veio a ser constituído na China só em meados do século XIX, e apenas para lidar com os intrusos do Ocidente.[2] Mesmo assim, os funcionários consideravam sua tarefa como uma prática tradicional relacionada ao contato com bárbaros, não algo que pudesse ser considerado diplomacia vestfaliana. O novo ministério ostentava o título revelador de "Gabinete de Administração dos Negócios de Todas as Nações", sugerindo que a China não estava em absoluto empenhada numa diplomacia interestatal.

O objetivo do sistema de Estados tributários era estimular uma postura de deferência, não extrair benefícios econômicos ou dominar sociedades estrangeiras por meios militares. A realização arquitetônica mais imponente da China, a Grande Muralha, que acabou por se estender por cerca de 8 mil quilômetros, teve sua construção iniciada pelo imperador Qin Shi Huang, que acabara de derrotar militarmente todos os seus rivais, pondo fim ao período dos Reinos Combatentes para unificar a China. Foi um grandioso testemunho de uma vitória militar, mas também dos seus limites, transmitindo a ideia de um vasto poder somado à consciência de sua vulnerabilidade. Por milênios a China esteve empenhada mais em enganar e seduzir seus adversários do que propriamente em derrotá-los pela força das armas. Assim, um ministro da dinastia Han (206 a.C — 220 d.C.) descreveu as "cinco iscas" com as quais propunha lidar com as tribos Xiongnu, um povo composto por cavaleiros, na fronteira nordeste do país, ainda que pelos critérios militares convencionais a China fosse superior em termos militares:

> Dar-lhes [...] roupas refinadas e carruagens para corromper seus olhos; dar-lhes boa comida para corromper suas bocas; dar-lhes música e mulheres para corromper seus ouvidos; oferecer-lhes belas construções, celeiros e escravos para corromper seus estômagos [...]; e, para os que quisessem se render, o imperador [deveria] conceder-lhes a honra de recebê-los com uma festa imperial, na qual o imperador deveria servir-lhes pessoalmente vinho e comida, de modo a corromper suas mentes. Essas são as que poderíamos chamar de as cinco iscas.[3]

Marca registrada dos rituais diplomáticos chineses, o *kowtow* — ato de ajoelhar-se e abaixar a cabeça até tocar no chão em reconhecimento à autoridade superior do imperador — era certamente um aviltamento e provou ser um obstáculo nas relações com os modernos estados ocidentais. Porém o *kowtow* era simbolicamente voluntário: a deferência representativa de um povo que tinha sido menos conquistado do que vencido pela admiração. O tributo prestado à China nessas ocasiões era muitas vezes excedido em valor pelos presentes oferecidos pelo imperador em retribuição.

Tradicionalmente, a China buscava dominar em termos psicológicos os outros países por meio das suas realizações e da sua cultura — entremeadas com ocasionais investidas militares para ensinar uma "lição" aos bárbaros recalcitrantes e também para inspirar respeito. Tanto esses objetivos estratégicos como esse enfoque fundamentalmente psicológico do conflito armado puderam ser vistos em ação em tempos tão recentes como as guerras da China com a Índia, em 1962, e com o Vietnã, em 1979, assim como no modo como reafirmava seus interesses vitais em relação aos seus vizinhos.

Contudo, a China não era uma sociedade imbuída de uma missão no sentido ocidental do termo. Ela procurava inspirar respeito, não impor conversão; essa linha sutil jamais podia ser cruzada. Sua missão era o seu desempenho, o qual se esperava que fosse admitido e reconhecido pelas sociedades estrangeiras. Era possível que outro país se tornasse um amigo, até mesmo um velho amigo, mas jamais poderia ser tratado pela China em termos de igualdade. Ironicamente, os únicos estrangeiros que obtiveram algo semelhante a esse status foram conquistadores. Num dos mais espantosos feitos de imperialismo cultural da história, dois povos que tinham conquistado a China — os mongóis no século XIII e os manchus no século XVII — foram induzidos a adotar os elementos fundamentais da cultura chinesa para facilitar a administração de um povo tão numeroso e tão obstinado na crença na sua própria superioridade cultural. Os conquistadores foram assimilados num grau significativo pela sociedade chinesa derrotada, a ponto de partes importantes dos seus territórios de origem acabarem por ser considerados tradicionalmente chineses. A China não tinha pretendido exportar seu sistema político; tinha visto, ao contrário, outros virem adotá-lo. Nesse sentido, ela se expandiu não pela conquista, mas por osmose.

Na Era Moderna, os representantes ocidentais com seu próprio sentido de superioridade cultural se dispuseram a recrutar a China para o sistema mundial europeu, que estava em vias de se tornar a estrutura básica da ordem internacional. Eles pressionaram a China para cultivar laços com o resto do mundo por meio de trocas de embaixadores, livre-comércio e um programa destinado a elevar o nível de sua população, recorrendo à modernização da economia e a uma sociedade aberta ao proselitismo cristão.

O que o Ocidente concebia como um processo de educação e engajamento era tratado na China como uma agressão. Primeiramente a China procurou se esquivar, passando em seguida à resistência aberta. Quando o primeiro enviado britânico, George Macartney, chegou ao país no século XVIII, trazendo com ele alguns dos primeiros produtos da Revolução Industrial e uma carta do rei Jorge III propondo o livre-comércio e o estabelecimento de embaixadas recíprocas e permanentes em Pequim e Londres, o navio chinês que o levou de Guangzhou a Pequim foi adornado com um estandarte identificando-o como o "Embaixador Inglês trazendo um tributo para o Imperador da China". Ele foi despachado com uma carta explicando ao rei da Inglaterra que nenhum embaixador tinha autorização para residir em Pequim porque "a Europa consiste em muitas outras nações além da sua: se cada uma delas acabar solicitando para ser representada na nossa Corte, como poderíamos vir a consentir isso? Trata-se de algo completamente impraticável". O imperador não via necessidade de comércio algum além do que já era praticado, de forma limitada, restrito a quantias precisas, porque a Grã-Bretanha não dispunha de bens que a China pudesse desejar:

Ao zelar pelo vasto mundo, tenho em vista um único objetivo, ou seja, o de governar da maneira mais perfeita e cumprir com os deveres do Estado; não me interessam objetos exóticos e caros. Se ordenei que os tributos enviados por você, ó Rei, fossem aceitos, isso se deu apenas em consideração à disposição que o levou a enviá-los para tão longe. [...] Como seu embaixador pode ver por si mesmo, possuímos todas as coisas.[4]

Depois da derrota de Napoleão, à medida que sua expansão mercantil ganhava ímpeto, a Grã-Bretanha tentou uma nova abordagem, despachando um segundo enviado com uma proposta semelhante. A exibição do poder naval britânico durante as Guerras Napoleônicas de pouco serviu para mudar a estimativa chinesa em relação à conveniência de manter relações diplomáticas. Quando William Amherst, o enviado, se recusou a comparecer à cerimônia de *kowtow*, oferecendo como desculpa a explicação de que o uniforme apropriado não havia sido entregue a tempo, sua missão foi dispensada e qualquer tentativa posterior de uma nova abordagem diplomática foi explicitamente desencorajada. O imperador despachou uma mensagem para o príncipe regente na Inglaterra, explicando que, na condição de "senhor de todas as coisas sob o céu", o governo da China não poderia se dar ao trabalho de ensinar a cada enviado bárbaro o protocolo correto.[5] Os registros imperiais se limitariam apenas a reconhecer que "vosso reino situado para além dos oceanos proclama sua lealdade e anseia pela civilização", porém (na tradução do édito feita para uma publicação de missionários ocidentais):

Desta data em diante, não há mais necessidade de que enviados sejam despachados para percorrerem um caminho tão longo, já que o único resultado será o fútil desperdício de energia durante a viagem. Se vós vos dispuserdes a inclinar vosso coração numa disposição submissa, poderíeis abrir mão de despachar missões à corte de tempos em tempos; esse é o verdadeiro caminho para voltar-se para a civilização. Para que possais obedecer para sempre esse ditame, proclamamos agora esse édito.[6]

Ainda que admoestações como essa pareçam presunçosas pelos padrões de hoje — e fossem profundamente ofensivas para o país que acabara de manter o equilíbrio de poder europeu e poderia se considerar a potência mais avançada da Europa em termos navais, econômicos e industriais —, o imperador estava se expressando de uma maneira condizente com as ideias sobre seu lugar no mundo vigentes há um milênio, e que muitos povos vizinhos tinham sido obrigados a, pelo menos, tolerar.

As potências ocidentais, para sua vergonha, acabaram por forçar a situação em relação ao tema do livre-comércio, concentrando o foco no produto mais obviamente nocivo vendido por elas e insistindo no direito de importar sem qualquer tipo de restrição, justamente — entre todos os frutos do progresso ocidental — o ópio. A China, no último período da dinastia Qing havia negligenciado a condição de sua tecnologia militar, em parte por causa do status inferior dos militares na hierarquia social confuciana da China, expressa no ditado "Ferro bom não é usado para fazer pregos. Bons homens não se tornam soldados". Mesmo sob ataque das forças ocidentais, a dinastia Qing desviou fundos destinados a gastos militares em 1893 para restaurar um exuberante barco de mármore no Palácio de Verão imperial.

Temporariamente sobrepujada pela pressão militar em 1842, a China assinou tratados nos quais cedia às exigências ocidentais. Mas não abandonou seu sentido de singularidade e travou com tenacidade uma luta à sua retaguarda. Depois de obter uma vitória decisiva em 1856-58 (motivada pelo apresamento supostamente impróprio de um navio de bandeira britânica em Guangzhou), a Grã-Bretanha insistiu num tratado que formalizasse o direito, há muito reivindicado, de instalar um ministro residente em Pequim. Chegando, no ano seguinte, para assumir seu posto acompanhado de um séquito triunfal, o enviado britânico encontrou a principal entrada na cidade pelo rio bloqueada por correntes e estacas. Ao ordenar que um contingente de marinheiros britânicos retirasse os obstáculos, forças chinesas abriram fogo; 519 militares britânicos morreram e outros 456 ficaram feridos na batalha que se seguiu. A Grã-Bretanha despachou então uma força militar sob as ordens de lorde Elgin, que atacou Pequim e queimou o Palácio de Verão, enquanto a corte de Qing fugia. Essa intervenção brutal levou a dinastia governante a aceitar, ainda que relutantemente, a instituição de um "Bairro das Legações", destinado a abrigar os representantes diplomáticos. A aquiescência da China em relação ao conceito de diplomacia recíproca no interior de um sistema de Estados soberanos vestfaliano não se deu sem relutância e ressentimento.

No âmago dessas disputas jazia uma questão mais abrangente: consistiria a China, ela própria, numa ordem mundial em si ou seria um Estado como os outros, que era parte de um sistema internacional mais amplo? A China agarrou-se à primeira premissa. Numa época tão tardia como 1863, depois de duas derrotas militares diante das forças "bárbaras" e de um levante interno massivo (a Rebelião Taiping), sufocado apenas com o recurso a tropas estrangeiras, o imperador enviou uma carta a Abraham Lincoln assegurando-lhe a boa vontade da China: "Tendo, reverentemente, recebido dos Céus a missão de governar o universo, consideramos tanto o Império do Meio [a China] como os países de fora como se constituíssem uma única família, sem nenhuma distinção."[7]

Em 1872, o eminente sinólogo escocês James Legge expôs a questão de forma precisa e com a confiança típica da sua época, expressa na sensação da própria superioridade do conceito ocidental de ordem mundial:

> Durante os últimos quarenta anos a sua posição [da China] com relação às nações mais avançadas do mundo mudou completamente. Firmou tratados com estas em termos de igualdade; mas não acredito que seus ministros e seu povo tenham realmente encarado de frente essa verdade, de modo a compreender o fato de que a China é apenas uma das muitas nações independentes do mundo, e que "sob o céu", a área sujeita ao domínio do imperador, não compreende *tudo* o que está sob o céu, mas apenas uma determinada parte que pode ser definida sobre a superfície da terra e é passível de ser apontada num mapa.[8]

Com a tecnologia e o comércio empurrando sistemas contraditórios para um contato mais estreito, as normas de qual ordem mundial viriam a prevalecer?

Na Europa, o sistema vestfaliano tinha surgido como um produto de uma grande quantidade de Estados, na prática independentes, ao fim da Guerra dos Trinta Anos. A Ásia ingressou na Era Moderna sem contar com um aparato comparável de organização nacional e internacional. Possuía vários centros civilizacionais cercados de reinos menores, com um conjunto sutil e instável de mecanismos para interação entre eles.

A enorme fertilidade das planícies chinesas, uma cultura de resistência incomum e sua perspicácia política tinham feito com que a China conseguisse permanecer unificada durante a maior parte de um período de dois milênios, exercendo considerável influência política, econômica e cultural — mesmo quando, pelos critérios convencionais, se encontrava militarmente mais fraca. Sua vantagem comparativa residia na prosperidade de sua economia, que produzia bens desejados por todos os seus vizinhos. Moldada por esses elementos, a ideia chinesa de ordem mundial diferia bastante da experiência europeia, que era baseada numa multiplicidade de Estados em condição de igualdade.

O drama do encontro entre a China e o mundo desenvolvido e o Japão residia no impacto exercido pelas grandes potências, organizadas enquanto Estados expansionistas, sobre uma civilização que inicialmente via as características do Estado moderno como uma degradação. A "ascensão" da China à eminência da condição que ocupa no século XXI não é um fenômeno novo, mas restabelece padrões históricos. A diferença está no fato de a China ter retornado tanto como herdeira de uma antiga civilização quanto como uma grande potência contemporânea segundo o modelo vestfaliano. A nova situação combina os legados do "Tudo sob o Céu", da modernização tecnocrática e de uma busca nacional singularmente turbulenta ao longo do século XX por uma síntese entre as duas coisas.

A China e a ordem mundial

A dinastia imperial entrou em colapso em 1911, e a fundação de uma república chinesa com Sun Yat-sen, em 1912, deixou a China com um governo central enfraquecido e fadada a ingressar numa década de warlordismo.* Um governo central mais forte emergiu com Chiang Kai-shek, em 1928, e procurou tornar a China capaz de assumir um lugar no conceito vestfaliano de ordem mundial e no sistema econômico global. Procurando

---

* Warlordismo é o fenômeno associado à figura dos *warlords*, "senhores da guerra" em inglês, análogo ao caudilhismo. (N.R.T.)

ser a um só tempo moderno e tradicionalmente chinês, tentou adaptar-se a um sistema internacional que passava, ele próprio, por um período de turbulência. Àquela altura, contudo, o Japão, que já havia se lançado em seu ímpeto modernizador meio século antes, começara sua disputa pela hegemonia asiática. A ocupação da Manchúria em 1931 foi seguida pela invasão pelos japoneses de vastas áreas no centro e no leste da China em 1937. O governo nacionalista se viu impedido de consolidar suas posições e a insurgência comunista ganhou algum fôlego para respirar. Ainda que tenha emergido como uma das potências vitoriosas ao fim da Segunda Guerra Mundial em 1945, a China estava dilacerada por uma guerra civil e uma agitação revolucionária que desafiavam todos os relacionamentos e legados.[9]

A 1º de outubro de 1949, em Pequim, Mao Zedong proclamou a fundação da República Popular da China com as palavras "O povo chinês se pôs de pé". Mao elaborou esse slogan ao descrever uma China que se purificava e se fortalecia por meio de uma doutrina de "revolução contínua" e se pôs a desmantelar os conceitos estabelecidos de ordem doméstica e internacional. O espectro institucional inteiro se viu sob ataque: democracias ocidentais, a liderança soviética do mundo comunista e o legado do passado chinês. Arte e monumentos, feriados e tradições, vocabulário e vestimentas, todos esses aspectos se encontraram sob diferentes formas de proibição — acusados de promover a passividade que havia deixado a China despreparada diante das intervenções estrangeiras. No conceito de ordem de Mao — que ele chamava de "grande harmonia", ecoando a filosofia clássica chinesa — uma nova China acabaria por vir à tona a partir da destruição da cultura tradicional confuciana, que enfatizava a harmonia. Cada onda de esforço revolucionário, proclamava ele, seria a precursora da onda seguinte. O processo da revolução deveria ser sempre acelerado, sustentava Mao; caso contrário os revolucionários se tornariam complacentes e indolentes. "O desequilíbrio é uma regra geral, objetiva", escreveu Mao:

O ciclo, que é interminável, se desenvolve do desequilíbrio para o equilíbrio e daí novamente para o desequilíbrio. Cada ciclo, contudo, conduz a um nível mais alto de desenvolvimento. O desequilíbrio é normal e absoluto, enquanto o equilíbrio é temporário e relativo.[10]

Em última análise, essa turbulência era concebida para produzir um tipo de resultado tradicionalmente chinês: uma forma de comunismo intrínseco à China, na qual ela se colocava à parte pela forma diferente de se conduzir, definida pelas suas realizações, com a autoridade moral singular — e agora revolucionária — da China novamente dominando "Tudo sob o Céu".

Mao conduzia os assuntos da política externa guiado pela mesma convicção da natureza singular da China. Ainda que o país fosse objetivamente fraco em relação à força do resto do mundo, Mao insistia no seu papel central, em vista de sua superioridade psicológica e ideológica, a ser demonstrada mais num espírito de desafio do que de conciliação com um mundo que enfatizava a força física superior. Ao falar em Moscou durante uma conferência internacional de líderes do Partido Comunista, em 1957, Mao chocou seus colegas delegados ao prever que, no caso de uma guerra nuclear, a população mais numerosa e sua cultura mais resistente fariam da China a vencedora em última instância, e que, mesmo que as baixas chegassem a centenas de milhões, isso não desviaria a China do rumo da revolução. Ainda que isso possa ter sido em parte um blefe para desencorajar outros países munidos de arsenais nucleares imensamente superiores, Mao queria que o mundo acreditasse que ele contemplava com equanimidade a eventualidade de uma guerra nuclear. Em julho de 1971 — durante minha visita secreta a Pequim — Zhou Enlai resumiu a concepção de Mao de ordem mundial fazendo alusão à frase do seu líder que invocava o mandado dos imperadores chineses com o acréscimo, irônico de um pequeno detalhe: "Tudo sob o céu está mergulhado no caos, a situação é excelente." De um mundo tomado pelo caos, a República Popular da China, com sua resistência temperada por anos de luta, acabaria por emergir como a força triunfante, não apenas na China, mas em toda parte "sob o céu". A ordem mundial comunista terminaria por se fundir com a tradicional visão da Corte Imperial.

A exemplo do fundador da mais poderosa dinastia chinesa (221-207 a.C.), o imperador Qin Shi Huang, Mao procurava unificar a China enquanto lutava para destruir a antiga cultura que considerava culpada pela fraqueza e humilhação do país. Governava num estilo tão remoto como o de qualquer imperador (ainda que os imperadores não tivessem convocado manifestações de massa) e combinava esse estilo com as práticas de Lênin e Stálin. O domínio de Mao encarnava o próprio dilema revolucionário. Quanto mais abrangentes são as mudanças fomentadas pelo revolucionário, maior é a resistência que este encontra, não necessariamente da parte de adversários ideológicos ou políticos, mas da inércia induzida pelo estado de espírito rotineiro. O profeta revolucionário sempre se vê tentado a desafiar a mortalidade ao acelerar sua agenda de mudanças e multiplicar os meios para pôr em prática sua visão. Mao lançou seu desastroso Grande Salto Adiante, em 1958, para estimular uma industrialização em ritmo acelerado, e a Revolução Cultural, em 1966, para expurgar o grupo no governo, de modo a impedir sua institucionalização, numa campanha que durou cerca de uma década, levando ao exílio no campo de uma geração de jovens educados. Dezenas de milhões morreram buscando os objetivos apontados por Mao — a maior parte eliminada sem amor ou ódio, mobilizados para acelerar o que até então tinha sido considerado um processo histórico.

Os revolucionários saem vencedores quando suas realizações passam a ser aceitas como um fato dado e o preço pago por elas é tido como inevitável. Alguns dos líderes chineses contemporâneos sofreram terrivelmente durante a Revolução Cultural, porém agora apresentam esse sofrimento como tendo contribuído para seu fortalecimento e sua autodescoberta, tornando-os mais resistentes para as tarefas desafiadoras, necessárias para levar o país a outro período de vasta transformação. E o público chinês, especialmente aqueles jovens demais para terem experimentado diretamente esse esforço, parecem aceitar a descrição de Mao como sendo basicamente um unificador que trabalhou pela dignidade chinesa. Saber qual aspecto do seu legado prevalecerá — o arrogante desafio maoista lançado ao mundo ou a determinação serena adquirida ao suportar os tumultos por ele promovidos — terá um peso importante ao determinar a relação da China com a ordem mundial do século XXI.

Nos primeiros tempos da revolução cultural, a China — por opção própria — dispunha de apenas quatro embaixadores em todo o mundo e se mantinha numa situação de confronto com ambas as superpotências nucleares, os Estados Unidos e a União Soviética. Por volta do fim da década de 1960, Mao reconheceu que a revolução cultural havia exaurido até mesmo a capacidade do povo chinês — cuja resistência havia sido afiada durante milênios — e que o isolamento da China poderia fazer com que forças estrangeiras ficassem tentadas a intervir, justamente o perigo que se pretendia evitar recorrendo ao rigor ideológico e a uma postura de desafio. Em 1969, a União Soviética parecia prestes a atacar a China a ponto de levar Mao a dispersar seus ministros pelas províncias, com apenas o premier Zhou Enlai permanecendo em Pequim. Mao reagiu a essa crise com uma mudança de direção tipicamente inesperada. Ele pôs fim aos aspectos mais anárquicos da revolução cultural, recorrendo às forças armadas para frear a ação dos Guardas Vermelhos, que tinham desempenhado o papel de suas tropas de choque — enviando-os para o campo, onde se juntaram às suas primeiras vítimas no que vinha a ser, efetivamente, trabalho forçado. E ele se esforçou para pôr a União Soviética em xeque-mate ao se voltar para um adversário até então difamado: os Estados Unidos.

Mao calculou que a abertura para os Estados Unidos terminaria com o isolamento chinês e ofereceria a outros países até então hesitantes uma justificativa para reconhecer a República Popular da China. (De forma interessante, uma análise da CIA, escrita enquanto eu me preparava para a minha primeira viagem, afirmava que as tensões sino-soviéticas eram sérias a ponto de tornar possível uma reaproximação entre a China e os Estados Unidos, mas que o fervor ideológico de Mao impediria que isso acontecesse ainda durante sua vida.)[11]

Revoluções, não importa quão radicais sejam, precisam ser consolidadas e, no fim, adaptadas, passando do momento de exaltação para uma atitude capaz de ser sustentada durante um período razoável de tempo. Esse foi o papel histórico desempenhado por Deng Xiaoping. Apesar de ter sido alvo, por duas vezes, de expurgos por parte de Mao, ele se tornou o real governante do país dois anos depois da morte do líder chinês, em 1976. Rapidamente empenhou-se em reformar a economia e abrir a sociedade. Buscando o que definia como "socialismo com características chinesas", ele liberou as energias latentes do povo chinês. Num período menor do que o de uma geração, a China avançou a ponto de se tornar a segunda maior economia do mundo. Para acelerar ainda mais essa espetacular transformação, a China — ainda que possivelmente não por convicção — ingressou nas instituições internacionais e aceitou as regras estabelecidas da ordem mundial.

Contudo, a participação da China em aspectos da estrutura vestfaliana trazia em seu bojo uma ambivalência nascida da história que a levou a entrar no sistema internacional de Estados. A China não se esqueceu de que originalmente foi forçada a lidar com a ordem internacional preexistente de um modo totalmente não condizente com a imagem histórica que fazia de si mesma ou, aliás, com os próprios princípios manifestos do sistema vestfaliano. Quando pressionada para aderir às "regras do jogo" e às "responsabilidades" do sistema internacional, a reação visceral de muitos chineses — incluindo seus líderes mais importantes — foi profundamente afetada pela consciência de que a China não tinha participado da formulação das regras do sistema. A eles foi solicitado — com o que, por uma questão de prudência, eles concordaram — que aderissem a regras em cuja criação não tiveram nenhuma participação. Mas eles esperam — e mais cedo ou mais tarde acabarão por agir com base nessa expectativa — que a ordem internacional se desenvolva de modo a tornar possível que a China volte a desempenhar um papel central na formulação de regras, até mesmo a ponto de rever algumas das normas atualmente em vigor.

Enquanto espera que isso aconteça, Pequim tornou-se muito mais ativa no cenário da política mundial. Com a emergência da China como aquela que tem potencial para ser a maior economia do mundo, em todos os foros internacionais são muitos os que buscam saber suas posições e obter seu apoio. A China desfrutou de muitas das formas de prestígio aceitas pelas ordens ocidentais dos séculos XIX e XX: recepção das Olimpíadas; discursos de seus presidentes nas Nações Unidas; visitas recíprocas de chefes de estado e de governo de países importantes em todo o mundo. Segundo qualquer critério, a China reconquistou a estatura pela qual era conhecida durante os séculos em que sua influência alcançava grande alcance. A questão agora consiste em saber como ela vai lidar com a busca contemporânea por uma ordem mundial, especialmente em suas relações com os Estados Unidos.

Tantos os Estados Unidos como a China são pilares indispensáveis da ordem mundial. De modo notável, historicamente ambos têm dado mostra de uma atitude ambivalente em relação ao sistema internacional do qual agora são peças fundamentais, afirmando seu compromisso com o sistema, ainda que mantenham restrições quanto a aspectos de sua estrutura. A China não tem em sua história um precedente para o papel que é solicitada a desempenhar na ordem do século XXI, na condição de um grande estado entre outros. Nem os Estados Unidos contam com a experiência de interagir em bases permanentes com um país de tamanho, alcance e desempenho econômico comparáveis, que adote um modelo de ordem doméstica claramente diferente.

As formações cultural e política dos dois lados divergem em aspectos importantes. O enfoque americano em relação à política é pragmático; o da China é conceitual. Os Estados Unidos nunca se viram sob a ameaça de um vizinho poderoso; a China nunca esteve sem um vizinho poderoso nas suas fronteiras. Os americanos sustentam que para todo problema há uma solução; os chineses pensam que cada solução é um ingresso para toda uma nova série de problemas. Os americanos buscam um resultado que seja uma resposta às circunstâncias imediatas; os chineses se concentram na mudança dentro de uma perspectiva evolutiva. Os americanos esboçam um programa com itens práticos, que possam ser "entregues"; os chineses estabelecem princípios gerais e analisam aonde todos eles irão conduzir. O pensamento chinês é moldado em parte pelo comunismo, mas adota numa medida cada vez maior um modo de pensar tradicionalmente chinês; os americanos não se mostram intuitivamente familiarizados com nenhum dos dois.

Em suas histórias, só recentemente a China e os Estados Unidos vieram a participar plenamente do sistema internacional de Estados soberanos. A China acreditou ser uma entidade ímpar, cuja realidade estava contida em grande medida no interior dos seus próprios limites. Os Estados Unidos também se consideram ímpar — ou seja, "excepcional" —, porém com uma obrigação moral de apoiar seus valores ao redor do mundo por motivos que iam além da *raison d'État*. Duas grandes sociedades de diferentes culturas e com diferentes premissas estão passando ambas por ajustes internos fundamentais; se este fato irá se traduzir em rivalidade ou numa nova forma de parceria é algo que irá influir de forma crucial nas perspectivas para a ordem mundial do século XXI.

A China é agora governada pela quinta geração de líderes desde a revolução. Cada líder de um estágio precedente procurou chegar à visão particular de sua geração a respeito das necessidades da China. Mao Zedong estava determinado a arrancar pela raiz instituições já consolidadas, até mesmo aquelas construídas na fase original de sua vitória, de modo que elas não estagnassem sob as tendências à burocracia típicas da China. Deng Xiaoping compreendeu que a China não podia manter seu papel histórico a menos que se envolvesse com a realidade do plano internacional. O estilo de Deng revelava um foco aguçado: não tripudiar — de modo a não inquietar os outros países —, não proclamar liderança, mas estender a influência da China modernizando tanto a sociedade quanto a economia. Sobre essas bases, dando a partida nesse processo em 1989, Jiang Zemin, nomeado durante a crise na praça Tiananmen, superou as consequências do episódio recorrendo à sua diplomacia pessoal no plano internacional e ampliando a base do Partido Comunista no plano interno. Liderou a República Popular da China em seu objetivo de transformar o país num membro pleno do sistema internacional de Estados e de comércio. Hu Jintao, escolhido por Deng, atenuou com habilidade as preocupações despertadas pelo crescente poder da China e criou as bases para o conceito do novo tipo de relacionamento entre grandes potências proclamado por Xi Jinping.

Tendo como base esses legados, a liderança de Xi Jinping tem procurado levar adiante esse processo promovendo um programa de amplas reformas em escala semelhante à empreendida por Deng. Projetou um sistema que, ainda que evitando a democracia, adquiriria maior transparência e no qual os resultados adviriam mais de procedimentos legais do que do padrão estabelecido de relações pessoais e familiares. Anunciou desafios a muitas práticas e instituições estabelecidas — empresas estatais, feudos de funcionários regionais e corrupção em larga escala — de um modo que combina visão com coragem, mas que certamente trará no seu rastro um período de mudanças e alguma incerteza.

A composição da liderança chinesa reflete a evolução do país rumo à participação nos assuntos internacionais e até mesmo a conformação desses assuntos. Em 1982, nem um único integrante do Politburo tinha um diploma universitário. No momento em que escrevo este livro, quase todos eles dispõem de formação universitária e um número significativo entre eles tem pós-graduação. Uma formação universitária na China tem como base um currículo ao estilo ocidental, não um legado do velho sistema de mandarins (ou o subsequente currículo do Partido Comunista, que impunha seu próprio modo de formação intelectual). Isso representa uma ruptura radical com o passado da China, quando os chineses eram intensa e orgulhosamente provincianos em sua percepção do mundo que estava fora da sua esfera imediata. Os líderes chineses contemporâneos são influenciados por seu conhecimento da história da China, mas não se deixam aprisionar por ela.

Uma visão de longo prazo

Possíveis tensões entre uma potência estabelecida e outra em ascensão não são um fenômeno novo. É inevitável que a potência em ascensão invada esferas até então tidas como reservas exclusivas da potência estabelecida. Da mesma forma, a potência em ascensão suspeita que seu rival pretenda impedir o seu crescimento antes que seja tarde. Uma pesquisa de Harvard demonstrou que de quinze episódios da história envolvendo a interação entre uma potência em ascensão e outra já estabelecida, dez terminaram em guerra.[12]

Não é de surpreender, portanto, que pensadores estratégicos importantes em ambos os lados invoquem padrões de comportamento e experiências históricas para prever a inevitabilidade de um conflito entre as duas sociedades. Do lado chinês, muitas ações americanas são interpretadas como tendo o objetivo de evitar a ascensão da China, e a promoção americana dos direitos humanos é vista como um projeto para minar a estrutura política interna da China. Alguns personagens de peso descrevem a chamada política de pivô americana como o prenúncio de uma demonstração de força final destinada a manter a China permanentemente numa posição secundária — uma atitude mais notável pelo fato de, até o momento em que escrevo, essa política não ter se traduzido em nenhum deslocamento significativo de forças militares.[13]

Pelo lado americano, o medo é o de que uma China em crescimento acabe sistematicamente por abalar a preeminência e, portanto, a segurança dos Estados Unidos. Grupos importantes veem a China, numa analogia com a União Soviética na Guerra Fria, como determinada a alcançar o domínio não apenas econômico, mas militar em todas as regiões da sua vizinhança, obtendo, em última análise, a hegemonia.

Ambos os lados veem confirmadas suas suspeitas pelas manobras militares e programas de defesa um do outro. Mesmo quando esses são "normais" — ou seja, compostos por medidas compreensíveis no caso de um país assumir a defesa do seu interesse nacional da forma como é normalmente compreendido —, são interpretados à luz mais sombria possível. Cada lado deve se mostrar responsável e agir de modo cuidadoso; caso contrário suas manobras unilaterais poderão conduzir a uma corrida armamentista.

Os dois lados precisam absorver a história da década que precedeu a Primeira Guerra Mundial, quando a gradual emergência de uma atmosfera marcada pela suspeita e pela confrontação latente motivou uma escalada rumo à catástrofe. Os líderes da Europa se deixaram aprisionar pelo seu planejamento militar e sua incapacidade de distinguir o tático do estratégico.

Duas outras questões têm contribuído para tornar mais tensas as relações sino-americanas. A China rejeita a noção de que a ordem internacional seja fomentada pela disseminação da democracia liberal e de que a comunidade internacional tenha a obrigação de efetuar tal disseminação, e particularmente a de que essa percepção dos direitos humanos venha a ser implantada pela ação internacional. Os Estados Unidos podem ser capazes de adequar a implementação de suas opiniões sobre direitos humanos em relação às suas prioridades estratégicas. Porém, à luz de sua história e das convicções de seu povo, os Estados Unidos nunca poderão abandonar completamente esses princípios. Do lado chinês, a visão da elite dominante a respeito desse assunto foi expressa por Deng Xiaoping:

> Na realidade, a soberania nacional é muito mais importante do que os direitos humanos, mas o Grupo dos Sete (ou Oito) frequentemente viola a soberania dos países pobres, fracos, do Terceiro Mundo. Seu discurso sobre direitos humanos, liberdade e democracia é concebido apenas para preservar os interesses dos países fortes e ricos, que tiram vantagem da sua força para oprimir os países fracos, e que buscam a hegemonia e praticam a política do poder.[14]

É impossível qualquer compromisso formal entre essas visões; mas evitar que essa divergência se desenvolva numa espiral levando a um conflito é uma das principais obrigações dos líderes dos dois lados.

Rumo a uma ordem asiática: confronto ou parceria?

Uma preocupação mais imediata diz respeito à Coreia do Norte, à qual se aplica o aforismo do século XIX cunhado por Bismarck: "Vivemos numa época extraordinária, na qual o forte é fraco por causa dos seus escrúpulos e o fraco se torna forte por causa da sua audácia." O governo da Coreia do Norte não tem como base nenhuma forma de legitimidade, nem mesmo a comunista, a qual ele invoca. Sua principal realização foi ter fabricado alguns poucos artefatos nucleares. Não tem nenhuma capacidade para se envolver numa guerra com os Estados Unidos. Contudo, a existência dessas armas exerce um impacto político que vai muito além de sua utilidade militar. Elas proporcionam um incentivo para que o Japão e a Coreia do Sul desenvolvam sua própria capacidade nuclear militar. Elas compelem Pyongyang a assumir um risco desproporcional em relação às suas capacidades, aumentando o perigo de uma nova guerra na península coreana.

Para a China, a Coreia do Norte encarna legados complexos. Aos olhos de muitos chineses, a Guerra da Coreia simboliza a determinação da China em pôr fim a "um século de humilhação" e o ato de se pôr de pé no cenário mundial, mas também um alerta quanto à possibilidade de se envolver em guerras cujas origens não são controladas pela China e cujas repercussões podem levar a consequências de longo prazo e indesejáveis. É por esse motivo que a China e os Estados Unidos têm assumido posições paralelas no Conselho de Segurança da ONU, pedindo que a Coreia do Norte abandone — não apenas limite — seu programa nuclear.

Para o regime de Pyongyang, abandonar as armas nucleares pode implicar numa desintegração política. Porém o abandono é precisamente o que os Estados Unidos e a China têm pedido publicamente nas resoluções da ONU que se empenharam em aprovar. Os dois países precisam coordenar suas políticas para a eventualidade de seus objetivos anunciados serem alcançados. Será possível fundir as preocupações e as metas dos dois lados a respeito da Coreia? Serão a China e os Estados Unidos capazes de formular uma estratégia de colaboração para a existência de uma Coreia desnuclearizada e unificada, que torne todas as partes envolvidas mais seguras e mais livres? Esse seria um grande passo na direção de um "novo tipo de relação entre potências" tantas vezes evocada e que tanto tem demorado em vir à tona.

Os novos líderes da China irão reconhecer que a reação da população chinesa à vasta agenda que reúne seus objetivos e receios não pode ser conhecida; eles estão navegando por águas ainda não mapeadas. Não podem desejar embarcar em aventuras no exterior, mas resistirão às interferências em relação ao que definem como seus interesses vitais com uma insistência talvez maior do que a de seus antecessores, justamente porque se sentem obrigados a explicar os ajustes inseparáveis das reformas recorrendo a uma ênfase maior no interesse nacional. Qualquer ordem internacional abrangendo tanto os Estados Unidos quanto a China deve envolver um equilíbrio de poder, mas a administração tradicional do equilíbrio precisa ser mitigada pelo acordo em torno de normas e reforçada pelos elementos de cooperação.

Os líderes da China e dos Estados Unidos reconheceram publicamente o interesse comum dos dois países em trabalhar por um resultado construtivo. Dois presidentes americanos (Barack Obama e George W. Bush) concordaram com seus pares chineses (Xi Jinping e Hu Jintao) em criar uma parceria estratégica na região do Pacífico, que venha a ser uma maneira de preservar o equilíbrio de poder e ao mesmo tempo reduzir a ameaça militar inerente a ela. Até o momento as declarações de intenção não se traduziram em passos específicos na direção combinada.

Parcerias não podem ser concretizadas por proclamação. Nenhum acordo pode garantir um status internacional específico para os Estados Unidos. Se os Estados Unidos vierem a ser percebidos como uma potência em declínio — uma questão de opção, não de destino —, a China e outros países, depois de um hiato de turbulência e convulsão, acabarão sucedendo numa grande medida os Estados Unidos na liderança mundial por ela exercida pela maior parte do período que se seguiu à Segunda Guerra Mundial.

Muitos chineses podem ver os Estados Unidos como uma superpotência que já passou do auge do seu poder. Entretanto, entre os dirigentes da China existe sempre um claro reconhecimento de que os Estados Unidos conservarão sua capacidade de liderança numa medida significativa num futuro próximo. A essência da construção de uma ordem mundial reside no fato de que nenhum país sozinho, nem a China, nem os Estados Unidos, está em condições de preencher isoladamente o papel de liderança mundial do tipo ocupado pelos Estados Unidos no período imediato do pós-Guerra Fria, quando o país prevalecia material e psicologicamente.

No leste da Ásia, os Estados Unidos não são tanto um promotor do equilíbrio como uma parte integral do equilíbrio. Os capítulos anteriores mostraram quão precário é o equilíbrio quando o número de participantes é pequeno e uma mudança de lado pode se revelar decisiva.[15] Uma abordagem exclusivamente militar do equilíbrio do leste da Ásia levará provavelmente a alinhamentos ainda mais rígidos do que aqueles que geraram a Primeira Guerra Mundial.

No leste da Ásia, algo semelhante a uma balança de poder existe entre a China, a Coreia, o Japão e os Estados Unidos, com a Rússia e o Vietnã como participantes periféricos. Mas difere dos outros exemplos históricos de balanças de poder pelo fato de um dos participantes principais, os Estados Unidos, ter seu centro de gravidade situado longe do centro geográfico do leste da Ásia — e, acima de tudo, porque os líderes de ambos os países cujas forças armadas veem a si mesmas como adversárias em suas publicações militares e pronunciamentos também proclamam sua parceria como um objetivo a ser perseguido em questões políticas e econômicas. Ocorre então que os Estados Unidos são um aliado do Japão e um parceiro manifesto da China — uma situação comparável à de Bismarck, quando este firmou uma aliança com a Áustria contrabalançada por um tratado assinado com a Rússia. Paradoxalmente, foi justo essa ambiguidade que preservou a natureza flexível do equilíbrio europeu. E seu abandono — em nome da transparência — desencadeou uma sequência de confrontos de intensidade crescente, culminando na Primeira Guerra Mundial.

Há cerca de um século — desde a Política de Portas Abertas e a mediação por Theodore Roosevelt da guerra russo-japonesa — evitar a consolidação de uma hegemonia na Ásia tem sido um objetivo permanente da política americana. Sob as condições atuais, é inevitável que a China conserve sua política de manter forças potencialmente antagônicas o mais distante possível de suas fronteiras. Os dois países operam nesse espaço. A preservação da paz depende do comedimento com que buscam atingir seus objetivos e da sua capacidade para garantir que a competição se atenha aos planos político e diplomático.

Na Guerra Fria, as linhas divisórias eram definidas por forças militares. No período contemporâneo, as linhas não devem ser definidas pela localização de contingentes militares. O componente militar não deve ser visto como o único, ou mesmo o principal, fator a definir o equilíbrio. Conceitos de parceria precisam se tornar, paradoxalmente, elementos da balança de poder moderna, especialmente na Ásia — um enfoque que, se implementado como um princípio abrangente, seria tão inédito como importante. A combinação entre estratégia de balança de poder com uma diplomacia de parceria não será suficiente para remover todos os aspectos de rivalidade, mas pode amenizar seu impacto. Pode proporcionar, acima de tudo, aos líderes chineses e americanos, experiências de cooperação construtiva e a transmissão às suas sociedades de uma maneira de construir um futuro mais pacífico.

A ordem sempre exige um sutil equilíbrio entre moderação, força e legitimidade. Na Ásia, ela deve combinar um equilíbrio de poder com um conceito de parceria. Uma definição puramente militar de equilíbrio acabará por se transformar gradualmente em confronto. Uma abordagem puramente psicológica em relação à parceria suscitará receios de uma possível hegemonia. Estadistas sensatos devem tentar encontrar esse ponto de equilíbrio. Pois fora dele, o desastre está à espreita.

CAPÍTULO 7

"Agindo em nome de toda a humanidade": Os Estados Unidos e seu conceito de ordem

Nenhum país desempenhou papel tão decisivo na formação da ordem mundial contemporânea como os Estados Unidos, nem manifestou tamanha ambivalência a respeito da sua participação nesse processo. Imbuído da convicção de que o curso que tomasse acabaria por moldar o destino da humanidade, os Estados Unidos, ao longo de sua história, têm desempenhado um papel paradoxal na ordem mundial: se expandiu através do continente alegando um Destino Manifesto enquanto negava solenemente quaisquer propósitos imperialistas; exerceu influência fundamental em importantes episódios da história ao mesmo tempo que negava qualquer motivação associada ao interesse nacional; e tornou-se uma superpotência enquanto desmentia qualquer intenção de pôr em prática uma política de poder. A política externa americana tem refletido a convicção de que seus princípios domésticos eram claramente universais e de que sua implementação era sempre algo positivo; de que o verdadeiro desafio do engajamento americano no exterior não era a política externa no sentido tradicional, mas um projeto de disseminação de valores que, na sua visão, todos os povos aspiravam a reproduzir.

Inerente a essa doutrina jazia uma visão de extraordinária singularidade e atração. Enquanto o Velho Mundo considerava o Novo uma arena para acúmulo de riqueza e de poder, nos Estados Unidos surgia uma nova nação que afirmava a liberdade de crença, de expressão e ação como a essência de sua experiência e caráter nacionais.

Na Europa, um sistema de ordem tinha sido fundado sobre a cuidadosa separação entre noções de uma moral absoluta e esforços políticos — e pela simples razão de que tentativas de impor uma fé ou um sistema de moralidade sobre os diferentes povos do continente tinham terminado de modo tão desastroso. Nos Estados Unidos, o espírito de proselitismo estava impregnado de uma profunda desconfiança em relação às instituições e hierarquias estabelecidas. Dessa forma, o filósofo britânico e membro do parlamento Edmund Burke lembraria a seus colegas que os colonos tinham exportado "liberdade segundo as ideias inglesas" juntamente com várias seitas religiosas dissidentes que se viam oprimidas na Europa ("o protestantismo da religião protestante") e "sem concordar a respeito de coisa alguma a não ser o modo como comungavam com o espírito da liberdade".[1] Essas forças, combinando-se apesar do oceano que as separava, tinham produzido um ponto de vista nacional distinto: "Nesse traço característico dos americanos, um amor pela liberdade é o aspecto predominante que marca e distingue o conjunto."

Alexis de Tocqueville, o aristocrata francês que chegou aos Estados Unidos em 1831 e escreveu o que continua a ser um dos livros mais perspicazes sobre o espírito e as atitudes de seu povo, rastreou da mesma forma o caráter americano até o que ele chamou de seu "ponto de partida". Na Nova Inglaterra, "vemos o nascimento e crescimento dessa independência local que ainda é a peça-chave e a seiva da liberdade americana".[2] O puritanismo, escreveu, "não era apenas uma doutrina religiosa; em muitos aspectos, ele compartilhava as teorias mais absolutamente democráticas e republicanas". Isso, concluiu ele, era o produto "de dois elementos perfeitamente distintos que em outras situações muitas vezes têm entrado em conflito, mas que nos Estados Unidos de alguma forma acabavam por se integrar um ao outro, formando uma maravilhosa combinação. Eu me refiro ao *Espírito da religião* e ao *Espírito da liberdade*".

A abertura da cultura americana e de seus princípios democráticos fez dos Estados Unidos um modelo e um refúgio para milhões de pessoas. Ao mesmo tempo, a convicção de que os princípios americanos são universais introduziu um elemento de desafio ao sistema internacional porque implica o fato de que governos que não os pratiquem não seriam plenamente legítimos. Este credo — tão enraizado no pensamento americano que só ocasionalmente chega a ser apresentado enquanto política oficial — sugere que uma parte significativa do mundo vive numa espécie de situação insatisfatória, num arranjo como que provisório, e que um dia acabará por ser redimida; nesse meio-tempo, suas relações com a potência mais forte do mundo devem ser marcadas por algum tipo de antagonismo.

Essas tensões têm se mostrado uma característica intrínseca do país desde o início da experiência americana. Para Thomas Jefferson, os Estados Unidos não eram apenas uma grande potência que surgia, mas um "império para a liberdade" — uma força em constante expansão, agindo em prol de toda a humanidade para fazer valer os princípios da boa governança. Como escreveu Jefferson durante a sua presidência:

> Sentimos que estamos agindo movidos por um sentimento de dever não confinado aos limites da nossa própria sociedade. É impossível não se ter consciência de que estamos agindo por toda a humanidade; de que circunstâncias, negadas a outros, mas que nos foram proporcionadas, nos impuseram a obrigação de demonstrar o grau de liberdade e autogoverno que uma sociedade pode se aventurar a conceder a seus membros individuais.[3]

Definido desse modo, a expansão dos Estados Unidos e o sucesso de seus esforços coincidiam com os limites dos interesses da própria humanidade. Tendo dobrado o tamanho do novo país graças à sagaz articulação que levou à compra da Louisiana em 1803, ao se retirar da política, Jefferson "confessou com franqueza" ao presidente Monroe: "eu sempre vi Cuba como a adição mais interessante que poderia ser feita ao nosso sistema de Estados".[4] E escreveu para James Madison, afirmando: "Deveríamos naquela ocasião ter incluído o norte [do Canadá] na nossa confederação [...] e deveríamos assim contar com um império para a liberdade como nunca existiu igual desde a criação: & estou persuadido de que nenhuma constituição jamais foi tão bem calculada como a nossa, de modo a propiciar a expansão do império & do autogoverno."[5] O império imaginado por Jefferson e seus colegas diferia, nas suas mentes, dos impérios europeus, que eles consideravam baseados na subjugação e opressão dos povos estrangeiros. O império imaginado por Jefferson era, em sua essência, norte-americano e concebido como uma extensão da liberdade. (E, de fato, seja lá o que possa ser alegado a respeito das contradições nesse projeto ou sobre as vidas pessoais de seus Fundadores,* à medida que os Estados Unidos se expandiam e progrediam, o mesmo ocorria com a democracia, e a aspiração a alcançá-la se espalhou, se enraizando através do hemisfério e do mundo.)

Apesar dessas ambições cada vez maiores, a situação geográfica favorável dos Estados Unidos, assim como seus vastos recursos, facilitou a percepção de que a política externa era uma atividade opcional. Sentindo-se seguros atrás de dois grandes oceanos, os Estados Unidos se encontravam numa posição que lhes permitia tratar a política externa como uma série de desafios eventuais e não como um empreendimento permanente. Diplomacia e força, nessa concepção, eram estágios distintos de atividade, cada um seguindo suas próprias regras autônomas. Uma doutrina de alcance universal era acompanhada por uma atitude ambivalente em relação a países — necessariamente menos afortunados do que os Estados Unidos — que se sentiam compelidos a conduzir a política externa como um exercício permanente baseado na elaboração do interesse nacional e da balança de poder.

Mesmo depois de os Estados Unidos assumirem o status de grande potência durante o século XIX, esses hábitos permaneceram. Em três ocasiões, em três gerações, nas duas guerras mundiais e na Guerra Fria, o país tomou ações decisivas para sair em socorro da ordem internacional contra ameaças hostis ou potencialmente fatais. Em cada caso preservou o sistema de Estados vestfaliano e o equilíbrio de poder enquanto culpava exatamente as instituições desse sistema pela eclosão das hostilidades e proclamava um desejo de construir um mundo inteiramente novo. Durante grande parte desse período, a estratégia global americana implícita na sua atitude para além do hemisfério ocidental foi a de transformar o mundo de modo a tornar desnecessário o papel estratégico americano.

---

* Referência aos chamados "Founding Fathers", os "Pais Fundadores" patriarcas da independência dos Estados Unidos. (N.T.)

240 | *"Agindo em nome de toda a humanidade": Os Estados Unidos e seu conceito de ordem*

Desde o começo, o ingresso dos Estados Unidos na consciência europeia levara à revisão de verdades tidas como imutáveis; esse passo iria abrir novas perspectivas para indivíduos que prometiam reinventar aspectos fundamentais da ordem mundial. Para os primeiros colonos do Novo Mundo, as Américas eram uma fronteira da civilização ocidental, cuja unidade vinha de sofrer uma fratura, constituindo um novo palco no qual era possível encenar a possibilidade de uma ordem moral.[6] Esses colonos deixaram a Europa não porque não acreditassem mais na sua centralidade, mas porque achavam que ela não cumprira sua vocação. Ao passo que disputas religiosas e guerras sangrentas levaram a Europa, na Paz de Vestfália, à dolorosa conclusão de que seu ideal de um continente unificado em torno de um único governo dotado de aprovação divina jamais seria atingido, os Estados Unidos proporcionavam um lugar distante para conseguir realizar isso, do outro lado do oceano. Enquanto a Europa se conformava com o objetivo de alcançar segurança por meio do equilíbrio, os americanos (como eles começaram a pensar em si mesmos) nutriam sonhos de unidade e governança tornando possível um propósito redimido. Os primeiros puritanos falavam em demonstrar sua virtude no novo continente como uma maneira de transformar as terras das quais tinham saído. Como pregou a bordo do navio *Arbella*, em 1630, o advogado puritano John Winthrop, que abandonou East Anglia, na Grã-Bretanha, fugindo da perseguição religiosa, para se dirigir à Nova Inglaterra, Deus pretendia que os Estados Unidos viessem a servir de exemplo para "todos os povos":

> Acabaremos por descobrir que o Deus de Israel está entre nós, quando dez de nós forem capazes de resistir a mil de nossos inimigos; quando Ele nos louvar e glorificar de modo que os homens possam dizer a respeito de novas colônias, "que Deus faça delas algo como a Nova Inglaterra". Pois devemos nos considerar como uma cidade na colina. Os olhos de todos os povos estão voltados para nós.[7]

Nenhum deles tinha dúvidas de que a humanidade e seus propósitos de algum modo acabariam por ser revelados e realizados nos Estados Unidos.

Os Estados Unidos no cenário mundial

Ao se lançarem na afirmação da sua independência, os Estados Unidos se definiram como um novo tipo de potência. A Declaração da Independência proclamou seus princípios e partiu da premissa de que se dirigia "às opiniões da humanidade". No ensaio de abertura de *O federalista*, publicado em 1787, Alexander Hamilton descreveu a nova república como "um império que é, em muitos aspectos, o mais interessante do mundo", cujo sucesso ou fracasso provaria a viabilidade do autogoverno por toda parte.[8] Ele não considerou essa afirmação como uma nova interpretação, mas como uma questão de senso comum, algo que "já foi observado várias vezes" — uma assertiva tanto mais notável se levarmos em conta o fato de que os Estados Unidos na época compreendiam apenas a orla leste, indo do Maine à Georgia.

Mesmo enquanto propunham essas teorias, os Fundadores eram homens sofisticados, que compreendiam a balança de poder europeia e a manipulavam em proveito do novo país. Uma aliança com a França foi firmada na guerra pela independência travada contra a Grã-Bretanha, sendo em seguida desfeita, na medida em que a França se lançou na revolução, empreendendo uma cruzada europeia na qual os Estados Unidos não tinham nenhum interesse direto. Quando o presidente George Washington, em seu Discurso de Despedida em 1796 — proferido em meio às guerras revolucionárias francesas —, aconselhou os Estados Unidos a "se manterem afastados de alianças permanentes com qualquer parte do mundo exterior", optando, ao contrário, por "confiar firmemente em alianças temporárias, em função de emergências extraordinárias", ele estava emitindo não tanto um pronunciamento de índole moral como uma astuta avaliação sobre como explorar a vantagem comparativa da América: os Estados Unidos, uma jovem potência que se encontrava em segurança, protegida por oceanos, não tinha a necessidade ou os recursos para se envolver em controvérsias continentais a respeito da balança de poder. O país se uniu a alianças não para proteger um conceito de ordem internacional, mas simplesmente para atender a interesses nacionais estritamente definidos. Enquanto o equilíbrio europeu se sustentasse, a estratégia mais vantajosa para os Estados Unidos seria a de preservar sua liberdade de manobra e consolidar sua situação interna — uma linha de conduta que seria seguida de forma substancial por antigas colônias (como a Índia, por exemplo) depois de conquistar sua independência um século e meio mais tarde.

Essa estratégia prevaleceu por um século, após a última breve guerra com a Grã-Bretanha, em 1812, permitindo aos Estados Unidos realizarem o que a situação de nenhum outro país permitira conceber: eles se tornaram uma grande potência e uma nação de dimensões continentais por meio da mera acumulação de poder interno, com uma política externa focada quase inteiramente no objetivo negativo de manter a maior distância possível em relação aos acontecimentos além das suas fronteiras.

Os Estados Unidos logo se dispuseram a expandir essa máxima para o conjunto das Américas. Uma acomodação tácita com a Grã-Bretanha, a maior potência naval do mundo, permitiu que os Estados Unidos declarassem, com a Doutrina Monroe de 1823, que o hemisfério inteiro associado ao continente estava fora dos limites da colonização estrangeira. Isso décadas antes de contarem com o poder efetivo para fazer valer um pronunciamento tão ousado. Nos Estados Unidos, a Doutrina Monroe foi interpretada como uma extensão da Guerra da Independência, mantendo o Hemisfério Ocidental ao abrigo da operação do equilíbrio de poder europeu. Nenhum país latino-americano foi consultado a respeito (até mesmo porque poucos existiam naquela época). Quando os Estados Unidos praticavam o que fora dele se chamava de imperialismo, os americanos davam-lhe outro nome: "a realização de nosso destino manifesto de expandir o continente que nos foi concedido pela Providência para o livre desenvolvimento de nossos milhões que vêm se multiplicando ano a ano".[9] A aquisição de vastas áreas foi tratada como uma transação comercial na compra do Território da Louisiana da França e como uma inevitável consequência desse Destino Manifesto no caso do México. Foi só no fim do século XIX, na Guerra Hispano-Americana de 1898, que os Estados Unidos se engajaram num conflito declarado, no exterior, com outra grande potência.

Ao longo do século XIX, os Estados Unidos tiveram a sorte de poder enfrentar seus desafios um de cada vez e frequentemente até alcançar uma solução definitiva. O impulso rumo ao Pacífico e o estabelecimento de fronteiras favoráveis ao norte e ao sul; a vitória dos estados da União na Guerra Civil; a projeção de seu poder contra o Império Espanhol e a herança de muitas de suas possessões: cada um desses episódios teve lugar como uma fase discreta de atividade, depois da qual os americanos voltavam à sua tarefa de construir a prosperidade e aperfeiçoar a democracia. A experiência americana confirmou a suposição de que a paz era a condição natural da humanidade, e que ela era impedida apenas pela insensatez e ausência de boa vontade por parte de outros países. O estilo europeu de praticar política externa, com suas mudanças de alianças e manobras elásticas num espectro que vai da paz à hostilidade, parecia para a mentalidade americana um perverso distanciamento em relação ao bom senso. Segundo essa visão, todo o sistema de política externa e ordem internacional do Velho Mundo tinham nascido de caprichos despóticos ou de uma deturpada preferência cultural por cerimônias aristocráticas e maquinações secretas. Os Estados Unidos iriam abster-se de recorrer a essas práticas, negando ter interesses coloniais, fazendo questão de manter uma cautelosa distância do sistema internacional idealizado pelos europeus e se relacionando com os outros países com base nos interesses mútuos e num tratamento justo.

John Quincy Adams resumiu esses sentimentos em 1821 num tom que beirava a irritação com a determinação de outros países em optar por caminhos mais complicados e tortuosos:

> A América, na assembleia das nações, desde a sua admissão entre elas, tem invariavelmente, ainda que muitas vezes sem sucesso, estendido a elas a mão da amizade honesta, da liberdade em termos de igualdade, da reciprocidade generosa. Temos falado de maneira uniforme entre elas, ainda que muitas vezes para ouvidos desatentos ou desdenhosos, a linguagem da igualdade na liberdade, da igualdade na justiça e da igualdade nos direitos. No período de quase meio século, sem uma única exceção, temos respeitado a independência das outras nações enquanto reafirmávamos e mantínhamos a nossa. Nós nos abstivemos de intervir no que diz respeito aos outros, mesmo quando o conflito foi motivado por princípios com os quais simpatizávamos, e nos mantivemos nessa posição com todas as nossas forças.[10]

Como os Estados Unidos buscavam "não *domínio*, mas *liberdade*", deveriam evitar, argumentava Adams, o envolvimento em qualquer disputa do mundo europeu. Os Estados Unidos iriam conservar sua postura singularmente razoável e desinteressada, procurando promover a liberdade e a dignidade humanas ao oferecer — a distância — sua simpatia. A afirmação da universalidade dos princípios americanos vinha acompanhada da recusa de implementá-los fora do hemisfério ocidental (ou seja, americano): "[os Estados Unidos] não vão para além de suas fronteiras, à procura de monstros para destruir. Ela é aquela que proclama seus votos de boa sorte à liberdade e independência de todos. Ela só é a campeã e a defensora de si mesma".[11]

No Hemisfério Ocidental, esse tipo de moderação não tinha vez. Já em 1792, o pastor e geógrafo Jedidiah Morse argumentava que os Estados Unidos — cuja existência vinha sendo internacionalmente reconhecida há menos de uma década e cuja constituição tinha apenas quatro anos de idade — representavam o apogeu da história. O novo país, previu ele, acabaria por se expandir para o oeste, espalhando os princípios da liberdade através das Américas, e viria a se tornar o coroamento das realizações da civilização humana:

> Além disso, todos sabem que o império tem se deslocado do leste para o oeste.[12] Provavelmente o seu maior feito e de maiores consequências terá sido a América. [...] Não podemos deixar de antever o período, não muito distante, quando o IMPÉRIO AMERICANO abrangerá milhões de almas, a oeste do Mississippi.[13]

Enquanto isso, os Estados Unidos insistiam ardorosamente no fato de que o objetivo de seu esforço não era a expansão territorial no sentido tradicional, mas a disposição, amparada na vontade divina, de disseminar os princípios da liberdade. Em 1839, enquanto a Expedição de Exploração dos Estados Unidos fazia reconhecimento dos rincões mais remotos do hemisfério e do Pacífico Sul, a *United States Magazine and Democratic Review* publicou um artigo saudando os Estados Unidos como "a grande nação do futuro", desconectada e num plano superior de tudo que a precedera na história:

> Os fatos de o povo norte-americano ter sua origem derivada de muitas outras nações e de a Declaração de Independência Nacional ter sido inteiramente baseada no grande princípio da igualdade humana, demonstram por si só nossa posição desvinculada de todas as outras na-

ções; que temos, na verdade, vínculos tênues com a história passada de quaisquer delas, e muito menos com toda a antiguidade, suas glórias ou seus crimes. Ao contrário, nosso nascimento enquanto nação foi o começo de uma nova história.[14]

O sucesso dos Estados Unidos, previa o autor de modo confiante, serviria como uma resposta permanente a todas as outras formas de governo, apressando o advento de uma futura era democrática. Uma ampla e livre união, ungida da sanção divina e destacando-se acima de todos os outros estados, espalharia seus princípios pelo Hemisfério Ocidental — um poder destinado a se tornar maior em alcance e em seu propósito moral do que qualquer empreendimento humano anterior:

> Somos a nação do progresso humano, e quem irá — o que seria capaz — impor limites à nossa marcha adiante? A Providência está do nosso lado e nenhuma força terrena poderia fazer isso.

Os Estados Unidos, portanto, não eram apenas um país, mas o mecanismo de um plano de Deus e a própria síntese da ordem mundial.

Em 1845, quando a expansão americana rumo ao Oeste levou o país a se envolver numa disputa com a Grã-Bretanha em torno do Território do Oregon e com o México, em relação à República do Texas (que havia se separado do México e proclamado sua intenção de se unir aos Estados Unidos), a revista concluía que a anexação do Texas era uma medida defensiva contra os inimigos da liberdade. O autor raciocinava que "a Califórnia provavelmente acabaria sendo a próxima a se separar do México" e possivelmente haveria em seguida um avanço americano na direção do Canadá. A força continental dos Estados Unidos, ele avaliava, acabaria, simplesmente pelo seu peso, por tornar a balança de poder europeia insignificante. Na realidade, o autor do artigo da *Democratic Review* antevia o dia em que, dali a cem anos — ou seja, 1945 — os Estados Unidos sobrepujariam mesmo uma Europa unificada e hostil:

> Ainda que pusessem no outro prato da balança todas as baionetas e os canhões, não apenas da França e da Inglaterra, mas da Europa inteira, como conseguiriam fazer pender o prato da balança contra o simples

e sólido peso de 250 ou 300 milhões — e milhões americanos — destinados a se reunir sob a bandeira tremulante de seu país, com suas listas e estrelas, no ano do Senhor de 1945![15]

Foi isso, de fato, o que ocorreu (exceto pela menção à fronteira com o Canadá, demarcada pacificamente, e ao fato de que a Inglaterra não integrou uma Europa hostil em 1945, sendo, ao contrário, um aliado). Bombástica e profética, a visão dos Estados Unidos transcendendo e contrabalançando as duras doutrinas do Velho Mundo acabaria por inspirar uma nação — frequentemente enquanto seguia em grande medida ignorada em outras partes ou provocando consternação — e dar uma nova forma ao curso da história.

Enquanto os Estados Unidos viviam a experiência de uma guerra total — não presenciada na Europa durante meio século — com a Guerra Civil, na qual havia tanto a perder que ambos os lados, o Norte e o Sul, romperam o princípio do isolamento hemisférico para envolver especialmente a França e a Grã-Bretanha em seus esforços de guerra, os americanos interpretaram seu conflito como um acontecimento singular, de um significado moral transcendente.[16] Refletindo a visão desse conflito como um esforço terminal, a concretização da "última esperança para a terra", os Estados Unidos construíram o que era, de longe, o maior e mais formidável exército do mundo, empregando-o para deflagrar uma guerra total e então, cerca de um ano e meio depois do fim da guerra, o país praticamente desmobilizou a força inteira, reduzindo seus efetivos de mais de um milhão para cerca de 65 mil homens.[17] Em 1890, o exército americano ocupava a 14ª posição no mundo, depois daquele da Bulgária, e a Marinha americana era menor do que a da Itália, um país com um terço da força industrial americana da época.[18] Ainda em 1885, o presidente Grover Cleveland descrevia a política externa americana em termos de neutralidade distanciada e como completamente diferente das políticas de interesse próprio, empreendidas por Estados mais antigos e menos esclarecidos. Ele rejeitava

qualquer desvio dessa política externa recomendada pela história, tradições e prosperidade de nossa República. É a política da independência, favorecida por nossa posição e defendida por nosso amor à justiça e por nosso poder. É a política da neutralidade, rejeitando qualquer participação em desentendimentos no exterior e de ambições voltadas para outros continentes, repelindo, ao mesmo tempo, sua intrusão aqui.[19]

Uma década mais tarde, quando o papel mundial dos Estados Unidos já tinha se expandido, o tom havia se tornado mais insistente e considerações sobre poder pressagiavam implicações mais graves. Numa disputa de fronteira em 1895 entre a Venezuela e a Guiana Britânica, o secretário de Estado Richard Olney advertiu a Grã-Bretanha — na época ainda considerada a primeira potência mundial — a respeito da desigualdade da força militar no Hemisfério Ocidental: "Hoje os Estados Unidos são praticamente soberanos no continente, e a sua vontade é a lei."[20] "Os infinitos recursos [dos Estados Unidos] combinados à sua situação de isolamento a tornam senhora da situação e praticamente invulnerável contra esta ou qualquer outra potência."

Os Estados Unidos eram agora uma grande potência, não mais uma república juvenil relegada ao segundo plano do cenário mundial. A política americana deixara de se limitar à neutralidade; ela se sentia obrigada a traduzir sua relevância moral universal há muito proclamada num papel geopolítico de maior alcance. Quando, mais tarde, naquele ano, os súditos coloniais do Império Espanhol em Cuba se levantaram numa revolta, uma relutância em ver uma rebelião anti-imperial esmagada na sua porta se confundia com a convicção de que havia chegado o momento de os Estados Unidos demonstrarem sua capacidade e vontade de agir como uma grande potência, numa época em que a importância das nações europeias era em parte aquilatada pela extensão de seus domínios além-mar. Quando o navio de guerra USS *Maine* explodiu no porto de Havana em 1898 em circunstâncias não explicadas, um forte apelo popular em favor de uma intervenção militar levou o presidente McKinley a declarar guerra à Espanha, o primeiro envolvimento militar dos Estados Unidos com outra grande potência de além-mar.

Poucos americanos imaginariam até que ponto a ordem mundial seria diferente após essa "pequena esplêndida guerra", como John Hay, então embaixador americano em Londres, descreveu-a em carta a Theodore Roosevelt, àquela altura uma estrela política em ascensão na cidade de Nova York. Depois de apenas três meses e meio de conflito militar, os Estados Unidos tinham expulsado o Império Espanhol do Caribe, ocupado Cuba e anexado Porto Rico, Havaí, Guam e Filipinas. O presidente McKinley, ao justificar o empreendimento, limitou-se ao que julgava serem os fatos. Sem nenhum vestígio de dúvida a respeito das próprias motivações, ele apresentou a guerra que havia estabelecido os Estados Unidos como uma grande potência em dois oceanos como uma missão singularmente desinteressada. "A bandeira americana não foi plantada em solo estrangeiro para que adquiríssemos mais territórios — explicou ele numa afirmação emoldurada pelo cartaz de sua reeleição de 1900 —, mas em nome da humanidade."

A Guerra Hispano-Americana marcou o ingresso dos Estados Unidos na política das grandes potências e nas disputas pelas quais, durante tanto tempo, demonstrara desprezo. A presença americana era intercontinental em sua extensão, se estendendo do Caribe às águas marítimas do Sudeste da Ásia. Em virtude do seu tamanho, de sua localização e de seus recursos, os Estados Unidos figurariam entre os atores de maior relevância no plano global. Suas ações passariam agora a ser estudadas, testadas e, ocasionalmente, a ser objeto de resistência por parte das potências mais tradicionais que já se acotovelavam na disputa por territórios e rotas marítimas nas quais os interesses americanos agora se projetavam.

Theodore Roosevelt: os Estados Unidos como potência mundial

O primeiro presidente a se ocupar sistematicamente com as implicações do papel mundial desempenhado pelos Estados Unidos foi Theodore Roosevelt, que chegou à presidência em 1901 — depois de uma ascensão política notavelmente rápida, culminando na vice-presidência — ao suceder McKinley quando este foi assassinado. Determinado, ferozmente ambicioso, homem de boa formação e muitas leituras, um cosmopolita brilhante que cultivava a postura de um trabalhador de fazenda, de uma sutileza muito maior do que supunham seus contemporâneos, Roosevelt acreditava que os Estados Unidos tinham o potencial para se tornar a maior das potências — o país fora chamado, graças à sua herança fortuita, tanto política como geográfica e cultural, a desempenhar um papel essencial no mundo. Ele buscava um conceito de política externa que, algo sem precedentes para os Estados Unidos, fosse baseado numa grande medida em considerações exclusivamente geopolíticas. De acordo com elas, à medida que o século xx avançasse, os Estados Unidos passariam a desempenhar uma versão global do papel que coubera à Grã-Bretanha na Europa no século xix: manter a paz ao garantir um ponto de equilíbrio, pairando ao largo da costa da Eurásia, e fazendo com que a balança pendesse contra qualquer força que ameaçasse dominar uma região estratégica. Como ele declarou em 1905 em seu discurso de posse:

> A nós, enquanto povo, foi concedida a possibilidade de lançar a pedra fundamental da nossa vida nacional em um novo continente. [...] Muito nos foi dado, e muito é esperado — com razão — da nossa parte. Temos deveres para com os outros e deveres para com nós mesmos; e não podemos nos esquivar a nenhum deles. Nós nos tornamos uma grande nação, forçados pela realidade de nossa grandeza a travarmos relações com outras nações da terra, e precisamos nos comportar de modo condizente com um povo que tem tamanhas responsabilidades.[21]

Educado em parte na Europa e detendo muitos conhecimentos a respeito da história do continente (escreveu um relato definitivo do aspecto naval da guerra de 1812 quando tinha pouco mais de 20 anos), Roosevelt mantinha relações cordiais com as elites de notáveis do "Velho Mundo" e era versado nos princípios tradicionais de estratégia, inclusive o da balança de poder. Roosevelt compartilhava da visão de seus compatriotas em relação ao caráter singular dos Estados Unidos. Contudo, estava convencido de que, para realizar sua vocação, os Estados Unidos deveriam entrar num mundo no qual o poder, e não apenas princípios, pesava na hora de determinar o curso dos acontecimentos.

Na visão de Roosevelt, o sistema internacional se encontrava em movimento constante. Ambição, interesse próprio e guerra não eram simplesmente os frutos de concepções equivocadas, das quais os americanos poderiam fazer com que os governantes tradicionais abrissem mão; eles compunham uma condição humana natural, que exigia um decisivo envolvimento americano nos assuntos internacionais. A sociedade internacional era como um assentamento de colonos na fronteira, sem uma efetiva força policial:

> Em comunidades novas e selvagens, onde impera a violência, um homem honesto pode proteger a si mesmo; e até que sejam concebidos outros meios para garantir sua segurança, seria a um só tempo algo tolo e perverso persuadi-lo a entregar suas armas enquanto os homens que são perigosos para a comunidade conservam as deles.[22]

Essa análise essencialmente hobbesiana, anunciada justamente, entre todas as ocasiões imagináveis, numa conferência de entrega do Prêmio Nobel da Paz, marcou o abandono, pelos Estados Unidos, da asserção de que neutralidade e intenções pacíficas eram meios adequados para servir à paz. Para Roosevelt, se uma nação fosse incapaz ou não estivesse disposta a defender seus próprios interesses, não poderia esperar que outros os respeitassem.

Como era de se esperar, Roosevelt se mostrava impaciente com muitas das noções que dominavam as reflexões americanas sobre política externa. A recente expansão do direito internacional só poderia vir a ser eficaz se apoiada pela força, ele concluiu, e o desarmamento, tema cada vez mais discutido no cenário internacional, era uma ilusão:

> Como não há indício algum de que seja iminente a criação de algum tipo de força internacional [...] que possa efetivamente se contrapor a algum ato ilícito, e que nessas circunstâncias seria ao mesmo tempo uma tolice e uma perversidade se uma nação grande e forte se privasse do poder de proteger seus próprios direitos e até mesmo, em casos excepcionais, de levantar-se para defender os direitos de outros. Nada promoveria mais iniquidades [...] para os povos livres e esclarecidos [...] do que deliberadamente se entregar, indefesos, deixando armadas todas as formas de despotismo e barbarismo.[23]

Sociedades liberais, acreditava Roosevelt, tendem a subestimar os elementos de antagonismo e luta nos assuntos internacionais. Assumindo um conceito darwiniano de sobrevivência dos mais capazes, Roosevelt escreveu ao diplomata britânico Cecil Spring Rice:

> É [...] um fato melancólico que países que são mais humanitários, que mais se mostram interessados no aperfeiçoamento interno, tendem a se tornar mais fracos quando comparados a outros países que são guiados por uma ideia menos altruísta de civilização. [...][24]
>
> Sinto repugnância e desprezo pelo pseudo-humanitarismo que trata o progresso da civilização como algo que, necessariamente e felizmente, implique um enfraquecimento do espírito de luta e o qual, portanto, vem a ser um convite à destruição de uma civilização avançada por outra, de tipo menos avançado.

Se os Estados Unidos desmentiam ter interesses estratégicos, isso só significava que potências mais agressivas acabariam por dominar o mundo, terminando, afinal, por minar os fundamentos da prosperidade americana. Por esse motivo, "precisamos de uma grande Marinha, composta não apenas de meros cruzadores, mas contando também com poderosos navios de guerra, capazes de fazer frente aos de qualquer outra nação", assim como uma manifesta disposição para usá-los.[25]

Na visão de Roosevelt, a política externa era a arte de adaptar a política americana ao equilíbrio de poder global, de modo discreto e resoluto, fazendo com que os acontecimentos se inclinassem na direção do interesse nacional. Ele via os Estados Unidos como um país economicamente vibrante, o único a não enfrentar concorrentes no plano regional, e claramente como uma potência tanto no âmbito do Atlântico como no do Pacífico — ocupando uma posição única para "se aproveitar das vantagens que nos darão condições de influir nos destinos dos oceanos a leste e a oeste".[26] Protegendo o Hemisfério Ocidental de poderes externos e intervindo para preservar um equilíbrio de forças em todas as outras posições estratégicas, os Estados Unidos acabarão por emergir como o guardião decisivo do equilíbrio global e, por meio dele, da paz internacional.

Essa era uma visão incrivelmente ambiciosa para um país que até então via no isolacionismo a sua característica definidora e que tinha concebido sua marinha prioritariamente como um instrumento de defesa da sua costa.[27] Porém, recorrendo a um notável desempenho na área da política externa, Roosevelt conseguiu — pelo menos temporariamente — redefinir o papel dos Estados Unidos. Nas Américas, ele foi além da conhecida oposição à intervenção estrangeira cristalizada na Doutrina Monroe. Em nome dos Estados Unidos prometeu não apenas repelir propósitos coloniais estrangeiros no Hemisfério Ocidental — ameaçando pessoalmente com o recurso à guerra para impedir uma iminente ação abusiva da Alemanha contra a Venezuela —, como também, na realidade, se antecipar a qualquer movimento nesse sentido. Desse modo ele proclamou o "Corolário Roosevelt" acrescentado à Doutrina Monroe, afirmando que os Estados Unidos teriam o direito de interferir de maneira preventiva nos assuntos domésticos das outras nações do Hemisfério Ocidental para corrigir casos flagrantes de "maldade ou impotência".[28] Roosevelt descreveu dessa forma esse princípio:

> Tudo o que esse país deseja é ver seus vizinhos num ambiente de estabilidade, ordem e prosperidade. Qualquer país cujo povo se conduza bem pode contar com nossa calorosa amizade. Se uma nação demonstrar que sabe agir com razoável eficiência em relação a questões sociais ou políticas, se mantiver a ordem e cumprir suas obrigações, não tem por que temer uma interferência da parte dos Estados Unidos. Maldade crônica ou a inoperância que resulta num afrouxamento geral dos vínculos que caracterizam qualquer sociedade civilizada podem exigir em última instância, nos Estados Unidos, assim como em qualquer outro lugar, a intervenção por parte de alguma nação civilizada, e no Hemisfério Ocidental a adesão dos Estados Unidos à Doutrina Monroe pode forçar os Estados Unidos, ainda que com relutância, em casos flagrantes de atos ilícitos ou inoperância, a exercer o poder de polícia internacional.[29]

Como no caso da Doutrina Monroe original, nenhum país latino-americano foi consultado. O corolário também resultava num guarda-chuva da segurança americana para o Hemisfério Ocidental. A partir de então, nenhuma potência de fora poderia recorrer à força para corrigir possíveis agravos contra seus interesses ocorridos nas Américas; seria obrigado a operar em conjunto com os Estados Unidos, que tinham chamado a si a tarefa de manter a ordem.

Para sustentar esse conceito ambicioso, os Estados Unidos contavam com o novo canal do Panamá, que permitia à Marinha americana passar do Atlântico para o Pacífico sem as longas circum-navegações em torno do cabo Horn na extremidade da América do Sul.[30] Tendo sua construção iniciada em 1904 com tecnologia de engenharia e recursos financeiros americanos em território tomado da Colômbia por meio de uma revolta local apoiada pelos Estados Unidos, e controlada por um contrato de arrendamento de longo prazo sobre a Zona do Canal, o canal do Panamá, aberto oficialmente em 1914, estava destinado a estimular o comércio e, simultaneamente, proporcionar aos Estados Unidos uma vantagem decisiva em qualquer conflito militar na região. (Também serviria para impedir qualquer marinha estrangeira de usar uma rota similar sem a permissão dos Estados Unidos.) A segurança hemisférica viria a ser a pedra de toque de um papel mundial exercido pelos Estados Unidos baseado numa assertiva vigorosa do interesse nacional americano.

Enquanto prevalecesse o poder naval da Grã-Bretanha, o equilíbrio da Europa estaria assegurado. Durante o conflito russo-japonês de 1904-5, Roosevelt demonstrou como ele aplicaria esse conceito de diplomacia ao equilíbrio asiático e, se necessário, no plano global. Para Roosevelt, o que estava em jogo era o equilíbrio de poder no Pacífico, não os defeitos da autocracia da Rússia tsarista (ainda que não nutrisse nenhuma ilusão a respeito deles). Porque o avanço inexorável da Rússia em direção ao Oriente, passando pela Manchúria e pela Coreia — e sendo aquele um país que, nas palavras de Roosevelt, "praticava uma política de oposição sistemática em relação a nós no Oriente, e de uma falsidade literalmente imensurável" —, era antagônico aos interesses americanos, Roosevelt a princípio viu com bons olhos as vitórias militares japonesas.[31] Ele descreveu a destruição total da frota russa, que dera a volta ao mundo para ser extinta na Batalha de Tsushima, como o fato de o Japão estar "jogando a nosso favor". Porém, como a dimensão das vitórias do Japão ameaçava dominar o conjunto das posições russas na Ásia, Roosevelt começou a ter suas dúvidas. Ainda que admirasse a modernização empreendida pelo Japão — e talvez por causa disso —, ele começou a ver um Império Japonês expansionista como uma ameaça em potencial à posição americana no Sudeste Asiático e concluiu que em algum momento os japoneses poderiam "fazer reivindicações relacionadas às ilhas do Havaí".[32]

Roosevelt, ainda que essencialmente partidário da Rússia, empreendeu uma mediação de um conflito na distante Ásia enfatizando o papel dos Estados Unidos enquanto potência asiática. O Tratado de Portsmouth, em 1905, foi uma expressão por excelência da diplomacia de balança de poder exercida por Roosevelt. Limitou a expansão japonesa, evitou um colapso russo e obteve um resultado no qual a Rússia, conforme ele descreveu, "deveria ser deixada face a face com o Japão, de modo que um exerça um efeito moderador em relação ao outro".[33] Por sua mediação, Roosevelt recebeu o Prêmio Nobel da Paz, sendo o primeiro americano a merecer essa distinção.

Roosevelt encarou essa realização não como o ato de um guia conduzindo a uma condição estática de paz, mas como o *início* de um papel americano na administração do equilíbrio na região da Ásia-Pacífico. Quando Roosevelt começou a receber informações da inteligência americana contendo indícios ameaçadores por parte do "partido da guerra" no Japão, ele decidiu encontrar um meio de manifestar diante daquele país a determinação dos Estados Unidos, mas recorrendo a uma fina sutileza. Despachou 16 navios de guerra pintados de branco para simbolizar o caráter pacífico de sua missão — batizada de A Grande Frota Branca — num "cruzeiro teste ao redor do mundo", fazendo visitas cordiais em portos estrangeiros e apresentando um lembrete de que os Estados Unidos poderiam agora deslocar um poder naval esmagador para qualquer região do mundo.[34] Como escreveu a seu filho, a demonstração de força era destinada a lançar uma advertência à facção agressiva do Japão, obtendo assim a paz por meio da força: "Não acredito que haverá uma guerra com o Japão, mas estou efetivamente convencido de que existe possibilidade suficiente de ocorrer uma guerra para que nos asseguremos contra essa eventualidade construindo uma marinha grande o bastante para eliminar qualquer esperança de sucesso por parte do Japão."[35]

O Japão, ao mesmo tempo que recebia uma demonstração eloquente do poder naval americano, era tratado com a mais absoluta cortesia. Roosevelt advertiu o almirante que chefiava a frota de que não deveria ultrapassar os limites, de modo que pudesse ofender as sensibilidades do país a quem estava procurando dissuadir:

Gostaria de lhe recomendar, o que suponho ser desnecessário, que se assegure de que nenhum dos nossos homens faça nada inconveniente enquanto estiver no Japão. Se der autorização para sair em terra, seja em Tóquio ou em qualquer outro lugar, escolha cuidadosamente aqueles em que confia plenamente. Não deve dar margem a acusações de insolência ou comportamentos grosseiros da nossa parte. [...] Com exceção da perda de um dos navios, preferia que fôssemos insultados a que viéssemos a insultar alguém nessas circunstâncias peculiares.[36]

Os Estados Unidos iriam, nas palavras da máxima favorita de Roosevelt, "falar manso e carregar um enorme porrete".

No Atlântico, os receios de Roosevelt eram basicamente provocados pelo crescente poder e ambições da Alemanha, particularmente com relação ao grande programa de construção naval daquele país. Se o domínio britânico nos mares viesse a ser perturbado, também ficaria abalada a capacidade de a Grã-Bretanha conservar o equilíbrio europeu. Ele viu a Alemanha gradualmente se sobrepondo à força com que seus vizinhos procuravam contrabalançar seu poder. Quando a Primeira Guerra foi deflagrada, Roosevelt, já fora do poder, conclamou os Estados Unidos a aumentar seus gastos militares e a entrar no conflito do lado da Tríplice Aliança — Grã-Bretanha, França e Rússia — antes que a ameaça se espalhasse para o Hemisfério Ocidental. Como escreveu em 1914 a um americano que simpatizava com os alemães:

Você não acha que, caso a Alemanha ganhasse essa guerra, esmagasse a frota inglesa e destruísse o Império Britânico, dentro de um ou dois anos ela insistiria em assumir uma posição dominante na América do Sul? Eu acredito que sim. Na verdade, tenho certeza disso. Pois os alemães com quem tenho falado aceitavam esse ponto de vista com uma franqueza que beirava o cinismo.[37]

Era por meio das ambições antagônicas das grandes potências, acreditava Roosevelt, que a natureza da ordem mundial viria em última instância a ser decidida. Os valores humanos teriam mais chances de ser preservados pelo sucesso geopolítico dos países liberais ao buscarem realizar seus interesses e manter a credibilidade de suas ameaças. Onde viessem a prevalecer na disputa pela competição internacional, a civilização viria a se espalhar e se fortalecer, produzindo efeitos benéficos.[38]

De um modo geral, Roosevelt costumava adotar uma visão cética em relação a apelos dirigidos à boa vontade internacional. Ele afirmava que não produzia nenhum efeito positivo, e muitas vezes era nocivo à América a tendência a fazer solenes declarações de princípio se o país não estava em condições de implementar aquela política diante de uma oposição determinada. "Nossas palavras precisam ser julgadas pelos nossos atos."[39] Quando o industrialista Andrew Carnegie exortou Roosevelt a comprometer os Estados Unidos de modo mais efetivo com a noção de desarmamento e dos direitos humanos internacionais, Roosevelt retrucou, fazendo alusão a alguns princípios que Kautilya teria aprovado:

> Devemos sempre nos lembrar de que seria um gesto fatal para os grandes povos livres se reduzirem à impotência e deixar que os despotismos e barbarismos permanecessem armados. Seria seguro deixar que isso acontecesse se existisse algum tipo de polícia internacional; porém atualmente não existe tal sistema. [...] A única coisa que não farei é blefar quando não estiver em condições de fazer valer minha vontade; vociferar e ameaçar para depois deixar de agir se minhas palavras precisarem ser apoiadas pela ação.[40]

Se Roosevelt tivesse sido sucedido por um discípulo — ou talvez se tivesse ganho a eleição de 1912 —, ele poderia ter introduzido os Estados Unidos no sistema vestfaliano da ordem mundial ou numa adaptação dele. No decorrer dos acontecimentos, o país teria quase certamente tentado antecipar o fim da Primeira Guerra Mundial, num desfecho compatível com o equilíbrio de poder europeu — seguindo as linhas básicas do Tratado Russo-Japonês — que deixasse a Alemanha derrotada, mas com uma dívida em relação ao comedimento demonstrado pelos Estados Unidos e cercada por uma força grande o suficiente para dissuadi-la de futuras aventuras. Um desfecho como esse, antes que o derramamento de sangue assumisse dimensões niilísticas, teria mudado o curso da história e evitado a devastação da cultura e da autoconfiança política europeias.

Ocorre que Roosevelt morreu na condição de respeitado estadista e conservacionista,* porém sem dar origem a nenhuma escola de pensamento de política externa. Ele não teve nenhum grande discípulo, nem entre o público, nem entre seus sucessores na presidência. E Roosevelt não venceu a eleição de 1912 porque dividiu o voto conservador com William Howard Taft, que ocupava então a presidência.

Era, provavelmente, inevitável que a tentativa de Roosevelt de preservar seu legado concorrendo a um terceiro mandato acabaria por destruir qualquer chance que tivesse a esse respeito. Tradição é importante porque não é dado às sociedades avançar ao longo da história como se não tivessem um passado e como se todas as opções de ação estivessem ao seu dispor. Elas podem se desviar da trajetória anterior apenas dentro de uma margem finita. Os grandes estadistas atuam no limite máximo dessa margem. Se permanecem aquém disso, a sociedade fica estagnada. Se ultrapassam aquele limite, perdem a capacidade de moldar a posteridade. Theodore Roosevelt estava operando na margem absoluta das possibilidades de sua sociedade. Sem ele, a política externa americana voltou à visão da cidade brilhante no alto da colina — sem participar de um equilíbrio geopolítico, muito menos dominar. Contudo, os Estados Unidos, paradoxalmente, cumpriram o papel de liderança que Roosevelt tinha imaginado para ela, e ainda enquanto estava vivo. Fez isso, entretanto, em nome de princípios dos quais Roosevelt ridicularizava e tendo como guia um presidente que Roosevelt desprezava.

Woodrow Wilson: os Estados Unidos como consciência do mundo

Ao emergir vitorioso das eleições de 1912 com apenas 42% do voto popular e só dois anos depois de ter feito a transição do mundo acadêmico para a política nacional, Woodrow Wilson transformou a visão que os Estados Unidos tinham elaborado, em grande medida para seu consumo interno,

---

* Theodore Roosevelt, quando presidente, criou os cinco primeiros parques nacionais americanos, além de inúmeras reservas naturais, somando um total de quase 230 milhões de acres de terra. (N.T.)

num programa operacional passível de ser aplicado ao mundo inteiro. O mundo se sentiu às vezes inspirado, ocasionalmente perplexo, porém sempre impelido a lhe dar atenção, tanto pela força dos Estados Unidos quanto pelo alcance de sua visão.

Quando os Estados Unidos entraram na Primeira Guerra Mundial, um conflito que deu início a um processo que acabaria por destruir o sistema de Estados europeu, não tomaram essa decisão com base na visão geopolítica de Roosevelt, mas sob uma bandeira de universalismo moral, ausente da Europa desde as guerras religiosas ocorridas três séculos antes. Esse novo princípio declarado pelo presidente americano buscava universalizar um sistema de governo que existia apenas nos países do Atlântico Norte e, na forma anunciada por Wilson, só nos Estados Unidos. Imbuído do sentido histórico de missão moral que caracterizava o país, Wilson proclamou que seu país tinha interferido não para restaurar o equilíbrio de poder europeu, mas para "tornar o mundo seguro para a democracia" — em outras palavras, basear a ordem mundial na compatibilidade com instituições internas que refletissem o exemplo norte-americano. Ainda que esse conceito contrariasse a sua tradição, os líderes europeus o aceitaram como o preço da entrada dos Estados Unidos na guerra.

Lançando sua visão da paz, Wilson denunciou a balança de poder, justamente o mecanismo por cuja preservação os seus novos aliados tinham originalmente entrado na guerra. Ele rejeitou os métodos diplomáticos estabelecidos (difamados como "diplomacia secreta"), considerando-os como uma das causas que mais contribuíram para o conflito. Em seu lugar ele apresentou, numa série de discursos visionários, um novo conceito de paz internacional baseado numa combinação de premissas tradicionais americanas e uma nova insistência em empurrá-los rumo a uma implementação global e definitiva. Esse tem sido desde então, com pequenas variações, o programa americano para a ordem mundial.

A exemplo de muitos líderes antes dele, Wilson afirmou que uma licença divina tinha feito dos Estados Unidos um tipo diferente de nação. "Foi como se", disse Wilson a uma turma de formandos da academia militar de West Point, em 1916, "na Providência Divina um continente tivesse sido mantido intocado e à espera de um povo pacífico que amasse a liberdade e os direitos do homem mais do que qualquer outra coisa, que viesse e criasse uma comunidade com base nesse ideal altruísta".[41]

Quase todos os antecessores de Wilson na presidência teriam subscrito o compromisso com essa crença. Contudo, ele se distinguia dos demais ao afirmar que uma ordem internacional baseada nessa convicção poderia ser alcançada no período da vida de uma pessoa, até mesmo no de um único mandato na presidência. John Quincy Adams louvara o compromisso especial dos Estados Unidos em relação ao autogoverno e ao respeito às regras estabelecidas no plano internacional, mas tinha advertido seus compatriotas contra a tentativa de impor essas virtudes fora do Hemisfério Ocidental, entre potências que não demonstravam ter as mesmas inclinações. Wilson atuava com a convicção de que muito mais coisas estavam em jogo. A Grande Guerra, ele disse ao Congresso, seria "a guerra final e culminante pela liberdade humana".[42]

Quando Wilson fez seu juramento de posse, ele tinha como objetivo trabalhar para que os Estados Unidos permanecessem neutros nos assuntos internacionais, oferecendo seus serviços no papel de mediador desinteressado e promovendo um sistema de arbitragem internacional destinado a evitar a guerra. Ao assumir a presidência em 1913, Woodrow Wilson havia lançado uma "nova diplomacia", autorizando seu secretário de Estado, William Jennings Bryan, a negociar uma série de tratados de arbitragem internacional. Os esforços de Bryan levaram à produção de cerca de trinta tratados desse tipo em 1913 e 1914. De um modo geral, eles determinavam que qualquer disputa que se revelasse insolúvel deveria ser submetida a uma comissão isenta para que fosse investigada; não haveria recurso às armas até que uma recomendação fosse submetida às partes. Deveria, então, sobrevir um período "de resfriamento" no qual as tensões diminuiriam e soluções diplomáticas poderiam prevalecer sobre paixões nacionalistas.[43] Não há registro de que qualquer desses tratados tenha sido implementado a respeito de um tema concreto. Em julho de 1914, a Europa e grande parte do resto do mundo se encontravam em guerra.

Quando, em 1917, Wilson declarou que as graves afrontas cometidas por uma das partes, a Alemanha, tinham obrigado os Estados Unidos a entrarem na guerra "em associação" com os beligerantes do outro lado (Wilson recusou-se a considerar uma "aliança"), ele insistiu em dizer que os propósitos dos Estados Unidos não eram ditados por seus interesses, sendo de natureza universal:

> Não temos objetivos egoístas a atingir. Não aspiramos a nenhum tipo de conquista, nenhum tipo de domínio. Não buscamos indenizações para nós mesmos, nem recompensas materiais pelos sacrifícios que faremos por livre vontade. Somos apenas um dos campeões a lutar pelos direitos da humanidade.[44]

A premissa subentendida na grande estratégia de Wilson era a de que todos os povos do mundo eram motivados pelos mesmos valores que os Estados Unidos:

> Esses são princípios americanos, políticas americanas. Não poderíamos nos oferecer para defender nenhum outro. E são também os princípios e as políticas de todos os homens e mulheres que por toda parte estão voltados para o futuro, de todas as nações modernas, de toda comunidade esclarecida.[45]

Os conflitos eram causados pelas maquinações das autocracias, não por alguma contradição inerente a diferentes interesses ou aspirações nacionais. Se todos os fatos fossem trazidos à luz, abertamente, e fosse dada às opiniões públicas a chance de escolher, as pessoas comuns iriam optar pela paz — uma visão também defendida pelo filósofo iluminista Kant (descrito anteriormente) e pelos atuais defensores de uma internet aberta. Como disse Wilson ao Congresso em 1917, quando pediu a aprovação de uma declaração de guerra à Alemanha:

> Nações autogovernadas não enchem de espiões os Estados vizinhos, nem urdem intrigas para que a situação política atinja um ponto crítico que abrirá para eles a possibilidade de desferir um golpe e realizar uma conquista. Esses propósitos só podem ser articulados com sucesso sob o manto do sigilo, numa situação em que ninguém tem o direito de fazer perguntas. Planos ardilosos voltados ao logro e à agressão, às vezes de geração em geração, só podem ser organizados e conserva-

dos nas sombras no ambiente privado das cortes ou atrás das confidências cuidadosamente guardadas de uma classe restrita e privilegiada. Felizmente são impossíveis de serem promovidas numa atmosfera dominada pela opinião pública e na qual são pedidas informações plenas a respeito de todos os assuntos da nação.[46]

O aspecto procedimental da balança de poder, sua neutralidade em relação ao mérito moral das partes em disputa, era, portanto, não apenas imoral, como perigoso. A democracia não era apenas a melhor forma de governo; era também a única garantia de uma paz permanente. Desse modo, a intervenção americana tinha a intenção de não apenas frustrar os objetivos de guerra da Alemanha, explicou Wilson num discurso posterior, como também alterar o sistema de governo alemão. A meta não era prioritariamente estratégica, já que estratégia era uma expressão da prática de governo:

> O pior que pode acontecer ao povo alemão seria, uma vez terminada a guerra, eles ainda assim continuarem obrigados a viver sob o domínio de senhores ambiciosos e dados à intriga, interessados em perturbar a paz do mundo, homens ou classes de homens em quem os outros povos do mundo não poderiam confiar; poderia vir a ser impossível admiti-los numa parceria com as nações capazes de, daqui por diante, garantir a paz do mundo.[47]

Fiel a essa visão, quando a Alemanha declarou-se pronta a discutir um armistício, Wilson se recusou a negociar enquanto o cáiser não tivesse renunciado. A paz internacional exigia "a destruição de todo poder arbitrário onde quer que pudesse, separadamente, secretamente e numa iniciativa isolada, perturbar a paz no mundo; ou, caso no momento não possa ser destruído, pelo menos reduzido a virtual impotência".[48] Uma ordem internacional pacífica, baseada no império da lei, podia ser alcançada, porém, como "não era possível confiar que nenhum governo autocrático se manteria nos seus limites ou observaria seus compromissos",[49] a paz exigia que fosse demonstrado à "autocracia a completa futilidade de suas aspirações ao poder e à liderança no mundo moderno".[50]

A disseminação da democracia, na visão de Wilson, seria uma consequência automática da implementação do princípio da autodeterminação. Desde o Congresso de Viena, as guerras tinham terminado com um acordo a respeito da restauração do equilíbrio de poder por meio de ajustes territoriais. O conceito de Wilson de ordem mundial exigia, em vez disso, "autodeterminação" — a concessão de um estado a cada nação, definida pela unidade étnica e linguística. Só pelo autogoverno, afirmou ele, poderiam os povos expressar seu desejo de estimular a harmonia internacional. E quando tivessem alcançado sua independência e unidade nacional, argumentou Wilson, não contariam mais com um incentivo para praticar políticas agressivas movidas por interesses egoístas. Estadistas que seguissem o princípio da autodeterminação "não ousariam... tentar firmar pactos baseados em compromissos egoístas do modo como foram introduzidos pelo Congresso de Viena", no qual representantes das elites das grandes potências tinham redesenhado os mapas em segredo, privilegiando o equilíbrio em detrimento das aspirações populares.[51] O mundo ingressaria então

> numa era... que rejeita padrões de egoísmo nacional que no passado governaram os conselhos das nações e exige que eles deem lugar a uma nova ordem de coisas na qual as únicas perguntas serão: "É correto?" "É justo?" "Isso atende ao interesse da humanidade?"[52]

Havia poucos indícios que comprovassem a premissa wilsoniana de que a opinião pública se mostrava mais afinada com o "interesse da humanidade" do que os estadistas tradicionais, tão denegridos por Wilson. Os países europeus que tinham entrado na guerra de 1914 eram todos munidos de instituições representativas com diferentes graus de influência. (O parlamento alemão tinha sido eleito por sufrágio universal.) Em todos os países a guerra foi saudada com entusiasmo universal, sem enfrentar uma oposição sequer simbólica em nenhum dos seus parlamentos. Depois da guerra, a opinião pública na França e na Inglaterra se pronunciou por uma paz punitiva, ignorando sua própria experiência histórica, que demonstrava ser impossível uma ordem europeia estável sem uma reconciliação final entre vitoriosos e derrotados. Existiam mais motivos para considerar o comedimento como uma característica dos aristocratas que negociaram no Congresso de

Viena, não fosse por outro motivo, pelo menos porque compartilhavam valores e experiências comuns. Era possível argumentar que líderes formados pela dinâmica da política interna, que implicava um equilíbrio entre uma variedade de grupos de pressão, mostravam estar mais afinados com os estados de espírito do momento ou com os imperativos da dignidade nacional do que com os princípios abstratos do bem-estar da humanidade.

O conceito de transcender a guerra pela concessão de um Estado a cada nação, em termos gerais uma noção admirável, encarava dificuldades análogas na prática. Ironicamente, o novo traçado do mapa da Europa com base no princípio da autodeterminação nacional baseada nas unidades linguísticas, numa grande medida devido à exigência de Wilson, fortaleceu as possibilidades geopolíticas da Alemanha. Antes da guerra, a Alemanha estava cercada por três grandes potências (França, Rússia e Áustria-Hungria), cerceando assim sua expansão territorial. Agora ela tinha diante de si uma coleção de pequenos Estados construídos sob o princípio da autodeterminação — apenas parcialmente implementada, porque na Europa Oriental e nos Bálcãs as nacionalidades estavam tão misturadas que cada novo Estado incluía outras nacionalidades, fazendo assim com que suas fraquezas estratégicas viessem se somar à vulnerabilidade ideológica. No flanco oriental das convulsionadas potências da Europa Central não se encontravam mais grandes massas — as quais, no Congresso de Viena, tinham sido consideradas vitais para conter o então agressor, a França —, mas, como constatou pesaroso o primeiro-ministro britânico, Lloyd George, "uma grande quantidade de pequenos Estados, muitos dos quais consistindo em povos que jamais estabeleceram um governo estável para si mesmos, cada um deles, no entanto, contendo grandes massas de alemães, clamando por se reunirem novamente à sua terra-mãe".[53]

A implementação da visão de Wilson seria promovida pela construção de novas instituições e práticas internacionais que possibilitassem soluções pacíficas de disputas. A Liga das Nações viria a substituir o concerto entre potências que existia anteriormente. Renunciando solenemente ao conceito tradicional de um equilíbrio entre interesses concorrentes, os membros da Liga implementariam "não um equilíbrio de poder, mas uma comunidade de poder; não rivalidades organizadas, mas uma paz comum organizada".[54] Era compreensível que, após uma guerra que tinha sido causada pelo confronto entre dois rígidos sistemas de alianças, estadistas viessem a buscar uma alternativa melhor. Porém a "comunidade de poder" da qual Wilson estava falando substituía a rigidez pela imprevisibilidade.

Aquilo a que Wilson se referia como comunidade de poder era um conceito novo que mais tarde ficaria conhecido como "segurança coletiva". Na política internacional tradicional, Estados com interesses afins ou temores semelhantes poderiam atribuir a si mesmos um papel especial na garantia da paz e formar uma aliança — como tinham feito, por exemplo, ao derrotar Napoleão. Arranjos como esses eram sempre projetados para lidar com ameaças estratégicas específicas, fossem explícitas ou implícitas: por exemplo, uma França revanchista após o Congresso de Viena. A Liga das Nações, ao contrário, seria fundada sobre um princípio moral, a oposição universal à agressão militar enquanto tal, seja qual fosse sua origem, seu alvo ou sua suposta justificativa. Era dirigida não contra um objeto específico, mas contra a violação de normas. Como a definição de formas se mostrou sujeita a interpretações divergentes, a operação da segurança coletiva, nesse sentido, é imprevisível.

Todos os Estados, pelo conceito da Liga das Nações, se comprometeriam com a solução pacífica de disputas e acatariam a implementação de forma isenta do conjunto de regras, determinando condutas consideradas justas.[55] Se os Estados viessem a divergir a respeito da sua visão dos seus direitos e deveres, eles submeteriam as demandas à arbitragem de uma comissão formada por partes que não tivessem interesses diretos no tema em questão. Se um país violasse esse princípio e usasse a força para exercer pressão de modo a atingir seus objetivos, seria rotulado como agressor. Integrantes da Liga então se uniriam para resistir à parte beligerante, responsável pela violação da paz comum. Nenhum tipo de aliança, "interesses separados", acordos secretos ou "tramas urdidas por pequenos círculos" seriam admitidos no interior da Liga, porque isso viria a obstruir a aplicação neutra das regras do sistema. A ordem internacional seria novamente fundada, ao contrário, com base em "pactos públicos de paz, negociados abertamente".[56]

A distinção feita por Wilson entre alianças e segurança coletiva — o elemento básico do sistema da Liga das Nações — tinha uma importância fundamental para os dilemas que desde então se apresentaram. Uma aliança surge como um acordo em torno de fatos ou expectativas específicas. Ela cria uma obrigação formal de agir de uma maneira determinada diante de uma eventualidade definida. Ela cria uma obrigação estratégica realizável de uma maneira previamente acordada. Nasce da consciência de interesses compartilhados, e quanto mais paralelos esses interesses se mostrarem, maior coesão ela irá proporcionar. A segurança coletiva, ao contrário, é uma construção legal que não está voltada para uma contingência específica. Não define obrigações particulares, exceto a ação conjunta de algum tipo quando forem violadas as regras da ordem internacional pacífica. Na prática, a ação deve ser negociada caso a caso.

Alianças nascem da consciência de um interesse comum definido que tenha sido previamente identificado. A segurança coletiva se declara oposta a qualquer conduta agressiva em qualquer parte no interior da jurisdição dos estados participantes, a qual, de acordo com a proposta da Liga das Nações, abrangia todos os Estados conhecidos. No caso de uma violação, tal sistema de segurança coletiva precisa definir seu propósito comum em relação àquele fato, com base nos seus diferentes interesses nacionais. No entanto, a ideia de que nessas situações os países irão identificar violações da paz de forma idêntica e estar preparados para agir de comum acordo para combatê-las é desmentida pela experiência da história. Dos dias de Wilson até o presente, na Liga das Nações ou na sua sucessora, as Nações Unidas, as ações militares que podem ser classificadas como segurança coletiva no sentido conceitual foram a Guerra da Coreia e a primeira Guerra do Iraque, e nos dois casos isso aconteceu porque os Estados Unidos deixaram claro que agiriam de forma unilateral se necessário (na realidade, nos dois casos já tinham começado a deslocar suas forças antes da decisão formal das Nações Unidas). Em vez de inspirar a decisão americana, as Nações Unidas decidiram ratificá-la.[57] O comprometimento com o apoio aos Estados Unidos foi mais um meio de adquirir influência sobre as ações americanas — já em curso — do que uma expressão de consenso moral.

O sistema de balança de poder entrou em colapso com a Primeira Guerra Mundial porque as alianças que a produziram não dispunham de nenhuma flexibilidade e eram indiscriminadamente aplicadas a questões periféricas, exacerbando dessa forma todos os conflitos. O sistema de segurança coletiva deu provas de um defeito oposto a esse quando confrontado com os passos iniciais que levaram à Segunda Guerra Mundial. A Liga das Nações ficou impotente diante do desmembramento da Tchecoslováquia, do ataque italiano à Abissínia, do desrespeito da Alemanha pelo Tratado de Locarno e da invasão da China pelo Japão. Sua definição de agressão era tão vaga, a relutância em empreender alguma ação comum era tão profunda, que a instituição se mostrou inoperante mesmo diante de flagrantes ameaças à paz. A segurança coletiva se revelou repetidamente ineficaz em situações que impunham sérias ameaças à paz e à segurança internacionais. (Por exemplo, durante a guerra no Oriente Médio em 1973, o Conselho de Segurança da ONU não se reuniu, por acordo tácito entre os membros permanentes, até que um cessar-fogo tivesse sido negociado entre Washington e Moscou.)

No entanto, o legado de Wilson influenciou de tal forma o pensamento americano que os líderes do país fundiram a noção de segurança coletiva com a de alianças. Ao explicar o recém-criado sistema da Aliança Atlântica depois da Segunda Guerra a um congresso desconfiado, porta-vozes do governo insistiram em descrever a aliança da OTAN como a mais pura implementação da doutrina de segurança coletiva. Eles submeteram uma análise ao Comitê de Relações Exteriores do Senado, ressaltando as diferenças entre alianças históricas e o tratado da OTAN, segundo a qual a nova entidade não estava preocupada com a defesa de território (o que era certamente uma novidade para os aliados europeus dos Estados Unidos).[58] Sua conclusão era a de que o Tratado do Atlântico Norte "não é dirigido contra ninguém; é dirigido apenas contra agressões. Não procura exercer influência alguma sobre uma 'balança de poder', mas sim fortalecer a 'balança de princípios'". (Podemos imaginar o brilho nos olhos do secretário de Estado Dean Acheson — um arguto estudioso de história, ele sabia da verdade — quando apresentou um tratado concebido para contornar a fraqueza da doutrina da segurança coletiva ao Congresso como uma medida para implementar essa mesma doutrina.)

Já afastado da política, Theodore Roosevelt lamentou as tentativas de Wilson no começo da Primeira Guerra de permanecer à parte enquanto o conflito se desenrolava na Europa. Então, já no fim da guerra, ele questionou as reivindicações feitas em nome da Liga das Nações. Depois que o armistício foi declarado em novembro de 1918, Roosevelt escreveu:

Sou favorável a uma Liga como essa, contanto que não tenhamos grandes expectativas em relação a ela. [...] Não pretendo fazer aqui o papel que até mesmo Esopo ironizou quando escreveu como os lobos e as ovelhas concordaram em se desarmar e como as ovelhas, como garantia de sua boa-fé, concordaram em mandar embora os cães pastores, e foram então imediatamente devoradas pelos lobos.[59]

O teste da doutrina wilsoniana nunca consistiu em saber se o mundo tem conseguido proteger a paz por meio de uma série de regras suficientemente detalhadas sobre a base mais ampla possível de signatários. A questão essencial tem sido saber o que fazer quando essas regras forem violadas ou, de modo ainda mais desafiador, quando forem manipuladas de forma a contrariar o espírito com que foram formuladas. Se a ordem internacional fosse um sistema legal funcionando diante do júri da opinião pública, o que aconteceria se um agressor optasse pelo conflito em torno de um assunto que as opiniões públicas domésticas julgassem obscuro demais para legitimar um envolvimento — por exemplo, uma disputa de fronteira entre as colônias italianas na África Oriental e um país independente, como o Império da Abissínia?[60] Se dois lados violassem a proibição ao uso da força e em resposta a esse fato a comunidade internacional cortasse o fornecimento de armas às duas partes, isso na maioria das vezes significaria permitir que a parte mais forte vencesse. Se uma parte se retirasse "legalmente" do mecanismo da ordem internacional pacífica e se declarasse não mais obrigada a seguir suas normas — como ocorreu com a eventual saída da Alemanha, do Japão e da Itália da Liga das Nações, do Tratado Naval de Washington de 1922 e do Pacto Kellogg-Briand de 1928, ou em nossa própria época, o desafio ao Tratado de Não Proliferação Nuclear pelos países proliferadores —, estariam as potências partidárias do *status quo* autorizadas a empregar a força para punir este desafio, ou deveriam tentar persuadir o país renegado a voltar a integrar o sistema? Ou simplesmente ignorar o desafio? E ao se optar por uma postura conciliatória, isso não representaria a concessão de um prêmio à atitude desafiadora? Acima de tudo, existiriam resultados "legais" aos quais a comunidade internacional deveria resistir porque violariam outros princípios de equilíbrio militar ou político — por exemplo, a "autodeterminação" retificada pelo voto popular da Áustria e das comunidades de língua alemã da República Tchecoslovaca para se fundirem com a Alemanha nazista em 1938, ou a criação artificial do supostamente independente Manchukuo ("Terra Manchu"), extraído do território do nordeste da China em 1932? Consistiam as regras e os princípios *em si mesmos* na ordem internacional, ou eram o arcabouço sobre uma estrutura geopolítica capaz de — na realidade, exigindo — uma administração mais sofisticada?

A "DIPLOMACIA ANTIGA" tinha procurado contrabalançar os interesses de Estados rivais e as paixões de nacionalismos antagônicos num equilíbrio entre forças em disputa. Nesse espírito, havia trazido a França de volta à ordem europeia depois da derrota de Napoleão, convidando-a a participar do Congresso de Viena ainda que tomando a precaução de cercá-la de grandes massas territoriais, capazes de refrear qualquer futura tentação expansionista. Para a nova diplomacia, que prometia reordenar os assuntos internacionais com bases não em princípios estratégicos, mas morais, não era admissível recorrer a cálculos desse tipo.

Isso deixava os estadistas de 1919 numa posição difícil. A Alemanha não foi convidada para a conferência de paz e, no tratado formulado ao fim do encontro, o país foi considerado o único agressor, fazendo recair sobre ela todo o fardo financeiro e moral do conflito. Para os países situados a leste da Alemanha, entretanto, os estadistas reunidos em Versalhes procuraram fazer um trabalho de mediação entre os diferentes povos que reivindicavam o direito à autodeterminação para os mesmos territórios. Isso colocou uma série de Estados fracos, etnicamente fragmentados, entre duas forças que tinham potencial para exercer o papel de grandes potências, a Alemanha e a Rússia. Em qualquer caso, havia um número grande demais de nações para tornar segura ou realista a perspectiva de conceder independência a todas elas; em vez disso, teve início um esforço, ainda que hesitante, para formalizar os direitos das minorias que ali viviam. A jovem União Soviética, também não representada em Versalhes, foi antagonizada, porém não destruída, por uma intervenção aliada no norte da Rússia, logo interrompida. Depois disso, a União Soviética permaneceu isolada. E como se não bastassem todas essas limitações, o Senado dos Estados Unidos rejeitou a adesão do país à Liga das Nações, para profundo desapontamento de Wilson.

Nos anos que se seguiram à presidência de Wilson, seus fracassos em geral foram atribuídos não a limitações da sua concepção de relações internacionais, mas a circunstâncias fortuitas — um congresso isolacionista (cujos receios Wilson não se esforçou para responder ou amenizar) ou o derrame de que foi vítima e que viria a enfraquecê-lo durante uma viagem pelo país para uma série de discursos em favor da Liga.

Por mais trágicos que, do ponto de vista humano, tenham sido esses acontecimentos, é preciso ser dito que o fracasso da visão de Wilson não se deveu à falta de comprometimento americano com o wilsonianismo. Os seus sucessores tentaram implementar seu programa visionário recorrendo a medidas complementares e essencialmente wilsonianas. Nas décadas de 1920 e 1930, os Estados Unidos e seus parceiros democráticos assumiram um compromisso importante com uma diplomacia baseada no desarmamento e na arbitragem pacífica. Na Conferência Naval de Washington de 1921-22, os Estados Unidos procuraram evitar uma corrida armamentista se oferecendo para se desfazer de trinta navios de guerra para que fosse estabelecido um limite proporcional entre as frotas americana, britânica, francesa, italiana e japonesa. Em 1928, Frank Kellogg, o secretário de Estado do presidente Calvin Coolidge, numa iniciativa pioneira, propôs o Pacto Kellogg-Briand, que pretendia declarar a guerra inteiramente ilegal enquanto "instrumento de política nacional"; os signatários, que incluíam a vasta maioria dos estados independentes do mundo, todos os beligerantes da Primeira Guerra, e todos os que viriam a integrar as forças do Eixo, se comprometiam a submeter à arbitragem, de modo pacífico, "todas as disputas ou conflitos de qualquer natureza ou de qualquer origem, que pudessem vir a surgir entre eles".[61] Nenhum elemento significativo dessas iniciativas chegou a sobreviver.

E, no entanto, Woodrow Wilson, cuja carreira parece ser tema mais de uma tragédia shakespeariana do que de um manual de política externa, havia tocado num ponto sensível da alma americana. Ainda que estivesse longe de ter sido o personagem mais geopoliticamente astuto ou diplomaticamente habilidoso da política externa americana do século xx, ele conquistou um lugar seguro nas pesquisas de opinião contemporâneas sobre quais teriam sido os "maiores" presidentes do país. A medida do triunfo intelectual de Wilson pode ser aferida pelo fato de que, mesmo Richard Nixon, cuja política externa encarnava de fato a maior parte dos princípios defendidos por Theodore Roosevelt, considerava a si mesmo um discípulo do internacionalismo de Wilson e mantinha no seu gabinete um retrato do presidente da época da Primeira Guerra.

Em última análise, a importância da contribuição de Wilson deve ser medida pelo modo como conseguiu revigorar a tradição que atribuía um papel excepcional à América escorado numa visão que sobreviveu a essas limitações. Ele tem sido reverenciado como um profeta a cuja visão os Estados Unidos se sentem obrigados a aspirar. Sempre que os Estados Unidos são postos à prova por uma crise ou um conflito — na Segunda Guerra, na Guerra Fria e nas convulsões do mundo islâmico contemporâneo —, de uma maneira ou outra elas têm se voltado para a visão formulada por Wilson de uma ordem mundial que assegura a paz por meio da democracia, da diplomacia aberta e do estímulo a regras e padrões que sejam compartilhados.

A principal característica dessa visão tem sido sua capacidade de pôr o idealismo americano a serviço de grandes realizações da política externa nas áreas de acordos de paz, direitos humanos e enfoques cooperativos para a solução de problemas, além de incutir no exercício do poder americano a esperança de um mundo melhor e mais pacífico. Não foi desprezível a influência que exerceu através do mundo no sentido de fomentar formas participativas de governo durante o século passado e pelos extraordinários otimismo e convicção propiciados pelos Estados Unidos por meio do seu envolvimento nos assuntos internacionais. A tragédia do wilsonianismo é que legou à potência mais importante do século xx uma doutrina de política externa de princípios elevados, porém desvinculada de um sentido de história ou geopolítica.

Franklin Roosevelt e a nova ordem mundial

Os princípios de Wilson eram tão disseminados, tão profundamente enraizados na autoimagem americana, que duas décadas mais tarde, quando a questão da ordem mundial veio novamente à tona, o fracasso do período entreguerras não impediu o seu retorno triunfal. Em meio a outra guerra mundial, os Estados Unidos voltaram-se novamente para o desafio de construir uma nova ordem mundial sobre princípios essencialmente wilsonianos.

Quando Franklin Delano Roosevelt (um primo de Theodore Roosevelt e, àquela altura, um presidente no meio de um inédito terceiro mandato) e Winston Churchill se encontraram pela primeira vez como líderes na costa da ilha canadense de Terra Nova, a bordo do navio de guerra britânico HMS *Prince of Wales* em agosto de 1941, eles expressaram o que descreveram como sua visão comum na Carta do Atlântico, compreendendo oito "princípios comuns" — todos eles compatíveis com a visão de Wilson, enquanto nenhum primeiro-ministro britânico anterior teria se sentido confortável endossando qualquer um deles. Estes incluíam "o direito de todos os povos escolherem a forma de governo sob a qual desejam viver"; o fim de anexações territoriais contra a vontade das populações locais; "liberdade do medo e da necessidade"; e um programa de desarmamento internacional que precederia por fim um "abandono do uso da força" e o "estabelecimento de um amplo e permanente sistema de segurança geral". Nem todos eles — especialmente aquele relativo à descolonização — teriam partido da iniciativa de Churchill, nem ele os teria aceitado se não considerasse esse gesto essencial para conquistar a parceria americana que vinha a ser a melhor, talvez a única, esperança de evitar a derrota.[62]

Roosevelt foi mesmo além de Wilson ao explicitar suas ideias a respeito dos fundamentos da paz internacional. Tendo vindo da academia, Wilson havia se proposto a construir uma ordem internacional sobre princípios essencialmente filosóficos. Tendo feito sua carreira nas águas turbulentas da política interna americana, Roosevelt apostava muito mais na capacidade de administrar indivíduos.

Desse modo Roosevelt expressou sua convicção de que a nova ordem internacional seria construída com base na confiança pessoal:

> O tipo de ordem mundial que nós, povos amantes da paz, devemos alcançar precisa depender essencialmente das relações humanas amistosas, do conhecimento pessoal, da tolerância, da sinceridade inatacável, da boa vontade e da boa-fé.[63]

Roosevelt voltou a esse tema no seu quarto discurso de posse, em 1945:

> Aprendemos a verdade simples, como disse Emerson, de que "a única maneira de ter um amigo é ser um". Não conseguiremos conquistar nenhuma paz duradoura se nos aproximarmos dela tomados por sentimentos de suspeita e desconfiança ou com medo.[64]

Quando Roosevelt lidou com Stálin durante a guerra, ele pôs em prática essas convicções. Confrontado com indícios de violações de promessas e hostilidade antiocidental por parte da União Soviética, Roosevelt teria assegurado ao ex-embaixador americano em Moscou, William C. Bullitt:

> Bill, não contesto seus fatos; eles estão corretos. Não contesto a lógica do seu raciocínio. Só tenho um palpite de que Stálin não é esse tipo de homem. [...] Penso que se der a ele tudo que me for possível dar e não lhe pedir nada em troca, ele, *noblesse oblige*, não tentará anexar nada e trabalhará por um mundo de democracia e paz.[65]

Durante o primeiro encontro dos dois líderes em Teerã numa reunião de cúpula em 1943, Roosevelt se conduziu de modo a se manter fiel aos seus pronunciamentos.[66] Ao chegar, o líder soviético advertiu Roosevelt de que a inteligência soviética tinha descoberto um complô nazista que punha em risco a segurança do presidente e lhe ofereceu a hospitalidade do complexo soviético, altamente fortificado, argumentando que a embaixada americana era menos segura e distante demais do local programado para o encontro. Roosevelt aceitou a oferta soviética e rejeitou o alojamento na embaixada britânica, mais próxima, para evitar a impressão de que os líderes anglo-saxões estavam em conluio para articular contra Stálin. Mais ainda, nas reuniões conjuntas com Stálin, Roosevelt — de maneira ostensiva — permitiu-se pequenas provocações dirigidas a Churchill e de um modo geral procurou criar a impressão de relativa divergência em relação ao líder britânico do período da guerra.

O desafio imediato era o de definir o conceito de paz. Que princípios serviriam de guia nas relações entre as potências mundiais? Qual seria a contribuição exigida dos Estados Unidos na concepção e na segurança oferecida a uma ordem internacional? Deveria a atitude em relação à União Soviética ser de conciliação ou confrontação? E se essas tarefas fossem levadas a cabo com sucesso, que tipo de mundo resultaria desse esforço? A paz consistiria num documento ou num processo?

O desafio geopolítico de 1945 era mais complexo do que qualquer outro já enfrentado por um presidente americano. Mesmo às voltas com a devastação causada pelo conflito, a União Soviética apresentava dois obstáculos para a construção de uma ordem internacional no pós-guerra. Suas dimensões e a amplitude de suas conquistas subvertiam o equilíbrio de poder na Europa. E seu ânimo ideológico punha em xeque a legitimidade de qualquer estrutura institucional ocidental: ao rejeitar todas as instituições existentes como formas de uma exploração ilegítima, o comunismo havia clamado por uma revolução mundial voltada para a derrubada das classes dominantes e a entrega do poder ao que Karl Marx chamara de "os trabalhadores do mundo".

Quando, na década de 1920, a primeira onda de levantes comunistas na Europa foi esmagada ou arrefeceu por falta de apoio de um proletariado debilitado, Joseph Stálin, de forma implacável e impiedosa, havia proclamado a doutrina do "socialismo num só país". Eliminou todos os outros líderes originais da revolução durante uma década de expurgos e recrutou uma enorme mão de obra, em grande medida num regime de trabalho forçado, para construir a capacidade industrial soviética. Procurando se esquivar e desviar para o Ocidente a tempestade nazista, em 1939 ele firmou um pacto de neutralidade com Hitler, dividindo o norte e o leste da Europa em esferas de influência soviética e alemã. Quando, mesmo assim, Hitler invadiu a Rússia em 1941, Stálin recorreu ao nacionalismo, mantido até então num exílio interno ideológico, e anunciou a "Grande Guerra Patriótica", injetando na ideologia comunista um apelo oportunista ao sentimento imperial russo. Pela primeira vez sob o regime comunista, Stálin evocou a mentalidade russa que dera origem ao Estado e que o tinha defendido ao longo de séculos em meio a tiranias domésticas e invasões e devastações estrangeiras.

A vitória na guerra levou o mundo a se ver diante de um desafio russo análogo àquele surgido ao fim das Guerras Napoleônicas, só que de forma mais intensa. Como iria reagir este gigante ferido frente ao vácuo aberto diante de si, tendo perdido pelo menos 20 milhões de vidas e sofrido, na sua parte ocidental, a devastação de um terço de seu território? A atenção aos pronunciamentos de Stálin poderia ter oferecido uma resposta, não fosse a ilusão convencional suscitada pela atmosfera da guerra, cuidadosamente cultivada por Stálin, de que ele estava moderando os ideólogos comunistas, em vez de instigá-los.

A estratégia global de Stálin era complexa. Ele estava convencido de que o sistema capitalista inevitavelmente produziria guerras; por isso o fim da Segunda Guerra Mundial não passaria, na melhor das hipóteses, de um armistício. Considerava Hitler um representante sui generis do sistema capitalista, não uma aberração nascida do sistema. Os Estados capitalistas continuavam a ser adversários depois da derrota de Hitler, não importa o que seus líderes dissessem ou mesmo pensassem. Como ele havia afirmado com desdém a respeito dos líderes britânicos e franceses dos anos 1920:

> Eles falam sobre pacifismo; eles falam de paz entre os estados europeus. Briand e Chamberlain estão abraçando um ao outro. [...] Tudo isso é bobagem. A história europeia nos ensina que cada vez que novos tratados destinados a promover um novo arranjo de forças para novas guerras foram assinados, esses tratados foram chamados de tratados de paz [...] [contudo] eles foram assinados com o propósito de representar os novos elementos da guerra iminente.[67]

Na visão de mundo de Stálin, decisões eram determinadas por fatores objetivos, não relações pessoais. Assim, a boa vontade demonstrada na aliança do tempo de guerra era "subjetiva" e suplantada pelas novas condições criadas pela vitória. O objetivo da estratégia soviética seria obter o máximo de segurança em vista do inevitável confronto. Isso significava empurrar as fronteiras da Rússia para o ponto mais ocidental possível e enfraquecer os países que se encontravam para além desse limite de segurança por meio dos partidos comunistas e de operações clandestinas.

Enquanto a guerra seguia seu rumo, os líderes ocidentais resistiam a admitir avaliações desse tipo: Churchill porque precisava manter-se afinado com os Estados Unidos; Roosevelt porque defendia a formulação de um plano cuidadosamente pensado para garantir uma paz justa e duradoura, que vinha a ser o contrário do que tinha sido a ordem internacional europeia — ele não consentiria nem com um equilíbrio de poder, nem com uma restauração de impérios. Seu programa público defendia a formulação de regras para a solução pacífica de disputas e esforços paralelos por parte das grandes potências, os chamados Quatro Policiais: os Estados Unidos, a União Soviética, a Grã-Bretanha e a China. Esperava-se que particularmente os Estados Unidos e a União Soviética assumissem a liderança na reação às violações da paz.

Charles Bohlen, na época um jovem funcionário do serviço diplomático trabalhando para Roosevelt como intérprete de russo e mais tarde como um arquiteto da política externa dos Estados Unidos na Guerra Fria, culpou a "convicção americana de Roosevelt de que o outro cara é 'um bom sujeito', que reagirá de maneira adequada e decente se o tratarmos direito":

> Ele [Roosevelt] sentia que Stálin via o mundo mais ou menos sob a mesma luz que ele, e que a hostilidade e desconfiança de Stálin se explicavam pelo descaso com que a Rússia tinha sido tratada durante anos por outros países depois da Revolução. O que ele não entendeu era que o antagonismo de Stálin era baseado em profundas convicções ideológicas.[68]

Outra visão sustenta que Roosevelt, que tinha demonstrado sua sutileza na maneira às vezes implacável com que manobrava o povo americano, essencialmente neutralista, na direção de uma guerra que poucos contemporâneos consideravam necessária, não teria como se deixar enganar mesmo por um líder tão astuto como Stálin.[69] De acordo com essa interpretação, Roosevelt estava ganhando tempo com Stálin e procurando agradar o líder soviético para impedi-lo de fazer um acordo em separado com Hitler. Ele deve ter sabido — ou logo descobriria — que a visão de mundo soviética era conflitante com a americana; alusões à democracia e à autodeterminação serviriam para conquistar o apoio da opinião pública americana, mas acabariam por se revelar inaceitáveis para Moscou. Assim que a rendição incondicional da Alemanha tivesse sido assegurada e a intransigência soviética demonstrada, segundo essa visão, Roosevelt deveria ter arregimentado as democracias com a mesma determinação que tinha mostrado em sua oposição a Hitler.

Grandes líderes frequentemente encarnam grandes ambiguidades. Ao ser assassinado, Kennedy estava prestes a ampliar o comprometimento americano com o Vietnã ou a promover uma retirada de tropas? De um modo geral, ingenuidade não era uma acusação que os inimigos costumassem lançar contra Roosevelt. A resposta, provavelmente, é que Roosevelt, como seu povo, se mostrava ambivalente em relação aos dois lados da ordem internacional. Ele tinha esperança de alcançar uma paz baseada na legitimidade, ou seja, na confiança entre indivíduos, respeito ao direito internacional, objetivos humanitários e boa vontade. No entanto, confrontado com uma União Soviética que insistia na adoção de uma visão que priorizava o poder, ele provavelmente teria voltado a confiar no seu lado maquiavélico, que o havia guindado à liderança do país e o transformado na figura dominante do período em que viveu. A questão de saber que tipo de equilíbrio ele teria alcançado foi esvaziada pela sua morte no quarto mês do seu quarto mandato presidencial, antes que fossem concluídos seus planos para o relacionamento com a União Soviética. Harry S. Truman, excluído por Roosevelt da participação no processo de tomada de qualquer tipo de decisão, se viu de repente catapultado para esse papel.

CAPÍTULO 8

Os Estados Unidos: superpotência ambivalente

Todos os 12 presidentes do pós-guerra reafirmaram ardorosamente sua convicção no papel excepcional que estaria reservado à América no mundo.[1] Cada um deles considerou como um axioma o fato de que os Estados Unidos estariam empenhados numa busca de caráter altruísta, baseada na resolução de conflitos e na igualdade entre as nações, um empreendimento cuja prova final de sucesso seria a obtenção da paz mundial e da harmonia universal.

Todos os presidentes de ambos os partidos políticos proclamaram a crença de que os princípios americanos podem ser aplicáveis ao mundo inteiro, crença cuja articulação mais eloquente talvez tenha sido (ainda que de modo algum excepcional) o discurso de posse do presidente John F. Kennedy de 20 de janeiro de 1961. Kennedy exortou seu país "a pagar qualquer preço, a suportar qualquer fardo, fazer face a qualquer privação, apoiar qualquer amigo, enfrentar qualquer inimigo, para assegurar a sobrevivência e a vitória da liberdade". Ele não fazia distinção entre ameaças; não estabeleceu prioridades de nenhum tipo para o envolvimento americano. Ele especificamente rejeitou os cálculos sempre instáveis do tradicional equilíbrio de poder. Aquilo por que clamou foi "um novo esforço" — "não um equilíbrio de poder, mas um novo mundo baseado no direito". Seria

278 | *Os Estados Unidos: superpotência ambivalente*

uma "aliança grandiosa e global" contra os "inimigos comuns da humanidade". O que em outros países teria sido tratado como um recurso de retórica é apresentado no discurso americano como uma plataforma específica para ação global. Ao discursar na Assembleia Geral da ONU um mês depois do assassinato do presidente Kennedy, Lyndon Johnson confirmou o mesmo compromisso global incondicional:

> Qualquer homem e qualquer nação que busca a paz, e odeia a guerra, e que se mostra disposto a travar o bom combate contra a fome, as doenças e a miséria, encontrará os Estados Unidos da América ao seu lado, desejando caminhar com eles, juntos a cada passo do caminho.[2]

Esse sentido de responsabilidade pela ordem mundial e do caráter indispensável do poder americano, escorado num consenso no qual o universalismo moral dos líderes estava baseado na dedicação do povo americano à liberdade e à democracia, conduziu a realizações extraordinárias no período da Guerra Fria e para além dela. Os Estados Unidos ajudaram a reconstruir as economias devastadas da Europa, criaram a Aliança Atlântica e formaram uma rede global de parcerias econômicas e na área de segurança. Passaram do isolamento imposto à China para uma política de cooperação com ela. Projetaram um sistema de livre-comércio que fomentou a produtividade e a prosperidade e esteve (como tem acontecido por todo o século passado) na linha de frente de todas as revoluções tecnológicas do período. Estimularam formas de governo baseadas na participação tanto em países amigos como naqueles tidos como adversários; exerceram um papel de liderança na articulação de novos princípios humanitários e desde 1945 têm, em cinco guerras e em várias outras ocasiões, derramado o sangue de americanos para realizar esses ideais em regiões distantes do mundo. Nenhum outro país teria tido o idealismo e os recursos para enfrentar um conjunto tão amplo de desafios, nem a capacidade de ser bem-sucedido em tantos deles. O idealismo e o excepcionalismo americanos foram as forças motrizes por trás da construção de uma nova ordem mundial.[3]

Por algumas poucas décadas, existiu uma extraordinária correspondência entre as crenças tradicionais dos Estados Unidos, sua experiência história e o mundo no qual ela se encontrava. Para a geração de líderes que assumiu a responsabilidade de construir a ordem do pós-guerra, as duas grandes experiências tinham consistido na superação da recessão dos anos 1930 e a vitória sobre a agressão dos anos 1940. Ambas as tarefas se prestaram a soluções definitivas: no âmbito da economia, a restauração do crescimento e o advento de novos programas de bem-estar social; na guerra, a rendição incondicional do inimigo.

Ao fim do conflito, os Estados Unidos, na condição de única grande potência a emergir da guerra sem sofrer danos significativos, produziam cerca de 60% do PNB mundial. Estavam, portanto, capacitados para definir a liderança como consistindo basicamente no progresso prático dentro das linhas modeladas pela experiência doméstica americana; definir alianças como os conceitos wilsonianos de segurança coletiva; e definir governança como programas de recuperação econômica e de reforma democrática. O empreendimento levado adiante pelos Estados Unidos na Guerra Fria começou como uma defesa dos países que compartilhavam a visão americana de ordem mundial. O adversário, a União Soviética, era visto como um elemento que havia se desgarrado da comunidade internacional, mas que terminaria um dia por se reintegrar a ela.

No caminho rumo à realização dessa visão, os Estados Unidos começaram a se chocar com outras visões de ordem mundial. Com o fim do colonialismo, novas nações com suas diferentes histórias e culturas entraram em cena. A natureza do comunismo tornou-se mais complexa, e seu impacto, mais ambíguo. Governos e doutrinas armadas rejeitando os conceitos americanos de ordem doméstica e internacional apresentaram duros desafios. Os limites do poderio americano, não importa quão vasto fosse, começaram a se tornar evidentes. Passou a ser necessário estabelecer prioridades.

O choque dos Estados Unidos com essas realidades suscitou uma nova questão que até então não tinha se colocado para o país: será a política externa americana uma história com um começo e um fim, no qual são possíveis vitórias finais? Ou se trata de um processo de administração e contenção de uma sucessão interminável de desafios? Terá a política externa um destino final ou será um processo cuja realização nunca se completa?

Ao responder a essas perguntas, os Estados Unidos se propuseram a travar debates angustiantes e a experimentar divisões internas a respeito da natureza do seu papel mundial. Eram o outro lado da moeda de seu idealismo histórico. Ao encarar a questão do papel mundial do país como um teste de perfeição moral, ela se punia — deixando às vezes marcas profundas — por não se mostrar à altura da tarefa. Na expectativa de uma realização final de suas metas — o mundo pacífico, democrático e sob o império da lei profetizado por Wilson —, o país se sentia muitas vezes constrangido diante da perspectiva de a política externa vir a ser apenas um esforço permanente para alcançar objetivos parciais. Com praticamente todo presidente insistindo que os Estados Unidos tinham *princípios* universais, enquanto outros países nutriam meramente interesses nacionais, os Estados Unidos se expunham a dois riscos extremos: de um lado, a sobre-extensão, e, do outro, recuo em desilusão.

Desde o fim da Segunda Guerra Mundial, na sua busca por uma visão de ordem mundial, os Estados Unidos se engajaram em cinco guerras em nome de metas expansivas inicialmente acolhidas com apoio interno quase unânime e que, em seguida, acabou se tornando discórdia pública — beirando, frequentemente, a violência. Em três dessas guerras, o consenso do *establishment* mudou abruptamente para adotar um programa que vinha a ser efetivamente uma retirada unilateral e incondicional. Três vezes em duas gerações, os Estados Unidos abandonaram guerras a meio caminho por serem inadequadas na sua intenção de transformar uma situação ou mal planejadas — no Vietnã, por decisões tomadas pelo Congresso, no Iraque e no Afeganistão, por escolha do presidente.

A vitória na Guerra Fria foi acompanhada por uma ambivalência congênita. Os Estados Unidos têm vasculhado sua alma em busca de respostas para o valor moral de seus esforços num grau para o qual seria difícil encontrar paralelos históricos. Ou os objetivos norte-americanos se mostraram inatingíveis ou o país não seguiu uma estratégia compatível com a realização desses objetivos. Críticos atribuirão esses reveses às deficiências, morais e intelectuais, dos líderes americanos. Historiadores provavelmente concluirão que eles se deveram à incapacidade de resolver uma ambivalência, a respeito de força e diplomacia, realismo e idealismo, poder e legitimidade, que atravessa a sociedade como um todo.

O início da Guerra Fria

Nada na carreira de Harry S. Truman sugeria que ele viria a se tornar presidente, muito menos que viria a presidir a criação de uma estrutura de ordem internacional que duraria durante toda a Guerra Fria e que ajudaria a propiciar seu desfecho. Contudo, essa encarnação por excelência da figura do "homem comum" americano emergiria como um dos mais inspiradores presidentes norte-americanos.

Nenhum presidente encarou tarefa tão árdua. A guerra tinha acabado sem nenhuma tentativa por parte das potências de redefinir a ordem internacional a exemplo do que acontecera no acordo de Vestfália, de 1648, e no Congresso de Viena, em 1815. Portanto, a primeira tarefa de Truman foi a de concretizar realisticamente a visão de Roosevelt de uma organização internacional, chamada Nações Unidas. Assinada em São Francisco em 1945, sua carta fundia duas formas de tomada de decisão no plano internacional. A Assembleia Geral seria universal quanto aos seus membros e baseada na doutrina da igualdade dos Estados — "um Estado, um voto". Ao mesmo tempo, as Nações Unidas implementariam a segurança coletiva por meio de um concerto global, o Conselho de Segurança, designando as cinco maiores potências (os Estados Unidos, a Grã-Bretanha, a França, a União Soviética e a China) como "membros permanentes" detendo poder de veto. (Grã-Bretanha, França e China foram incluídos tanto como um tributo pelas suas grandes realizações como um reflexo das suas atuais capacidades.) Juntamente com um grupo rotativo de nove países adicionais, o Conselho de Segurança estava investido da responsabilidade especial de "manter a paz e a segurança internacionais".

A Organização das Nações Unidas poderia cumprir o propósito para o qual fora criada apenas se os membros permanentes compartilhassem de uma concepção de ordem mundial. Com relação aos assuntos sobre os quais discordassem, a organização mundial poderia consagrar, e não amenizar, as suas diferenças. O último encontro de cúpula reunindo os aliados em Potsdam, em julho e agosto de 1945, com Truman, Winston Churchill e Stálin, estabeleceu as zonas de ocupação da Alemanha. (Churchill foi substituído por seu vice durante a guerra, Clement Attlee, em decorrência da derrota eleitoral sofrida durante o período da reunião.) Também colocou Berlim sob a administração conjunta das quatro potências vitoriosas,

282 | *Os Estados Unidos: superpotência ambivalente*

com acesso garantido às zonas ocidentais ocupadas, passando por território em poder dos soviéticos.

Nas negociações para implementar os acordos, os aliados ocidentais e a União Soviética se viram diante de um impasse crescente. A União Soviética insistia em dar forma a uma nova estrutura internacional, social e política na Europa Oriental, seguindo um princípio apresentado por Stálin em 1945: "Quem ocupar um território também imporá sobre ele o seu próprio sistema social. Todos imporão seus sistemas até o ponto que seus exércitos alcançarem. As coisas não podem se dar de outra maneira."[4] Abandonando qualquer noção de princípios vestfalianos em favor dos "fatores objetivos", Stálin impunha de forma implacável o sistema marxista-leninista de Moscou, ainda que gradualmente, por toda a Europa Oriental.

A primeira confrontação militar direta entre os aliados da época da guerra ocorreu em função das rotas de acesso à capital do antigo país inimigo, Berlim. Em 1948, Stálin, reagindo à fusão das três áreas de ocupação dos aliados ocidentais, cortou as rotas de acesso a Berlim, que até o fim do bloqueio foi sustentada por uma ponte aérea mantida majoritariamente pelos americanos.

A forma como Stálin analisava os fatores "objetivos" é ilustrada por uma conversa que tive em 1989 com Andrei Gromyko, ministro de Relações Exteriores soviético durante 28 anos até ser promovido pelo recém-empossado Mikhail Gorbatchóv para o posto, basicamente cerimonial, de presidente. Dispunha, portanto, de tempo de sobra para discussões sobre o que tinha observado na história russa e não tinha futuro algum a preservar mantendo a discrição. Levantei a questão de como, em vista das gigantescas baixas e da devastação sofrida na guerra, a União Soviética poderia fazer frente a uma reação militar americana ao bloqueio de Berlim. Gromyko retrucou que a esse propósito Stálin tinha respondido a perguntas semelhantes feitas pelos seus subordinados: ele duvidava que os Estados Unidos fossem usar armas nucleares por um motivo associado a uma questão tão local. Se os aliados ocidentais mobilizassem uma força terrestre convencional para abrir caminho até Berlim, as forças soviéticas teriam ordens de resistir, sem requerer ordens de Stálin. Se forças americanas fossem mobilizadas ao longo de todo o front, Stálin disse: "Que venham até mim." Em outras palavras, Stálin se sentia forte o bastante para uma guerra local, mas não se arriscaria a travar uma guerra geral contra os Estados Unidos.

Daquele momento em diante, dois blocos reunidos em torno de duas potências procurariam encarar um ao outro, sem resolver as causas subjacentes à crise. Liberada do nazismo, a Europa continuava sob o risco de voltar a cair no domínio de um poder hegemônico. Os Estados que tinham acabado de conquistar a independência na Ásia, com instituições frágeis e profundas divisões domésticas e até étnicas, poderiam ter adquirido a autodeterminação apenas para enfrentar uma doutrina hostil ao Ocidente e antagônica ao pluralismo tanto no plano doméstico como no internacional.

Nesse momento crítico, Truman fez uma escolha estratégica fundamental para a história americana e a evolução da ordem internacional. Ele pôs um fim à tentação histórica de o país "seguir sozinho seu próprio caminho", comprometendo os Estados Unidos com a tarefa de dar forma à nova ordem internacional. Ele tomou uma série de iniciativas cruciais. O programa de ajuda greco-turco de 1947 substituiu os subsídios com que a Grã-Bretanha tinha sustentado esses países de importância vital no Mediterrâneo e com os quais os britânicos não tinham mais condições de arcar; o Plano Marshall de 1948 propôs um programa de recuperação que acabaria por restabelecer a saúde da economia europeia. Em 1949, o secretário de Estado de Truman, Dean Acheson, presidiu uma cerimônia que celebrou a criação da OTAN (Organização do Tratado do Atlântico Norte) como o marco fundador da nova ordem internacional promovida pelos norte-americanos.

A OTAN representava um novo começo para o estabelecimento da segurança europeia. A ordem internacional não mais se caracterizava pelo tradicional equilíbrio de poder resultante de coalizões instáveis formadas entre os vários Estados. No seu lugar, qualquer equilíbrio que viesse a existir era aquele existente entre as duas superpotências nucleares. Se uma delas desaparecesse ou abrisse mão de enfrentar a outra, o equilíbrio estaria perdido e seu adversário acabaria se tornando a força dominante. A primeira hipótese foi o que aconteceu em 1990, com o colapso da União Soviética; o segundo era o eterno medo dos aliados dos Estados Unidos durante a Guerra Fria, a possibilidade de que o país perderia o interesse na defesa da

284 | *Os Estados Unidos: superpotência ambivalente*

Europa. As nações que aderiram à Organização do Tratado do Atlântico Norte ofereciam algumas forças militares, porém mais como um bilhete de ingresso para o abrigo proporcionado pelo guarda-chuva nuclear dos Estados Unidos do que propriamente como um instrumento de defesa local. O que o país estava construindo na era Truman era uma garantia unilateral na forma de uma aliança tradicional.

Com a estrutura montada, voltaram à tona os debates a respeito do propósito derradeiro da política externa americana. Seriam os objetivos da nova aliança morais ou estratégicos? A coexistência ou o colapso do adversário? Os Estados Unidos estariam buscando a conversão ou a evolução do adversário? Conversão implica induzir o adversário a romper com o seu passado por meio de um ato ou gesto abrangente. A evolução envolve um processo gradual, uma disposição para buscar os objetivos finais da política externa ao longo de estágios imperfeitos e a lidar com o adversário como uma realidade enquanto esse processo está em curso. Que caminho os Estados Unidos iriam escolher? Dando mostras de sua ambivalência histórica a esse respeito, o país escolheu ambos.

Estratégias de uma ordem da Guerra Fria

A mais abrangente concepção estratégica americana na Guerra Fria foi apresentada por um então obscuro funcionário do serviço diplomático, George Kennan, que ocupava o posto de diretor do setor político da embaixada americana em Moscou. Nenhum outro funcionário da diplomacia americana jamais influenciou de tal maneira o debate nos Estados Unidos sobre o papel exercido pelos Estados Unidos no mundo. Enquanto Washington ainda vibrava com a euforia do pós-guerra embalada pela crença na boa vontade de Stálin, Kennan previu o confronto iminente. Os Estados Unidos, assegurou ele, numa carta pessoal enviada a um amigo em 1945, precisavam encarar o fato de que seu aliado soviético acabaria por se transformar, ao fim da guerra, num adversário:

> Um conflito básico, portanto, está surgindo na Europa, opondo os interesses do poder marítimo centrado no Atlântico, que exige a preservação de uma vida política vigorosa e independente na península

europeia, e os interesses invejosos do poder terrestre eurasiano, que precisa sempre aspirar à sua expansão rumo ao Ocidente e que, do seu próprio ponto de vista, só se sentirá seguro para parar quando chegar ao Oceano Atlântico.[5]

Kennan propôs uma reação explicitamente estratégica: "juntar imediatamente nas nossas mãos todas as cartas de que dispomos e começarmos a jogar sem pensar em blefar". A Europa Oriental, concluiu Kennan, seria dominada por Moscou: ficava mais perto dos centros de poder russo do que de Washington e, por mais lamentável que fosse, as tropas soviéticas tinham chegado ali primeiro. Por isso os Estados Unidos deveriam consolidar uma esfera na Europa Ocidental, que ficaria sob a proteção americana — com a linha divisória passando através da Alemanha — e fazer com que fosse munida de suficiente força e coesão para manter o equilíbrio geopolítico.

Essa lúcida previsão de Kennan a respeito do desfecho do pós-guerra foi rejeitada por seu colega Charles "Chip" Bohlen com base no argumento wilsoniano de que "uma política externa desse tipo não pode ser concebida numa democracia. Só Estados totalitários podem idealizar e pôr em prática políticas como essas".[6] Washington poderia vir a aceitar um equilíbrio de poder como um fato consumado; não poderia adotá-lo enquanto uma política.

Em fevereiro de 1946, a embaixada americana em Moscou recebeu uma indagação de Washington, que desejava saber se determinado discurso doutrinário de Stálin representava uma mudança no compromisso soviético com uma ordem internacional harmoniosa. Kennan, na época vice-chefe da missão diplomática, recebeu assim uma oportunidade com a qual sonham muitos funcionários da diplomacia americana: apresentar seus pontos de vista diretamente àqueles que ocupam altos postos de decisão sem passar previamente pela aprovação do embaixador.[7] Kennan respondeu com um telegrama dividido em cinco partes contendo 19 páginas com espaçamento único entre linhas. A essência do que ficou conhecido como o Longo Telegrama era a de que todo o debate americano a respeito das intenções soviéticas precisava ser repensado. Os líderes soviéticos viam as relações Leste-Oeste como uma disputa entre concepções antitéticas de ordem mundial. Estavam impregnados de uma "sensação de insegurança instintiva e tradicionalmente russa" e nela tinham enxertado uma doutrina revolucionária de alcance global. O Kremlin interpretaria cada aspecto dos assuntos internacionais à luz da doutrina soviética sobre uma batalha para adquirir algum tipo de vantagem entre o que Stálin tinha chamado "dois centros de importância mundial", o capitalismo e o comunismo, cuja disputa global era inevitável e que só poderia terminar com um único vencedor. Eles acreditavam que a batalha era inevitável e, desse modo, agiam movidos por essa crença.

No ano seguinte, Kennan, agora chefe da Equipe de Planejamento de Políticas do Departamento de Estado, tornou públicas suas reflexões num artigo para a revista *Foreign Affairs*, publicado anonimamente sob a rubrica de "X". Em termos superficiais, o artigo apresentava a mesma argumentação do Longo Telegrama: a pressão soviética sobre o Ocidente era real e inerente à natureza da União Soviética, mas poderia ser "contida pela aplicação hábil e vigilante de uma contraforça numa série de pontos em constante mudança geográfica e política".[8]

Theodore Roosevelt não teria tido dificuldade em apoiar essa análise. Porém ao esboçar sua ideia sobre como o conflito poderia terminar, Kennan entrou novamente em território wilsoniano. Em algum momento das fúteis confrontações de Moscou com o mundo exterior, ele previu, algum líder soviético iria sentir a necessidade de conquistar um apoio adicional, buscando respaldo fora do aparato partidário em meio ao público geral, que era imaturo e inexperiente, nunca tendo contado com a chance de desenvolver uma percepção política independente. Porém, se "a unidade e a eficácia do Partido como um instrumento político" algum dia viesse a ser rompida, "a União Soviética mudaria do dia para a noite, passando de uma das mais fortes sociedades nacionais para uma das mais fracas e dignas de piedade".[9] Essa previsão — essencialmente correta — era wilsoniana em sua crença de que, no fim do processo, os princípios democráticos acabariam por prevalecer, a legitimidade venceria o poder.

Essa convicção é a que foi posta em prática por Dean Acheson, o secretário de Estado que veio a ser o modelo e a inspiração de muitos dos seus sucessores (eu me incluo na lista). De 1949 a 1953 ele se concentrou em construir o que chamou de "situações de força" por meio da OTAN.

A diplomacia Leste-Oeste, de forma mais ou menos automática, viria a refletir o equilíbrio de poder. Durante o governo de Eisenhower, seu sucessor, John Foster Dulles, estendeu o sistema da aliança, por meio da SEATO — Southeast Asia Treaty Organization, ou Organização do Tratado do Sudeste Asiático — para o Sudeste Asiático (1954) e do Pacto de Bagdá para o Oriente Médio (1955). Efetivamente, a contenção veio a ser tida como equivalente à construção de alianças militares em torno da periferia soviética através de dois continentes. A ordem mundial viria a consistir no confronto entre duas superpotências incompatíveis — cada uma delas organizou uma ordem internacional no interior da sua esfera.

Ambos os secretários de Estado viam o poder e a diplomacia como estágios sucessivos: os Estados Unidos iriam primeiramente consolidar e demonstrar seu poder; então a União Soviética se veria forçada a parar de lançar seus desafios e chegar a algum tipo de acomodação razoável com o mundo não comunista. No entanto, se a diplomacia deveria se basear em posições de força militar, por que seria necessário suspender os esforços diplomáticos nos estágios formativos das relações no interior da Aliança Atlântica? E como a força do mundo livre poderia ser transmitida para o outro lado? Pois, na realidade, o monopólio nuclear americano somado ao seu impacto devastador sobre a União Soviética garantia que a balança de poder efetivamente pendesse substancialmente para o lado ocidental no começo da Guerra Fria. Uma situação de força não precisava ser construída; ela já existia.

Winston Churchill reconheceu este fato num discurso feito em outubro de 1948, ao argumentar que a posição do Ocidente para barganhar jamais seria tão favorável quanto naquele momento. Era preciso fazer pressão para começar as negociações, não para suspendê-las:

> A questão está colocada: o que acontecerá quando eles obtiverem a bomba atômica e conseguirem acumular um grande estoque delas? Podem julgar por si mesmos o que acontecerá pelo que está ocorrendo agora. Se essas coisas estão sendo feitas com a madeira verde, o que dirá com a lenha seca? [...] Ninguém em seu perfeito juízo acredita que dispomos de uma extensão de tempo infinita diante de nós. Deveríamos forçar a situação até o máximo possível e em seguida fazer

288 | *Os Estados Unidos: superpotência ambivalente*

um acordo. [...] As nações do Ocidente terão maiores chances de alcançar um acordo duradouro, sem derramamento de sangue, se formularem suas demandas justas enquanto dispõem do poder atômico e os comunistas russos ainda não contarem com isso.[10]

Truman e Acheson certamente consideraram o risco grande demais e resistiram a entrar numa grande negociação, receando que ela pudesse vir a minar a coesão dos aliados. Acima de tudo, havia o fato de Churchill ser na época o líder da oposição, não o primeiro-ministro, ao defender que os aliados pusessem as cartas na mesa, pelo menos em termos diplomáticos, e o primeiro-ministro no cargo, Clement Attlee, e seu ministro do Exterior, Ernest Bevin, certamente teriam feito objeção a essa proposta invocando a ameaça de uma guerra.

Nesse contexto, os Estados Unidos assumiram a liderança de um esforço global para conter o expansionismo soviético — porém como um empreendimento prioritariamente moral, não geopolítico. Interesses válidos existiam nas duas esferas, contudo, a maneira como eles eram descritos tendia a obscurecer tentativas de definir prioridades estratégicas. Mesmo o NSC-68,* que codificava a política de segurança na condição de documento sigiloso e que tinha sido escrito em sua maior parte por Paul Nitze, um linha-dura, evitava o conceito de interesse nacional e encarava o conflito sob o prisma de categorias morais, quase líricas. A luta era entre as forças da "liberdade sob o império da lei" (associada à "incrível diversidade, profunda tolerância, o respeito às leis da sociedade livre... na qual todo indivíduo tem a oportunidade de realizar suas forças criativas") e as forças "da escravidão sob a implacável oligarquia do Kremlin".[11] Segundo sua própria visão, os Estados Unidos estavam entrando na luta da Guerra Fria não como uma disputa geopolítica sobre os limites do poder russo, mas como uma cruzada moral pelo mundo livre.

Em um empreendimento como esse, as políticas americanas eram apresentadas como um esforço desinteressado para fazer avançar os interes-

---

* National Security Council Report 68: documento publicado em 1950 pelo Conselho de Segurança Nacional, órgão então recém-criado para assessorar o presidente dos Estados Unidos em questões de segurança e política externa. (N.R.T.)

ses gerais da humanidade. Mesmo John Foster Dulles, um arguto operador em crises e um firme expoente do poder americano, descreveu a política externa dos Estados Unidos como uma espécie de esforço voluntário global guiado por princípios completamente diferentes daquele de qualquer outra abordagem já adotada por um Estado. Ele observou que, embora "para muitos fosse difícil de entender", os Estados Unidos eram "realmente motivados por considerações que iam além da conveniência de curto prazo".[12] Segundo essa visão, a influência dos Estados Unidos não iria restaurar o equilíbrio geopolítico, mas transcendê-lo: "Há séculos tem sido algo tão habitual o fato de nações agirem guiadas meramente por seu interesse imediato, com o objetivo de prejudicar seus rivais, que existe uma resistência generalizada a aceitar a possibilidade de uma nova era na qual as nações serão guiadas por princípios."

A sugestão de que outras nações têm "interesses egoístas" enquanto os Estados Unidos teriam "princípios" e "destino" era tão antiga como a República. O que havia de novo era o fato de uma disputa geopolítica global na qual os Estados Unidos eram o líder, não um observador, ser justificada principalmente com base em princípios morais, e o fato de o interesse americano ser renegado. Esse chamado à responsabilidade universal reforçava o compromisso decisivo americano com a restauração de um mundo do pós-guerra devastado, resistindo a uma expansão soviética. Contudo, quando se tratou de travar as guerras "quentes" na periferia do mundo comunista, ele se revelou um guia menos confiável.

A Guerra da Coreia

A Guerra da Coreia terminou sem um resultado conclusivo. Porém os debates por ela gerados serviram de prenúncio a questões que viriam a dilacerar o país uma década mais tarde.

Em 1945, a Coreia, até então uma colônia japonesa, tinha sido liberada pelos aliados vitoriosos. A metade norte da península coreana estava ocupada pela União Soviética, a metade sul, pelos Estados Unidos. Cada potência estabeleceu sua forma de governo na sua zona antes de se retirarem em, respectivamente, 1948 e 1949. Em junho de 1950, o exército da Coreia do Norte invadiu a Coreia do Sul. O governo Truman considerou o gesto um caso clássico de agressão soviético-chinesa, seguindo o modelo dos desafios lançados por alemães e japoneses no momento que precedeu a Segunda Guerra Mundial. Ainda que as forças armadas americanas tivessem sido drasticamente reduzidas nos anos anteriores, Truman tomou a decisão corajosa de resistir, recorrendo em sua maior parte às forças americanas baseadas no Japão.

Pesquisas contemporâneas mostram que as motivações do lado comunista eram complexas. Quando o líder norte-coreano Kim Il-sung pediu a aprovação de Stálin para a invasão em abril de 1950, o ditador soviético o encorajou. Ele havia aprendido com a defecção de Tito, dois anos antes, que a primeira geração de líderes comunistas em particular tinha dificuldade em se adaptar ao sistema de satélites soviéticos que ele julgava ser imperativo para o interesse nacional da Rússia. Já a partir da visita de Mao a Moscou no fim de 1949 — menos de três meses depois de a República Popular da China ser proclamada — Stálin tinha se mostrado incomodado a respeito da potencial ameaça representada pela China, liderada por um homem com a personalidade forte de Mao. Uma invasão da Coreia poderia levar a China a se ocupar de uma crise nas suas fronteiras, desviando a atenção dos Estados Unidos e da Europa para a Ásia e, em todo caso, absorvendo parte dos recursos dos Estados Unidos neste esforço. Se fosse alcançada com apoio soviético, o projeto de reunificação empreendido por Pyongyang poderia dar à União Soviética uma posição dominante na Coreia e, em vista das suspeitas históricas que esses países nutriam um em relação ao outro, criaria uma espécie de contrapeso à China na Ásia. Mao seguiu a orientação de Stálin — que lhe foi transmitida por Kim Il-sung em termos quase certamente exagerados — pelo motivo contrário; ele temia se ver cercado pela União Soviética, cuja cobiça em relação à Coreia tinha sido demonstrada ao longo dos séculos e que ficava clara mesmo naquele momento pelas exigências de subserviência ideológica feitas por Stálin como um preço a pagar pela aliança sino-soviética.

Certa ocasião um chinês eminente me contou que deixar que Stálin, com sua autorização, o conduzisse para a guerra na Coreia teria sido o único erro estratégico que Mao jamais cometeu porque, no fim, a Guerra da Coreia atrasou a unificação da China em um século, já que levou ao compromisso americano com Taiwan. Seja como for, a origem da Guerra da

Coreia foi menos uma conspiração sino-soviética contra os Estados Unidos do que uma manobra em torno de três pivôs pela dominação da ordem internacional comunista, com Kim Il-sung aumentando o valor da aposta para ganhar apoio para um programa de conquista cujas consequências globais, no fim, viriam a surpreender todos os principais participantes.

As complexas considerações estratégicas do mundo comunista não tiveram um equivalente do lado americano. Na realidade, os Estados Unidos estavam lutando por um princípio, derrotar uma agressão, e por um método para implementá-lo, por meio das Nações Unidas. Os Estados Unidos puderam obter a aprovação da ONU porque o embaixador soviético nas Nações Unidas, num protesto contínuo pela exclusão da China Comunista da ONU, tinha se ausentado durante o voto crucial no Conselho de Segurança. Havia menos clareza a respeito do significado da frase "derrotar a agressão". Tratava-se de uma vitória total? Se fosse menos do que isso, o que seria exatamente? Como — em síntese — esperava-se que a guerra chegasse a um fim?

Na verdade, a experiência se sobrepôs à teoria. O surpreendente desembarque anfíbio do general Douglas MacArthur em Inchon, em setembro de 1950, deixou o exército norte-coreano cercado no sul, fazendo com que sofresse uma derrota substancial. Deveria o exército vitorioso cruzar a linha que anteriormente tinha dividido o país ao longo do paralelo 38, entrando na Coreia do Norte e alcançando a unificação?[13] Se fizesse isso, o gesto iria além dos limites de uma interpretação literal dos princípios da segurança coletiva, já que o conceito legal de derrotar a agressão já tinha sido alcançado. Porém do ponto de vista geopolítico, qual teria sido a lição? Se um agressor não precisava temer nenhuma consequência pelo seu ato além da volta ao status quo inicial, não seria provável que voltasse a incorrer na mesma atitude em algum outro lugar?

Existiam várias alternativas — por exemplo, limitar o avanço no ponto mais estreito da península numa linha indo da cidade de Pyongyang até Wonsan, a cerca de aproximadamente 240 quilômetros da fronteira chinesa. Isso destruiria a maior parte da capacidade da Coreia do Norte de promover uma guerra e deixaria nove décimos da população norte-coreana numa Coreia unificada, permanecendo ao mesmo tempo a uma distância segura da fronteira chinesa.

Sabemos agora que mesmo antes de os encarregados do planejamento americano terem considerado a questão de onde parar seu avanço, a China já estava se preparando para uma possível intervenção. Já em julho de 1950 a China tinha concentrado 250 mil soldados na sua fronteira com a Coreia. Em agosto, os funcionários chineses de mais alto nível encarregados do planejamento trabalhavam com a premissa de que seu aliado norte-coreano que ainda avançava entraria em colapso assim que as forças americanas tivessem se deslocado em grande número para o teatro de operações (na verdade, eles previram com exatidão o desembarque-surpresa de MacArthur em Inchon). A 4 de agosto — enquanto o front ainda se localizava bem no interior do território sul-coreano, ao longo do chamado perímetro Pusan —, Mao disse ao Politburo: "Se os imperialistas americanos forem vitoriosos, eles ficarão embriagados pelo sucesso, e então em posição de nos ameaçar. Temos de ajudar a Coreia; temos de prestar assistência a eles. Isso pode ser feito por meio de uma força de voluntários, e no momento que acharmos apropriado, mas temos de começar a nos preparar."[14] Contudo, ele havia dito a Zhou Enlai que, se os Estados Unidos permanecessem ao longo da linha entre Pyongyang e Wonsan, as tropas chinesas não precisariam atacar imediatamente e deveriam parar de modo a realizar treinamentos intensivos. Sobre o que teria acontecido durante ou após uma pausa como essa só nos cabe especular.

No entanto, as forças americanas não pararam; Washington ratificou o gesto de MacArthur de cruzar o paralelo 38 e não estabeleceu limites ao seu avanço, exceto pela fronteira chinesa.

Para Mao, o avanço americano em direção à fronteira chinesa colocava em jogo mais do que só a Coreia. Truman tinha, no momento em que a Guerra da Coreia fora deflagrada, colocado a Sétima Frota entre os combatentes no estreito de Taiwan, usando o argumento de que proteger os dois lados da guerra civil chinesa um do outro demonstrava o comprometimento americano com a paz na Ásia. Não tinham se passado nove meses desde que Mao proclamara a República Popular da China. Se o desfecho final da Guerra da Coreia fosse a presença de forças majoritariamente americanas ao longo da fronteira chinesa, e uma frota americana se interpusesse entre Taiwan e o continente, aprovar a invasão da Coreia do Sul pela Coreia do Norte teria se revelado um desastre estratégico.

Num choque entre duas concepções diferentes de ordem mundial, os Estados Unidos procuraram proteger o status quo seguindo os princípios vestfalianos e do direito internacional. Nada contrariava mais a percepção de Mao da sua missão revolucionária do que a proteção do status quo. A história chinesa havia lhe ensinado que a Coreia tinha sido usada muitas vezes como uma rota para a invasão da China. Sua própria experiência revolucionária tinha se baseado na proposição de que guerras civis terminavam em vitória ou derrota, não com um empate. E ele convenceu a si mesmo de que os Estados Unidos, uma vez instalados comodamente ao longo do rio Yalu, que separava a China da Coreia, dariam o passo seguinte para cercar a China entrando no Vietnã. (Isso foi quatro anos antes do efetivo envolvimento americano na Indochina.) Zhou Enlai expressou essa análise e demonstrou o papel de uma importância desproporcional desempenhado pela Coreia no pensamento estratégico chinês quando disse, a 26 de agosto de 1950, numa reunião da Comissão Central Militar, que a Coreia era "na realidade o foco das lutas em curso no mundo [...]. Após conquistar a Coreia, os Estados Unidos iriam certamente se desviar para o Vietnã e outros países coloniais. O problema coreano, portanto, era, no mínimo, a chave para o Oriente".[15]

Considerações como essa induziram Mao a repetir a estratégia utilizada pelos líderes chineses em 1593 na sua luta contra a invasão japonesa liderada por Toyotomi Hideyoshi.[16] Travar uma guerra contra uma superpotência era uma proposta ousada; pelo menos dois marechais chineses se recusaram a comandar unidades destinadas a lutar contra as forças americanas. Mao insistiu, e o ataque surpresa dos chineses empurrou as formações de soldados americanos novamente para longe do rio Yalu.

No entanto, após a intervenção chinesa, qual seria agora o propósito da guerra, e qual estratégia seria implementada? Essas perguntas produziram um intenso debate nos Estados Unidos, prenunciando controvérsias muito mais amargas de guerras posteriores. (A diferença era que, ao contrário dos que se opunham à Guerra do Vietnã, os críticos da Guerra da Coreia acusaram o governo Truman de não ter usado força suficiente; eles ansiavam pela vitória, não por uma retirada.)

A polêmica pública foi travada entre o comandante de operações Douglas MacArthur e o governo Truman, que contava com o apoio dos

294 | *Os Estados Unidos: superpotência ambivalente*

chefes do Estado-Maior Conjunto das forças armadas. MacArthur recorria ao argumento tradicional que pautara todos os conflitos militares em que os Estados Unidos tinham se envolvido até então: o propósito da guerra era obter a vitória lançando mão de todos os meios necessários, incluídos ataques aéreos à própria China; um impasse representaria um revés estratégico; a agressão comunista deveria ser derrotada onde quer que ocorresse, no caso, na Ásia; o poderio militar americano precisaria ser usado na medida que fosse necessário, não conservado para eventualidades hipotéticas em regiões geográficas distantes, querendo se referir com isso à Europa Ocidental.

O governo Truman reagiu de duas maneiras: numa demonstração de controle civil sobre os militares, em 11 de abril de 1951 o presidente Truman exonerou MacArthur de seu comando por fazer declarações que contradiziam a política do governo. Basicamente, Truman enfatizou o conceito associado à contenção: a ameaça maior era a União Soviética, cuja meta estratégica era o domínio da Europa. Levar, portanto, o conflito na Coreia até um desfecho militar, mais ainda, estendendo-o até a China, nas palavras do presidente do Estado-Maior Conjunto, o general Omar Bradley (que havia liderado tropas em combate na guerra contra a Alemanha), era "travar a guerra errada, no lugar errado, na hora errada e com o inimigo errado".[17]

Depois de alguns meses, a frente de batalha se estabilizou perto do paralelo 38 em junho de 1951, onde a guerra tinha começado — exatamente como se tivesse acontecido há meio milênio. Naquela altura, os chineses se ofereceram para negociar, o que os Estados Unidos aceitaram. Um acordo foi alcançado dois anos mais tarde e, com algumas intensas, porém curtas, interrupções, durou até o momento em que escrevo, mais de sessenta anos.

Nas negociações, como nas origens da guerra, se confrontaram duas abordagens diferentes em relação à estratégia. O governo Truman expressava a visão americana sobre a relação entre poder e legitimidade. Segundo ela, guerra e paz eram fases distintas da política; quando as negociações começavam, cessava a aplicação da força, e a diplomacia entrava em ação. Considerava-se que cada atividade era conduzida de acordo com suas próprias regras. A força era necessária para levar à negociação; então era posta de lado; o resultado da negociação dependeria de uma atmosfera de boa vontade, que seria destruída pela pressão militar. Nesse espírito, as forças americanas receberam ordens de se limitar a medidas essencialmente defensivas durantes as conversações e de evitar ações ofensivas em larga escala.

A visão chinesa era o exato oposto. Guerra e paz eram dois lados da mesma moeda. As negociações eram uma extensão do campo de batalha. Segundo o estrategista da China antiga Sun Tzu, em seu *A arte da guerra*, a disputa essencial se daria no campo psicológico — de modo a afetar os cálculos dos adversários e fazer diminuir a confiança no seu sucesso. Uma atitude menos ofensiva por parte do adversário era um sinal de fraqueza a ser explorado pelo aumento da pressão por meio da sua própria vantagem militar. O lado comunista lançou mão do impasse para aumentar a insatisfação da opinião pública americana com o resultado inconclusivo da guerra. Na realidade, durante as negociações, os Estados Unidos sofreram um número de baixas equivalente ao que tinha suportado durante a fase ofensiva da guerra.

No fim, cada lado considerou atingido o seu objetivo: os Estados Unidos tinham sustentado a doutrina da contenção e preservado a integridade territorial de um aliado que desde então se tornou um dos países essenciais da Ásia; a China fez valer sua determinação de repelir ameaças às suas fronteiras e demonstrou seu desdém por regras internacionais de cuja criação não tinha tomado parte. O resultado foi um empate. Porém revelou uma vulnerabilidade potencial na capacidade de os Estados Unidos relacionarem estratégia à diplomacia, poder à legitimidade e de definirem seus objetivos essenciais. A Coreia, no fim, representou uma linha que dividiu o século ao meio. Foi a primeira guerra na qual os Estados Unidos especificamente renunciaram à vitória enquanto um objetivo a ser alcançado, e isso seria um prenúncio do que estava por vir.

O maior perdedor acabou se revelando a União Soviética. Ela tinha encorajado a decisão final ao proporcionar vastos estoques de suprimentos aos seus aliados. Porém perdeu o crédito. As sementes do cisma sino-soviético foram lançadas na Guerra da Coreia porque os soviéticos insistiram no pagamento pela sua ajuda e se recusaram a colaborar no combate propriamente dito. A guerra também desencadeou um rápido e amplo rear-

296 | *Os Estados Unidos: superpotência ambivalente*

mamento americano, o que restabeleceu o equilíbrio na Europa Ocidental, representando um grande passo rumo à situação de força exigida pela doutrina americana da contenção.

Os dois lados sofreram reveses. Alguns historiadores chineses sustentam que a China perdeu a oportunidade de promover a unificação de Taiwan com o continente para apoiar um aliado não confiável; os Estados Unidos perderam a aura de invencibilidade à qual estavam associados desde a Segunda Guerra e parte de seu senso de direção. Outros revolucionários da Ásia aprenderam a lição sobre arrastar os Estados Unidos rumo a uma guerra inconclusiva que poderia vir a exaurir a determinação da opinião pública americana em apoiar esse esforço. Os Estados Unidos foram deixados com essa lacuna em suas concepções de estratégia e ordem internacional que haveria de assombrá-los nas selvas do Vietnã.

O Vietnã e o colapso do consenso nacional

Mesmo em meio às dificuldades da Guerra da Coreia, uma combinação de princípios wilsonianos e geoestratégia rooseveltiana propiciou um ímpeto extraordinário à primeira década e meia da política americana para a Guerra Fria. A despeito do incipiente debate no plano doméstico, foi essa política que guiou o país durante a ponte aérea de 1948-49 para frustrar os ultimatos soviéticos a respeito do acesso a Berlim, à Guerra da Coreia e à derrota do esforço soviético para instalar em Cuba mísseis balísticos nucleares de médio alcance em 1962. A isso se seguiu o tratado de 1963 no qual a União Soviética abria mão de realizar testes nucleares na atmosfera — um símbolo da necessidade de as superpotências discutirem e limitarem sua capacidade de destruir a humanidade. No congresso, a política de contenção se apoiava num consenso essencialmente bipartidário. As relações entre a formulação de políticas e as comunidades intelectuais eram de natureza profissional, considerava-se que as bases dessa colaboração estavam assentadas em objetivos compartilhados e de longo prazo.

Porém, mais ou menos na mesma época do assassinato do presidente John F. Kennedy, o consenso nacional começou a ruir. Parte da razão estava no fato de que tinha sido o choque do assassinato do jovem presidente que tinha convocado os Estados Unidos a se manterem fiéis às suas tradições idealistas. Ainda que o autor do ataque fosse um comunista que tivesse vivido um período na União Soviética, para muitos integrantes de uma geração mais jovem a perda levantava questões sobre a validade moral do empreendimento americano.

A Guerra Fria tinha começado com uma convocação para apoiar a liberdade e a democracia através do mundo, reforçado pelo presidente Kennedy no seu discurso de posse. No entanto, ao longo do tempo, as doutrinas militares que davam sustentação à estratégia de contenção começaram a provocar um desgaste junto às percepções do público. O hiato entre o poder destrutivo das armas e os propósitos para os quais elas poderiam ser usadas se revelavam intransponíveis. Todas as teorias para o uso limitado de tecnologia militar nuclear provaram ser inexequíveis. A estratégia em vigor era baseada na capacidade de infligir um nível de baixas civis julgado insuportável, porém certamente envolvendo dezenas de milhões de pessoas dos dois lados em questão de dias. Esse cálculo limitava a autoconfiança dos líderes nacionais e a fé do público nas suas lideranças.

Além de tudo isso, ao migrar para a periferia da Ásia, a política de contenção encontrou condições na realidade opostas às que existiam na Europa. O Plano Marshall e a OTAN tiveram sucesso porque uma tradição política de governo continuava a subsistir na Europa, ainda que deteriorada. A recuperação econômica poderia restaurar a vitalidade política. Contudo, em grande parte do mundo subdesenvolvido, as estruturas políticas eram frágeis ou novas, e a ajuda econômica levava, com a mesma frequência, tanto à corrupção como à estabilidade.

Esses dilemas chegaram ao auge na Guerra do Vietnã. Truman tinha enviado conselheiros civis ao Vietnã do Sul para resistir às guerrilhas em 1951; Eisenhower havia acrescentado assessores militares em 1954; Kennedy autorizou o uso de tropas de combate como auxiliares em 1962; Johnson mobilizou uma força expedicionária em 1965 que acabaria atingindo meio milhão de militares. O governo Kennedy estivera prestes a participar da guerra, e a administração Johnson assumiu essa decisão por estar convencida de que o ataque norte-vietnamita ao Vietnã do Sul era uma cabeça de ponte de um esforço sino-soviético rumo ao domínio global, e que precisava encontrar a resistência das forças americanas; caso contrário todo o Sudeste Asiático cairia sob controle comunista.

Ao defender a Ásia, os Estados Unidos tinham se proposto a agir como se estivessem na Europa Ocidental. De acordo com a "teoria do dominó" do presidente Eisenhower, segundo a qual a queda de um país diante do comunismo levaria os outros a caírem também, aplicava-se a doutrina de contenção para frustrar os objetivos do agressor (como no modelo da OTAN) e para fomentar a reabilitação econômica e política (como no Plano Marshall). Ao mesmo tempo, para evitar uma "ampliação da guerra", os Estados Unidos renunciavam a atacar santuários da guerrilha no Camboja e no Laos, de onde as forças de Hanói lançavam ataques que infligiam milhares de baixas e para onde se retiravam de modo a evitar serem perseguidos.

Nenhum desses governos tinha se dignado a apresentar outro plano para pôr fim à guerra que não fosse o de preservar a independência do Vietnã do Sul, destruir as forças armadas mobilizadas por Hanói para subverter o Sul e bombardear o Vietnã do Norte de forma intensa o bastante para levar Hanói a reconsiderar sua política de conquista e dar início a negociações. Esse programa não tinha sido considerado incomum ou controvertido até meados do mandato de Johnson. Então, uma onda de protestos e de críticas por parte da mídia — culminando depois da Ofensiva do Tet de 1968, em termos militares convencionais uma devastadora derrota para o Vietnã do Norte, porém tratada pela imprensa ocidental como uma espantosa vitória e um indício de fracasso americano — encontrou eco entre os funcionários do governo americano.

Lee Kuan Yew, o fundador do Estado de Cingapura e talvez o mais sábio líder asiático do período, foi enfático ao expressar sua firme crença, mantida até o momento em que escrevo, de que a intervenção americana era indispensável para preservar a possibilidade de um Sudeste Asiático independente. A análise das consequências de uma vitória comunista no Vietnã para a região mostrou-se, na maior parte dos aspectos, correta. Porém, na altura da participação plena americana no Vietnã, a unidade sino-soviética não mais existia, vítima de uma crise perceptível já ao longo dos anos 1960. A China, arruinada pelo Grande Salto Adiante e pela Revolução Cultural, considerava a União Soviética cada vez mais como um adversário perigoso e ameaçador.

Os princípios de contenção aplicados na Europa se revelavam muito menos praticáveis na Ásia. A instabilidade europeia se deu quando a crise econômica causada pela guerra ameaçava minar as instituições políticas domésticas. No Sudeste da Ásia, depois de um século de colonização, essas instituições ainda tinham de ser criadas — especialmente no Vietnã do Sul, que nunca antes na história tinha existido enquanto um Estado.

Os Estados Unidos procuraram preencher este hiato por meio de uma campanha de construção política empreendida paralelamente ao esforço militar. Enquanto lutava simultaneamente uma guerra convencional contra as divisões norte-vietnamitas e uma guerra nas selvas contra as guerrilhas do Vietcong, o país se lançou num projeto de engenharia política numa região que não tinha conhecido autodeterminação por séculos ou que nunca vivera experiência democrática alguma.

Depois de uma série de golpes de Estado (o primeiro dos quais foi, na verdade, encorajado pela embaixada americana e contou com a aquiescência da Casa Branca na expectativa de que o governo militar produziria instituições mais liberais), o general Nguyen Van Thieu emergiu como o presidente do Vietnã do Sul. No início da Guerra Fria, a orientação não comunista do governo havia sido assumida — talvez de um modo excessivamente exuberante — como prova de que valia a pena preservá-lo contra as intenções soviéticas. Agora, em meio à atmosfera de recriminações que começava a se formar, a incapacidade de o Vietnã do Sul se revelar uma democracia plenamente funcional (em meio a uma sangrenta guerra civil) era motivo de denúncias amarguradas. Uma guerra que a princípio havia contado com o apoio de uma considerável maioria e ampliada até suas dimensões atuais por um presidente que alegava princípios universais associados à liberdade e aos direitos humanos era agora censurada como um indício de uma completa insensibilidade moral por parte dos Estados Unidos. Acusações de imoralidade e fraude foram feitas de maneira leviana; "barbárie" era um dos termos favoritos.[18] O envolvimento militar era descrito como uma forma de "insanidade", revelando profundas falhas no modo de vida americano; tornaram-se rotina as acusações de massacres aleatórios praticados contra civis.

O debate interno a respeito da Guerra do Vietnã acabou se revelando um dos mais dolorosos da história americana. As administrações que envolveram os Estados Unidos na Indochina contavam com equipes de indivíduos de grande inteligência e probidade que subitamente se viram acusa-

300 | *Os Estados Unidos: superpotência ambivalente*

dos de uma loucura quase criminosa e de fraude deliberada. O que havia começado como um debate razoável sobre viabilidade e estratégia transformou-se em manifestações de rua, injúrias e violência.

Os críticos estavam certos ao apontar que a estratégia americana, particularmente nas fases iniciais da guerra, era imprópria para as realidades de um conflito assimétrico. Campanhas de bombardeios alternadas com "pausas" para sondar a disposição de Hanói para negociar tendiam a produzir impasses — empregando força suficiente para instigar denúncias e resistência, mas não o suficiente para garantir que o adversário se empenhasse em negociações sérias. Os dilemas do Vietnã eram em grande medida consequência de teorias acadêmicas sobre o recurso a escaladas gradativas, tática que havia sustentado a Guerra Fria. Ainda que conceitualmente coerentes nas condições de um impasse entre superpotências nucleares, essas teorias eram menos aplicáveis a um conflito assimétrico travado contra um adversário comprometido com uma estratégia de guerrilha. Parte das expectativas suscitadas pela relação entre reforma econômica e evolução política se revelou inexequível na Ásia. No entanto, esses eram temas apropriados para debates sérios, não para promover difamação e, em setores periféricos do movimento de protesto, promover ataques a universidades e edifícios do governo.

O colapso das aspirações elevadas abalou a autoconfiança sem a qual as instituições de uma sociedade caem por terra. Os líderes que anteriormente tinham apoiado a política externa americana se encontravam particularmente angustiados com a ira manifestada pelos estudantes. A insegurança expressa pelos mais velhos transformou as queixas normais da juventude ainda imatura numa raiva institucionalizada e num trauma nacional. Manifestações públicas atingiram dimensões que obrigaram o presidente Johnson — que seguia descrevendo a guerra em termos tradicionais de defesa de um povo livre contra o avanço do totalitarismo — a restringir suas aparições públicas no último ano no cargo basicamente a bases militares.

Nos meses que se seguiram ao fim do mandato de Johnson em 1969, um número expressivo dos mais importantes arquitetos da guerra renunciou publicamente aos seus cargos, pedindo pelo fim das operações militares e por uma retirada americana. Esses temas foram elaborados até que a visão do *establishment* se cristalizou em torno de um programa para "acabar com a guerra" por meio de uma retirada unilateral americana em troca apenas da liberação dos prisioneiros de guerra.

Richard Nixon tornou-se presidente numa época em que 500 mil soldados americanos estavam em combate — e o número vinha aumentando, numa escala programada pela administração Johnson — no Vietnã, um local que figurava como o mais distante possível dos Estados Unidos no globo terrestre. Desde o começo, Nixon estava comprometido em terminar a guerra. Mas também acreditava que era sua responsabilidade fazer isso num contexto dos compromissos americanos globais, associados à sustentação da ordem internacional do pós-guerra. Nixon assumiu o cargo cinco meses depois da ocupação militar da Tchecoslováquia pelos soviéticos, enquanto a União Soviética seguia produzindo seus mísseis intercontinentais num ritmo que ameaçava — e, alguns argumentavam, ultrapassava — as forças dissuasórias americanas, e a China permanecia numa atitude inexorável e violentamente hostil. Os Estados Unidos não podiam abrir mão de seus compromissos de segurança numa parte do mundo sem suscitar desafios à sua determinação em outros. A preservação da credibilidade americana na defesa de seus aliados e do sistema de ordem global — um papel que os Estados Unidos tinham desempenhado por duas décadas — permaneceu como parte integrante dos cálculos de Nixon.

Nixon promoveu a retirada de forças americanas numa proporção de 150 mil por ano e deu por terminada a participação em operações de combate terrestre em 1971. Ele autorizou o início de negociações sob uma condição irredutível: nunca aceitou a exigência de Hanói de que o processo de paz começasse com a substituição do governo do Vietnã do Sul — um aliado dos Estados Unidos — por um suposto governo de coalizão, preenchido na realidade por figuras indicadas por Hanói. Isso foi rejeitado de forma inflexível durante quatro anos até que, após uma ofensiva fracassada por parte do Vietnã do Norte (derrotada sem a ajuda de tropas terrestres americanas) em 1972, Hanói finalmente concordou com um cessar-fogo e um acordo político que tinha rejeitado insistentemente ao longo de anos.

Nos Estados Unidos o debate manteve seu foco num desejo amplamente difundido de pôr fim ao trauma provocado pela guerra sobre as populações da Indochina, como se os Estados Unidos fossem a causa da

302 | *Os Estados Unidos: superpotência ambivalente*

agonia infligida a elas. E, no entanto, Hanói insistira numa batalha contínua — não por não acreditar no compromisso americano com a paz, mas porque contava com esse compromisso para exaurir a determinação americana de suportar sacrifícios. Travando uma guerra psicológica, explorou impiedosamente a busca dos Estados Unidos por um compromisso em prol de um programa de dominação em relação ao qual, como veio a ficar claro, não eram admitidas concessões de espécie alguma.

As ações militares ordenadas pelo presidente Nixon e que eu, na qualidade de seu assessor de Segurança Nacional, apoiei, juntamente com a política de flexibilidade diplomática, conduziram a um acordo em 1973. O governo de Nixon estava convencido de que Saigon seria capaz de superar eventuais violações do acordo com as suas próprias forças; de que os Estados Unidos auxiliariam com poderio aéreo e naval no caso de um ataque geral; e que, com o passar do tempo, o governo sul-vietnamita se mostraria capaz de, com assistência econômica americana, construir uma sociedade funcional e passar por uma evolução que criasse instituições mais transparentes (como, de fato, iria ocorrer na Coreia do Sul).

Saber se esse processo poderia ter sido acelerado e se poderia ter sido oferecida outra definição para a credibilidade americana permanecerá como tema de um debate apaixonado. O principal obstáculo residia na dificuldade de os americanos compreenderem a maneira de pensar adotada por Hanói. O governo de Johnson superestimava o impacto do poderio militar americano. Ao contrário do que diz o senso comum, a administração Nixon superestimou o alcance da negociação. Para a liderança em Hanói, duramente temperada pela guerra, tendo passado suas vidas inteiras lutando pela vitória, o compromisso equivalia à derrota, e a noção de uma sociedade pluralista, algo quase inimaginável.

A solução desse debate é algo que está além dos limites deste livro; para todos nele envolvidos, tratou-se de um processo doloroso. Nixon conseguiu empreender uma completa retirada e alcançar um acordo que, ele acreditava, oferecia aos sul-vietnamitas uma oportunidade decente de moldar seu próprio destino. Contudo, tendo vivenciado uma década de controvérsia e na atmosfera altamente carregada das consequências da crise de Watergate, o congresso restringiu de forma drástica a ajuda em 1973, eliminando-a completamente em 1975. O Vietná do Norte conquistou o Vietná do Sul ao enviar quase que seu exército inteiro através da fronteira internacional. A comunidade internacional permaneceu em silêncio e o congresso proibiu uma intervenção militar americana. Os governos do Laos e do Camboja caíram logo depois diante de levantes comunistas e, neste último, o Khmer Vermelho impôs um regime de brutalidade inimaginável.

Os Estados Unidos tinham perdido sua primeira guerra e também o fio a partir do qual se desenrolava seu conceito de ordem mundial.

Richard Nixon e a ordem internacional

Depois da carnificina dos anos 1960, com seus assassinatos, suas revoltas civis e suas guerras inconclusivas, Richard Nixon herdou em 1969 a tarefa de restaurar a coesão à sociedade política e devolver coerência à política externa. Muito inteligente, com um grau de insegurança inesperado numa figura pública de tamanha experiência, Nixon não era o líder ideal para a restauração da paz interna. Mas também é preciso lembrar que as táticas empregadas nas manifestações de massa, a intimidação e a desobediência civil levada até o limite máximo de protestos pacíficos já estavam bem consolidadas quando Nixon fez seu juramento de posse a 20 de janeiro de 1969.

No entanto, para a tarefa de redefinir a substância da política externa americana, Nixon estava extraordinariamente bem preparado. Como senador pela Califórnia, vice-presidente sob o governo de Dwight D. Eisenhower e eterno candidato à presidência, ele tinha viajado extensamente. Os líderes estrangeiros com que Nixon se encontrava não suscitavam as confrontações pessoais que costumam deixá-lo desconfortável e ofereciam a oportunidade de diálogos de substância, nos quais se saía muito bem. Como sua natureza solitária lhe proporcionava mais tempo livre do que acontece com os aspirantes políticos convencionais, ele via com prazer a chance de se dedicar a leituras extensas. Essa combinação fez dele o presidente mais bem preparado em relação à política externa desde Theodore Roosevelt.

Nenhum presidente desde Theodore Roosevelt tinha abordado a questão da ordem internacional enquanto um conceito global de um modo tão sistemático e analítico. Ao falar aos editores da revista *Time*, em 1971,

Nixon articulou esse conceito. Na sua visão, cinco grandes centros de poder político e econômico iriam atuar com base num compromisso informal de cada um deles buscar satisfazer seus interesses com certa moderação. O resultado da interação entre essas ambições e inibições seria um ponto de equilíbrio:

> Devemos lembrar que, na história mundial, só desfrutamos de um período prolongado de paz quando existe um equilíbrio de poder. É quando uma nação se torna infinitamente mais poderosa em sua relação com o potencial competidor que surge o perigo da guerra. De modo que acredito num mundo em que os Estados Unidos sejam poderosos. Acredito que teremos um mundo mais seguro e melhor se tivermos Estados Unidos, Europa, União Soviética, China e Japão, cada um contrabalançando o outro, e não jogando um contra o outro, num equilíbrio constante.[19]

Era notável nessa apresentação o fato de dois dos países listados como parte do concerto entre as potências serem, na verdade, adversários: a União Soviética, com a qual os Estados Unidos estavam empenhados numa guerra fria, e a China, com quem o país acabara de reatar seus contatos diplomáticos após um intervalo de duas décadas e no qual os Estados Unidos não dispunham de embaixada e com quem não mantinham relações diplomáticas formais. Theodore Roosevelt tinha articulado uma ideia de ordem mundial na qual os Estados Unidos eram o guardião do equilíbrio global. Nixon foi além, ao argumentar que os Estados Unidos deveriam ser parte de um equilíbrio permanente, fluido e em constante movimento, não como fiel da balança, mas como um dos vários pesos.

Esse trecho também revelava a habilidade tática de Nixon, como no momento em que renunciava a qualquer intenção de manobrar um dos componentes da balança para jogá-lo contra outro. Uma maneira sutil de lançar uma advertência a um adversário em potencial é renunciar a uma capacidade que ele sabe que detemos e que não sofrerá nenhuma alteração devido àquela renúncia. Nixon fez essas observações quando estava para partir rumo a Pequim, marcando uma melhora decisiva nas relações, e na primeira visita à China de um presidente americano no poder. Contrabalançar a China em relação à União Soviética a partir de uma posição em que os Estados Unidos estavam mais próximos de cada um dos gigantes comunistas do que um deles estava em relação ao outro: consistia exatamente nisso, é claro, o plano da estratégia em curso. Em fevereiro de 1971, o relatório anual de Nixon sobre a política externa se referia à China como a República Popular da China — a primeira vez em que um documento oficial americano conferia ao país esse grau de reconhecimento — e afirmava que os Estados Unidos estavam "preparados para estabelecer um diálogo com Pequim" com base no interesse nacional.[20]

Nixon fez uma observação relacionada à política interna chinesa enquanto eu estava a caminho da China, no que ficou conhecido como a viagem secreta, em julho de 1971. Ao falar a uma plateia em Kansas City, Nixon argumentou que "os momentos difíceis" que a China vivia internamente — ou seja, a Revolução Cultural Chinesa — não deveria suscitar

> nenhum sentimento de satisfação de que as coisas sempre serão assim. Porque, quando observamos os chineses enquanto um povo — e eu os vejo por todo o mundo [...] —, eles se mostram criativos, são produtivos, são um dos povos mais capazes do mundo. E 800 milhões de chineses se tornarão, inevitavelmente, uma enorme força econômica, com tudo o que isso significa em termos do que poderiam realizar em outras áreas se caminharem nessa direção.[21]

Essas frases, que hoje soam como um lugar-comum, eram, naquela época, revolucionárias.[22] E como foram expressas de improviso — e eu me encontrava sem contato com Washington — foi Zhou Enlai que me chamou a atenção para elas quando começava a estabelecer o primeiro diálogo com Pequim em mais de vinte anos. Nixon, um inveterado anticomunista, tinha decidido que os imperativos do equilíbrio geopolítico se impunham sobre as exigências de pureza ideológica — da mesma forma que, casualmente, tinha acontecido com suas contrapartidas na China.

Na campanha presidencial de 1972, o adversário de Nixon, George McGovern, havia exortado com ironia: "Volte para casa, América!" Nixon retrucou, na verdade, que se os Estados Unidos se esquivassem à sua responsabilidade internacional, eles certamente iriam fracassar em casa. Ele declarou que "só se nos mostrarmos grandes ao cumprir com nossas responsabilidades no exterior continuaremos a ser uma grande nação, e só se permanecermos uma grande nação seremos grandes ao enfrentar nossos desafios em casa".[23] Ao mesmo tempo, ele procurou moderar "nosso instinto de que nós sabíamos o que era melhor para os outros", o que por sua vez suscitava nos outros "a tentação de se acomodar às nossas receitas sobre o que fazer".[24]

Com esse objetivo, Nixon estabeleceu a prática de preparar relatórios anuais sobre a situação no mundo. Como todos os documentos presidenciais, também estes eram escritos por funcionários associados à Casa Branca, nesse caso da equipe do Conselho de Segurança Nacional, sob a minha direção. Porém era Nixon quem ditava o tom estratégico dos documentos e os revisava à medida que iam ficando prontos. Eles eram usados como guias para diferentes órgãos do governo que estavam envolvidos de alguma forma com política externa e, mais importante, como indicações para os outros países a respeito da direção assumida pela estratégia americana.

Nixon era realista o bastante para enfatizar que os Estados Unidos não poderiam confiar seu destino inteiramente, ou mesmo numa grande medida, à boa vontade dos outros. Como frisava seu relatório de 1970, a paz exigia uma determinação de negociar e buscar novas formas de parceria, mas apenas essas não bastariam: "O segundo elemento de uma paz durável deve ser a força dos Estados Unidos. A paz, nós aprendemos, não pode ser obtida apenas com boa vontade."[25] A paz seria fortalecida, não impedida, ele afirmou, por contínuas demonstrações de força por parte dos Estados Unidos e por uma comprovada disposição de agir globalmente — o que traz à lembrança a Grande Armada Branca em viagem de circum-navegação pelo globo em 1907. Nem poderiam os Estados Unidos esperar que outros países hipotecassem seu futuro, baseando sua política externa prioritariamente na boa vontade de outros. O princípio pelo qual o país deveria se nortear era o do esforço para construir uma ordem internacional que associasse poder e legitimidade — no sentido de que todos os elementos mais importantes considerassem o arranjo justo:

> Todas as nações, tanto as que são adversárias como as amigas, devem ter algum interesse em preservar o sistema internacional. Elas devem

sentir que seus princípios estão sendo respeitados e seus interesses nacionais, assegurados. [...] Se o ambiente internacional atender aos seus anseios vitais, elas trabalharão para mantê-lo.[26]

Foi a visão de uma ordem internacional como essa que proporcionou o primeiro estímulo para a abertura em relação à China, considerada por Nixon um componente indispensável dela. Um dos aspectos da abertura para Pequim foi a tentativa de transcender as lutas internas da década anterior. Nixon tornou-se presidente de uma nação abalada por uma década de convulsões domésticas e internacionais e por uma guerra inconclusiva. Era importante transmitir ao país uma visão de paz e do sentido de uma comunidade internacional para fazê-la elevar-se a visões dignas de sua história e de seus valores. Igualmente significativa foi a redefinição do conceito americano de ordem internacional. Uma melhora na relação com a China acabaria gradualmente por isolar a União Soviética ou levá-la a melhorar sua relação com os Estados Unidos. Enquanto os Estados Unidos tivessem o cuidado de permanecer mais próximos de cada uma das superpotências comunistas do que elas estavam uma da outra, o espectro da cooperação sino-soviética em busca de uma hegemonia mundial, um fantasma que assombrara a política externa americana durante duas décadas, seria suprimido. (No devido tempo, a União Soviética descobriria ser incapaz de sustentar esse dilema insolúvel, criado numa grande medida por ela mesma, de se ver diante de adversários tanto na Europa como na Ásia, incluindo no interior do que era ostensivamente seu próprio campo ideológico.)

A tentativa de Nixon de tornar mais prático o idealismo americano e de aumentar o raio de ação do pragmatismo americano foi alvo de ataques dos dois lados, refletindo a ambivalência dos Estados Unidos entre poder e princípios. Os idealistas criticaram Nixon por conduzir a política externa segundo princípios geopolíticos. Os conservadores o desafiaram, alegando que um relaxamento das tensões com a União Soviética era uma forma de abdicação diante do desafio comunista lançado à civilização ocidental. Ambos os tipos de críticas deixavam de ver o fato de que Nixon empreendia uma defesa tenaz nas áreas da periferia soviética, que ele era o primeiro presidente a visitar a Europa Oriental (Iugoslávia, Polônia e Romênia), desafiando simbolicamente o controle soviético, e que ele esteve à frente dos Estados Unidos durante várias crises com a União Soviética, sendo que em duas delas (em outubro de 1970 e outubro de 1973) ele não hesitou em pôr em alerta forças militares americanas.

Nixon tinha demonstrado uma habilidade incomum ao lidar com os aspectos geopolíticos da construção de uma ordem mundial. Pacientemente, ligou um a um os vários componentes da estratégia e demonstrou extraordinária coragem ao suportar crises e grande persistência ao perseguir objetivos de longo prazo em política externa. Um dos princípios, muitas vezes repetido, que o norteava em suas ações dizia o seguinte: "Pagamos o mesmo preço por fazer alguma coisa pela metade do que por fazê-la inteira. Então é melhor fazermos logo completamente." Em consequência disso, num período de 18 meses, durante 1972-73, ele pôs um fim à Guerra do Vietnã, promoveu a abertura em relação à China, realizou uma reunião de cúpula com a União Soviética, mesmo enquanto escalava a guerra empreendendo um esforço militar para responder a uma ofensiva norte--vietnamita, obteve a virada do Egito e sua transformação de aliado soviético para uma estreita cooperação com os Estados Unidos, dois acordos de desocupação no Oriente Médio — um entre Israel e Egito, o outro com a Síria (permanecendo em vigor até o momento em que escrevo, mesmo em meio a uma brutal guerra civil) — e o início de uma Conferência sobre Segurança Europeia, cujo desfecho, a longo prazo, enfraqueceu agudamente o controle soviético sobre a Europa Oriental.

Porém, no momento crítico em que a realização tática poderia ter sido traduzida nos termos de um conceito permanente de ordem mundial, associando uma visão inspiradora a um equilíbrio que fosse exequível, sobreveio uma tragédia. A Guerra do Vietnã tinha esgotado as energias de todos os lados. A debacle de Watergate, infligida tolamente por Nixon sobre ele mesmo e explorada de forma impiedosa pelos que há muito criticavam Nixon, acabou por paralisar a autoridade do Executivo. Num período normal, os vários elementos da política de Nixon teriam sido consolidados numa nova estratégia americana de longo prazo. Nixon vislumbrou a Terra Prometida, onde a esperança e a realidade se fundiam — o fim da Guerra Fria, uma redefinição da Aliança Atlântica, uma parceria genuína com a China, um grande passo rumo à paz no Oriente Médio, o começo da reintegração da Rússia na ordem interna-

Ordem mundial | 309

cional —, mas ele não teve tempo de conjugar a sua visão geopolítica com a ocasião que se apresentava. Foi deixada a outros a oportunidade de empreender essa jornada.

O começo da renovação

Depois da angústia vivida nos anos 1960 e do colapso de uma administração presidencial, os Estados Unidos precisavam, acima de qualquer coisa, restaurar sua coesão. Foi fortuito que o homem convocado para essa tarefa sem precedentes tivesse sido Gerald Ford.

Catapultado para um posto pelo qual não tinha ansiado, Ford nunca estivera envolvido no complexo frenesi da política presidencial. Por isso, livre da obsessão com pesquisas de opinião e com relações públicas, ele podia pôr em prática na presidência os valores de boa vontade e fé no seu país segundo os quais tinha sido criado. Sua longa experiência na Câmara dos Deputados, na qual participara de subcomissões importantes relacionadas à defesa e inteligência, lhe deu uma visão geral dos desafios da política externa.

A tarefa histórica enfrentada por Ford seria superar as divisões internas. Na sua política externa, ele batalhou — e, numa grande medida, conseguiu — para associar poder e princípios. Seu governo testemunhou a conclusão do primeiro acordo já firmado entre Israel e um Estado árabe — nesse caso, o Egito — cujas disposições eram, em sua maioria, de ordem política. O segundo acordo de desocupação do Sinai marcou a inequívoca guinada do Egito rumo a um acordo de paz. Ford deu início a uma diplomacia ativa para produzir governos majoritários no sul da África — foi o primeiro presidente americano a assumir explicitamente essa posição. Enfrentando uma forte oposição interna, ele supervisionou a conclusão da Conferência de Segurança Europeia. Entre suas muitas determinações estavam cláusulas que consagravam os direitos humanos como um dos princípios de segurança europeus. Esses termos foram usados por indivíduos heroicos como Lech Walesa, na Polônia, e Václav Havel, na Tchecoslováquia, para fazer chegar a seus países a democracia e dar início ao processo de declínio do comunismo.

Comecei o elogio que proferi no funeral do presidente Ford com as seguintes palavras:

> Segundo uma antiga tradição, Deus preserva a humanidade a despeito
> de suas muitas transgressões porque, em toda época, existem dez indi-
> víduos justos que, sem ter consciência de seu papel, acabam por redi-
> mir a humanidade. Gerald Ford foi um desses homens.

Jimmy Carter tornou-se presidente quando o impacto da derrota dos Estados Unidos na Indochina começou a se traduzir numa série de desafios inconcebíveis na época em que o país ainda contava com uma aura de invencibilidade. O Irã, até então um dos pilares da ordem regional do Oriente Médio, foi tomado por um grupo de aiatolás que declararam efetivamente uma guerra política e ideológica contra os Estados Unidos, subvertendo o equilíbrio de poder que existira até então no Oriente Médio. Símbolo disso foi o encarceramento da missão diplomática americana em Teerã por mais de quatrocentos dias. Quase ao mesmo tempo, a União Soviética se sentiu em condições de invadir e ocupar o Afeganistão.

Em meio a essa turbulência, Carter demonstrou a coragem moral de fazer o processo de paz no Oriente Médio avançar até uma cerimônia de assinatura de um acordo na Casa Branca. O tratado de paz entre Israel e Egito foi um acontecimento histórico. Ainda que sua origem esteja na eliminação da influência soviética e no começo do processo de paz por parte de governos anteriores, sua conclusão sob Carter foi o ápice do esforço de uma diplomacia persistente e determinada. Carter consolidou a abertura em relação à China ao estabelecer relações diplomáticas plenas com Pequim, cristalizando assim o consenso bipartidário por trás da nova direção. E reagiu fortemente à invasão do Afeganistão pela União Soviética, oferecendo apoio aos que resistiam à investida soviética. Num período de grande angústia, Carter reafirmou os valores associados à dignidade humana, essenciais para a imagem que os Estados Unidos tinham de si mesmos, mesmo quando hesitava diante de novos desafios estratégicos — para encontrar o adequado equilíbrio entre poder e legitimidade — já na fase final de seu mandato.

Ronald Reagan e o fim da Guerra Fria

Raramente os Estados Unidos produziram um presidente tão apropriado para a sua época e tão afinado com ela como Ronald Reagan. Uma década

Ordem mundial | 311

antes, Reagan tinha parecido excessivamente militante para que fosse considerado um candidato viável. Uma década mais tarde, suas convicções poderiam ter parecido demasiado unidimensionais. Porém, ao se defrontar com uma União Soviética cuja economia estava em estagnação e cuja liderança gerontocrática se mostrava, quase que literalmente e em série, às portas da morte, e contando com o apoio de uma opinião pública americana ansiosa para deixar para trás um período de desilusões, Reagan combinou as forças latentes, e às vezes aparentemente discordantes dos Estados Unidos: seu idealismo, sua resiliência, sua criatividade e sua vitalidade econômica.

Percebendo uma potencial fraqueza soviética e nutrindo uma profunda confiança na superioridade do sistema americano (ele havia lido mais extensamente sobre a filosofia política americana do que julgavam seus críticos), Reagan combinava os dois elementos — poder e legitimidade — que na década anterior tinham gerado a ambivalência americana. Ele desafiou a União Soviética para uma corrida em termos de armas e tecnologia que ela não poderia vencer, tomando como base programas que há muito se arrastavam no congresso. O que veio a ser conhecido como Iniciativa de Defesa Estratégica — um escudo defensivo contra ataques de mísseis — era alvo de muita ironia no congresso e na mídia quando Reagan colocou o programa em andamento. Hoje em dia é amplamente reconhecido o fato de o programa ter contribuído para convencer a liderança soviética da futilidade de travar uma corrida armamentista com os Estados Unidos.

Ao mesmo tempo, Reagan gerou um ímpeto psicológico com pronunciamentos que quase iam além do moralismo wilsoniano. Talvez o mais eloquente exemplo tenha sido seu discurso de despedida ao deixar seu gabinete em 1989, no qual descreveu sua visão dos Estados Unidos como a cidade brilhando no alto da colina:

> Durante toda a minha vida política falei da cidade que brilhava, mas não sei se algum dia transmiti exatamente o que vi ao falar dela. Mas na minha mente, era uma cidade grande e imponente, construída sobre rochas mais fortes do que os oceanos, varrida pelos ventos, abençoada por Deus e fervilhando de gente de todo tipo, vivendo em paz e harmonia — uma cidade com portos livres animados pelo comércio

312 | *Os Estados Unidos: superpotência ambivalente*

e pela criatividade, e se fosse preciso ter muralhas em torno da cidade, as muralhas teriam portas, e as portas seriam abertas para quem tivesse a vontade e a disposição de chegar aqui. É desse jeito que eu a via, e é como ainda a vejo.[27]

Os Estados Unidos como uma cidade brilhando numa colina não era, para Reagan, uma metáfora; ela existia realmente para ele porque sua força de vontade a fazia existir.

Essa era uma diferença importante entre Ronald Reagan e Richard Nixon, cujas políticas eram bastante paralelas e, não raro, idênticas. Nixon considerava a política externa como um esforço sem fim, como uma série de ritmos a serem administrados. Ele lidou com suas complexidades e contradições como se tratassem de deveres de casa passados por um professor particularmente exigente. Ele confiava que os Estados Unidos acabariam saindo vitoriosos, porém, ao longo de um processo demorado, resultado de um esforço duro, talvez depois que já tivesse deixado o cargo. Reagan, ao contrário, resumiu sua estratégia para a Guerra Fria para um assessor em 1977 num epigrama tipicamente otimista: "Nós ganhamos, eles perdem." O estilo político de Nixon foi importante para devolver a fluência da diplomacia da Guerra Fria; o estilo de Reagan foi indispensável para terminar com ela.

Num determinado plano, a retórica de Reagan — incluindo seu discurso de março de 1983 se referindo à União Soviética como o Império do Mal — poderia ter formalizado o fim de qualquer futuro para a diplomacia Leste-Oeste. Num plano mais profundo, simbolizou um período de transição, enquanto a União Soviética tomava consciência da futilidade da corrida armamentista e sua liderança cada vez mais idosa se via diante da questão da sucessão. Escondendo sua complexidade sob um verniz de simplicidade, Reagan também apresentou uma visão de reconciliação com a União Soviética, indo muito além do que Nixon jamais se disporia a explicitar.

Reagan estava convencido de que a intransigência comunista baseava-se mais na ignorância do que em má vontade, mais num mal-entendido do que na hostilidade. Ao contrário de Nixon, para quem cálculos com base no interesse nacional de cada país poderiam conduzir a uma acomodação entre os Estados Unidos e a União Soviética, Reagan acreditava ser mais provável que o conflito terminasse com a compreensão por parte do adversário da superioridade dos princípios americanos. Em 1984, por ocasião da nomeação do veterano do Partido Comunista, Konstantin Chernenko, como líder máximo soviético, Reagan confidenciou ao seu diário: "Meu instinto me diz que eu gostaria de ter uma conversa com ele sobre os nossos problemas, de homem para homem, para ver se poderia convencê-lo de que existiria um benefício material a ser ganho pelos soviéticos se eles se juntassem à família das nações etc."[28]

Quando Mikhail Gorbatchóv sucedeu Chernenko um ano mais tarde, o otimismo de Reagan aumentou. Falou aos seus conselheiros sobre seu sonho de acompanhar o novo líder soviético numa visita guiada por um bairro típico da classe trabalhadora americana. Como contou um biógrafo, Reagan imaginava "que o helicóptero pousaria e Reagan convidaria Gorbatchóv a bater numa porta para perguntar aos moradores 'o que pensavam sobre o nosso sistema'. Os trabalhadores lhe contariam como era maravilhoso morar nos Estados Unidos".[29] Tudo isso acabaria por persuadir a União Soviética a se somar ao movimento global rumo à democracia, e isso por sua vez viria a produzir a paz — porque "governos que se baseiam no consentimento dos governados não fazem guerra contra seus vizinhos" —, um princípio básico da visão que Wilson tinha da ordem internacional.[30]

Aplicando essa visão ao controle de armas nucleares, Reagan, na reunião de cúpula de Reykjavík com Gorbatchóv, em 1986, propôs a eliminação de todos os sistemas de lançamento de armas nucleares, ainda que conservando e construindo sistemas antimísseis. Um desfecho como esse representaria a realização de um dos objetivos tantas vezes anunciado por Reagan, ou seja, o de eliminar a possibilidade de uma guerra nuclear ao acabar com o poderio ofensivo para tal e contendo os violadores do acordo com sistemas de defesa antimísseis. A ideia ia além da imaginação de Gorbatchóv, sendo esse o motivo de ele ter barganhado e insistido ferozmente em confinar os sistemas de defesas antimísseis a "testes de laboratório". (A proposta para eliminar sistemas de lançamento de armas nucleares estava, em todo caso, além das possibilidades práticas, pois teria sido objeto de firme oposição por parte da primeira-ministra Margareth Thatcher e do presidente François Mitterrand, que estavam convencidos de que a Europa não poderia ser defendida sem armas nucleares e que consideravam suas capacidades independentes de deterrência como um seguro de última instância.) Anos mais tarde, perguntei ao embaixador soviético Anatoly Dobrynin por que os soviéticos não tinham oferecido uma proposta de compromisso sobre a questão dos testes. Ele retrucou: "Porque nunca nos ocorreu a possibilidade de que Reagan iria simplesmente abandonar a negociação."

Gorbatchóv procurou responder à visão de Reagan com um conceito de reforma soviética. Porém, em meados dos anos 1980, o "equilíbrio de forças", que os líderes soviéticos nunca tinham cansado de evocar ao longo de décadas de seu domínio, acabou se virando contra eles. Era impossível dar sustentação a quatro décadas de expansão imperial em todas as direções com base num modelo econômico que não funcionava. Os Estados Unidos, a despeito de suas divisões e vacilações, tinham preservado os elementos essenciais de uma situação de força; ao longo de duas gerações haviam construído uma coalizão informal antissoviética, incluindo um em cada dois grandes centros industriais e a maior parte do mundo em desenvolvimento. Gorbatchóv compreendeu que a União Soviética não seria capaz de sustentar o curso no qual vinha insistindo, mas ele subestimou a fragilidade do sistema soviético. Seus apelos por reforma — *glasnost* (abertura) e *perestroika* (reestruturação) — liberaram forças desorganizadas demais para empreenderem uma reforma genuína e desmoralizadas demais para continuarem a exercer uma liderança totalitária, de um modo muito parecido com o que Kennan previra meio século antes.

Apenas o compromisso idealista de Reagan com a democracia não poderia ter produzido esse desfecho; políticas fortes nas áreas de defesa e da economia, uma análise perspicaz das fraquezas soviéticas e um alinhamento singularmente favorável de circunstâncias externas, todos esses fatores exerceram um papel no sucesso de suas políticas. E no entanto, sem o idealismo de Reagan, beirando às vezes um repúdio à história — o fim do desafio soviético não teria se dado em meio a tal afirmação de um futuro democrático.

Quarenta anos antes e por décadas desde então, considerou-se que a União Soviética era o principal obstáculo a uma ordem mundial pacífica.

O corolário era o de que o colapso do comunismo — imaginado, se é que era imaginado, em algum futuro distante — traria com ele uma era de estabilidade e boa vontade. Logo ficou claro que a história geralmente opera em termos de longos ciclos. Antes que uma nova ordem internacional pudesse ser construída, seria necessário lidar com os destroços da Guerra Fria.

Essa tarefa coube a George H. W. Bush, que administrou a hegemonia americana com moderação e sabedoria. Tendo crescido patrício em Connecticut, porém optando por fazer sua fortuna no Texas, região dos Estados Unidos animada por um espírito vital e empreendedor, e contando com ampla experiência em todos os níveis do aparato de governo, Bush lidou de modo muito hábil com uma impressionante sucessão de crises que puseram à prova tanto a implementação dos valores dos Estados Unidos como o alcance de seu imenso poder. Poucos meses depois de sua posse, a crise resultante das manifestações em Tiananmen,* na China, desafiou os valores americanos básicos, mas também ressaltou a importância para o equilíbrio global da preservação do relacionamento entre Estados Unidos e China. Tendo sido chefe do escritório de representação diplomática em Pequim (antes do estabelecimento pleno de relações formais), Bush agiu de modo a manter os princípios americanos sem ao mesmo tempo eliminar a possibilidade de, em última instância, retomar a cooperação. Ele administrou a unificação da Alemanha — até então considerada como uma provável causa de uma guerra — por meio de uma diplomacia habilidosa, facilitada por sua decisão de não se aproveitar do constrangimento soviético diante do desmoronamento de seu império. Nesse espírito, quando o Muro de Berlim caiu, em 1989, Bush rejeitou todas as propostas para que voasse até Berlim a fim de celebrar essa demonstração do colapso da diplomacia soviética.

O modo hábil como Bush levou a Guerra Fria à sua conclusão turvou a lembrança de todas as disputas internas ao longo das quais o esforço americano tinha sido sustentado e que iriam caracterizar os desafios da etapa seguinte. À medida que a Guerra Fria se distanciava, o consenso

---

* Também conhecida como a praça da Paz Celestial. (N.R.T.)

americano afirmava que o principal trabalho de conversão tinha sido realizado. Uma ordem mundial pacífica iria agora se desenvolver, contanto que as democracias tivessem o cuidado de oferecer assistência à onda final de transformações democráticas nos países ainda sob regimes autoritários. A derradeira visão wilsoniana iria ser concretizada. Instituições livres, políticas e econômicas, se espalhariam terminando por fazer submergir antagonismos superados em meio a uma harmonia mais ampla.

Nesse espírito, Bush derrotou a agressão iraquiana no Kuwait durante a primeira Guerra do Golfo ao forjar uma coalizão dos dispostos,* por meio das Nações Unidas, a empreender a primeira ação conjunta envolvendo grandes potências desde a Guerra da Coreia; ele interrompeu as operações militares quando foi atingido o limite autorizado relas resoluções da ONU (talvez, na condição de ex-embaixador americano nas Nações Unidas, ele tenha procurado tirar proveito da lição oferecida pela decisão do general MacArthur de cruzar a linha que dividia as duas Coreias depois de sua vitória em Inchon).

Por um breve período, o consenso global por trás da derrota, liderada pelos Estados Unidos, da conquista militar do Kuwait por Saddam Hussein em 1991 pareceu dar razão à eterna esperança americana de contar com uma ordem internacional baseada no império da lei. Em Praga, em novembro de 1990, Bush invocou uma "comunidade da liberdade", que viria a ser governada pelo império da lei; esta seria "uma comunidade moral unida em sua dedicação aos ideais da liberdade".[31] Essa comunidade estaria aberta à adesão de todos; talvez algum dia viesse a se tornar universal. Enquanto tal, "a força poderosa e crescente da comunidade da liberdade forjaria para todas as nações uma nova ordem mundial bem mais estável e segura do que qualquer outra que já conhecemos".[32] Os Estados Unidos e seus aliados passariam "de uma política de contenção para ir além, aplicando uma política de engajamento ativo".[33]

O mandato de Bush foi interrompido pela derrota eleitoral em 1992, em certo sentido porque ele concorreu como um presidente voltado à política externa, enquanto seu oponente, Bill Clinton, apelou para uma opi-

---

* *Coalition of the willing*, termo usado frequentemente desde então para denominar coalizões internacionais *ad hoc* formadas para lidar com crises específicas. (N.R.T.)

nião pública farta de guerra, prometendo manter seu foco num programa voltado para o plano interno. No entanto, rapidamente o presidente recém-eleito reafirmou uma vocação para a política externa comparável à de Bush. Clinton expressou a confiança que caracterizava a época quando, em 1993, falando à Assembleia Geral das Nações Unidas, descreveu seu conceito de política externa como sendo não de contenção, mas de "ampliação".[34] "Nosso propósito primeiro", ele anunciou, "deve ser o de expandir e fortalecer a comunidade mundial das democracias baseadas em economias de mercado". Segundo essa visão, como os princípios da liberdade política e econômica eram universais "da Polônia à Eritreia, da Guatemala à Coreia do Sul", a sua disseminação não exigiria nenhum recurso à força. Ao descrever um empreendimento que consistia em tornar possível uma evolução histórica inevitável, Clinton prometeu que a política americana aspiraria a "um mundo de democracias vigorosas, que cooperariam umas com as outras e viveriam em paz".[35]

Quando o secretário de Estado Warren Christopher procurou aplicar o princípio da ampliação à República Popular da China, condicionando os laços econômicos a modificações que teriam de ser feitas no interior do sistema chinês, ele recebeu como resposta uma rejeição ríspida. Os líderes chineses insistiram que as relações com os Estados Unidos só poderiam ser conduzidas sobre uma base geoestratégica, não (como se supunha) com base num progresso da China rumo a uma liberalização política. Na altura do terceiro ano de seu mandato, a abordagem de Clinton em relação à ordem mundial sofreu um recuo, adotando uma prática menos insistente.

Enquanto isso, o conceito de ampliação encontrava um adversário animado por uma postura muito mais militante. O jihadismo procurava espalhar sua mensagem e atacava os valores e as instituições ocidentais, particularmente aqueles dos Estados Unidos, como o principal obstáculo que teriam à sua frente. Poucos meses antes do discurso de Clinton diante da Assembleia Geral da ONU, um grupo internacional de extremistas, incluindo um cidadão americano, detonou uma bomba no World Trade Center, em Nova York. Seu alvo alternativo, caso o primeiro tivesse sido frustrado, teria sido o edifício do secretariado das Nações Unidas. O conceito vestfaliano de Estado e de direito internacional, como eram baseados em normas não explicitamente prescritas no Corão, eram tidos por esse movimento como uma abominação. A democracia era motivo de objeção similar por sua capacidade de legislar à parte da lei da *sharia*. Os Estados Unidos, na visão dessas forças jihadistas, exercia o papel de opressor dos muçulmanos, que procuravam pôr em prática sua própria missão universal. O desafio ficou patente com os ataques em Nova York e Washington a 11 de setembro de 2001. Pelo menos no Oriente Médio, o fim da Guerra Fria propiciou não a época de consenso democrático pela qual muitos ansiavam, mas uma nova era de confronto ideológico e militar.

As Guerras do Afeganistão e Iraque

Depois do angustiante debate a respeito das "lições do Vietnã", dilemas igualmente intensos voltaram a se apresentar três décadas mais tarde com as guerras no Afeganistão e no Iraque. Ambos os conflitos tiveram suas origens no rompimento da ordem internacional. Para os Estados Unidos, ambos terminaram em retirada.

Afeganistão

A Al-Qaeda, ao anunciar uma *fatwa* em 1998 exortando o assassinato indiscriminado de americanos e judeus por toda parte, desfrutava de santuário no Afeganistão, cuja autoridade governante, o Talibã, se recusou a expulsar a liderança do grupo e seus combatentes. Era inevitável uma resposta americana ao ataque ocorrido em seu solo, e este fato era amplamente admitido em todo o mundo.

Um novo desafio se abria quase que imediatamente: como estabelecer a ordem internacional quando os principais adversários são organizações não estatais que não defendem nenhum território específico e rejeitam os princípios estabelecidos de legitimidade.

A guerra do Afeganistão teve início sob a égide da unanimidade nacional e do consenso internacional. A possibilidade de uma ordem internacional com base no império da lei pareceu se concretizar quando a OTAN, pela primeira vez na história, aplicou o artigo 5 do Tratado do Atlântico Norte — que estipula: "Um ataque armado contra um ou mais (dos aliados que integram a OTAN) na Europa ou na América do Norte deve ser considerado um ataque contra todos." Nove dias após os ataques de 11 de setembro, o presidente George W. Bush emitiu um ultimato para as autoridades do Talibã, no Afeganistão, que à época ofereciam guarida à Al-Qaeda: "Entreguem às autoridades dos Estados Unidos todos os líderes da Al-Qaeda escondidos em seu país... Deem aos Estados Unidos pleno acesso aos campos de treinamento de terroristas, de modo que possamos nos assegurar de que eles não mais serão usados."[36] Quando o Talibã se recusou a cumprir essas exigências, os Estados Unidos e seus aliados deflagraram uma guerra cujos objetivos foram descritos por Bush em termos igualmente limitados: "Essas ações cujos alvos serão escolhidos cuidadosamente foram concebidas para interromper o uso do Afeganistão como uma base de operações terroristas e abalar o poderio militar do regime do Talibã."[37]

Advertências iniciais a respeito da história do Afeganistão como "o túmulo de impérios" pareciam infundadas. Depois de um rápido esforço liderado pelos americanos, britânicos e forças aliadas afegãs, os Talibãs foram depostos. Em dezembro de 2001, uma conferência internacional em Bonn, na Alemanha, proclamou um governo provisório afegão tendo à frente Hamid Karzai e deu a partida num processo para convocar uma *loya jirga* (um tradicional conselho tribal) com o objetivo de conceber e ratificar instituições afegãs no pós-guerra. Os objetivos aliados pareciam ter sido atingidos.

Os participantes das negociações em Bonn afirmaram de forma otimista uma visão grandiosa: "O estabelecimento de um governo amplo, sensível às questões de gênero, multiétnico e plenamente representativo."[38] Em 2003, uma resolução do Conselho de Segurança das Nações Unidas autorizou a expansão da Força de Assistência de Segurança Internacional da OTAN

> para apoiar a autoridade afegã de Transição e seus sucessores na manutenção da segurança em áreas do Afeganistão fora de Cabul e de seus arredores, de modo que as autoridades afegãs, assim como os funcionários da ONU... possam atuar num ambiente seguro.[39]

A premissa central do esforço americano e aliado passou a ser "reconstruir o Afeganistão" por meio de um governo afegão democrático, pluralista e transparente, cuja jurisdição abrangesse o país inteiro e um exército nacional afegão capaz de assumir a responsabilidade pela segurança em

320 | *Os Estados Unidos: superpotência ambivalente*

bases nacionais. Com um idealismo exuberante, esses esforços — era o que se imaginava — seriam comparáveis aos que levaram à reconstrução da democracia na Alemanha e no Japão depois da Segunda Guerra.

Nenhuma instituição na história do Afeganistão ou na de qualquer parte dele oferecia um precedente para um esforço voltado para uma meta tão abrangente.[40] Tradicionalmente, o Afeganistão tinha sido menos um Estado no sentido convencional do que uma expressão geográfica para uma área nunca antes colocada sob administração de uma única autoridade. Pela maior parte da história de que se guarda algum registro, as tribos e seitas afegãs têm estado em guerra umas com as outras, unindo-se por curtos períodos para fazer frente a algum invasor ou desfechar ataques para saquear seus vizinhos. As elites em Cabul podem se entregar a experiências periódicas com instituições parlamentares, mas fora da capital predomina um antigo código de honra tribal. A unificação do Afeganistão foi alcançada por estrangeiros apenas de modo não intencional, quando as tribos e seitas se uniam para enfrentar um invasor.

Assim, o que as forças americanas e da OTAN encontraram no início do século XXI não era algo radicalmente diferente do cenário encontrado pelo jovem Winston Churchill em 1897:

> Exceto na época da colheita, quando a necessidade de autopreservação impõe uma trégua temporária, as tribos Pathan [Pashtun] estão sempre engajadas em guerras públicas ou privadas. Cada homem é um guerreiro, um político e um teólogo. Cada grande casa é uma verdadeira fortaleza feudal. [...] Cada aldeia conta com a sua defesa. Cada família cultiva suas vendetas, cada clã, a sua rixa. As numerosas tribos e combinações de tribos têm todas contas a ajustar umas com as outras. Nada jamais é esquecido, e pouquíssimas dívidas deixam de ser cobradas.[41]

Nesse contexto, a coalizão proclamada e os objetivos das Nações Unidas de contar com um governo central afegão, democrático e transparente, operando num ambiente seguro, resultavam numa radical reinvenção da história afegã. Efetivamente elevou um clã acima de todos os outros — a tribo pashtun Popalzai, de Hamid Karzai — e precisava disso para se estabelecer através do país, seja pela força (a sua própria ou a da coalizão internacional), seja pela distribuição dos espólios da ajuda internacional, ou por ambos. Inevitavelmente, os esforços exigidos para impor instituições como essas acabavam por atropelar prerrogativas arraigadas, alterando o caleidoscópio formado por alianças tribais, de modo que era difícil para qualquer força estrangeira compreender ou controlar.

A eleição americana de 2008 veio acrescentar ambivalência à complexidade. O novo presidente, Barack Obama, tinha feito sua campanha baseado na proposta de que iria devolver à guerra "necessária" no Afeganistão as forças desperdiçadas na guerra "burra" no Iraque, à qual ele pretendia pôr um fim. Porém uma vez empossado, ele estava determinado a aplicar às prioridades domésticas um foco característico da atmosfera de paz. O resultado foi a reemergência da ambivalência que tem acompanhado as campanhas militares no período pós-Segunda Guerra Mundial: o envio de 30 mil soldados adicionais para um "repique" no Afeganistão acoplado, no mesmo discurso, com um prazo público de 18 meses para o início da sua retirada. A razão de ser desse prazo, argumentou-se, era oferecer um incentivo ao governo de Karzai para acelerar seus esforços no sentido de construir um governo central e um exército modernos, que pudessem substituir os americanos. E, contudo, basicamente, o objetivo de uma estratégia de guerrilha como a do Talibã é a de sobreviver às forças empenhadas na defesa do país. Para a liderança de Cabul, o anúncio de uma data fixa na qual eles perderiam o apoio vindo de fora desencadeou um processo de manobras entre as facções, inclusive da parte do Talibã.

Os avanços feitos pelo Afeganistão nesse período foram significativos e conquistados a duras penas. Demonstrando não pouca ousadia, a população adotou as instituições eleitorais — pois o Talibã continua a ameaçar de morte aqueles que participam nas estruturas democráticas. Os Estados Unidos também obtiveram sucesso em seu objetivo de localizar e eliminar Osama bin Laden, enviando uma poderosa mensagem sobre o alcance do poderio do país e de sua determinação de vingar atrocidades que venham a ser cometidas.

Entretanto, as perspectivas regionais permanecem desafiadoras. No período que se seguiu à retirada americana (iminente no momento em que escrevia estas páginas), a soberania do governo afegão provavelmente se faz sentir em Cabul e seus arredores, mas não se manifesta de maneira uniforme pelo resto do país. Lá, acaba por prevalecer uma confederação de regiões semiautônomas, feudais, estabelecida sob bases étnicas, influenciada substancialmente por potências estrangeiras rivais. O desafio será retornar até onde tudo começou — a compatibilidade de um Afeganistão independente com uma ordem política regional.

Os vizinhos do Afeganistão deveriam ter um interesse nacional no mínimo equivalente ao dos Estados Unidos — e, a longo prazo, um interesse muito maior — em definir e propiciar uma solução coerente, não jihadista, para o Afeganistão. Cada um dos vizinhos do Afeganistão se arriscaria a sofrer uma convulsão no interior de suas próprias fronteiras se o Afeganistão retornasse ao seu status de antes da guerra, o de uma base para organizações jihadistas não estatais ou a de um Estado dedicado a políticas jihadistas: o Paquistão, acima de todos os outros, em sua estrutura doméstica inteira; a Rússia em suas regiões sul e oeste, parcialmente islâmicas; a China com sua província de Xinjiang, com grande população muçulmana; e mesmo o Irã xiita, devido a correntes sunitas fundamentalistas. Todos eles, de um ponto de vista estratégico, seriam mais ameaçados por um Afeganistão receptivo ao terrorismo do que os Estados Unidos (exceto, talvez, o Irã, que, diante de uma situação caótica em suas fronteiras, se sente capaz de manipular as facções em luta, como tem feito na Síria, Líbano e Iraque).

A suprema ironia pode ser a de que o Afeganistão, dilacerado pela guerra, possa vir a ser um estudo de caso para descobrir se uma ordem regional pode ser atingida a partir de interesses de segurança e perspectivas históricas divergentes. Sem um programa internacional sustentável voltado para a segurança do Afeganistão, cada um dos vizinhos irá apoiar facções rivais através dos antigos critérios étnicos e sectários. O desfecho possível poderia vir a ser uma partilha *de facto*, com o Paquistão controlando o sul Pashtun, e a Índia, a Rússia e talvez a China exercendo sua influência sobre a região norte, etnicamente mais diversa. Para evitar um vácuo, é necessário um esforço diplomático substancial para definir uma ordem regional capaz de lidar com a emergência do Afeganistão como um centro jihadista. No século XIX, as grandes potências garantiam a neutralidade belga, uma garantia que durou quase cem anos.[42] Seria possível, com as devidas redefinições, conseguir algo equivalente? Se um conceito como esse — ou algo comparável — não conseguir ser obtido, o Afeganistão tem uma grande chance de arrastar o mundo de volta ao seu permanente estado de guerra.

IRAQUE

No rastro dos ataques de 11 de setembro, o presidente George W. Bush articulou uma estratégia global para se contrapor ao extremismo jihadista e dar sustentação à ordem internacional estabelecida, infundindo nela um compromisso com a transformação democrática. As "grandes lutas do século XX", argumentava o documento da Casa Branca *Estratégia de Segurança Nacional*, de 2002, haviam demonstrado que existia "um único modelo sustentável para o sucesso das nações: liberdade, democracia e a livre iniciativa".

O momento atual, enfatizava a *Estratégia de Segurança Nacional*, é marcado por um mundo em estado de choque diante de uma atrocidade terrorista sem precedentes e as grandes potências "do mesmo lado — unidas pelos perigos comuns representados pela violência terrorista e pelo caos".[43] O estímulo proporcionado por instituições livres e as relações de cooperação entre as grandes potências ofereciam "a melhor chance desde a ascensão da instituição do Estado-nação no século XVII para construir um mundo no qual as grandes potências possam competir em paz, em vez de se prepararem continuamente para a guerra". O núcleo do que veio a ser conhecido como a Agenda da Liberdade era a transformação do Iraque de um dos Estados mais repressivos do Oriente Médio numa democracia multipartidária, o que viria por sua vez a inspirar uma transformação democrática regional: "A democracia iraquiana terá sucesso — e este sucesso levará adiante a notícia, de Damasco a Teerã, de que a liberdade pode vir a ser o futuro de todas as nações."[44]

A Agenda da Liberdade não era, como mais tarde alegaram, uma invenção arbitrária de um único presidente e sua equipe de assessores. Sua premissa básica era a elaboração de temas quintessencialmente americanos. A *Estratégia de Segurança Nacional* de 2002 — o primeiro a explicitar essa política — repetia os argumentos do NSC-68 que, em 1950, tinha definido a missão dos Estados Unidos na Guerra Fria, ainda que com uma diferença decisiva. O documento de 1950 havia recorrido aos valores americanos na defesa do mundo livre. O documento de 2002 defendia a necessidade de pôr um fim à tirania por toda parte em defesa dos valores universais associados à liberdade.

A Resolução 687, de 1991, do Conselho de Segurança da ONU havia exigido que o Iraque eliminasse todos os seus estoques de armas de destruição em massa e se comprometesse a jamais desenvolver novamente esse tipo de armas.[45] Desde então dez resoluções do Conselho de Segurança tinham denunciado o Iraque por importantes violações dessa determinação.

O que houve de singular — e tradicionalmente norte-americano — a respeito desse esforço militar no Iraque foi a decisão de encarar o que era efetivamente uma ação para implementação de uma ordem legal como um aspecto de um projeto destinado a disseminar a liberdade e a democracia. Os Estados Unidos reagiram à onda crescente do universalismo islâmico radical, reafirmando a universalidade dos seus próprios valores e de seu conceito de ordem mundial.

A premissa básica obteve, a princípio, um apoio significativo da opinião pública, especialmente com relação à remoção de Saddam Hussein. Em 1998, o congresso dos Estados Unidos aprovou o Ato de Libertação do Iraque com apoio bipartidário esmagador (360-38 na câmara e unanimemente no senado), declarando que "a política dos Estados Unidos deveria ser a de apoiar esforços para derrubar do poder no Iraque o regime liderado por Saddam Hussein e promover a emergência de um governo democrático que substitua esse regime". Ao assinar a lei a 31 de outubro, mesmo dia da sua aprovação pelo senado, o presidente Clinton expressou o consenso manifestado por ambos os partidos:

> Os Estados Unidos desejam que o Iraque volte a se integrar à família das nações como um integrante que se mostre amante da liberdade e respeitador das leis. Isso corresponde ao nosso interesse e aos de nossos aliados na região. [...] Os Estados Unidos estão oferecendo apoio a grupos da oposição de todos os setores da comunidade iraquiana que possam conduzir à formação de um governo que conte com apoio popular.[46]

Como não era permitida a existência de nenhum partido no Iraque, exceto o Partido Baath, no poder, liderado com mão de ferro por Saddam Hussein, e, portanto, formalmente não existia nenhum partido de oposição, a frase do presidente significava necessariamente que os Estados Unidos criariam um programa secreto destinado à derrubada do ditador iraquiano.

Depois da intervenção militar no Iraque, Bush elaborou implicações mais abrangentes num discurso de 2003, celebrando o vigésimo aniversário do National Endowment for Democracy.* Bush condenou as políticas anteriormente adotadas pelos Estados Unidos para a região por terem priorizado a busca da estabilidade em detrimento da liberdade:

> Os sessenta anos em que as nações ocidentais se eximiram e se acomodaram à falta de liberdade no Oriente Médio nada fizeram para nos deixar mais seguros — porque, a longo prazo, a estabilidade não pode ser adquirida em troca da liberdade.

Nas novas circunstâncias existentes no século XXI, abordagens políticas tradicionais apresentavam riscos inaceitáveis. O governo estava, portanto, mudando o foco de sua política da estabilidade para "uma estratégia de maior iniciativa no sentido de promover a liberdade no Oriente Médio".[47] A experiência americana na Ásia e na Europa demonstrou que "o progresso da liberdade conduz à paz".

Eu apoiei a decisão de promover uma mudança de regime no Iraque. Tinha dúvidas, manifestadas em público e em fóruns governamentais, sobre a expansão da iniciativa no sentido de construir uma nação e suas instituições e sobre criar em relação ao empreendimento uma expectativa de alcance tão universal. Porém, antes de registrar minhas objeções, quero expressar aqui meu contínuo respeito e afeição pelo presidente George W. Bush, que guiou os Estados Unidos com coragem, dignidade e convicção

---

* O National Endowment for Democracy, ou Fundação Nacional para a Democracia, é tecnicamente uma organização não governamental dirigida autonomamente, porém financiada na maior parte com recursos do Departamento de Estado americano por ordem do Congresso. A organização se dedica principalmente à promoção de ideais democráticos ao redor do mundo. (N.R.T.)

num período de grande instabilidade. Seus objetivos e sua dedicação honraram seu país mesmo quando, em alguns casos, se revelaram inatingíveis no âmbito dos ciclos que regem a política americana. Permanece como um símbolo de sua devoção à Agenda da Liberdade o fato de que Bush, nesse período de sua vida pós-presidência, continua a promovê-lo, tendo feito desse o tema principal de sua biblioteca presidencial em Dallas.

Tendo passado minha infância como integrante de uma minoria discriminada num sistema totalitário e depois como um imigrante nos Estados Unidos, vivenciei os aspectos liberadores dos valores americanos. Disseminá-los por meio do exemplo e da assistência civil, como no Plano Marshall e por meio de programas de ajuda econômica, é um ponto importante e honroso da tradição americana. Porém tentar implementá-los por meio de uma ocupação militar numa parte do mundo na qual esses valores não têm raízes históricas, e esperar que se dê uma mudança fundamental num período de tempo politicamente relevante — um critério fixado tanto pelos adeptos como pelos críticos da política americana para o Iraque —, mostrou estar além do que a opinião pública americana era capaz de suportar e do que a sociedade iraquiana conseguia aceitar.

Levando em conta as divisões étnicas no Iraque e o conflito milenar entre sunitas e xiitas, cuja linha divisória atravessa o centro de Bagdá, a tentativa de fazer retroceder legados históricos sob condições de combate, e em meio a debates internos que dividiam os Estados Unidos, impregnou o esforço americano com uma qualidade digna de um trabalho de Sísifo. A oposição persistente dos regimes vizinhos aumentava ainda mais as dificuldades. Todo o empreendimento tornou-se um esforço interminável, que parecia fracassar sempre que estava à beira de um sucesso.

Implementar uma democracia pluralista em substituição ao regime brutal de Saddam Hussein mostrou ser infinitamente mais difícil do que derrubar o ditador. Os xiitas, destituídos de todos os seus direitos e brutalizados por décadas de opressão com Hussein, tendiam a entender a democracia como a ratificação de sua dominação pela superioridade numérica. Os sunitas encaravam a democracia como um ardil usado para reprimi-los; com base nesse cálculo, os sunitas boicotaram as eleições de 2004, um fator vital para a definição da ordem constitucional do pós-guerra. Os curdos, ao norte, com a memória ainda viva dos massacres promovidos por Bagdá, numa iniciativa independente fortaleceram seu poderio militar e lutaram para controlar os campos de petróleo, de modo a obter uma renda que não dependesse de um orçamento nacional. Definiram sua autonomia em termos que pouco se diferenciavam, se é que se diferenciavam, da independência nacional.

As paixões, já exaltadas numa atmosfera de revolução e ocupação estrangeira, foram impiedosamente inflamadas e exploradas depois de 2003 por forças externas: o Irã apoiava grupos xiitas que procuravam subverter a recém-adquirida independência do novo governo; a Síria permitia a transferência de armas e jihadistas pelo seu território (produzindo, em última análise, consequências devastadoras para a sua própria coesão); e a Al-Qaeda deu início a uma campanha sistemática de massacre dos xiitas. Cada comunidade, numa medida cada vez maior, encarava a ordem do pós-guerra como uma batalha pelo poder em termos de tudo ou nada, lutando por poder, por território e pela renda do petróleo.

Nessa atmosfera, a corajosa decisão de Bush de janeiro de 2007 de recorrer a um aumento significativo de tropas para conter a violência foi respondida com uma moção de condenação não vinculante com apoio de 246 membros da Câmara; ainda que a iniciativa não tenha obtido sucesso — por razões procedimentais — no Senado, 56 senadores aderiram à oposição nesse gesto.[48] O líder da maioria no Senado logo declarou que "essa guerra está perdida e o aumento de tropas não está produzindo nenhum resultado". No mesmo mês, a Câmara e o Senado aprovaram leis, vetadas pelo presidente, determinando que as tropas começassem a ser retiradas dentro de um ano.

Bush, dizem, teria encerrado uma reunião de planejamento em 2007 com a pergunta: "Se não estamos lá para vencer, então por que estamos lá?"[49] A observação simboliza tanto a determinação da personalidade do presidente como a tragédia de um país cujo povo foi preparado por mais de meio século para enviar seus filhos e suas filhas para cantos remotos do mundo em defesa da liberdade, porém cujo sistema político não se mostrou capaz de arregimentar a mesma coesão e firmeza de propósito. Até o momento, o aumento de tropas, determinado de modo ousado por Bush e brilhantemente executado pelo general David Petraeus, obteve sucesso em salvar um resultado honroso da perspectiva de um colapso iminente, fazendo com que mudasse o estado de espírito americano. Barack Obama venceu as eleições primárias do Partido Democrata devido em parte à sua oposição à Guerra no Iraque. Ao tomar posse, ele prosseguiu com as críticas ao seu antecessor e empreendeu uma "estratégia de saída" com maior ênfase na saída do que na estratégia. No momento em que escrevo, o Iraque funciona como um campo de batalha central numa disputa sectária regional em andamento — seu governo tendendo para o Irã, elementos de sua população sunita empenhados numa oposição militar ao governo, membros de ambos os lados desse cisma sectário oferecendo apoio a esforços jihadistas em luta na Síria e o grupo terrorista ISIL procurando construir um califado através de metade do seu território.

A questão transcende os debates políticos sobre os fatos que antecederam a crise. A consolidação de uma entidade jihadista no coração do mundo árabe, equipada com um volume substancial de armas capturadas e com uma força de combate transnacional, engajada numa guerra religiosa com os grupos xiitas radicais iranianos e iraquianos, clama por uma resposta coordenada e enérgica; caso contrário se espalhará como uma metástase. Será necessário um contínuo esforço estratégico por parte dos Estados Unidos, dos outros membros permanentes do Conselho de Segurança e, possivelmente, de seus adversários regionais.

O propósito e o possível

A natureza da ordem internacional foi posta em questão quando a União Soviética emergiu como um desafio ao sistema de Estados vestfaliano. Décadas depois daqueles acontecimentos, é possível discutir se o equilíbrio buscado pelos Estados Unidos foi sempre o mais favorável. Porém é difícil negar que os Estados Unidos, num mundo de armas de destruição em massa e convulsões sociais e políticas, preservaram a paz, ajudaram a restaurar a vitalidade da Europa e proporcionaram uma ajuda econômica crucial para os países emergentes.

Foi na condução de suas guerras "quentes" que os Estados Unidos tiveram dificuldade em adequar propósito e possibilidade. Se em apenas uma das cinco guerras travadas pelos Estados Unidos depois da Segunda Guerra (Coreia, Vietnã, a primeira Guerra do Golfo, Iraque e Afeganistão), a primeira Guerra do Golfo sob o governo do presidente George H. W. Bush, os Estados Unidos realmente atingiram os objetivos a que tinham se proposto ao deflagrá-la sem uma forte divisão interna. Quando os desfechos dos outros conflitos — indo do empate à retirada unilateral — se tornaram inevitáveis, isso é tema para outro debate. Para os objetivos deste livro, basta afirmar que um país que precisa desempenhar um papel indispensável na busca de uma ordem mundial deve começar pela tarefa de chegar a um acordo a respeito desse papel e consigo mesmo.

É raro que a essência dos acontecimentos históricos apareça de forma totalmente clara para aqueles que estão vivenciando-os diretamente. A Guerra do Iraque pode ser vista como um acontecimento catalisador de uma transformação mais ampla na região — cujo caráter fundamental ainda nos é desconhecido e depende de um desfecho a longo prazo da Primavera Árabe, do desafio nuclear e geopolítico iraniano e do ataque jihadista ao Iraque e à Síria. O advento da política eleitoral no Iraque em 2004 quase certamente inspirou demandas por instituições abertas à participação em outras partes da região; o que ainda está para ser visto é se elas podem ser combinadas com o espírito de tolerância e o compromisso com soluções pacíficas.

À medida que os Estados Unidos passam em revista as lições de suas guerras no século XXI, é importante lembrar que nenhuma outra grande potência emprestou a seus esforços estratégicos aspirações tão profundas voltadas ao aprimoramento humano. Uma nação que proclama como seus objetivos de guerra não apenas punir seus inimigos, mas melhorar a vida do povo em questão — que buscou a vitória não na dominação, mas no ato de compartilhar os frutos da liberdade —, deve ter uma característica especial. Os Estados Unidos não seriam fiéis a si mesmos se abandonassem esse idealismo essencial. Nem tranquilizariam seus amigos (ou convenceriam seus adversários), deixando de lado esse aspecto tão vital de sua experiência nacional. Porém para serem eficazes, esses aspectos inspiradores de sua política precisam estar casados com uma análise não sentimental dos fatores subjacentes, incluindo uma configuração cultural e geopolítica de outras regiões e uma avaliação da dedicação e dos recursos dos adversários que se opõem aos interesses e valores americanos. As aspirações morais dos Estados Unidos precisam estar combinadas com uma abordagem que leve em conta o elemento estratégico da política em termos de que o povo americano seja capaz de apoiar e sustentar ao longo de ciclos políticos múltiplos.

O ex-secretário de Estado George Shultz explicitou com grande sabedoria os termos da ambivalência americana:

> Os americanos, sendo um povo moral, desejam uma política externa que reflita os valores que adotamos enquanto nação. Porém, os americanos, sendo um povo de índole prática, também querem uma política externa que seja eficaz.[50]

O debate interno americano é frequentemente descrito como uma disputa entre os paradigmas do idealismo e do realismo. Pode vir a ficar claro — para os Estados Unidos e para o resto do mundo — que, se os Estados Unidos não puderem satisfazer os dois, não serão capazes de satisfazer nenhum deles.

CAPÍTULO 9

Tecnologia, equilíbrio e consciência humana

CADA ERA TEM seu tema central recorrente, um conjunto de crenças que explica o universo, que inspira e conforta o indivíduo ao oferecer uma explicação para a multiplicidade de acontecimentos que lhe são impingidos. No período medieval, era a religião; no Iluminismo, era a razão; no século XIX e no século XX, foi o nacionalismo combinado a uma visão da história enquanto uma força motivadora. A ciência e a tecnologia são os conceitos que servem de guia para a nossa era. Ao longo da história, elas proporcionaram avanços sem precedentes para o bem-estar humano. Sua evolução transcende limitações culturais tradicionais. No entanto, elas também produziram armas capazes de destruir a humanidade. A tecnologia criou um meio de comunicação que permite contato instantâneo entre indivíduos ou instituições em qualquer lugar do planeta, assim como o armazenamento e a recuperação de enormes quantidades de informação ao toque de um botão. E, no entanto, essa tecnologia está imbuída de que propósitos? O que acontecerá à ordem internacional se a tecnologia se integrou de tal maneira à vida quotidiana a ponto de definir o seu próprio universo como sendo o único relevante? A capacidade de destruição da tecnologia associada às armas modernas é tão imensa que um medo comum pode unir a humanidade para eliminar o flagelo da guerra? Ou a posse dessas armas acabará por criar um mau presságio permanente? A rapidez e o alcance da comunicação farão cair as barreiras entre sociedades e indivíduos e proporcionarão uma transparência de tal magnitude que os sonhos seculares a respeito de uma comunidade humana se tornarão realidade? Ou ocorrerá o oposto: a humanidade, em meio às armas de destruição em massa, transparência em rede e a ausência de privacidade, se projetará rumo a um mundo sem limites ou ordem, adernando em meio a crises sem compreendê-las?

O autor não se propõe a ser um especialista nas modalidades mais avançadas de tecnologia; sua preocupação se restringe às suas consequências.

Ordem mundial na era nuclear

Desde que a história começou a ser registrada, unidades políticas — sejam descritas ou não como Estados — contavam com a guerra à sua disposição como último recurso. Contudo, a tecnologia que tornava a guerra possível também limitava o seu alcance. Os Estados mais poderosos e bem equipados só podiam projetar sua força por distâncias limitadas, em quantidades precisas e contra um determinado número de alvos. Líderes ambiciosos se viam tolhidos, tanto por convenções como pelas condições de sua tecnologia de comunicação. Rumos radicais para a ação eram inibidos pelo ritmo em que eles se desenrolavam. Instruções diplomáticas eram obrigadas a levar em conta contingências que poderiam se dar durante o tempo que a mensagem levaria para ir e voltar. Esse fato impunha certa pausa para reflexão e a admissão da diferença entre aquilo que os líderes podiam e não podiam controlar.

Quer uma balança de poder entre Estados funcionasse como um princípio formal, quer simplesmente fosse posta em prática sem elaborações teóricas, algum tipo de equilíbrio era um componente essencial de qualquer ordem internacional — seja na periferia, como no caso dos impérios romano e chinês, seja como um princípio que ocupava o cerne mesmo do sistema, como na Europa.

Com a Revolução Industrial, o ritmo da mudança se acelerou e o poder projetado pelos modernos recursos militares se tornou mais devastador. Quando o hiato tecnológico era grande, mesmo tecnologia rudimentar — pelos padrões atuais — poderia ter consequências equivalentes a um genocídio. Tecnologia europeia e doenças europeias contribuíram muito para varrer do mapa civilizações que existiam nas Américas. Com a promessa de novas eficiências vieram novos potenciais para destruição, na medida em que o impacto do recrutamento em massa multiplicava o efeito cumulativo da tecnologia.

O advento das armas nucleares levou esse processo ao auge. Na Segunda Guerra Mundial, cientistas das grandes potências se esforçaram para adquirir o domínio sobre o átomo e com ele a capacidade para liberar sua energia. Acabou prevalecendo o empreendimento americano, conhecido como Projeto Manhattan e contando com as melhores mentes dos Estados Unidos, Grã-Bretanha e da diáspora europeia. Após o bem-sucedido primeiro teste atômico realizado em julho de 1945 nos desertos do Novo México, J. Robert Oppenheimer, o físico teórico que liderava os trabalhos para desenvolver a arma secreta, pasmo com seu triunfo, evocou um verso do Bhagavad Gita: "Agora me tornei a Morte, a destruidora de mundos."

Em períodos anteriores, guerras embutiam um cálculo implícito: os benefícios da vitória compensavam o seu custo, e o lado mais fraco lutava para impor esses custos ao mais forte, de modo a perturbar essa equação. Alianças eram formadas para aumentar o poder, para não deixar nenhuma dúvida sobre o alinhamento de forças, para definir o *casus belli* (na medida em que é possível remover todas as dúvidas numa sociedade formada por Estados soberanos). A punição acarretada pelo conflito militar era considerada menor do que os custos de uma derrota. A era nuclear, ao contrário, tinha como base uma arma cujo uso imporia custos que eram desproporcionais em relação a qualquer possível benefício.

A era nuclear apresentava o dilema de encontrar um meio para enquadrar a capacidade de destruição das armas modernas em alguma espécie de relação moral ou política com os objetivos que estavam sendo buscados. A possibilidade de existência de qualquer tipo de ordem internacional — na verdade, de sobrevivência humana — exigia agora urgentemente a diminuição, se não a eliminação, de conflitos entre grandes potências. Procurou-se determinar um limite teórico — o ponto em que qualquer das superpotências se detivesse antes de usar seu pleno poderio militar.

334 | *Tecnologia, equilíbrio e consciência humana*

A estabilidade estratégica era definida enquanto um equilíbrio no qual nenhum dos dois lados usaria suas armas de destruição em massa porque o adversário, em retaliação, seria sempre capaz de infligir um nível inaceitável de destruição.[1] Numa série de seminários em, entre outras instituições, Harvard, Caltech, MIT e Rand Corporation, nas décadas de 1950 e 1960, uma doutrina de "uso limitado" explorou as possibilidades de se confinarem as armas nucleares ao campo de batalha ou a alvos militares. Todos esses esforços teóricos fracassaram; sejam quais forem os limites imaginados, uma vez ultrapassado o umbral da guerra nuclear, a tecnologia moderna acaba por atropelar quaisquer limites observáveis e sempre deixa aberta ao adversário a possibilidade de recorrer a uma escalada do confronto. Em última análise, estrategistas dos dois lados coincidiam, ao menos tacitamente, na consagração do conceito de destruição mútua garantida* como o mecanismo da paz nuclear. Tendo como base a premissa de que ambos os lados possuíam um arsenal nuclear capaz de sobreviver a um ataque inicial, o objetivo era contrabalançar ameaças suficientemente aterradoras de modo que nenhum dos lados cogitasse em efetivamente concretizá-las.

No fim dos anos 1960, a estratégia adotada por cada superpotência se apoiava na capacidade de infligir danos inaceitáveis ao seu suposto adversário. O que o adversário consideraria inaceitável, contudo, não se sabia; tampouco essa avaliação era comunicada entre as partes.

Uma qualidade surreal rondava esse cálculo de deterrência, o qual se apoiava em equações "lógicas" de possíveis situações nas quais se trabalhava com um nível de baixas maior do que o sofrido em quatro anos de guerras mundiais e ocorrendo em apenas uma questão de dias ou horas. Como não existia nenhuma experiência anterior a respeito do uso das armas que sustentavam essas ameaças, a deterrência dependia numa grande medida da capacidade de afetar o adversário psicologicamente. Quando, nos anos 1950, Mao falou sobre a disposição de a China aceitar o sacrifício de centenas de milhões de pessoas numa guerra nuclear, isso foi considerado por amplos círculos no Ocidente como um sintoma de desequilíbrio emocional ou ideológico.[2] Na realidade, provavelmente se tratava do resultado de um frio cálculo de que, para fazer frente a poderios militares que iam além

---

* Mutual Assured Destruction, ou MAD, na sigla em inglês. (N.R.T.)

de qualquer experiência humana anterior, um país precisava se mostrar disposto ao sacrifício numa medida além da compreensão humana. Em todo caso, o choque sentido nas capitais ocidentais e nas do Pacto de Varsóvia diante dessas afirmações ignorava o fato de que os próprios conceitos de dissuasão das superpotências se baseavam em riscos apocalípticos. Mesmo se expressa de uma maneira mais civilizada, a doutrina de destruição mútua garantida se baseava na proposição de que os líderes agiam no interesse da paz ao exporem deliberadamente suas populações civis à ameaça de aniquilação.

Muitos esforços foram empreendidos para evitar o dilema representado pela posse de um arsenal que não poderia ser usado e cujo uso não poderia sequer ser evocado como uma ameaça plausível. Complexas situações de guerra foram imaginadas. Porém nenhum dos dois lados, que seja do meu conhecimento — e durante parte desse período eu me encontrava numa situação que me permitiria saber disso —, jamais chegou ao ponto de efetivamente considerar empregar armas nucleares numa crise específica entre as duas superpotências.[3] Exceto pela crise dos mísseis em Cuba, em 1962, quando uma divisão de combate soviética recebeu inicialmente autorização para recorrer ao uso de suas armas nucleares para se defender, nenhum dos dois lados cogitou seriamente o seu uso, seja uma contra a outra ou contra terceiros países não nucleares.

Desse modo, as armas mais temíveis, que consomem grande parte dos orçamentos de defesa das duas superpotências, perderam sua relevância para as crises com que os líderes efetivamente tinham de lidar. O suicídio mútuo tornou-se o mecanismo da ordem internacional. Quando, durante a Guerra Fria, os dois lados, Washington e Moscou, desafiavam um ao outro, isso se dava por meio de guerras por procuração. No auge da era nuclear, foram as forças convencionais que assumiram uma importância vital. Os conflitos militares da época estavam ocorrendo na periferia mais distante — Inchon, no delta do rio Mekong, Luanda, Iraque e Afeganistão. A medida do sucesso era a eficácia com que eram apoiados os aliados locais no mundo em desenvolvimento. Em síntese, os arsenais estratégicos das superpotências, cuja dimensão não se adequava a nenhum objetivo político imaginável, criavam uma ilusão de onipotência desmentida pela evolução real dos acontecimentos.

Foi nesse contexto que, em 1969, o presidente Nixon deu início a conversações formais com os soviéticos sobre a limitação de armas estratégicas (conhecidas pelo acrônimo SALT). Elas resultaram, em 1972, num acordo que estabelecia um teto para o aumento de armas ofensivas e limitava a instalação de sistemas antimísseis a um único ponto do território de cada superpotência (transformando-o na prática numa instalação de treinamento, já que o sistema antimísseis em sua capacidade plena, segundo a proposta original de Nixon de 1969, teria exigido sua instalação em 12 pontos). O raciocínio era o de que, como o congresso dos Estados Unidos havia se recusado a aprovar defesas antimísseis para além da sua instalação em dois pontos, a deterrência precisaria ser baseada na garantia de destruição mútua. Para essa estratégia, as armas nucleares ofensivas de cada lado seriam suficientes — na realidade, mais do que suficientes — para produzir um nível inaceitável de baixas. A ausência de uma defesa antimísseis removeria desse cálculo qualquer grau de incerteza, garantindo a deterrência mútua — mas também a destruição da sociedade, caso a deterrência falhasse.

Na reunião de cúpula de Reykjavík no verão de 1986, Reagan revogou a prática de destruição mútua garantida. Ele propôs a abolição de todas as armas ofensivas dos dois lados e o descarte do Tratado sobre Mísseis Antibalísticos (Tratado ABM, pela sigla em inglês), permitindo, portanto, a existência de um sistema defensivo. Sua intenção era se desfazer do conceito de destruição mútua garantida por meio da proscrição de armas ofensivas e da manutenção de sistemas defensivos como uma garantia em relação a possíveis violações. Porém, Gorbatchóv, acreditando — equivocadamente — que o sistema de defesas antimísseis dos Estados Unidos estivesse em estado adiantado de desenvolvimento, enquanto a União Soviética, privada de uma base econômica e tecnológica equivalente, não conseguiria acompanhar o ritmo, insistiu em manter o Tratado ABM. Os soviéticos efetivamente abriram mão da corrida em termos de armas estratégicas três anos mais tarde, pondo fim à Guerra Fria.

Desde então, foi reduzido o número de ogivas nucleares ofensivas, primeiramente durante a presidência de George W. Bush e depois sob o governo Obama, por meio de um acordo com a Rússia, para cerca de 1.500 ogivas de cada lado — aproximadamente 10% do número de ogivas que chegaram a existir no ápice da estratégia baseada no conceito da destruição mútua garantida. (O número reduzido é mais do que suficiente para implementar a estratégia de destruição mútua garantida.)

O equilíbrio nuclear produziu um impacto paradoxal sobre a ordem internacional. A distribuição de capacidades ao longo da história havia facilitado a dominação ocidental sobre o mundo colonial de então; a ordem nuclear, ao contrário — uma criação do próprio Ocidente —, produziu um efeito oposto. A margem de superioridade militar dos países avançados em comparação com os países em desenvolvimento foi incomparavelmente maior do que a registrada em qualquer outra época da história. Porém, como uma parte tão grande de seus esforços esteve voltada para as armas nucleares, cujo uso foi implicitamente descartado, a não ser nas crises mais graves, as potências regionais podiam rever o equilíbrio militar geral recorrendo a uma estratégia dirigida para o prolongamento da guerra por um período de tempo maior do que a opinião pública de qualquer país "avançado" estaria disposta a suportar — como a França vivenciou na Argélia e no Vietnã; os Estados Unidos na Coreia, no Vietnã, no Iraque e no Afeganistão. (Todas, exceto a da Coreia, resultaram, na verdade, em retiradas unilaterais da força que, em termos formais, era muito superior, depois de um conflito demorado com forças convencionais.) A guerra segundo um modelo assimétrico operava à margem das doutrinas tradicionais de operações lineares contra o território de um inimigo. Forças de guerrilha, que não defendem território algum, podiam se concentrar em infligir baixas e desgastar a vontade política da opinião pública de levar adiante o conflito. Nesse sentido, a supremacia tecnológica se transformou em impotência geopolítica.

O desafio da proliferação nuclear

Com o fim da Guerra Fria, a ameaça de uma guerra nuclear entre as superpotências nucleares existentes basicamente desapareceu. Mas a difusão de tecnologia — em especial a tecnologia para produzir energia nuclear pacífica — aumentou enormemente o acesso à capacidade para produzir armas nucleares. O agravamento das linhas de divisão ideológica e a persistência de conflitos regionais não resolvidos acabaram por aumentar os incentivos

338 | *Tecnologia, equilíbrio e consciência humana*

à aquisição de armas nucleares, inclusive por parte de Estados delinquentes ou atores não estatais. Os cálculos de insegurança mútua que produziam moderação durante a Guerra Fria não se aplicam nem de longe na mesma medida — se é que se aplicam em algum grau — aos novos integrantes do campo nuclear, e muito menos ainda aos atores não estatais. A proliferação de armas nucleares se tornou um problema estratégico de grande abrangência para a ordem mundial contemporânea.

Em resposta a esses perigos, os Estados Unidos, a União Soviética e o Reino Unido negociaram um Tratado de Não Proliferação de Armas Nucleares (TNP) e o abriram a adesões em 1968. Ele se propunha a evitar qualquer expansão do acesso às armas nucleares para além dos países que já as possuíam (os Estados Unidos, a União Soviética e o Reino Unido assinaram o tratado em 1968, enquanto a França e a China o assinaram em 1992). Aos Estados que não possuíam armas nucleares seria concedida assistência pelos Estados nucleares na utilização pacífica de energia nuclear, contanto que aceitassem salvaguardas para garantir que seus programas permaneceriam como empreendimentos puramente não militares. No momento em que escrevo, são 189 os países signatários do acordo de não proliferação.

No entanto, o regime global de não proliferação tem encontrado dificuldades para se consolidar como uma verdadeira norma internacional. Atacados por alguns como uma forma de "apartheid nuclear" e tratado por muitos Estados como uma obsessão por parte de países ricos, as restrições impostas pelo TNP têm funcionado como uma espécie de conjunto de aspirações às quais os países precisam ser coagidos a aceitar e não como uma obrigação legal vinculante. Progressos ilícitos no sentido de produzir armas nucleares têm se revelado difíceis de detectar e interromper, já que seus passos iniciais são idênticos ao desenvolvimento de usos pacíficos da energia nuclear especificamente autorizados pelo TNP. O tratado proibia, mas não evitava, que signatários como Líbia, Síria, Iraque e Irã mantivessem programas nucleares clandestinos em violação das salvaguardas do TNP ou, no caso da Coreia do Norte, se retirasse do tratado em 2003 e testasse e transferisse tecnologia nuclear sem controle internacional.

No caso de um Estado violar ou repudiar termos do TNP, hesitar cumprir suas determinações ou simplesmente se recusar a reconhecer a legitimidade de uma norma internacional de não proliferação, não existe nenhum mecanismo previsto para implementar a aplicação da norma. Até o momento, uma ação de caráter preventivo foi empreendida pelos Estados Unidos apenas contra o Iraque — somando um motivo a mais para a guerra contra Saddam Hussein — e por Israel contra o Iraque e a Síria; a União Soviética considerou um gesto semelhante em relação à China nos anos 1960, ainda que tenha acabado por desistir.

O regime de não proliferação registrou alguns poucos sucessos significativos ao permitir o desmantelamento negociado de programas nucleares. África do Sul, Brasil, Argentina e várias repúblicas "pós-soviéticas" abandonaram seus programas de armas nucleares que já haviam dado fruto ou para o qual já tinham realizado progressos técnicos significativos. Ao mesmo tempo, desde o fim do monopólio americano em 1949, armas nucleares foram adquiridas pela União Soviética/Rússia, Grã-Bretanha, França, Israel, China, Paquistão, Coreia do Norte e, no limiar da aquisição dessa tecnologia, o Japão e o Irã. Além disso, o Paquistão e a Coreia do Norte têm transferido de forma ampla seu know-how tecnológico nuclear.

A proliferação vem exercendo um impacto diferenciado sobre o equilíbrio nuclear, variando conforme a disposição aparente do país recém-incluído no campo nuclear de usar suas armas. Os poderios nucleares da Grã-Bretanha e da França se somam ao arsenal da OTAN apenas de forma marginal. São concebidas prioritariamente como um último recurso, como uma rede de segurança no caso do seu abandono pelos Estados Unidos, no caso de que alguma grande potência venha a ameaçar o que a Grã-Bretanha e a França percebem como seus interesses nacionais básicos, ou como um meio de se manter à parte numa guerra nuclear entre superpotências — todas possibilidades essencialmente remotas. Os programas nucleares da Índia e do Paquistão são, em primeiro lugar, dirigidos um contra o outro, afetando o equilíbrio estratégico de duas maneiras. O risco de escalada pode reduzir a probabilidade de uma guerra convencional total no subcontinente. Porém, como os sistemas de armas são tão vulneráveis e tecnicamente tão difíceis de proteger contra ataques de curta distância, a tentação de empreender ataques preventivos é inerente à tecnologia, sobretudo em situações em que as emoções já são intensas. Em síntese, a proliferação gera o dilema nuclear clássico: mesmo quando as armas nucleares reduzem a probabilidade de uma guerra, elas podem aumentar de forma gigantesca sua ferocidade no caso de uma guerra ocorrer.

As relações nucleares com a China vão provavelmente se aproximar da postura deterrente que existia entre adversários na Guerra Fria; ou seja, elas vão tender à prevenção do seu uso. O poderio nuclear do Paquistão traz consequências num raio mais amplo, que inclui temas tanto regionais como globais. Tendo fronteiras com o Oriente Médio e contando com uma presença islamista interna significativa, o Paquistão ocasionalmente insinuou sua pretensão de exercer o papel de protetor nuclear ou de armeiro nuclear. O impacto provocado pela aquisição de armas nucleares pelo Irã viria a exacerbar todas essas questões — como já discutido no Capítulo 4.

Com o decorrer do tempo, a contínua proliferação de armas nucleares acabará por afetar até mesmo a balança nuclear geral entre as superpotências nucleares. Líderes das potências nucleares já estabelecidas se veem obrigados a se preparar para a pior eventualidade. Isso envolve a possibilidade de ameaças nucleares feitas não apenas por outra superpotência, como também por países que adquiriram recentemente essa capacidade. Seus arsenais irão refletir sua convicção de que devem, além de dissuadir seu principal adversário em potencial, contar com uma força residual para lidar com a parte do resto do mundo que passou a ter acesso às armas nucleares. Se cada uma das potências seguir esse mesmo raciocínio, a proliferação levará a um aumento proporcional de forças residuais, pressionando ou extrapolando os atuais limites. Mais ainda, esses equilíbrios nucleares que se sobrepõem uns aos outros se tornarão mais complicados à medida que a proliferação aumente. A ordem nuclear relativamente estável da época da Guerra Fria será substituída por uma ordem internacional na qual a projeção, por parte de um Estado que possua armas nucleares, de uma imagem de disposição para assumir decisões apocalípticas pode lhe proporcionar uma vantagem perversa sobre seus rivais.

Para proporcionarem a si mesmos uma rede de segurança contra superpotências nucleares, mesmo países com poderio nuclear contam com um incentivo para se colocar sob o apoio tácito ou declarado de uma superpotência (exemplos disso são Israel, as forças nucleares europeias, o Japão, que se encontra na iminência de dominar a tecnologia nuclear, outros Estados que acabaram de adquirir tecnologia nuclear ou que estão prestes a fazê-lo no Oriente Médio). Então pode ser que a proliferação de armas leve à formação de sistemas de alianças comparáveis, em sua rigidez, àquelas que conduziram à Primeira Guerra Mundial, ainda que as superando amplamente em termos de abrangência global e poder destrutivo.

Um desequilíbrio particularmente sério pode surgir caso um país que tenha adquirido poderio nuclear venha a acumular uma capacidade ofensiva que se aproxime daquela das duas superpotências nucleares (um objetivo capaz de ser atingido, ao que parece, tanto pela China como pela Índia). Qualquer país nuclear importante que consiga ficar de fora no caso de um conflito entre os outros, emergiria dessa situação como potencialmente dominante. Num mundo nuclear multipolar, isso também poderia acontecer caso este país se alinhe com uma das superpotências para que, combinadas as suas forças, obtenham uma vantagem estratégica. O equilíbrio nuclear que, grosso modo, existe entre as atuais superpotências poderia então se inclinar de modo a se afastar da estabilidade estratégica; quanto mais baixo for o nível de forças ofensivas que a Rússia e os Estados Unidos concordarem em manter entre si, mais verdadeira será essa assertiva.

Qualquer ampliação da difusão de armas nucleares para além da situação existente multiplica as possibilidades de uma confrontação nuclear; aumenta o perigo de uma manobra diversionista, deliberada ou não autorizada. Acabará por afetar realmente o equilíbrio entre superpotências nucleares. E à medida que o desenvolvimento de armas nucleares se espalhar para o Irã e prosseguir até incluir a Coreia do Norte — em desafio a todas as negociações em curso —, os incentivos para que outros países sigam o mesmo caminho podem se tornar irresistíveis.

Diante dessas tendências, os Estados Unidos necessitam constantemente rever sua própria tecnologia. Durante a Guerra Fria, a tecnologia nuclear era amplamente reconhecida como a vanguarda das realizações científicas americanas — uma fronteira do conhecimento que, na época, apresentava os mais importantes desafios estratégicos. Agora, ao contrário, as melhores mentes técnicas são estimuladas a dedicar seus esforços a projetos vistos como mais relevantes para o interesse público. Talvez, em parte em consequência disso, limites à elaboração da tecnologia nuclear são considerados como inexoráveis, mesmo que os novos Estados nucleares estejam se armando e outros estejam aprimorando suas tecnologias. Os Estados Unidos precisam manter-se na linha de frente da tecnologia nuclear, ainda que, simultaneamente, negociem as restrições do seu uso.

Levando em conta a ausência de conflitos entre grandes potências no último meio século de história, seria possível argumentar que as armas nucleares tornaram o mundo menos propenso à guerra. Contudo, a diminuição do número de guerras foi acompanhada por um enorme aumento da violência praticada por grupos não estatais ou por Estados que a praticam sob algum outro rótulo que não seja o de uma guerra formal. Uma combinação de risco extraordinário e radicalismo ideológico abriu as possibilidades para a guerra assimétrica e para desafios lançados por grupos não estatais que minam a disposição de contenção que tem vigorado no longo prazo.

Talvez o mais importante desafio às potências nucleares estabelecidas seja o de determinar qual seria sua reação caso armas nucleares fossem de fato usadas pelos novos países nucleares, uns contra os outros. Primeiramente, o que precisa ser feito para evitar o uso de armas nucleares para além do definido nos acordos existentes? Se elas devessem realmente ser usadas, que passos imediatos precisariam ser tomados para parar uma guerra desse tipo? Como é possível lidar com os danos humanos e sociais? O que pode ser feito para evitar uma escalada de retaliação sem abrir mão da validade do princípio de deterrência e impondo as consequências adequadas caso a deterrência fracasse? O avanço do progresso tecnológico não deve obscurecer o quão terrível é o poderio engendrado pela humanidade e a relativa fragilidade dos equilíbrios que impedem o seu uso. Não se deve permitir que armas nucleares se tornem armas convencionais. Nesse momento crítico, a ordem internacional exigirá um entendimento entre os países nucleares mais poderosos para que insistam na não proliferação, ou a ordem será imposta pelas calamidades de uma guerra nuclear.

Informática e a ordem mundial

Durante a maior parte da história, as mudanças tecnológicas se deram ao longo de décadas e séculos pelo acúmulo de avanços mínimos que aprimoravam e combinavam as tecnologias já existentes. Mesmo inovações radicais, com o passar do tempo, podiam ser ajustadas a doutrinas táticas e estratégicas que já existiam previamente: tanques eram considerados em termos de referências anteriores extraídas dos séculos do uso militar da cavalaria; aviões podiam ser trabalhados conceitualmente como outra forma de artilharia, navios de guerra podiam ser vistos como fortalezas móveis, e porta-aviões, como pistas de pouso. Em que pese todo o poder de multiplicação proporcionado por sua força destrutiva, até mesmo as armas nucleares são, em alguns aspectos, uma extrapolação a partir de uma experiência prévia.

O que há de novo na era atual é o ritmo da mudança proporcionado pelo poder dos computadores e a expansão da tecnologia da informação para todas as esferas da existência. Ao refletir a respeito de suas experiências como engenheiro da Intel Corporation nos anos 1960, Gordon Moore concluiu que a tendência por ele observada continuaria fazendo com que a capacidade das unidades de processamento dos computadores fosse dobrada a cada dois anos.[4] A "Lei de Moore" tem se revelado espantosamente profética. Os computadores encolheram de tamanho, baixaram de custo e têm se tornado exponencialmente mais velozes a ponto de unidades de processamento de computadores avançados poderem agora ser inseridas em praticamente qualquer objeto — telefones, relógios, carros, aparelhos domésticos, sistemas de armas, aeronaves não pilotadas e no próprio corpo humano.

A revolução na computação é a primeira a reunir um número tão grande de indivíduos e processos sob a ação do mesmo meio de comunicação e a traduzir e rastrear suas ações numa única linguagem tecnológica.[5] O ciberespaço — uma palavra cunhada, àquela altura, como um conceito essencialmente hipotético, ainda na década de 1980 — colonizou o espaço físico e, pelo menos nos grandes centros urbanos, começou a se fundir com ele.[6] A comunicação através dele, e entre seus nódulos que têm se proliferado em escala exponencial, é quase que instantânea. À medida que tarefas que, na geração passada, eram prioritariamente manuais ou tinham o papel como suporte — ler, fazer compras, educação, amizade, pesquisas industriais e científicas, campanhas políticas, finanças, o acúmulo de dados pelos governos, vigilância e estratégia militar — são filtradas pelo domínio da computação, as atividades humanas vão sendo cada vez mais transformadas em "dados" e parte de um único sistema "quantificável, analisável".[7]

Isso é verdade num grau ainda maior quando o número de dispositivos conectados hoje à internet beira os 10 bilhões e está projetado para subir para 50 bilhões em 2020, e uma "Internet das Coisas" ou uma "Internet de Tudo" já começa a ser vislumbrada. Inovadores agora anteveem um mundo no qual a computação será onipresente, com dispositivos em miniatura dotados de processadores de dados embutidos nos objetos da vida cotidiana — "fechaduras inteligentes, escovas de dentes, relógios de pulso, monitores de atividade física, detectores de fumaça, câmeras de vigilância, fornos, brinquedos e robôs" — ou flutuando pelo ar, vigiando e moldando o ambiente em que se encontram na forma de "poeira inteligente".[8] Cada objeto estará conectado à internet e programado para se comunicar com um servidor central ou com outros dispositivos em rede.

Os efeitos da revolução se estendem a todos os níveis da organização humana. Indivíduos munidos de smartphones (e estima-se que hoje sejam cerca de um bilhão de pessoas) agora dispõem de informação e capacidade analítica que estão além do alcance do que muitos órgãos de inteligência tinham na geração passada.[9] Grandes corporações acumulando e monitorando os dados trocados por esses indivíduos dispõem de uma capacidade de influência e de vigilância que supera a de muitos Estados contemporâneos e mesmo de potências mais tradicionais. E governos, receosos de ceder esse novo campo a rivais, são impelidos a explorar um domínio informático para o qual ainda contam com poucas normas ou limitações. Como ocorre com qualquer inovação tecnológica, acabará por surgir a tentação de enxergar essa nova área como um campo onde empreender avanço estratégico.

Essas mudanças ocorreram com tal rapidez que frustraram a maior parte das tentativas dos que não contavam com um conhecimento tecnológico especializado para compreender suas consequências mais amplas. Elas atraíram a humanidade para regiões até então inexplicadas, na verdade, ainda não imaginadas. Em consequência disso, muitas das mais revolucionárias tecnologias e técnicas hoje em dia têm seu uso limitado apenas pela capacidade e pelo discernimento dos mais tecnologicamente avançados.

Governo algum, mesmo o mais totalitário, foi capaz de impedir o fluxo ou de resistir à tendência a transferir cada vez mais suas operações para o interior do domínio digital. Existe na maioria das democracias a crença arraigada de que cercear os efeitos de uma revolução informacional seria impossível e, talvez, imoral. A maior parte dos países fora do mundo liberal-democrático desistiu de frear essas mudanças e se dedicou, em vez disso, a dominá-las. Cada país, companhia ou indivíduo se vê atualmente recrutado para uma revolução tecnológica, seja como sujeito, seja como objeto. O que nos interessa no âmbito do objetivo deste livro é o efeito exercido por essas mudanças sobre as perspectivas abertas diante da ordem internacional.

O mundo contemporâneo herda o legado das armas nucleares, que têm a capacidade de destruir a vida civilizada. Porém, por mais catastróficas que sejam suas implicações, seu significado e utilização ainda podem ser analisados em termos de ciclos separáveis de paz e guerra. A nova tecnologia da internet abre possibilidades inteiramente novas. O ciberespaço desafia toda experiência histórica. É onipresente, porém não ameaçador em si mesmo; a ameaça depende do seu uso. As ameaças que emergem do ciberespaço são nebulosas e indefinidas e pode ser difícil de identificar seus autores. A natureza das comunicações em rede, com sua capacidade de tudo impregnar e penetrar, nos setores sociais, financeiros, industriais e militares, tem apresentado aspectos incrivelmente benéficos; ela revolucionou também suas vulnerabilidades. Atropelando a maior parte das regras e regulamentos (e, na verdade, a compreensão técnica de muitos empenhados na sua regulamentação), ela acabou por criar, em vários aspectos, o estado de natureza a respeito do qual especularam os filósofos. O esforço para fugir dessa condição é que, segundo Hobbes, teria proporcionado a força motivadora para a criação de uma ordem política.

Antes da era da informática, o poderio das nações ainda podia ser aferido por meio de uma combinação de efetivos humanos, equipamento, geografia, economia e moral. Havia uma clara distinção entre períodos de paz e de guerra. As hostilidades eram desencadeadas por acontecimentos definidos e praticadas por meio de estratégias para as quais alguma doutrina inteligível havia sido formulada. Os serviços de inteligência desempenhavam seu papel basicamente avaliando e, ocasionalmente, sabotando as capacidades dos adversários; suas atividades eram limitadas por padrões comuns implícitos de conduta ou, no mínimo, por experiências comuns que tinham resultado de décadas de evolução.

346 | *Tecnologia, equilíbrio e consciência humana*

A tecnologia da internet não tem se deixado enquadrar por estratégias ou doutrinas — pelo menos até o momento. Na nova era, existem capacidades para as quais ainda não há nenhuma interpretação comum — ou mesmo entendimento a seu respeito. Entre os que a utilizam existem poucos limites — se é que existem — no sentido de definir restrições tácitas ou explícitas. Quando indivíduos de filiação ambígua são capazes de empreender ações cada vez mais ambiciosas e de maior penetração, a própria definição de autoridade do estado pode se tornar ambígua. A complexidade é aumentada pelo fato de que é mais fácil articular ataques informáticos do que se defender deles, encorajando possivelmente uma postura ofensiva na construção de novas capacidades.[10]

O perigo é multiplicado pela negação — plausível — por parte de suspeitos dessas ações e pela inexistência de acordos internacionais para os quais, mesmo que venham a ser firmados, não existe nenhum sistema capaz de aplicar penalidades. Um laptop pode produzir um fato de consequências globais. Um agente solitário dotado de poder informático suficiente pode ter acesso ao ciberespaço para desativar ou potencialmente destruir infraestruturas vitais, agindo a partir de uma posição de quase completo anonimato. Redes elétricas podem ser levadas a sofrer pane e usinas de energia desligadas por meio de ações a partir de fora do território físico de uma nação (ou pelo menos de seu território da forma como é compreendido em termos convencionais). Um grupo clandestino de hackers já se mostrou capaz de penetrar em redes governamentais e difundir informações sigilosas numa escala grande o bastante para afetar a conduta diplomática. Stuxnet, um exemplo de um ataque informático apoiado por um Estado, conseguiu interromper e atrasar as atividades nucleares do Irã, num grau, segundo alguns relatos, que rivaliza com os efeitos de um ataque militar limitado.[11] O ataque *botnet* da Rússia dirigido contra a Estônia em 2007 paralisou as comunicações do país durante dias.

Tal estado de coisas, mesmo que temporariamente vantajoso para os países avançados, não pode se prolongar de forma indefinida. O caminho rumo a uma ordem mundial pode ser longo e incerto, porém nenhum progresso significativo será possível se um dos elementos de maior penetração da vida internacional está excluído de qualquer diálogo sério. É altamente improvável que todas as partes, especialmente aquelas moldadas por tradições culturais diferentes, cheguem de forma independente às mesmas conclusões a respeito da natureza e dos usos permissíveis de suas novas capacidades invasivas. É essencial que se promova alguma tentativa de mapear uma percepção comum da nova condição em que nos encontramos. Na ausência dela, as partes continuarão a operar com base em instituições separadas, aumentando em muito as chances de um resultado caótico. Pois ações empreendidas no mundo virtual, interligado por redes, são capazes de gerar pressões por contramedidas na realidade física, especialmente quando têm o potencial de infligir danos de uma natureza antes associada a ataques armados. Na ausência de alguma articulação de limites e de um acordo em torno de metas de mútua contenção, uma situação de crise tem grandes chances de ocorrer, mesmo que não intencionalmente; o próprio conceito de ordem internacional pode estar sujeito a pressões crescentes.

Em outras categorias de capacidades estratégicas, os governos acabaram por reconhecer a natureza autodestrutiva de um comportamento nacional que se exima de qualquer tipo de contenção. A atitude mais adequada a ser adotada, mesmo entre potenciais adversários, é uma combinação de deterrência e limitação mútua, somada a medidas para evitar o surgimento de uma crise produzida por um mal-entendido ou por uma falha de comunicação.

O ciberespaço tornou-se estrategicamente indispensável. No momento em que escrevo, usuários — trate-se de indivíduos, corporações ou Estados — se apoiam nas suas próprias avaliações ao conduzirem suas atividades. O comandante do Cibercomando dos Estados Unidos [United States Cyber Command — USCC ou USCYBERCOM] previu que "a próxima guerra começará no ciberespaço".[12] Não será possível conceber uma ordem internacional quando a região através da qual a sobrevivência e o progresso dos Estados estão sendo decididos permanece sem qualquer padrão internacional de conduta e entregue a decisões unilaterais.

A história da guerra mostra que cada capacidade tecnológica ofensiva acaba por ser alcançada e compensada por medidas defensivas, ainda que nem todos os países tenham condições de arcar com elas. Isso significa que países tecnologicamente menos avançados devam procurar abrigo sob a proteção de sociedades tecnologicamente mais desenvolvidas? Consistirá o resultado numa infinidade de tensos equilíbrios de poder? O princípio da deterrência, que, no caso das armas nucleares, assumiu a forma de um equilíbrio entre poderes destrutivos, não pode ser aplicado por uma analogia direta, porque o maior perigo é o de um ataque surpresa que pode ficar evidente apenas quando a ameaça já tiver sido implementada.

Nem é possível basear a deterrência informática no recurso à retaliação simétrica, como acontece com as armas nucleares. Se um ataque informático é limitado a uma função em particular ou fica restrito a uma extensão determinada, uma "resposta equivalente" pode ter implicações totalmente diferentes para os Estados Unidos e para o agressor. Por exemplo, se a arquitetura financeira de uma grande economia industrializada é sabotada, estará a vítima no direito de contra-atacar apenas contra o mesmo tipo de patrimônio do seu agressor, ainda que este tenha um peso potencialmente desprezível? Ou apenas contra os computadores engajados no ataque? Como nenhuma das duas possibilidades parece oferecer um poder de dissuasão suficiente, a questão então gira em torno de saber se uma agressão "virtual" autoriza, em resposta, o uso de força "cinética" — e em que medida e segundo que equações de equivalência. Um novo mundo de teorias de dissuasão e doutrina estratégica está agora vivendo a sua infância e exige urgente elaboração.

No fim de contas se tornará imperativa a existência de uma estrutura em torno da qual se organize o ambiente informático global. Pode ser que não consiga acompanhar o ritmo da tecnologia em si, mas o processo da sua definição servirá para educar os líderes a respeito de seus perigos e de suas consequências. Mesmo que os acordos não venham a pesar muito na possibilidade de um confronto, podem ao menos evitar que este descambe para um conflito irreversível, produzido por algum tipo de mal-entendido.

O dilema apresentado por tecnologias como essas é o de que é impossível estabelecer regras de conduta, a menos que exista um entendimento comum a respeito de algumas dessas capacidades vitais. Porém são essas precisamente aquelas que os atores mais poderosos relutarão em revelar. Os Estados Unidos têm dirigido apelos à China para que não recorra ao furto de informações comerciais secretas por meio de invasões executadas por hackers, argumentando que a escala dessa atividade está atingindo uma proporção sem precedentes. No entanto, até que ponto os Estados Unidos estão preparados para revelar seus próprios esforços na área de inteligência nessa mesma esfera?

Desse modo, uma assimetria e certa desordem mundial congênita acabam por ser construídas nas relações entre potências informáticas, tanto no âmbito da diplomacia como no da estratégia. A ênfase em muitas rivalidades estratégicas está se transferindo do domínio do mundo físico para o plano informacional, na coleta e no processamento de dados, na penetração de redes e na manipulação da psicologia. Caso não sejam articuladas algumas regras de conduta internacional, uma crise acabará por surgir a partir da própria dinâmica interna do sistema.

O fator humano

Desde o início da Era Moderna, no século XVI, expoentes da filosofia política têm debatido o tema da relação entre o ser humano e as circunstâncias nas quais ele se encontra. Hobbes, Locke e Rousseau se propuseram a traçar um retrato da consciência humana e a partir deste ponto de partida desenvolveram suas posições políticas. Os Pais Fundadores dos Estados Unidos, sobretudo Madison no artigo nº 10 de *O Federalista*, fizeram o mesmo. Rastrearam a evolução da sociedade por fatores que tinham sido "semeados na natureza humana": a capacidade de raciocinar de cada indivíduo, uma aptidão poderosa, ainda que passível de erros, e seu inerente "amor-próprio", de cuja interação "diferentes opiniões virão a ser formadas"; e a diversidade das capacidades humanas, da qual "resulta imediatamente a posse de diferentes graus e tipos de propriedade" e com elas uma "divisão da sociedade em diferentes interesses e partidos".[13] Ainda que esses pensadores divergissem em suas análises de fatores específicos e nas conclusões que delas extraíam, todos viam seus conceitos sob o prisma de uma humanidade cuja natureza e experiência de realidade eram imutáveis e eternas.

No mundo contemporâneo, a consciência humana é formada através de um filtro sem precedentes. Televisão, computadores e smartphones compõem a tríade que oferece uma interação com telas quase constantemente ao longo do dia. Interações humanas no mundo físico são agora empurradas de forma impiedosa para o mundo virtual dos dispositivos li-

350 | *Tecnologia, equilíbrio e consciência humana*

gados em rede. Estudos recentes sugerem que americanos adultos gastam diante de uma tela quase metade das horas em que estão despertos, e esse número continua a crescer.[14]

Qual o impacto dessa convulsão cultural sobre as relações entre os Estados? O formulador de políticas se dedica a múltiplas tarefas, muitas das quais são moldadas pela história e cultura da sua sociedade. Ele precisa, antes de mais nada, fazer uma análise sobre onde sua própria sociedade está. É aqui que, necessariamente, o passado encontra o futuro; uma avaliação como essa, portanto, não pode ser feita sem um instinto para ambos esses elementos. Ele precisa, então, tentar compreender onde essa trajetória levará a ele e a sua sociedade. Ele precisa resistir à tentação de identificar a formulação de uma política com o ato de projetar para o futuro a situação com a qual já está familiarizado, pois esse é o rumo que leva à estagnação e à decadência. Numa medida crescente numa era de violentas mudanças tecnológicas e políticas, a sabedoria nos aconselha, afirmando que devemos tomar um caminho diferente. Por definição, ao liderar uma sociedade para passar do ponto no qual ela se encontra para onde nunca esteve, um novo curso apresenta vantagens e desvantagens que sempre parecerão bastante equilibradas. Empreender uma jornada por uma estrada nunca antes percorrida exige força de caráter e coragem: a primeira porque a escolha não é óbvia; coragem, porque a estrada num primeiro momento parecerá solitária. E os estadistas precisam, então, inspirar o seu povo a persistir em seu esforço. Grandes estadistas (Churchill, os dois Roosevelts, De Gaulle e Adenauer) tinham essas qualidades de visão e determinação; na sociedade de hoje, é cada vez mais difícil desenvolvê-las.

Apesar de todas as grandes e indispensáveis realizações que a internet possibilitou em nossa era, sua ênfase é mais no real do que no contingente, no factual do que no conceitual, em valores moldados pelo consenso do que pela introspecção. O conhecimento de história e geografia não é essencial para os que podem invocar informações com o toque de uma tecla. A atitude mental apropriada para trilhar caminhos políticos solitários pode não parecer óbvia para os que anseiam por confirmação por parte de centenas, às vezes milhares, de amigos no Facebook.

Na era da internet, a ordem mundial tem sido muitas vezes equiparada à proposição de que, se as pessoas dispõem da capacidade de acessar e trocar livremente as informações do mundo, o impulso humano natural para a liberdade acabará por se enraizar e se realizar, e a história passará a avançar como se estivesse no piloto automático. Porém filósofos e poetas há muito dividiram o alcance da mente em três componentes: informação, conhecimento e sabedoria. A internet centra seu foco no domínio da informação, cuja disseminação ela facilita de modo exponencial. Funções crescentemente complexas são concebidas, em particular adequadas para responder a questões associadas a fatos, que em si mesmas não são alteradas pela passagem do tempo. Mecanismos de busca são capazes de lidar com questões cada vez mais complexas com velocidade cada vez maior. Entretanto, um excesso de informação pode, paradoxalmente, vir a inibir a aquisição de conhecimento e empurrar a sabedoria para ainda mais longe do que se encontrava anteriormente.

O poeta T. S. Eliot captou isso em seu *Coros de 'A rocha'*:

> Onde está a Vida que perdemos vivendo?
> Onde está a sabedoria que perdemos no conhecimento?
> Onde está o conhecimento que perdemos na informação?[15]

Fatos raramente são evidentes por si mesmos; seu significado, sua análise e sua interpretação — pelo menos no mundo da política externa — dependem do contexto e da relevância. Como um número cada vez maior de questões são tratadas como se fossem de natureza factual, fica consagrada a premissa de que para cada pergunta deve existir uma resposta passível de ser encontrada com ajuda de uma pesquisa, de que problemas e soluções não se prestam tanto a serem resolvidos por meio de reflexão, mas sim a terem sua resposta buscada e encontrada numa espécie de índice. Porém, nas relações entre estados — e em muitas outras áreas —, a informação, para ser verdadeiramente útil, precisa ser situada no interior de um contexto mais amplo, em termos de história e experiência, para que possa emergir como conhecimento efetivo. E uma sociedade deve se considerar feliz se seus líderes puderem finalmente se elevar até o plano da sabedoria.

A aquisição de conhecimento a partir de livros proporciona uma experiência diferente daquele extraído da internet. Ler é uma atividade que, em termos relativos, consome certo tempo; para facilitar o processo, o estilo é importante. Como não é possível ler todos os livros sobre determinado assunto, muito menos a totalidade dos livros, ou organizar com facilidade tudo o que foi lido, aprender por meio de livros é uma atividade que premia a capacidade que se tem de pensar em termos conceituais — a aptidão para reconhecer dados e acontecimentos comparáveis e projetar padrões no futuro. E o estilo estimula o leitor a estabelecer uma relação com o autor, ou com o tema, ao fundir substância e estética.

Tradicionalmente, outra maneira de adquirir conhecimento tem sido por meio de conversas pessoais. Durante milênios, a discussão e troca de ideias proporcionaram uma dimensão emocional e psicológica, somando-as às informações e ao conteúdo factual trocados. Esse meio nos fornece elementos intangíveis associados à convicção e à personalidade. Atualmente, a cultura dos textos digitados em dispositivos eletrônicos produz uma relutância curiosa ao engajamento numa interação cara a cara, em especial se o contato envolve uma relação um para um.

O computador resolveu, numa medida considerável, o problema da aquisição, preservação e recuperação de informação. Dados podem ser armazenados, de forma efetiva, em quantidades ilimitadas e de modo que seja possível administrá-los. O computador permite o acesso a uma quantidade de dados impensável na era dos livros. Ele as embala de maneira eficiente; o estilo não é mais necessário para torná-los acessíveis, nem sua memorização. Ao lidar com uma única decisão separada do seu contexto, o computador oferece instrumentos inimagináveis até mesmo há apenas uma década. Mas ele também estreita a perspectiva. Como as informações são tão acessíveis e a comunicação é instantânea, ocorre uma diminuição do foco no seu significado, ou mesmo na definição do que é significativo. Essa dinâmica pode vir a encorajar os formuladores de políticas a esperar pela emergência de determinada questão, em vez de se antecipar a ela, e a considerar momentos de decisão como uma série de acontecimentos isolados e não como parte de um processo histórico contínuo. Quando isso acontece, a manipulação da informação substitui a reflexão como o principal instrumento de formulação de políticas.

Da mesma maneira, a internet apresenta uma tendência a diminuir a memória histórica. O fenômeno tem sido descrito da seguinte maneira: "As pessoas esquecem itens que acreditam poder obter externamente e se lembram de itens aos quais julgam não ter acesso."[16] Ao deslocar tantos itens para o domínio do que está disponível, a internet reduz o impulso que nos leva a lembrar deles. A tecnologia das comunicações ameaça diminuir a capacidade do indivíduo para uma busca interior ao aumentar sua confiança na tecnologia como um facilitador e mediador do pensamento. A informação na ponta dos dedos encoraja uma atitude mental adequada a um pesquisador, mas pode vir a diminuir a atitude mental necessária a um líder.[17] Uma mudança na consciência humana pode mudar o caráter dos indivíduos e a natureza de suas interações, e assim começar a alterar a própria condição humana. Será que as pessoas na era do advento da imprensa viam o mesmo mundo que os seus antepassados medievais? A percepção ótica do mundo será alterada na era do computador?

A história e a psicologia ocidentais até então trataram a verdade como algo independente da personalidade e da experiência prévia do observador. E, contudo, nossa era se encontra à beira de uma nova concepção a respeito da natureza da verdade. Quase todo site na internet contém algum tipo de função de customização baseada no rastreamento de códigos da internet para levantar a formação e as preferências de um usuário. Esses métodos têm o objetivo de encorajar os usuários a "consumirem mais conteúdo" e, ao fazer isso, serem expostos a mais publicidade, a qual, em última análise, impulsiona a economia da internet.[18] Essas indicações sutis estão em sintonia com uma tendência mais ampla para administrar a tradicional compreensão da escolha humana. Bens são sorteados e submetidos a uma triagem para apresentar "aqueles de que você gostaria", e as notícias on-line são apresentadas como "as notícias mais adequadas para você".[19] Duas pessoas diferentes recorrendo a um mesmo mecanismo de busca para responder à mesma pergunta não recebem necessariamente as mesmas respostas. O conceito de verdade está sendo relativizado e individualizado — perdendo, assim, seu caráter universal. A informação é apresentada como sendo gratuita. Na realidade, o receptor paga por ela ao oferecer seus dados para serem explorados por pessoas que ele não conhece, de uma maneira que mudará ainda mais a informação que lhe está sendo oferecida.

Seja qual for a utilidade dessa abordagem no âmbito do consumo, seu efeito na formulação de políticas pode se revelar transformador. As escolhas difíceis no campo da formulação de políticas sempre diferem pouco uma da outra. Onde, num mundo marcado por redes sociais onipresentes, um indivíduo encontra espaço para desenvolver a força moral para tomar decisões que, por definição, não podem se basear num consenso? O provérbio segundo o qual profetas não são reconhecidos em sua própria época é verdadeiro no sentido de que eles atuam além das concepções convencionais — é isso que os torna profetas. Na nossa época, talvez tenha desaparecido o tempo necessário de maturação para a formação de profetas. A busca pela transparência e conectividade em todos os aspectos da existência, ao destruir a privacidade, inibe o desenvolvimento de personalidades com força suficiente para tomar decisões solitárias.

As eleições americanas — sobretudo as presidenciais — representam outro aspecto dessa evolução. Foi registrado que em 2012 as campanhas dos candidatos disporiam de dados sobre dezenas de milhões de eleitores potencialmente independentes. Obtidos a partir de pesquisas nas redes sociais, em arquivos de acesso público e prontuários médicos, os dados presentes nesses arquivos compunham um perfil para cada uma delas, provavelmente mais preciso do que aquele que a própria pessoa em questão seria capaz de fazer se recorresse apenas à sua própria memória. Isso permitia às campanhas escolher a tecnologia mais apropriada na qual formular seus apelos — se seria o caso de optar por visitas pessoais feitas por amigos comprometidos com a campanha (também descobertos via internet), por cartas personalizadas (extraídas de pesquisas nas redes sociais) ou por encontros de grupo.

As campanhas presidenciais estão prestes a se tornar disputas midiáticas entre operadores da internet altamente especializados. O espaço que no passado já foi ocupado por debates substantivos a respeito do conteúdo de políticas de governo acabará reduzindo candidatos a porta-vozes de esforços de marketing realizados por métodos cujo caráter invasivo teria sido considerado, na geração passada, tema de histórias de ficção científica. A principal função dos candidatos pode vir a se tornar mais a arrecadação de fundos do que a elaboração dos temas em discussão. O esforço em termos de marketing é concebido para transmitir as convicções do candidato, ou serão as convicções expressas pelo candidato reflexos do esforço de pesquisa em "*big data*"* para levantar os prováveis preconceitos e preferências dos

---

* *Big data* se refere a quantidades massivas de informação. (N.R.T.)

indivíduos? A democracia conseguirá evitar uma evolução rumo a um resultado demagógico, algo mais baseado num apelo de massa em termos emocionais do que no processo reflexivo imaginado pelos Pais Fundadores dos Estados Unidos? Se o descompasso entre as qualidades exigidas para ser eleito e aquelas essenciais para as tarefas do cargo se tornar muito grande, a capacidade de compreensão conceitual e o sentido de história que deveriam ser partes de uma política externa podem se perder — ou ainda o cultivo dessas qualidades pode vir a exigir uma parte tão grande do tempo do primeiro mandato no cargo a ponto de impedir que os Estados Unidos assumam um papel de liderança.

Política externa na era digital

Observadores ponderados têm considerado as transformações globalizantes proporcionadas pela ascensão da internet e das avançadas tecnologias de computação como o início de uma nova era de participação popular e de progresso rumo à paz. Eles saúdam o poder demonstrado pelas novas tecnologias para aumentar as possibilidades abertas diante do indivíduo e para promover a transparência — seja ao difundir os abusos das autoridades, seja pela erosão de barreiras culturais constituídas pela falta de entendimento. Otimistas observam, com certa razão, os consideráveis novos poderes de comunicação proporcionados pelas redes globais instantâneas. Eles enfatizam a capacidade de as redes e os dispositivos "inteligentes" de criarem novas eficiências sociais, econômicas e ambientais. Eles anseiam pela solução de problemas técnicos até então insolúveis por meio da canalização do poder mental das multidões conectadas por redes.[20]

Uma linha de pensamento sustenta que princípios similares de comunicação organizada em redes, se aplicados corretamente ao domínio dos assuntos internacionais, poderiam vir a resolver problemas seculares associados a conflitos violentos. Tradicionais rivalidades étnicas e sectárias podem vir a ser amenizadas na era da internet, afirma essa teoria, porque "as pessoas que tentam perpetuar mitos sobre religião, cultura, etnia ou qualquer outro tema se esforçarão para manter à tona suas narrativas em meio a um mar de ouvintes mais bem informados. Com mais dados, todos adquirem um quadro mais rico em referências".[21] Será possível amenizar riva-

356 | *Tecnologia, equilíbrio e consciência humana*

lidades nacionais e resolver disputas históricas porque, "com os dispositivos tecnológicos, plataformas e bancos de dados de que dispomos hoje, será muito mais difícil que governos no futuro venham a negar alegações como essas, não apenas por causa das provas permanentes, mas também porque todas as outras pessoas terão acesso à mesma fonte de material". Segundo essa visão, a difusão de dispositivos digitais ligados em rede se tornará uma força positiva na história: novos métodos de comunicação irão cercear abusos, abrandar contradições sociais e políticas, e ajudar partes até então desunidas a construírem algum tipo de coesão na forma de um sistema global mais harmonioso.

O otimismo desse ponto de vista reproduz os melhores aspectos da profecia de Woodrow Wilson a respeito de um mundo unido pela democracia, aberto à diplomacia e a regras comuns. Como um projeto para uma ordem política e social, também levanta algumas das mesmas questões suscitadas pela visão original de Wilson sobre a distinção entre seu aspecto prático e aquele relativo às suas aspirações.

Conflitos, tanto no interior como entre sociedades, têm ocorrido desde os primórdios da civilização. As causas desses conflitos não têm se limitado à inexistência de informações ou à incapacidade de compartilhá-las. Eles têm surgido não apenas entre sociedades que não compreendem uma a outra, mas entre aquelas que entendem muito bem uma a outra. Embora diante da mesma fonte de material a ser examinada, indivíduos têm discordado sobre seu significado ou sobre o valor subjetivo daquilo que ela descreve. Nos casos em que valores, ideais ou objetivos estratégicos estão em contradição fundamental, a exposição e a conectividade podem finalmente tanto alimentar confrontações como amenizá-las.

Novas redes sociais e de informação estimulam o crescimento e a criatividade. Elas permitem aos indivíduos expressarem opiniões e registrarem injustiças que, de outro modo, passariam despercebidas. Em situações de crise elas oferecem uma capacidade crucial de comunicar rapidamente e de tornar públicos eventos e políticas de maneira confiável — possivelmente evitando a deflagração de um conflito provocado por um mal-entendido.

Entretanto, elas também trazem sistemas de valores conflitantes, eventualmente incompatíveis, para um contato cada vez mais estreito.[22] O advento do noticiário e dos comentários via internet, assim como das estratégias eleitorais ditadas por dados, não serviu para abrandar o aspecto das abordagens partidárias que marcam a política americana; se serviu para alguma coisa, foi para proporcionar uma plateia mais ampla para pontos de vista extremados. Internacionalmente, algumas manifestações de opinião que antes se mantinham desconhecidas ou imperceptíveis são agora difundidas por todo o planeta e usadas como pretexto para violenta agitação — como ocorreu em partes do mundo islâmico em reação a uma charge inflamatória, que de outro modo ficaria obscura, num jornal dinamarquês ou num filme americano amador e de pouca importância. Enquanto isso, em situações de conflito, redes sociais podem servir de plataforma tanto para reforçar tradicionais fissuras sociais como para desfazê-las. O amplo compartilhamento de vídeos com imagens de atrocidades cometidas na guerra civil síria parece ter contribuído mais para consolidar a determinação das partes em luta do que para interromper a matança, enquanto o infame ISIL tem usado a mídia social para proclamar um califado e exortar a uma guerra santa.

Algumas estruturas autoritárias podem vir a ruir em consequência da disseminação de informações on-line ou devido a protestos transmitidos pelas redes sociais; no devido tempo elas podem vir a ser substituídas por sistemas mais abertos e participativos, que aperfeiçoem valores humanos e inclusivos. Em lugares diferentes, outras autoridades ganharão exponencialmente meios mais poderosos de repressão. A proliferação de sensores presentes por toda parte, rastreando e analisando indivíduos, registrando e transmitindo cada uma de suas experiências (em alguns casos agora, essencialmente desde o nascimento), e (na vanguarda da computação) antecipando seus pensamentos, abre possibilidades tanto repressivas como liberadoras.[23] A esse respeito, entre os aspectos mais radicais da nova tecnologia está o poder que pode conceder a pequenos grupos, no cume das estruturas políticas e econômicas, de processar e monitorar informações, dar forma ao debate e, em certa medida, definir a verdade.[24]

O Ocidente comemorou o papel desempenhado pelo Facebook e pelo Twitter nas revoluções da Primavera Árabe.[25] Contudo, no caso de as multidões munidas de dispositivos digitais obterem sucesso nas manifestações iniciais, o uso da nova tecnologia não garante que os valores que acabarão prevalecendo sejam aqueles adotados pelos criadores desses dispositivos ou mesmo aqueles da maioria da multidão. Além disso, as mesmas tecnologias usadas para transmitir manifestações também podem ser usadas para rastrear e suprimi-las. Hoje, a maior parte das praças públicas de qualquer grande cidade está submetida à vigilância constante por meio de câmeras de vídeo em tempo real. Como concluiu um levantamento recente, "a internet tornou o rastreamento mais fácil, mais barato e mais útil".[26]

O alcance global e a velocidade da comunicação acabam por turvar a distinção entre convulsões sociais internas e internacionais, e entre líderes e as reivindicações imediatas dos grupos que conseguem obter maior repercussão. Acontecimentos que antes teriam levado meses para se desdobrar agora ricocheteiam globalmente em questão de segundos. Dos formuladores de políticas, espera-se que em poucas horas sejam capazes de articular uma política e de inseri-la no curso dos acontecimentos — onde seus efeitos serão transmitidos no âmbito global pelas mesmas redes instantâneas. A tentação de ceder às demandas da multidão refletidas na esfera digital pode fazer com que seja atropelado o discernimento necessário para mapear um complexo roteiro para ação, que esteja em sintonia com objetivos de longo prazo. A distinção entre informação, conhecimento e sabedoria acaba por ser abalada.

A nova diplomacia afirma que, se um número suficientemente grande de pessoas se reúne em público para clamar pela renúncia de um governo e transmite suas reivindicações no plano digital, elas constituem uma expressão democrática, justificando apoio moral e mesmo material por parte do Ocidente. Essa abordagem equivale a uma convocação para que os líderes ocidentais (e sobretudo os americanos) comuniquem imediatamente sua aprovação, em termos menos ambíguos possíveis, pelos mesmos métodos e redes sociais, de modo que a rejeição do governo por aquelas pessoas seja retransmitida na internet e obtenha maior legitimação e afirmação.

Se a antiga diplomacia às vezes fracassava ao deixar de estender seu apoio a forças que — moralmente — o mereciam, a nova diplomacia corre o risco de intervir de forma indiscriminada e sem estratégia. Proclama valores absolutos morais para uma plateia global antes que seja possível avaliar as intenções de longo prazo dos atores centrais, suas chances de sucesso ou sua capacidade para pôr em prática uma política de longo prazo. Os motivos dos grupos principais, sua capacidade de exercer uma liderança coordenada, a estratégia subjacente e os fatores políticos no país, e sua relação com outras prioridades estratégicas, são tratados como secundários diante do imperativo que se impõe de avalizar um estado de espírito do momento.

A noção de ordem não deveria ter prioridade em relação à de liberdade. Porém a afirmação da liberdade não deveria ser alçada da condição de um estado de espírito a de uma estratégia. Na busca pelos valores humanos, a expressão de valores elevados é um primeiro passo; eles devem ser postos em prática em meio às ambiguidades e contradições inerentes a todos os assuntos humanos, o que vem a ser a tarefa de uma política. Nesse processo, o compartilhamento de informações e apoio aberto a instituições livres consistem em novos e importantes aspectos de nossa era. Abandonados a si mesmos, sem a devida atenção à estratégia subjacente e aos fatores políticos, aqueles valores terão dificuldade para atender às expectativas que suscitaram.

Grandes estadistas, por mais diferentes que fossem suas personalidades, quase invariavelmente dispunham de uma sensibilidade instintiva para a história de suas sociedades. Como escreveu Edmund Burke, "as pessoas não ansiarão pela posteridade se jamais olharem para trás, na direção dos seus antepassados".[27] Na era da internet, quais serão as atitudes daqueles que aspiram a se tornar grandes estadistas? Uma combinação de insegurança crônica e de autoafirmação insistente ameaça tanto os líderes como o público da era da internet. Os líderes, como são cada vez menos os autores de seus programas, procuram exercer seu domínio pela força de vontade e pelo carisma. O acesso do público geral aos aspectos intangíveis do debate público vem se tornando cada vez mais restrito. Importantes itens da legislação nos Estados Unidos, na Europa e em outros lugares contêm frequentemente milhares de páginas de texto cujo significado preciso permanece vago mesmo para os parlamentares que os aprovaram.

Gerações anteriores de líderes ocidentais desenpenharam seu papel democrático reconhecendo que o exercício da liderança não consistia em simplesmente pôr em prática, no dia a dia, os resultados das pesquisas de opinião. As gerações de amanhã podem vir a se mostrar relutantes em exercer a liderança de forma independente das técnicas de coletas de dados

— ainda que seu grau de domínio do ambiente de informações possa recompensá-las com a reeleição por perseguirem políticas com foco bem delimitado e que sejam de curto prazo.

Num ambiente como este, os que participam do debate público correm o risco de ser guiados menos por argumentos ponderados do que pelo que desperta um eco no estado de espírito do momento. O foco imediato é martelado todos os dias na consciência pública pelos defensores dessas ideias, cujo status é gerado pela sua capacidade de dramatizar os temas. Participantes de manifestações públicas raramente se reúnem em torno de um programa específico. Muitos procuram, ao contrário, o ímpeto produzido por um momento de exaltação, tratando seu papel no acontecimento prioritariamente como a participação em uma experiência emocional.

Essas atitudes refletem em parte a complexidade da definição de uma identidade na era das mídias sociais. Tendo seu advento sido saudado como um avanço revolucionário nas relações humanas, a mídia social encoraja o compartilhamento de uma quantidade máxima de informação, tanto pessoal como política. Pessoas são estimuladas — e solicitadas — a postarem seus atos mais íntimos e seus pensamentos em sites públicos, dirigidos por empresas cujas políticas internas são, ainda que públicas, em grande parte incompreensíveis para o usuário comum. As informações mais delicadas desse conjunto têm seu acesso liberado apenas para "amigos" que, na prática, podem chegar à casa dos milhares. A meta é obter aprovação; não fosse esse o objetivo, o compartilhamento de informações pessoais não seria tão disseminado e às vezes tão polêmico. Apenas personalidades muito fortes são capazes de resistir às opiniões desfavoráveis dos seus pares, agregadas e ampliadas pela mídia digital. A busca é pelo consenso, menos pela troca de ideias do que pelo compartilhamento de emoções. Nem podem os participantes deixar de ser afetados pelo sentimento de exaltação proporcionado pela filiação a uma multidão de pessoas que demonstram clara afinidade com eles. E serão essas redes as primeiras instituições na história da humanidade a serem livres de eventuais abusos e, portanto, dispensadas dos tradicionais mecanismos de freios e contrapesos?

Juntamente com as infinitas possibilidades abertas pelas novas tecnologias, a reflexão a respeito da nova ordem internacional precisa levar em conta os perigos internos de sociedades mobilizadas pelo consenso de massa, destituído de contexto e da presciência compatíveis com sua personalidade histórica. Em todas as outras áreas isso tem sido considerado como a própria essência da liderança; no nosso campo, ela corre o risco de se ver reduzida a uma série de slogans concebidos para obter aprovação imediata de curto prazo. A política externa está sob a ameaça de se transformar numa subdivisão da política interna, em vez de ser um exercício de formulação do futuro. Se os grandes países conduzirem suas políticas internamente dessa maneira, suas relações com o cenário internacional acabarão por sofrer distorções concomitantes. A busca por uma perspectiva pode vir a ser substituída por um agravamento das diferenças, a função de estadista trocada pela pose. Na medida em que a diplomacia é transformada em gestos voltados para insuflar paixões, a busca pelo equilíbrio corre o risco de dar lugar a um teste de limites.

Sabedoria e capacidade de antevisão são necessárias para evitar esses perigos e garantir que a era tecnológica faça jus às suas muitas promessas. Ela precisa aprofundar sua preocupação com o plano imediato por meio de uma melhor compreensão da história e da geografia. Essa tarefa não é apenas — ou mesmo prioritariamente — uma questão de tecnologia. A sociedade precisa adaptar sua política educacional aos imperativos fundamentais impostos por uma política de longo prazo para o país e pelo cultivo de seus valores. Os inventores dos dispositivos que revolucionaram de tal modo a coleta e o compartilhamento de informações podem dar uma contribuição equivalente, se não ainda maior, ao conceberem meios de aprofundar essa base conceitual. A caminho da primeira ordem verdadeiramente global, as grandes realizações humanas em termos tecnológicos precisam ser conciliadas com a força ampliada do discernimento humano, transcendente e geopolítico.

CONCLUSÃO

Uma ordem mundial
· na nossa época?

NAS DÉCADAS QUE se seguiram à Segunda Guerra Mundial, um sentimento de comunidade mundial parecia estar prestes a surgir. As regiões mais industrializadas do mundo estavam esgotadas pela guerra; as partes subdesenvolvidas estavam iniciando seu processo de descolonização e de redefinição de suas identidades. Todos precisavam de cooperação, não de confrontação. E os Estados Unidos, preservados das devastações provocadas pela guerra — na realidade, fortalecidos pelo conflito em sua economia e na sua confiança nacional —, se lançaram na concretização de ideais e práticas que considerava passíveis de serem aplicadas no mundo inteiro.

Quando a tocha da liderança internacional começou a ser passada para as mãos dos Estados Unidos, isso acrescentou uma nova dimensão à busca por uma ordem mundial. Uma nação que tinha sido fundada explicitamente sobre uma ideia de um governo livre e representativo, que tinha identificado sua própria ascensão com a difusão da liberdade e democracia, e emprestado a essas forças o crédito por terem alcançado a paz justa e duradoura que havia escapado ao mundo até então. A tradicional abordagem europeia da ordem tinha considerado os povos e os Estados como intrinsecamente competitivos; para limitar os efeitos de suas ambições conflitantes, confiava no seu equilíbrio de poder e na ação coordenada de

364 | *Uma ordem mundial na nossa época?*

estadistas esclarecidos. A visão americana corrente considerava as pessoas como inerentemente razoáveis e inclinadas ao compromisso pacífico, ao senso comum e à negociação equilibrada; a difusão da democracia era, portanto, a meta suprema da ordem internacional. Os livres-mercados acabariam por fazer os indivíduos progredirem, enriquecer as sociedades e substituir as tradicionais rivalidades internacionais pela interdependência econômica. De acordo com essa visão, a Guerra Fria foi causada pelas aberrações do comunismo; cedo ou tarde a União Soviética iria retornar à comunidade das nações. Então uma nova ordem mundial iria abranger todas as regiões do globo; valores e objetivos compartilhados tornariam as condições no interior dos Estados mais humanas e os conflitos entre os Estados menos prováveis.

O esforço de construção de uma ordem mundial, algo que se estende por gerações, em muitos sentidos produziu frutos concretos. Seu sucesso se expressa na grande variedade de Estados soberanos independentes que governam a maior parte do território mundial. A disseminação da democracia e das formas participativas de governo transformou-se numa aspiração comum, se não numa realidade universal; as comunicações globais e as redes do mundo financeiro operam em tempo real, tornando possíveis as interações humanas numa escala que está além da imaginação das gerações anteriores; existem esforços comuns em relação aos problemas ambientais, ou pelo menos o impulso para atacá-los; e uma comunidade internacional científica, médica e filantrópica concentra sua atenção em doenças e flagelos à saúde antes tidos como inevitáveis golpes do destino.

Os Estados Unidos contribuíram de forma significativa para essa evolução. O poderio militar americano proporcionou um escudo de segurança para o resto do mundo, tenham seus beneficiários pedido por isso ou não. Sob o guarda-chuva de uma garantia militar americana essencialmente unilateral, grande parte do mundo desenvolvido se somou a este sistema de alianças; os países em desenvolvimento eram protegidos contra uma ameaça que eles às vezes não reconheciam, muito menos admitiam. Uma economia global se desenvolveu e para ela os Estados Unidos contribuíram com financiamentos, mercados e uma grande variedade de inovações. O período que vai de 1948, talvez, até a virada do século marcou um momento fugaz na história humana em que era possível falar de uma incipiente ordem global composta por uma combinação de idealismo americano e dos tradicionais componentes do equilíbrio de poder.

O próprio sucesso desse esforço tornou inevitável que todo esse empreendimento viesse a ser, afinal, desafiado, às vezes em nome da própria ordem mundial. A relevância universal do sistema vestfaliano decorria da sua natureza procedimental — ou seja, da sua própria neutralidade em termos de valores. Suas regras eram acessíveis a qualquer país: a não interferência nos assuntos internos dos outros Estados; inviolabilidade das fronteiras; soberania dos Estados; o encorajamento ao direito internacional. A fraqueza do sistema vestfaliano tem sido o outro lado da sua força. Concebido, como foi, por Estados exaustos com o derramamento de sangue, ele não proporcionava um sentido de direção. Lidava com métodos de alocação e preservação de poder; não oferecia uma resposta ao problema de como gerar legitimidade.

Ao construir uma ordem mundial, uma questão-chave inevitavelmente diz respeito à substância dos seus princípios unificadores — nos quais reside uma distinção vital entre as abordagens ocidental e não ocidental em relação à ordem. Desde o Renascimento, o Ocidente tem se mostrado profundamente comprometido com a noção de que o mundo real é algo externo ao observador, de que o conhecimento consiste em registrar e classificar dados — quanto maior for a precisão com que isso for feito, melhor —, e de que o sucesso de uma política externa depende da sua capacidade de avaliar realidades e tendências. A paz vestfaliana representava um juízo a respeito da realidade — em particular as realidades do poder e do território — como um conceito de ordenamento secular acima das exigências da religião.

Nas outras grandes civilizações contemporâneas, a realidade era concebida como algo interno ao observador, definido por convicções psicológicas, filosóficas ou religiosas. O confucianismo ordenou o mundo entre tributários numa hierarquia definida pelas aproximações em relação à cultura chinesa. O Islã dividiu a ordem mundial num mundo de paz, aquele do Islã, e um mundo de guerra, habitado pelos infiéis. Assim, a China não sentia nenhuma necessidade de sair de suas fronteiras para descobrir um mundo que considerava já ordenado, ou ordenado de uma maneira melhor pelo cultivo da moralidade no plano interno, enquanto o Islã só poderia atingir a realização teórica da ordem mundial pela conquista ou pelo proselitismo global, para o qual inexistiam as condições. O hinduísmo, que distinguia ciclos de história e realidade metafísica transcendendo a experiência temporal, tratava seu mundo de fé como um sistema completo, que não estava aberto a novos integrantes, nem pela conquista, nem pela conversão.

Esta mesma distinção governava a atitude em relação à ciência e à tecnologia. O Ocidente, que se realizou ao dominar a realidade empírica, explorou os recantos mais remotos do mundo e estimulou o desenvolvimento da ciência e da tecnologia. As outras civilizações tradicionais, cada uma das quais tinha se considerado o centro da ordem mundial por seu direito próprio, não dispunham do mesmo ímpeto e ficaram para trás em termos tecnológicos.

Esse período agora chegou ao fim. O resto do mundo vem buscando a ciência e a tecnologia e, como essas civilizações não se veem limitadas por padrões já estabelecidos, talvez com mais energia e flexibilidade do que o Ocidente, pelo menos em países como a China e os "Tigres Asiáticos".

No mundo da geopolítica, a ordem estabelecida e proclamada como universal pelos países ocidentais se encontra num momento crítico.[1] Os remédios para seus problemas são compreendidos globalmente, porém não existe consenso sobre sua aplicação; na realidade, conceitos como democracia, direitos humanos e direito internacional recebem interpretações tão divergentes que as partes em guerra regularmente os invocam uns contra os outros, como seus gritos de batalha. As normas do sistema foram promulgadas, mas se revelaram ineficazes na falta de instrumentos que forcem o cumprimento dessas regras. O compromisso em torno das noções de parceria e de comunidade foi substituído em algumas regiões, ou pelo menos acompanhado, por duro teste sobre os limites do respeito às normas.

Um quarto de século de crises econômicas e políticas percebidas como se fossem produzidas, ou pelo menos induzidas, pelas práticas ou admoestações do Ocidente — juntamente com ordens regionais em implosão, carnificinas sectárias, terrorismo e guerras terminadas sem uma vitória clara — pôs em questão as premissas otimistas da era do imediato pós-guerra: as de que a difusão da democracia e dos princípios do livre-mercado acabaria por criar automaticamente um mundo justo, pacífico e inclusivo.

Um ímpeto antagônico se ergueu em várias partes do mundo para construir muralhas contra o que é visto como políticas concebidas pelo mundo desenvolvido com o propósito de fomentar crises, um raciocínio que questiona certos aspectos da globalização. Compromissos no campo da segurança vistos até então como pedras angulares estão sendo colocados em dúvida, muitas vezes pelos países cuja defesa eles pretendem promover. À medida que os países ocidentais reduzem de forma expressiva seus arsenais nucleares ou diminuem o papel desempenhado pelas armas nucleares em sua doutrina estratégica, países no chamado mundo em desenvolvimento se empenham com grande energia em desenvolvê-las. Governos que no passado adotaram (mesmo que isso às vezes os deixasse perplexos) o comprometimento americano com a sua versão de ordem mundial começaram a se perguntar se ela conduz a empreendimentos por cuja conclusão os Estados Unidos não demonstram paciência suficiente para esperar. Segundo essa visão, a aceitação das "normas" ocidentais da ordem mundial está associada a elementos de risco imprevisíveis — uma interpretação que tem provocado uma evidente dissociação por parte de aliados tradicionais dos Estados Unidos. Na realidade, em alguns lugares, o desprezo pelas normas universais (como os direitos humanos, os procedimentos legais ou a igualdade das mulheres), consideradas como preferências claramente associadas aos países do Atlântico Norte, é tratado como se fosse inequivocamente uma virtude e o próprio cerne de sistemas alternativos de valores. Formas mais elementares de identidade são celebradas como consistindo na base para esferas de interesse excludentes.[2]

O resultado não é simplesmente uma multipolaridade de poder, mas um mundo de realidades cada vez mais contraditórias. Não se deve partir do pressuposto de que, deixadas à própria sorte, essas tendências acabarão em algum momento por se reconciliar com um mundo de equilíbrio e cooperação — ou mesmo com algum tipo de ordem.

A evolução da ordem internacional

Toda ordem internacional cedo ou tarde deve enfrentar o impacto de duas tendências que desafiam sua coesão: uma redefinição do que se entende por legitimidade ou uma mudança significativa na balança de poder. A

368 | *Uma ordem mundial na nossa época?*

primeira tendência ocorre quando os valores em que se apoiam as disposições internacionais são alterados de maneira fundamental — abandonados pelos que seriam os encarregados da sua sustentação ou derrubados pela imposição revolucionária de um conceito alternativo de legitimidade. Esse foi o impacto exercido pelo Ocidente em ascensão sobre muitas ordens tradicionais do mundo não ocidental; do Islã em sua onda inicial de expansão nos séculos VII e VIII; da Revolução Francesa sobre a diplomacia europeia no século XVIII; dos totalitarismos comunista e fascista no século XX; e dos ataques do islamismo à frágil estrutura estatal do Oriente Médio em nossa época.

A essência dessas convulsões reside no fato de que, embora normalmente sejam sustentadas pela força, seu ímpeto básico é de ordem psicológica. Os que se encontram sob ataque são desafiados a defender não apenas seu território, mas os pressupostos básicos de seu modo de vida, seu direito moral de existir e agir de uma maneira que, até aquele desafio, era considerada como algo acima de qualquer contestação. A inclinação natural, particularmente a dos líderes de sociedades pluralistas, é a de interagir com os representantes da revolução, na expectativa de que o que eles realmente desejam é negociar de boa-fé a respeito das premissas da ordem existente e chegar a uma solução razoável. A ordem submerge não basicamente devido a uma derrota militar ou a um desequilíbrio de forças (ainda que isso muitas vezes, em seguida, aconteça), mas em decorrência do fracasso em não compreender a natureza e o alcance do desafio que está sendo lançado contra ela. Nesse sentido, o teste supremo das negociações nucleares iranianas reside em saber se as profissões de fé do Irã sobre uma disposição para resolver o impasse por meio de conversações são uma mudança estratégica ou um artifício tático — na busca de uma política há muito estabelecida — e se o Ocidente lida com o tático como se fosse mudança de direção estratégica.

A segunda causa de uma crise na ordem internacional ocorre quando ela se revela incapaz de se adaptar a uma mudança importante nas relações de poder. Em alguns casos, a ordem entra em colapso porque um de seus maiores componentes para de desempenhar seu papel ou deixa de existir — como aconteceu com a ordem comunista internacional perto do fim do século XX quando a União Soviética se dissolveu. Ou quando uma potência em ascensão pode vir a rejeitar o papel a ela reservado por um sistema que ela não concebeu, e as potências já estabelecidas podem vir a se revelar incapazes de adaptar o equilíbrio do sistema para incorporar a sua ascensão. A emergência da Alemanha apresentou um desafio desse tipo ao sistema no século XX na Europa, desencadeando duas guerras catastróficas das quais a Europa nunca se recuperou plenamente. A emergência da China apresenta um desafio estrutural comparável no século XXI. Os presidentes dos mais importantes competidores no século XXI — os Estados Unidos e a China — se comprometeram a não repetir a tragédia europeia, recorrendo a "um novo tipo de relação entre grandes potências". O conceito espera ainda por uma maior elaboração conjunta. Pode ter sido apresentado por uma ou mesmo pelas duas potências como uma manobra tática. Entretanto, esse permanece como o único caminho para evitar uma repetição de tragédias anteriores.

A obtenção de uma posição de equilíbrio entre os dois aspectos da ordem — o do poder e o da legitimidade — é a essência mesmo do papel do estadista. Cálculos de poder sem uma dimensão moral transformarão cada discordância num teste de força; a ambição nunca se encontrará em sossego; países se verão lançados a demonstrações de força insustentáveis, levados por cálculos intangíveis produzidos por uma configuração de poder em constante mudança. Receituários morais, por outro lado, que ignorem a preocupação com o equilíbrio tendem a se tornar ou cruzadas ou se transformar em políticas tentadoras que resultam em desafios impotentes; ambos os extremos arriscam ameaçar a coerência da própria ordem internacional.

Em nossa época — em parte devido às razões tecnológicas discutidas no Capítulo 9 — o poder assume a forma de um fluxo sem precedentes, enquanto pretensões de legitimidade a cada década multiplicam seu alcance de maneiras até então inconcebíveis. Quando as armas se tornaram capazes de destruir a civilização e as interações entre sistemas de valores se dão de forma instantânea e — num grau sem precedentes — de um modo invasivo, os cálculos a respeito da manutenção do equilíbrio de poder podem vir a se tornar obsoletos.

À medida que vêm aumentando esses desequilíbrios, a estrutura do século XXI tem deixado a desejar em relação a quatro importantes dimensões.

370 | *Uma ordem mundial na nossa época?*

Primeiramente, a própria natureza do Estado — a unidade básica formal da vida internacional — vem sendo submetida a uma grande variedade de pressões: atacada e desmantelada segundo um plano deliberado, em algumas regiões vem sendo corroída por negligência, muitas vezes submersa em meio ao simples desenrolar dos acontecimentos. A Europa se propôs a transcender o Estado e forjar uma nova política externa baseada principalmente no poder brando e nos valores humanitários. Porém é duvidoso que pretensões à legitimidade separadas de qualquer conceito de estratégia possam dar sustentação à ordem mundial. E a Europa ainda não concedeu a si mesma atributos de Estado, correndo o risco de dar origem a um vácuo de autoridade no plano interno e a um desequilíbrio de poder ao longo de suas fronteiras. Partes do Oriente Médio se dissolveram em componentes sectários e étnicos em conflito uns com os outros; milícias religiosas e as potências que os apoiam violam como bem entendem fronteiras e soberanias. O desafio na Ásia é o oposto daquele enfrentado pela Europa. Os princípios vestfalianos da balança de poder prevalecem independentemente de qualquer conceito de legitimidade construído por meio de um acordo.

E em várias partes do mundo temos testemunhado, desde o fim da Guerra Fria, o fenômeno dos "Estados falidos", ou "áreas não governadas", ou de Estados que mal merecem este nome, não detendo nenhum tipo de monopólio do uso da força ou alguma autoridade central efetiva. Se as potências mais importantes acabarem por praticar uma política externa que admita a manipulação de uma variedade de unidades subsoberanas seguidoras de regras de conduta ambíguas e frequentemente violentas, muitas vezes baseadas em articulações extremas de experiências culturais divergentes, a anarquia é certa.

Em segundo lugar, as organizações políticas e econômicas do mundo estão em desacordo umas com as outras. O sistema econômico internacional tornou-se global, enquanto a estrutura política do mundo permaneceu baseada no conceito de Estado-nação. O ímpeto global econômico é animado pela disposição para remover obstáculos ao fluxo de bens e capitais. O sistema político internacional ainda é em grande medida baseado em ideias conflitantes de ordem mundial e na reconciliação de conceitos de interesse nacional. A globalização econômica, em sua essência, ignora as fronteiras nacionais. A política internacional enfatiza a importância das fronteiras, mesmo ao procurar conciliar objetivos nacionais.

Essa dinâmica produziu décadas de crescimento econômico sustentado, pontuado por crises financeiras de intensidade aparentemente crescente: na América Latina nos anos 1980; na Ásia em 1997; na Rússia em 1998; nos Estados Unidos em 2001 e outra, mais uma vez, iniciada em 2007; na Europa depois de 2010. Os vencedores — os que são capazes de aguentar a tempestade por um período de tempo razoável e depois seguir adiante — nutrem poucas reservas a respeito do sistema. Os perdedores, no entanto — como os que são vítimas de erros estruturais de concepção, como é o caso dos países da ala sul da União Europeia —, buscam saída por meio de soluções que negam, ou pelo menos obstruem, o funcionamento do sistema econômico global.

Ainda que cada uma dessas grandes crises tenha tido uma causa diferente, sua característica comum tem sido a de especulações pródigas e uma subestimação sistêmica do risco. Foram inventados instrumentos financeiros que obscurecem a natureza de transações relevantes. Aqueles que emprestam têm encontrado dificuldade para estender seus compromissos, e o número dos que tomam emprestado, incluindo grandes nações, tem dificuldade para compreender as implicações dos seus endividamentos.

A ordem internacional se vê, assim, diante de um paradoxo: sua prosperidade depende do sucesso da globalização, mas o processo produz uma reação política que muitas vezes age no sentido contrário ao das suas aspirações. Os gestores econômicos da globalização têm tido poucas ocasiões para interagir com os processos políticos dessa transformação. Os gestores dos processos políticos contam com poucos incentivos para arriscar o apoio interno de que dispõem para se precaver contra futuros problemas econômicos ou financeiros, cuja complexidade foge ao entendimento de todos, com exceção dos especialistas no assunto.

Nessas condições, exercer a própria capacidade de governar se torna um desafio. Governos são submetidos a pressões ao tentar conduzir o processo de globalização na direção de vantagens nacionais ou do mercantilismo. No Ocidente, os temas da globalização se fundem, portanto, com o tema da condução da política externa sob princípios democráticos. Harmonizar as ordens internacionais política e econômica é uma tarefa que desafia as visões rígidas: a busca por uma ordem mundial porque exige uma ampliação da estrutura nacional; o disciplinamento da globalização porque práticas sustentáveis implicam uma modificação de padrões convencionais.

A terceira dimensão é a ausência de um mecanismo efetivo para que as grandes potências se consultem e possivelmente cooperem a respeito das questões de maior relevância. Isso pode parecer uma crítica estranha em vista da grande variedade de fóruns existentes — de longe, mais do que houve em qualquer outro momento da história. Ao Conselho de Segurança da ONU — de autoridade formal vinculante, porém preso a impasses em relação aos assuntos mais importantes — se somam reuniões de cúpula regulares para os líderes atlânticos na OTAN e na União Europeia, para a Ásia-Pacífico na APEC, para os países desenvolvidos no G7 ou G8, e para as maiores economias no G20. Os Estados Unidos são um participante-chave em todos esses fóruns. Contudo, a própria natureza e a periodicidade dessas reuniões trabalham contra a elaboração de uma estratégia de longo prazo. Discussões a respeito de prazos e negociações sobre programas formais tomam a maior parte do tempo de preparação; alguns fóruns na realidade funcionam como que na órbita das agendas dos líderes, devido à dificuldade de reunir dirigentes em qualquer lugar em bases regulares. Os chefes de Estado que participam desses encontros, pela própria natureza dos seus cargos, mantêm o foco no impacto público de suas ações no encontro; eles se veem tentados a enfatizar as implicações táticas ou o aspecto das relações públicas do evento. Esse processo permite pouco mais do que a elaboração de um comunicado formal — na melhor das hipóteses, uma discussão de questões táticas pendentes, e, na pior, uma nova forma de reunião de cúpula enquanto um evento da "mídia social". Uma estrutura contemporânea de regras e normas internacionais, caso pretenda se tornar relevante, não pode ser afirmada meramente por meio de declarações conjuntas; precisa ser adotada como uma questão de convicção comum.

Ao longo desse processo, a liderança americana tem se revelado indispensável, mesmo quando exercida de modo ambivalente. Ela tem buscado um equilíbrio entre estabilidade e a defesa de princípios universais que nem sempre pode ser conciliado com os princípios soberanos de não interferência ou com a experiência histórica de outras nações. A procura pelo equilíbrio, entre o caráter singular da experiência americana e a confiança idealista na sua universalidade, entre os polos da confiança exagerada e da introspecção, é em si mesma uma busca sem fim. O que não se pode permitir é uma postura de retirada.

Para onde vamos?

Uma reconstrução do sistema internacional é o supremo desafio que se coloca diante dos estadistas de nossa época. A punição pelo fracasso não será tanto uma grande guerra entre Estados (embora essa hipótese, em algumas regiões, não esteja excluída) como uma evolução para esferas de influência identificadas com estruturas domésticas e formas de governo determinadas — como, por exemplo, o modelo vestfaliano contraposto à versão radical islamista.[3] Nas franjas das suas áreas de influência, cada sistema se sentirá tentado a testar sua força contra outras entidades de ordens consideradas ilegítimas. As duas ordens estariam conectadas em rede e, portanto, em comunicação instantânea e impingindo seus conteúdos uma sobre a outra constantemente. Com o tempo, as tensões decorrentes deste processo acabariam degenerando em manobras em busca de vantagens ou de status numa escala continental ou mesmo mundial. Uma luta entre regiões poderia vir a ser ainda mais extenuante do que têm se mostrado as lutas entre nações.

A busca contemporânea por ordem mundial exige uma estratégia coerente para estabelecer um conceito de ordem *no interior* de várias regiões e relacionar essas ordens regionais umas com as outras. Esses objetivos não são necessariamente idênticos ou passíveis de serem conciliados um com o outro: o triunfo de um movimento radical pode vir a trazer ordem para uma região enquanto prepara o cenário para uma convulsão no interior e entre todas as outras. O domínio por meios militares de uma região por um país, mesmo se proporcionar a aparência de ordem, poderia produzir uma crise para o resto do mundo.

É necessário reavaliar o conceito de balança de poder. Em teoria, a balança de poder deveria ser calculável; na prática, tem se revelado extremamente difícil harmonizar os cálculos de um país com os de outros Estados, atingindo dessa forma um reconhecimento comum de limites. O elemento conjectural da política externa — a necessidade de coordenar ações com uma avaliação que não pode ser posta à prova quando é feita — nunca se mostra mais verdadeiro do que num período de convulsão social. É nessa situação que a antiga ordem social está em movimento enquanto paira grande incerteza sobre a forma do que irá tomar o seu lugar. Tudo depende, portanto, de alguma concepção do futuro. Porém estruturas internas inconstantes podem produzir diferentes avaliações do significado das tendências existentes e, mais importante, critérios conflitantes para resolver essas diferenças. Esse é o dilema do nosso tempo.

Uma ordem mundial de Estados que afirmem a dignidade individual e uma forma de governo participativa, e que cooperem em âmbito internacional segundo regras previamente acordadas, pode ser o objeto de nossas esperanças e deveria ser motivo de nossa inspiração. Entretanto, um progresso nesse sentido exigirá uma sustentação proporcionada por uma série de estágios intermediários. Em qualquer momento nesse meio-tempo, normalmente faríamos melhor, como certa vez escreveu Edmund Burke, "em nos contentar com algum plano limitado, que não atinja exatamente a perfeição da ideia abstrata, do que nos obstinarmos em conseguir o mais perfeito", e correr o risco de provocarmos uma crise ou sofrermos uma desilusão ao insistir imediatamente na solução suprema.[4] Os Estados Unidos precisam de uma estratégia e uma diplomacia à altura da complexidade dessa jornada — que façam jus tanto ao caráter elevado da meta, como à incompletude que marca necessariamente os esforços humanos pelos quais ela será abordada.

Para desempenhar um papel responsável na evolução de uma ordem mundial para o século xxi, os Estados Unidos precisam estar preparados para responder a algumas perguntas, tais como:

O que nos propomos a evitar, não importa o que aconteça e, se necessário, sozinhos? A resposta define as condições mínimas de sobrevivência da nossa sociedade.

O que nos propomos a realizar, mesmo sem contarmos com *nenhum* apoio de algum esforço multilateral? Essas metas definem os objetivos mínimos de uma estratégia nacional.

O que nos propomos a realizar, ou evitar, *apenas* se contarmos com o apoio de uma aliança? Isso define os limites máximos das aspirações estratégicas do país como parte de um sistema global.

O que *não* deveríamos empreender, mesmo se estimulados por um grupo multilateral ou por uma aliança? Isso define as condições que limitam a participação americana na ordem mundial.

Acima de tudo, qual a natureza dos valores que procuramos propor? Que aspectos da implementação desses valores dependem, em parte, das circunstâncias?

As mesmas questões se aplicam, em princípio, a outras sociedades.

Para os Estados Unidos, a busca por uma ordem mundial funciona em dois níveis: a celebração dos princípios universais precisa ser acompanhada pelo reconhecimento da realidade das outras regiões e culturas. Mesmo ao examinar as lições suscitadas pelas décadas mais difíceis, a afirmação da natureza excepcional dos Estados Unidos precisa ser sustentada. A história não concede tréguas a países que deixam de lado seus compromissos ou seu sentido de identidade para poder trilhar um caminho aparentemente menos árduo. Os Estados Unidos — na condição de mais decisiva articulação do mundo moderno na busca humana pela liberdade e de uma força geopolítica indispensável na defesa dos valores humanos — precisam conservar seu senso de direção.

A determinação dos Estados Unidos a cumprir seu papel será um fator geopoliticamente imperativo para os desafios do nosso período. E, contudo, a ordem mundial não poderá ser obtida por qualquer país que aja sozinho. Para obtermos uma genuína ordem mundial, seus componentes, ainda que mantendo seus próprios valores, precisam adquirir uma segunda cultura que seja global, estrutural e jurídica — um conceito de ordem que transcenda a perspectiva e os ideais de uma única região ou nação. Neste momento da história, isso significaria uma modernização do sistema vestfaliano que tivesse incorporado as realidades contemporâneas.

É possível traduzir culturas divergentes num sistema comum? O sistema vestfaliano foi delineado por cerca de duzentos delegados, nenhum deles reconhecido pela história como um grande personagem, que se encontraram em duas cidades do interior da Alemanha separadas por 64 quilômetros (uma distância significativa no século XVII) em dois grupos separados. Eles superaram seus obstáculos porque compartilhavam a experiência devastadora da Guerra dos Trinta Anos e estavam determinados a evitar sua recorrência. A nossa época, tendo diante de si possibilidades ainda mais ameaçadoras, precisa agir levando em conta suas necessidades antes que venha a ser tragada por elas.

Fragmentos enigmáticos que nos chegaram da mais remota antiguidade revelam uma visão da vida humana também irremediavelmente marcada por mudança e conflito.[5] A "ordem mundial" era comparável ao fogo, "ardendo e se apagando conforme a medida", com a guerra como "o Pai de tudo e Rei de todas as coisas" produzindo as mudanças no mundo. Mas "a unidade de todas as coisas jaz sob a superfície; e depende de uma reação equilibrada entre opostos". O objetivo de nossa era deve ser o de alcançar o equilíbrio ao mesmo tempo em que contemos os cães da guerra. E temos de fazer isso em meio à corrente impetuosa da história. A conhecida metáfora para essa ideia se encontra no fragmento no qual se afirma que "não se pode entrar duas vezes no mesmo rio". A história pode ser imaginada como um rio, mas suas águas estarão sempre mudando.

Há muito tempo, quando era jovem, fui arrogante o bastante para me julgar capaz de um dia emitir um juízo sobre "O Significado da História".[6] Hoje sei que o significado da história é algo a ser descoberto, não declarado. É uma pergunta a que devemos tentar responder da melhor maneira possível, reconhecendo o fato de que a questão permanecerá aberta ao debate; de que cada geração será julgada por ter enfrentado ou não as maiores e mais relevantes questões associadas à condição humana, e as decisões adequadas para fazer frente a esses desafios precisam ser tomadas pelos estadistas quando ainda é impossível saber qual será seu resultado.

Agradecimentos

ESTE LIVRO NASCEU de uma conversa durante um jantar com Charles Hill, professor do Brady-Johnson Program in Grand Strategy e conferencista sênior no Humanities Program da Universidade de Yale. Charlie era um talentoso integrante da Equipe de Planejamento de Políticas quando trabalhei como secretário de Estado, muito tempo atrás — quase uma vida. Desde então continuamos sendo amigos e colaboradores.

Naquele jantar, concluímos que a crise do conceito de ordem mundial era, em última análise, o supremo problema internacional de nossa época. Quando decidi escrever um livro sobre o assunto, Charlie me ofereceu seus conselhos e sua ajuda. Estes se revelaram inestimáveis. Charlie me concedeu o favor de deixar que eu lesse vários ensaios que ele havia escrito sobre diferentes aspectos do tema, releu capítulos deste livro ainda em fase de preparação, sempre esteve disponível para discussões e ajudou a editar o conjunto dos originais até a sua finalização.

Schuyler Schouten mostrou-se indispensável e incansável — adjetivos que já tinha empregado ao comentar sua contribuição na preparação de *Sobre a China*, há três anos. Desempenhando, tecnicamente, a função de auxiliar de pesquisa, em minhas investigações intelectuais ele exerce o papel de uma espécie de alter ego. Ele empreendeu a maior parte da pesquisa, reuniu os dados em resumos analíticos, revisou meus manuscritos várias vezes e me acompanhou em muitas discussões sobre o assunto. Sua contribuição para este livro foi seminal; o fato de ele nunca ter perdido sua serenidade em meio a todas essas pressões é um tributo às suas qualidades humanas.

O papel desempenhado pela minha editora, a Penguin Press, foi excepcional. Nunca tinha trabalhado com dois editores simultaneamente, e

378 | *Agradecimentos*

eles complementaram de forma magnífica um ao outro. Ann Godoff, não satisfeita com suas responsabilidades como presidente e editora-chefe, se dispôs a cuidar da edição deste livro. Com inteligência penetrante e muito bom senso, ela me forçou a elucidar formulações obscuras e referências históricas enigmáticas para o leitor não acadêmico. Também apresentou algumas sugestões essenciais quanto à estrutura do livro. Não sei como ela encontrou tempo para formular seus comentários extensos e incisivos, pelos quais sou imensamente grato.

Como um estudioso de história quase obsessivo, seu colega Stuart Proffitt, editor da Penguin britânica, se ofereceu para ler cada capítulo, teceu comentários meticulosos e ponderados, e chamou minha atenção para referências essenciais. Trabalhar com Stuart foi como seguir um curso numa universidade com um mentor excepcionalmente culto, paciente e gentil.

Nunca tinha escrito sobre assuntos ligados à internet. Também sou, basicamente, ignorante em relação aos aspectos técnicos do assunto. Mas tenho refletido muito a respeito do impacto exercido pelas novas tecnologias sobre a formulação de políticas. Com paciência e seriedade, Eric Schmidt concordou em me apresentar ao seu mundo. Nós nos encontramos algumas vezes, tanto na Costa Leste como na Oeste, para travar conversas extremamente estimulantes. Jared Cohen participou de alguns desses encontros, contribuindo de forma significativa nesse processo. Em duas ocasiões, Eric convidou-me a visitar a sede da Google para trocar ideias com alguns de seus fascinantes e brilhantes colegas.

Alguns amigos e conhecidos bondosamente consentiram em ler e comentar algumas partes deste manuscrito. Foram eles J. Stapleton Roy e Winston Lord (sobre a Ásia); Michael Gfoeller e Emma Sky (sobre o Oriente Médio); e o professor Rana Mitter da Universidade de Oxford (em relação ao conjunto do manuscrito). Vários capítulos se beneficiaram do discernimento dos meus amigos Les Gelb, Michael Korda, Peggy Noonan e Robert Kaplan.

Ao colaborar comigo num sexto livro, Theresa Amantea supervisionou a digitação, a checagem dos fatos e todos os problemas técnicos em meu escritório com seus habituais entusiasmo e talento organizacional. Theresa também digitou grande parte do material, auxiliada por Jody Williams, que deu tudo de si para me ajudar a cumprir prazos iminentes.

Ambos têm trabalhado comigo por décadas. A eles os meus agradecimentos por sua eficiência e, mais ainda, por sua dedicação.

Louise Kushner é uma aquisição mais recente da minha equipe, mas ela se equipara aos colegas pelo seu comprometimento. Ela contribuiu com eficiência para o cotejo dos comentários editoriais. Ao mesmo tempo firme e polida, ela manteve sob controle a minha agenda enquanto eu me concentrava em escrever.

Jessee LePorin e Katherine Earle proporcionaram um inestimável auxílio.

Ingrid Sterner, Bruce Giffords e Noirin Lucas, da Penguin Press, revisaram o manuscrito e se encarregaram com grande competência das tarefas relacionadas a este trabalho, acrescentando paciência e atenção particulares às minúcias da fase de produção editorial.

Andrew Wylie me representou em negociações com os editores pelo mundo afora, como tinha feito com *Sobre a China*, com suas habituais inteligência, tenacidade e ferocidade. Sou profundamente grato a ele.

Dediquei este livro a minha esposa, Nancy, que tem sido a minha vida. Como sempre, ela leu todos os originais, fazendo comentários extraordinariamente sensíveis.

Desnecessário dizer que as deficiências deste livro se devem apenas a mim.

Notas

Introdução: A questão da ordem mundial

1. Franz Babinger. *Mehmed the Conqueror and his Time*. Princeton, N.J.: Princeton University Press, 1978, citado em Antony Black. *The History of Islamic Political Thought*. Edinburgo: Edinburgh University Press, 2011. p. 207.

Capítulo 1: Europa: a ordem internacional pluralista

1. Kevin Wilson; Jan van der Dussen. *The History of the Idea of Europe*. Londres: Routledge, 1993.
2. Frederick B. Artz. *The Mind of the Middle Ages*. Chicago: University of Chicago Press, 1953. pp. 275-80.
3. Heinrich Fichtenau. *The Carolingian Empire: The Age of Charlemagne*. Trad. de Peter Munz. Nova York: Harper & Row, 1964. p. 60.
4. Hugh Thomas. *The Golden Age: The Spanish Empire of Charles V*. Londres: Allen Lane, 2010. p. 23.
5. James Reston Jr. *Defenders of the Faith: Charles V, Suleyman the Magnificent, and the Battle for Europe, 1520-1536*. Nova York: Penguin Press, 2009. pp. 40, 294-5.
6. Ver cap. 3.
7. Ver Edgar Sanderson; J. P. Lamberton; John McGovern. *Six Thousand Years of History*. Filadélfia: E. R. DuMont, 1900. v. 7: Famous Foreign Statesmen.

pp. 246-50. Ver também Reston. *Defenders of the Faith*. p. 384-9. Para uma Europa já dividida e cética em relação a apelos ao universalismo, o domínio de Carlos parecia menos uma promessa de libertação rumo a uma unidade desejada do que uma ameaça autoritária. Como escreveria mais tarde o filósofo escocês David Hume, um produto do Iluminismo do século XVIII: "A humanidade mostrava-se novamente alarmada com o perigo de uma monarquia universal, formada a partir da união de tantos reinos e principados na pessoa do imperador Carlos." David Hume. "On the Balance of Power." In: *Essays, moral, political, and literary*, 1742. 2.7.13.

8. Ver Jerry Brotton. *A History of the World in Twelve maps*. Londres: Penguin Books, 2013. p. 82-113 (discussão do Mapa Mundi Hereford, c. 1300). Ver também 4 Esdra 6:42. Ver Dante Alighieri. *The Divine Comedy*. Trad. de Allen Mandelbaum. Londres: Bantam, 1982. p. 342. Ver também Osip Mandelstam. "Conversation about Dante". In: Peter S. Hawkins; Rachel Jacoff (Orgs.). *The Poet's Dante*. Nova York: Farrar, Straus and Giroux, 2001. p. 67.
9. O próprio Richelieu contava com uma "eminência parda", seu conselheiro confidencial e agente François Leclerc du Tremblay, cujas vestes, na condição de

frade da ordem dos capuchinhos, fizeram com que ficasse conhecido como a *éminence grise* de Richelieu, um rótulo desde então aplicado a figuras sombrias e influentes na história da diplomacia. Aldous Huxley. *Grey Eminence: A Study in Religion and Politics*. Nova York: Harper and Brothers, 1941.

10. Ver, por exemplo, Niccolò Maquiavel. *A arte da guerra*. 1521. Idem. *Discursos sobre a primeira década de Tito Lívio*. 1531. Ver também Idem. *O príncipe*, 1532.

11. Joseph Strayer; Hans Gatzke; E. Harris Harbison. *The Mainstream of Civilization since 1500*. Nova York: Harcourt Brace Jovanovich, 1971. p. 420.

12. Richelieu. "Advis donné au roy sur Le sujet de la bataille de Nordlingen". In: Tryntje Helfferich (Org. e trad.). *The Thirty Years War: A Documentary History*. Indianapolis: Hackett, 2009. p. 151.

13. Peter H. Wilson. *The Thirty Years War: Europe's Tragedy*. Cambridge, Mass.: Harvard University Press, 2009. p. 673.

14. Ibid. p. 676.

15. Tryntje Helfferich. "Instrumentum pacis Osnabrugensis". In: *The Thirty Years War: A Documentary History*, 2009. p. 255. Idem. "Instrumentum pacis Monsteriensis". In: Ibid. p. 271.

16. Peter H. Wilson. Ibid. p. 672.

17. Essas determinações formais quanto à tolerância eram estendidas apenas às três religiões cristãs reconhecidas: catolicismo, luteranismo e calvinismo.

18. Palmerston. Discurso no parlamento, 1º de março de 1848. Este espírito também foi expresso pelo príncipe Guilherme III de Orange, que lutou contra a hegemonia francesa durante uma geração (primeiro como governante da Holanda, depois como rei da Inglaterra, Irlanda e Escócia), quando confidenciou a um auxiliar que, se tivesse vivido na década de 1550,

quando os Habsburgo estavam na iminência de se tornarem hegemônicos, ele teria sido tão francês quanto agora era um espanhol" (Habsburgo) – e mais tarde por Winston Churchill, ao retrucar nos anos 1930 a acusação de ser antialemão: "Se as curcunstâncias fossem invertidas, poderíamos ser do mesmo modo pró-alemães e antifranceses."

19. Palmerston a Clarendon, 20 de julho de 1856, citado em Harold Temperley; Lillian M. Penson. *Foundations of British Foreign Policy from Pitt (1792) to Salisbury (1902)*. Cambridge, Reino Unido: Cambridge University Press, 1938. p. 88.

20. A experiência que levou Hobbes a escrever *Leviatã* foi, principalmente, a das Guerras Civis Inglesas, cujo impacto sobre a Inglaterra, ainda que menos devastador em termos físicos do que o da Guerra dos Trinta Anos sobre o continente, foi mesmo assim muito grande.

21. Thomas Hobbes. *Leviatã* (1651). Indianápolis: Hackett, 1994. p. 233.

22. É importante ter em mente que na época existia apenas uma única grande potência na Europa Central: a Áustria e suas possessões. A Prússia era ainda um estado de importância secundária nas franjas orientais da Alemanha. A Alemanha era um conceito geográfico, não um Estado. Dezenas de pequenos, alguns minúsculos, Estados compunham um mosaico de diferentes governos.

23. Lucy Norton (Org.). *Saint-Simon at Versailles*. Londres: Hamilton, 1958. pp. 217-30.

24. Até que uma diplomacia impiedosa conduzisse a três partilhas sucessivas da Polônia, a metade oriental do território de Frederico era cercada pela Polônia por três lados e pelo mar Báltico pelo outro.

25. Gerhard Ritter. *Frederick the Great: A Historical Profile*. Trad. de Peter Paret.

Berkeley: University of California Press, 1968. pp. 29-30.

26. Frederico II da Prússia. *Oeuvres*, 2, XXV (1775), citado em Friedrich Meinecke. *Machiavellism: The Doctrine of Raison d'État and its Place in Modern History*. Trad. de Douglas Scott. New Haven, Conn.: Yale University Press, 1957 (publicado originalmente em alemão em 1925). p. 304.

27. Frederico II, citado em Otto von Bismarck. *Bismarck: The Man and the Statesman*. Nova York: Harper & Brothers, 1899. p. 316. Idem. *The Kaiser vs. Bismarck: Supressed Letters by the Kaiser and New Chapters from the Autobiography of the Iron Chancellor*. Nova York: Harper & Brothers, 1921. pp. 144-5.

28. "Quanto a formas de governo, deixem que os tolos discutam;/A que contar com a melhor administração é a melhor." Alexander Pope. *An essay on man,* 1734. Epístola iii. Linhas 303-4.

29. Citado em G. P. Gooch. *Frederick the Great*. Berkeley: University of California Press, 1947. pp. 4-5.

30. David A. Bell. *The First Total War: Napoleon's Europe and the Birth of Warfare as We Know it*. Boston: Houghton Mifflin, 2007. p. 5.

31. Para relatos expressivos a respeito desse aspecto social, ver Susan Mary Alsop. *The Congress Dances: Vienna, 1814-1815*. Nova York: Harper & Row, 1984. Ver também Adam Zamoyski. *Rites of Peace: The Fall of Napoleon and the Congress of Vienna*. Londres: HarperPress, 2007.

32. Jean Le Rond d'Alembert. "Éléments de Philosophie". 1759. Citado em Ernst Cassirer. *The Philosophy of the Enlightenment*. Trad. de Fritz C. A. Koelln; James P. Pettegrove, Princeton, N.J.: Princeton University Press, 1951. p. 3.

33. Denis Diderot. *A Enciclopédia*. 1755. In:

Rameau's Nephew and Other Works. Trad. de Jacques Barzun; Ralph H. Bowen. Indianapolis: Hackett, 2001. p. 283.

34. Ibid. p. 296.

35. Montesquieu. "Considérations sur les causes de la grandeur des Romains et de leur décadence" (1734), citado em Cassirer, *Philosophy of the Enlightenment*. p. 213.

36. Emanuel Kant. "Idea for a universal history with a cosmopolitan purpose" (1784). In: *Kant: Political Writings*. H. S. Reiss (Org.). Cambridge, Reino Unido: Cambridge University Press, 1991. p. 44.

37. Ibid. p. 46.

38. Ibid. p. 47.

39. Emmanuel Kant. "Perpetual peace: A philosophical sketch, 1795". In: Reiss, *Kant*. p. 96.

40. Ou seja, estados com formas participativas de governo, regidos por sistemas legais aplicados de forma equitativa a todos os cidadãos. "A paz perpétua" tem sido desde então recrutada para as fileiras da "teoria da paz democrática" contemporânea. Contudo, no ensaio, Kant traça uma distinção entre as repúblicas, descritas por ele como estruturas políticas representativas nas quais "o poder executivo (o governo) é separado do poder legislativo" e as democracias. "Democracia, no sentido mais fiel à palavra", ele argumentou – ou seja, uma democracia direta, como a do último período da antiga Atenas na qual as questões de estado eram submetidas a um voto pela massa – "é necessariamente um despotismo". Ibid. p. 101.

41. Operando no plano da razão abstrata, Kant contornou o exemplo da França republicana, que tinha ido à guerra contra todos os seus vizinhos sob intensa

384 | *Notas*

aprovação popular. Ibid. p. 100. Itálicos do autor.

42. Kant. "Idea for a Universal History". p. 49.

43. Na famosa análise de Rousseau, "O homem nasce livre e está em grilhões por toda parte". O curso do desenvolvimento humano fora desvirtuado quando "a primeira pessoa que, tendo cercado um pedaço de terra, decidiu que deveria dizer *isso é meu*". Logo, apenas quando a propriedade privada fosse abolida por meio de uma posse comunitária e as diferenças artificiais de status social fossem eliminadas é que a justiça poderia ser alcançada. E como aqueles que detêm propriedade e status resistirão à introdução de uma igualdade absoluta, isso só pode ser obtido por uma revolução violenta. Jean-Jacques Rousseau. "Discourse on the origin of inequality" e "The social contract". In: *The Basic Political Writings* (1755; 1762). Indianapolis: Hackett, 1987. p. 61-141.

44. Um governo legítimo, ponderou Rousseau, só existirá quando "cada um de nós colocar a sua pessoa e toda a sua força sob a suprema direção da vontade geral, e, na nossa capacidade coletiva, recebermos cada membro como uma parte indivisível do todo". As dissidências seriam erradicadas: já que, num mundo de estruturas sociais igualitárias, as divergências no interior da vontade popular refletiriam uma oposição ilegítima ao princípio do poder popular, "quem quer que se recuse a obedecer à vontade popular deverá ser compelido a fazer isso pela totalidade do corpo. Isso significa simplesmente que ele será forçado a ser livre; pois essa é a condição pela qual cada cidadão, ao se dar ao seu país, protege-o de qualquer tipo de dependência pessoal". Rousseau. "Social

contract". In: *The Basic Political Writings*. p. 150.

45. "Declaração de Ajuda e Fraternidade aos Povos Estrangeiros", 19 de novembro de 1792. In: *The Constitutions and Other Select Documents Illustrative of the History of France, 1789-1907*, Londres: H. W. Wilson, 1908. p. 130.

46. "Decreto proclamando a liberdade e soberania de todos os povos", 15 de dezembro de 1792. In: Ibid., pp. 132-3.

47. Hegel a Friedrich Niethammer, 13 de outubro de 1806. In: *Hegel: The Letters*. Trad. Clark Butler e Christine Seiler com comentários de Clark Butler, Bloomington: Indiana University Press, 1985.

Capítulo 2: O sistema de balança de poder europeu e o seu fim

1. Marquês de Custine, *Empire of the Tsar: A Journey Through Eternal Russia* (1843), Nova York: Anchor Books, 1990. p. 69.

2. Carta do Filofei de Pskov, 1500 ou 1501, citada por Geoffrey Hosking. *Russia: People and Empire,* Cambridge, Mass.: Harvard University Press, 1997. pp. 5-6. Os sucessores de Ivan emprestariam um viés geopolítico a essa convicção filosófica. Catarina, a Grande, concebeu um "Projeto Grego", que deveria culminar na conquista de Constantinopla e no coroamento do neto de Catarina, apropriadamente chamado Constantino, como o seu governante. Potenkin, seu adulador, chegou a colocar (além dos vilarejos falsos) uma placa ao longo do caminho de sua benfeitora rumo à Crimeia, que dizia "Caminho para Bizâncio". Para a Rússia, a recuperação da capital perdida da Cristandade Ortodoxa tornou-se um objetivo de profundo significado espiritual e (para um império sem portos em águas que não fossem geladas) estratégico. O pan-eslavista do

século XIX Nikolai Danilevskii resumiu uma longa tradição de pensamento com sua afirmativa retumbante: "Constantinopla tem sido o objetivo das aspirações do povo russo desde os primórdios do nosso estado, o ideal do nosso Iluminismo; a glória, a grandeza e o esplendor dos nossos ancestrais; o centro da ortodoxia e o cerne da discórdia entre nós e a Europa. Que significado histórico Constantinopla teria para nós se pudéssemos arrancá-la dos turcos a despeito da Europa! Como nossos corações se rejubilariam ao ver brilhar a cruz que ergueríamos no alto da cúpula de Santa Sofia! Acrescente-se a isso todas as vantagens oferecidas por Constantinopla... seu significado mundial, seu significado comercial, sua localização *sui generis*, e todos os encantos do sul." Nikolai Danilevskii. *Rússia e Europa: Uma visão sobre as relações culturais e políticas entre os mundos eslavo e germânico-romano*, São Petersburgo (1871). Traduzido e abreviado em: Basil Dmytryshyn (Org.). *Imperial Russia: A Source Book, 1700-1917*. Gulf Breeze, Flórida: Academic International Press, 1999. p. 373.

3. Vasili O. Kliuchevsky. *A Course in Russian History: The Seventeenth Century*. Armonk, Nova York: M. E. Sharpe, 1994. p. 366. Ver também Hosking. *Russia*. p. 4.

4. John P. LeDonne. *The Russian Empire and the World, 1700-1917: The Geopolitics of Expansion and Containment*. Nova York: Oxford University Press, 1997. p. 348.

5. Henry Adams. *The Education of Henry Adams* (1907). Nova York: Modern Library, 1931. p. 439.

6. Orlando Figes. *Natasha's Dance: A Cultural History of Russia*. Nova York: Picador, 2002. pp. 376-7.

7. Quando as tropas russas marcharam, em 1864, pelo território que hoje é conhecido como Uzbequistão, o chefe dos conselheiros do tsar, Aleksandr Gorchakov, definiu a expansão da Rússia em termos de uma obrigação permanente de pacificar sua periferia, num movimento animado por um ímpeto próprio: "o Estado [a Rússia] precisa, portanto, fazer uma escolha: ou desiste de seu esforço contínuo e condena suas fronteiras a constantes perturbações que tornariam impossíveis aqui a prosperidade, segurança e o progresso cultural; ou deve seguir avançando mais e mais rumo às profundezas das terras selvagens, onde as vastas distâncias, a cada passo à frente, fazem aumentar as dificuldades e as adversidades que provocam... não tanto movida pela ambição como pela simples necessidade, e onde a maior dificuldade reside em saber parar". George Verdansky (Org.). *A Source Book for Russian History: From Early Times to 1917*. New Haven, Conn.: Yale University Press, 1972. 3:610.

8. Marquês de Custine. *Empire of the Tsar*. p. 230. Estudiosos modernos dos nossos dias continuam a se espantar. Ver, por exemplo, Charles J. Halperin. *Russia and the Golden Horde: The Mongol Impact on Medieval Russian History*. Indianapolis: Indiana University Press, 1985. Ver também Paul Harrison Silfen. *The Influence of the Mongols on Russia: A Dimensional History*. Hicksville, N.Y.: Exposition Press, 1974.

9. Com uma postura truculenta e eminentemente prática que despertava admiração nas nações da Europa Ocidental, Pedro trabalhou como carpinteiro nas docas da Holanda, desmontando e montando relógios em Londres, e deixou sua comitiva perplexa ao tentar dominar novas técnicas de

386 | *Notas*

tratamentos dentários e dissecação anatômica. Ver Virginia Cowles, *The Romanovs*. Nova York: Harper & Row, 1971. pp. 33-7. Ver também Robert K. Massie. *Peter, the Great*. Nova York: Ballantine Books, 1980. pp. 188-9, 208.

10. B. H. Sumner. *Peter the Great and the Emergence of Russia*. Nova York: Collier Books, 1962. p. 45.

11. Cowles. *Romanovs*. p. 26-8. Ver também Sumner. *Peter the Great and the Emergence of Russia*. p. 27. E enfim Figes. *Natasha's Dance*. pp. 4-6.

12. Catarina II. "Nakaz (Instrução) à Comissão Legislativa de 1767-1768". In: Dmytryshyn (Org.). *Imperial Russia*. p. 80.

13. Maria Lipman et alii. *The Stálin Puzzle: Deciphering Post-Soviet Public Opinion*. Washington, D.C.: Carnegie Endowment for International Peace, 2013. Pesquisas de opinião entre russos dos dias de hoje mostram que 47% concordam com a afirmação: "Stálin foi um líder sábio que trouxe poder e prosperidade à União Soviética" e 30% concordaram com a afirmativa: "Nosso povo sempre precisará de um líder como Stálin, que virá e restaurará a ordem."

14. Catarina II. "*Nakaz* (Instrução) para a Comissão Legislativa de 1767-68". p. 80.

15. Nikolai Karamzin sobre o tsar Alexandre I, citado por W. Bruce Lincoln. *The Romanovs: Autocrats of All the Russias*. Nova York: Anchor Books, 1981. p. 489.

16. Halperin. *Russia and the Golden Horde*. p. 126.

17. Fiódor Dostoiévsky. *Diário de um escritor* (1881), citado por Figes em *Natasha's Dance*. p. 308.

18. Pyotr Chaadaev. "Carta filosófica" (1829), publicado em 1836, citado por Figes em *Natasha's Dance*, p. 132, e Dmytryshyn, *Imperial Russia*. p. 251. O comentário de Chaadaev obteve repercussão e circulou

amplamente, mesmo depois de a publicação ter sido imediatamente proibida e seu autor declarado demente e colocado sob vigilância da polícia.

19. Mikhail Nikiforovich Katkov, 24 de maio de 1882, editorial em *Moskovskie Vedomosti*. Moscow News, reproduzido na antologia de Verdansky, *A Source Book for Russian History*, 3:676.

20. Figes. *Natasha's Dance*. p. 150.

21. Lincoln. *The Romanovs*. pp. 404-5.

22. Ibid. p. 405.

23. Wilhelm Schwarz. *Die Heilige Allianz*. Stuttgart, 1935. p. 52.

24. Foi uma decisão análoga àquela que, em 1954, permitiu que a Alemanha (ocidental) se integrasse à Aliança Atlântica, menos de uma década depois de sua rendição incondicional ao fim de uma guerra encarniçada contra os que viraram seus novos parceiros.

25. Klemens von Metternich. *Aus Metternich's nachgelassenen Papieren*. Org. de Alfons v. Klinkowstrom, Vienna, 1881. 1:316.

26. Despacho 6 de Palmerston's ao marquês de Clanricarde, embaixador em São Petersburgo, 11 de janeiro de 1841. In: *The Foreign Policy of Victorian England*. Org. de Kenneth Bourne. Oxford: Clarendon Press, 1970. pp. 252-3.

27. Ver Isaiah Berlin. *Vico and Herder: Two Studies in the History of Ideas*, Nova York: Viking, 1976. p. 158, 204.

28. Jacques Barzun. *From Dawn to Decadence: 500 Years of Western Cultural Life*. Nova York: Perennial, 2000. p. 482.

29. Sir Lewis Namier. *Vanished Supremacies: Essays on European History, 1812-1918*. Nova York: Penguin Books, 1958. p. 203.

30. Otto von Bismarck. *Die gesammelten Werke*. 3. ed. Berlim, 1924. 1:375.

31. A memória da batalha foi imortalizada por clássicos da literatura dos dois lados, incluindo "A Carga da Cavalaria Ligeira",

de Alfred Tennyson, e os *Contos de
Sebastopol*, de Lev Tolstói. Ver Nicholas V.
Riasanovsky. *A History of Russia*. Oxford:
Oxford University Press, 2000. pp. 336-9.

32. *Allgemeine Deutsche Biographie 33*.
Leipzig: Duncker & Humblot, 1891.
p. 266. Metternich deixou o cargo em
1848.

33. Heinrich Sbrik. *Metternich, der
Staatsmann und der Mensch*. Munique,
1925. 2 v. 1:354, citado em Henry A.
Kissinger. "The Conservative Dilemma:
Reflections on the Political Thought of
Metternich". *American Political Science
Review*, v. 48, n. 4, p. 1017, dez. 1954.

34. Metternich. *Aus Metternichs
nachgelassenen Papieren*. 1:33, 8:184.

35. Algernon Cecil. *Metternich, 1773-1859*.
Londres: Eyre and Spottiswood, 1947.
p. 52.

36. Metternich. *Aus Metternichs
nachgelassenen Papieren*. 1:334.

37. *Briefwechsel des Generals Leopold von
Gerlach mit dem Bundestags-Gesandten
Otto von Bismarck*. Berlim, 1893. p. 334.

38. Ibid. 20 fev. 1854. p. 130.

39. Horst Kohl. *Die politischen Reden des
Fursten Bismarck*. Stuttgart, 1892. p. 264.

40. Bismarck. *Die Gesammelten Werke*. 14
nov. 1833. v. 14, n. 1, 3.

41. Ibid.. 29 set. 1851. 1:62.

42. Discurso de 9 de fevereiro (1871), em
Hansard. *Parliamentary Debates*, ser. 3,
fev./mar. de 1871. v. 204. p. 82.

43. Moltke, ao contrário, o arquiteto das
vitórias prussianas nas guerras que levaram
à unificação, na sua época tinha planejado
uma defesa nas duas frentes de luta.

44. Para relatos instigantes a respeito desses
acontecimentos, ver Christopher Clark.
*The Sleepwalkers: How Europe Went to War
in 1914*. Nova York: HarperCollins,
2013. Ver também Margaret MacMillan.
The War That Ended Peace: The Road to

1914. Nova York: Random House, 2013.

45. Ver John Maynard Keynes. *The Economic
Consequences of the Peace*. Nova York:
Macmillan, 1920. Cap. 5.

46. Ver cap. 6 e 7.

Capítulo 3: O islamismo e Oriente Médio

1. Adda B. Bozeman. "Iran: U.S. Foreign
Policy and the Tradition of Persian
Statecraft". *Orbis*, v. 23, n. 2, p. 397,
verão 1979.

2. Ver Hugh Kennedy. *The Great Arab
Conquests: How the Spread of Islam Changed
the World We Live In*. Londres: Weidenfeld
& Nicholson, 2007. pp. 34-40.

3. Kennedy. *Great Arab Conquests*. p. 113.

4. Ver em geral Marshall G. S. Hodgson.
*The Venture of Islam: Conscience and
History in a World Civilization*. Chicago:
University of Chicago Press, 1974. v. 1:
The Classical Age of Islam.

5. Majid Khadduri. *The Islamic Law of
Nations: Shaybani's Siyar*, Baltimore: Johns
Hopkins University Press, 1966. p. 13.

6. Majid Khadduri. *War and Peace in the
Law of Islam*. Baltimore: Johns Hopkins
University Press, 1955. p. 56. Ver também
Kennedy. *Great Arab Conquests*. pp. 48-
51. Bernard Lewis. *The Middle East: A
Brief History of the Last 2.000 Years*. Nova
York: Touchstone, 1997. pp. 233-8.

7. Na medida em que democracia e direitos
humanos servem agora para inspirar ações
a serviço de uma transformação global,
seu conteúdo e sua aplicação têm se
revelado bem mais flexíveis do que os
ditames anteriores de escrituras religiosas
que serviam ao proselitismo no rastro de
exércitos em marcha. Afinal, a vontade
democrática de diferentes povos pode
levar a resultados infinitamente diferentes.

8. Labeeb Ahmed Bsoul. *International
Treaties* (muahadat) *in Islam: Theory and*

Practice in the Light of Islamic International Law (Siyar) *According to Orthodox Schools*. Lanham, Maryland.: University Press of America, 2008. p. 117.

9. Khadduri. *Islamic Law of Nations*. p. 12. Ver também Bsoul, *International Treaties*. pp. 108-9.

10. Ver James Piscatori. "Islam in the International Order". In: *The Expansion of International Society*. Org. de Hedley Bull e Adam Watson. Nova York: Oxford University Press, 1985. pp. 318-9. Ver também Lewis. *Middle East*. p. 305. Olivier Roy, *Globalized Islam: The Search for a New Ummah*. Nova York: Columbia University Press, 2004. p. 112 sobre visões islâmicas contemporâneas. Efraim Karsh. *Islamic Imperialism: A History*. New Haven, Conn.: Yale University Press, 2006. pp. 230-1. Mas ver Khadduri. *War and Peace in the Law of Islam*. pp. 156-7 sobre as condições tradicionais pelas quais território capturado pelos não islâmicos podem reverter à sua condição anterior de parte do *dar al-harb*.

11. Uma análise desse cisma e de suas modernas implicações pode ser encontrada em Vali Nasr. *The Shia Revival: How Conflicts Within Islam Will Shape the Future*. Nova York: W. W. Norton, 2006.

12. Brendan Simms. *Europe: The Struggle for Supremacy from 1453 to the Present*. Nova York: Basic Books, 2013. pp. 9-10. Black, *History of Islamic Political Thought*. pp. 206-7.

13. Em inglês, esses eram chamados, de modo enganoso, de "capitulações" – não porque o Império Otomano tivesse "capitulado" a respeito de qualquer ponto, mas porque eram divididos em capítulos ou artigos, *capitula*, em latim.

14. Resposta de Solimão I a François I, da França, em fevereiro de 1526, citada em

Roger Bigelow Merriman, *Suleiman the Magnificent, 1520-1566*. Cambridge, Mass.: Harvard University Press, 1944. p. 130. Ver também Halil Inalcik, "The Turkish Impact on the Development of Modern Europe". In: *The Ottoman State and Its Place in World History*. Org. de Kemal H. Karpat. Leida, Países Baixos: E. J. Brill, 1974. pp. 51-3. Ver também: Garrett Mattingly. *Renaissance Diplomacy*. Nova York: Penguin Books, 1955. p. 152. Quase cinco séculos mais tarde, durante um período de tensas relações bilaterais, o primeiro-ministro da Turquia, Recep Tayyip Erdogan, deu de presente ao presidente francês Nicolas Sarkosy uma cópia cerimonial daquela carta, mas reclamou: "Acho que ele não leu." "Turkey's Erdoğan: French Vote Reveals Gravity of Hostility Towards Muslims". *Today's Zaman*, 23 dez. 2011.

15. Em 1853, o tsar Nicholas I da Rússia teria dito ao embaixador britânico: "Temos um doente em nossas mãos, um homem gravemente doente, será um grande infortúnio se um dia desses ele escorregar das nossas mãos, especialmente antes que os arranjos necessários sejam providenciados." Harold Temperley. *England and the Near East*. Londres: Longmans, Green, 1936. p. 272.

16. Sultan Mehmed-Rashad, "Proclamation", e Sheik-ul-Islam, "Fetva". In: *Source Records of the Great War*. Charles F. Horne; Walter F. Austin (orgs.). Indianapolis: American Legion, 1930. 2:398-401. Ver também Hew Strachan. *The First World War*. Nova York: Viking, 2003. pp. 100-1.

17. Arthur James Balfour para Walter Rothschild, 2 de novembro de 1917. In: Malcolm Yap. *The Making of the Modern Near East, 1792-1923*. Harlow: Longmans, Green. p. 290.

18. Ver Erez Manela. *The Wilsonian Moment: Self-Determination and the International Origins of Anticolonial Nationalism, 1917-1920.* Oxford: Oxford University Press, 2007.
19. Ver Roxanne L. Euben; Muhammad Qasim Zaman (Orgs.), *Princeton Readings in Islamist Thought: Texts and Contexts from al-Banna to Bin Laden.* Princeton, N.J.: Princeton University Press, 2009. pp. 49-53.
20. Hassan al-Banna. "Toward the Light". In: ibid. pp. 58-9.
21. Ibid. pp. 61-2.
22. Ibid. pp. 68-70.
23. Sayyid Qutb. *Milestones.* 2. ed. rev. Damasco: Dar al-Ilm, [19--]. pp. 49-51.
24. Ibid. pp. 59-60, 72, 84, 137.
25. Para uma discussão da evolução de Qutb até bin Laden, ver Lawrence Wright. *The Looming Tower: Al-Qaeda and the Road to 9/11.* Nova York: Random House, 2006.
26. Barack Obama. Observações feitas pelo presidente em coletiva conjunta com o primeiro-ministro Harper, do Canadá, 4 de fevereiro de 2011. Entrevista concedida à Fox News, 6 de fevereiro de 2011. Declaração do presidente Barack Obama sobre o Egito, 10 de fevereiro de 2011. "Observação do presidente Barack Obama sobre o Egito", 11 de fevereiro de 2011.
27. Declaração do presidente sobre a situação na Síria a 18 de agosto de 2011. Disponível em: <http://www.whitehouse. gov/the-press-office/2011/08/18/ statement-president-obama-situation-syria>.
28. Mariam Karouny. "Apocalyptic Prophecies Drive Both Sides to Syrian Battle for End of Time". *Reuters*, 1º abr. 2014.
29. A pedido de Riad, para impedir possíveis tentativas de Saddam Hussein de se

apoderar de campos de petróleo sauditas.
30. Ver "Message from Usama Bin-Muhammad Bin Ladin to His Muslim Brothers in the Whole World and Especially in the Arabian Peninsula: Declaration of Jihad Against the Americans Occupying the Land of the Two Holy Mosques; Expel the Heretics from the Arabian Peninsula", em FBIS Report, "Compilation of Usama bin Ladin Statements, 1994-jan 2004". p. 13. Ver também Piscatori. "Order, Justice, and Global Islam". pp. 279-80.
31. Para uma exposição desse fenômeno ver David Danelo. "Anarchy Is the New Normal: Unconventional Governance and 21st Century Statecraft". Foreign Policy Research Institute, out. 2013.

Capítulo 4: Os Estados Unidos e o Irã
1. Ali Khamenei. "Leader's Speech at Inauguration of Islamic Awakening and Ulama Conference". *Islamic Awakening*, v. 1, n. 7, primavera 2013.
2. Ibid.
3. Islamic Invitation Turkey. "The Leader of Islamic Ummah and Opressed People Imam Sayyed Ali Khamenei: Islamic Awakening Inspires Intl. Events", 27 nov. 2011.
4. Um dos mais famosos exemplos dessa tradição foi a libertação de povos cativos no século VI a.C., inclusive dos judeus, da Babilônia do imperador Ciro, fundador do Império Aquemênida. Depois de entrar na Babilônia e derrubar seu governante, o autoproclamado rei "dos quatro quartos do mundo" decretou que todos os cativos eram livres para voltar às suas terras e que todas as religiões seriam toleradas. Com esse gesto pioneiro de adotar o pluralismo religioso, acredita-se que Ciro tenha servido de inspiração, cerca de dois milênios mais tarde, para

390 | *Notas*

Thomas Jefferson, que havia lido um relato a respeito na *Ciropedia*, de Xenofonte, e expressado sua simpatia a respeito num comentário. Ver "The Cyrus Cylinder: Diplomatic Whirl". *Economist*, 23 mar. 2013.

5. Heródoto. *The History*. Trad. David Grene. Chicago: University of Chicago Press, 1987. 1.131-135. pp. 95-7.

6. Kenneth M. Pollack. *The Persian Puzzle: The Conflict Between Iran and America*. Nova York: Random House, 2004. pp. 18-9. Ver também John Garver. *China and Iran: Ancient Partners in a Post-Imperial World*. Seattle: University of Washington Press, 2006.

7. Ver Roy Mottahedeh. *The Mantle of the Prophet: Religion and Politics in Iran*. Oxford: Oneworld, 2002. p. 144. Ver também Reza Aslan. "The Epic of Iran". *New York Times*, 30 abr. 2006. O épico de Abolqasem Ferdowsi, o *Livro dos Reis*, escrito dois séculos depois da chegada do Islã à Pérsia, reconta as glórias do passado persa pré-islâmico. Ferdowsi, um muçulmano xiita, captou a complexa atitude persa ao formular um lamento atribuído a um dos seus personagens ao fim de uma era: "Maldito mundo esse, maldita época, maldito destino,/ Esses árabes selvagens fizeram de mim um muçulmano."

8. Ver Sandra Mackey. *The Iranians: Persia, Islam, and the Soul of a Nation*. Nova York: Plume, 1998. 109n1.

9. Ruhollah Khomeini. "Islamic Government". In: *Islam and Revolution: Writings and Declarations of Imam Khomeini. 1941-1980*. Trad. Hamid Algar, North Haledon, N.J.: Mizan Press, 1981. pp. 48-9.

10. Citado em David Armstrong. *Revolution and World Order: The Revolutionary State in International Society*. Nova York: Oxford University Press, 1993. p. 192.

11. Khomeini. "Islamic Government", "The First Day of God's Government" e "The Religious Scholars Led the Revolt". In: *Islam and Revolution*. p. 147, 265, 330-31.

12. R. W. Aple Jr. "Will Khomeini Turn Iran's Clock Back 1,300 Years?". *Nova York Times*, 4 fev. 1979.

13. Ver Charles Hill. *Trial of a Thousand Years: World Order and Islamism*. Stanford, Calif.: Hoover Institution Press, 2011. pp. 89-91.

14. Relatos sobre esse fenômeno, formulados em grande parte de forma sigilosa, permanecem necessariamente incompletos. Alguns sugerem a existência de uma cooperação limitada, ou pelo menos uma acomodação tácita, entre Teerã, o Talibã e a Al-Qaeda. Ver, por exemplo, Thomas Kean, Lee Hamilton, *et al. The 9/11 Commission Report*, Nova York: W. W. Norton, 2004, p. 61, 128, 240-1, 468, 529. Ver também Seth G. Jones. "Al Qaeda in Iran". *Foreign Affairs*, 29 jan. 2012. Disponível em: <http://www.foreignaffairs.com/articles/137061/seth-g-jones/al-qaeda-in-iran>.

15. Akbar Ganji. "Who Is Ali Khamenei: The Worldview of Iran's Supreme Leader". *Foreign Affairs*, set./out. 2013. Ver também Thomas Joscelyn. "Iran, the Muslim Brotherhood, and Revolution", 28 jan. 2011. Disponível em: <Longwarjournal.org>.

16. Constituição da República Islâmica do Irã, 24 out. 1979, com emenda, Seção I, Artigo 11.

17. Khomeini. "New Year's Message" (21 mar. 1980). In: *Islam and Revolution*. p. 286.

18. Esse status está estabelecido na constituição iraniana: "Durante o período em que estiver oculto o Wali al-'Asr [o Guardião da Era, o Imã oculto] (que Deus apresse a sua reaparição), a liderança da Ummah [comunidade islâmica] será

delegada a uma pessoa justa e devota, que tenha plena consciência das circunstâncias de sua época, corajosa, engenhosa e que possua capacidade administrativa, e que assumirá as responsabilidades do cargo de acordo com o artigo 107." Constituição da República Islâmica do Irã, 24 out. 1979, conforme emenda, Seção I, Artigo 5. Nas fases mais radicalizadas da revolução iraniana, Khomeini não desencorajou sugestões de que ele seria o Mahdi que teria retornado do seu período de ocultamento, ou pelo menos o precursor desse fenômeno. Ver Milton Viorst. *In the Shadow of the Prophet: The Struggle for the Soul of Islam*. Boulder, Colorado: Westview Press, 2001. p. 192.

19. Discurso do dr. Mahmoud Ahmadinejad (presidente da República Islâmica do Irã diante da 62ª sessão da Assembleia Geral das Nações Unidas). Nova York: Missão Permanente da República Islâmica Iraniana nas Nações Unidas, 25 set. 2007. p. 10.

20. Mahmoud Ahmadinejad para George W. Bush, 7 de maio de 2006. *Council on Foreign Relations Online Library*. Ver também "Iran Declares War". *Nova York Sun*, 11 maio 2006.

21. Citado em Arash Karami. "Ayatollah Khamenei: Nuclear Negotiations Won't Resolve US-Iran Differences". *Al-Monitor. com Iran Pulse*, 17 fev. 2014. Disponível em: <http://iranpulse.al-monitor.com/index.php/2014/02/3917/ayatollah-khamenei-nuclear-negotiations-wont-resolve-us-iran-differences/>.

22. Citado em Akbar Ganji. "Frenemies Forever: The Real Meaning of Iran's 'Heroic Flexibility'". *Foreign Affairs*, 24 set. 2013. Disponível em: <http://www.foreignaffairs.com/articles/139953/akbar-ganji/frenemies-orever>.

23. Dois tipos de material têm sido empregados para propiciar explosões nucleares – urânio e plutônio enriquecidos. Como o controle da reação do plutônio costuma ser considerado uma tarefa tecnicamente mais complexa do que o trabalho equivalente necessário para produzir uma explosão usando urânio enriquecido, a maior parte das tentativas para evitar a aquisição da capacidade nuclear tem se concentrado em impedir o acesso ao enriquecimento do urânio. (Reatores de plutônio também usam urânio como combustível, exigindo algum tipo de acesso ao urânio e a familiaridade com a tecnologia de enriquecimento de urânio.) O Irã se aproximou tanto da capacidade de enriquecimento de urânio como da de produção de plutônio, sendo que ambos os processos vêm sendo objeto de negociações.

24. Este relato do desenvolvimento das negociações faz referência a acontecimentos e propostas descritas em várias fontes, incluindo o documento da Associação de Controle de Armas, "History of Official Proposals on the Iranian Nuclear Issue", jan. 2013. Ver também Lyse Doucet. "Nuclear Talks: New Aproach for Iran at Almaty". *BBC. co.uk*, 28 fev. 2013. David Feith, "How Iran Went Nuclear". *Wall Street Journal*, 2 mar. 2013. Ver também Lara Jakes; Peter Leonard. "World Powers Coax Iran into Saving Nuclear Talks". *Miami Herald*, 27 fev. 2013. Semira N. Nikou. "Timeline of Iran's Nuclear Activities". *United States Institute of Peace*, 2014. "Timeline: Iranian Nuclear Dispute". *Reuters*, 17 jun. 2012. Hassan Rohani, "Beyond the Challenges Facing Iran and the IAEA Concerning the Nuclear Dossier" (discurso diante do Conselho Supremo da Revolução Cultural). *Rahbord*, pp. 7-38, 30 set. 2005. FBISIAP20060113336001. Ver também Steve Rosen. "Did Iran Offer

a 'Grand Bargain' in 2003?". *American Thinker*, 6 nov. 2008. Ver também Joby Warrick; Jason Rezaian. "Iran Nuclear Talks End on Upbeat Note". *Washington Post*, 27 fev. 2013.

25. Observações do Aiatolá Ali Khamenei para membros do Majles (parlamento iraniano). *Fars News Agency*. Trad. e citado em *KGS NightWatch news report*, 26 maio 2014.

26. David Remnick. "Going the Distance". *New Yorker*, 27 jan. 2014.

27. Discurso de Yitzhak Rabin em sessão conjunta do congresso americano, 26 jul. 1994, arquivo on-line do Yitzhak Rabin Center.

Capítulo 5: A multiplicidade da Ásia

1. Philip Bowring. "What Is 'Asia'?". *Far Eastern Economic Review*, 12 fev. 1987.

2. Qi Jianguo. "An Unprecedented Great Changing Situation: Understanding and Thoughts on the Global Strategic Situation and Our Country's National Security Environment". *Xuexi shibao* [*Study Times*], 21 jan. 2013. James A. Bellacqua; Daniel M. Hartnett (Trads.). Washington, D.C.: CNA, abr. 2013.

3. Ver Immanuel C. Y. Hsu. *The Rise of Modern China*. Nova York: Oxford University Press, 2000. pp. 315-7. Ver também Thant Myint-U. *Where China Meets India*. Nova York: Farrar, Straus and Giroux, 2011. pp. 77-8. John W. Garver. *Protracted Contest: Sino-Indian Rivalry in the Twentieth Century*. Seattle: University of Washington Press, 2001. pp. 138-40. Lucian W. Pye. *Asian Power and Politics*. Cambridge, Mass.: Harvard University Press, 1985. pp. 95-9. Brotton. *History of the World in Twelve Maps*. Cap. 4.

4. Ver, por exemplo, David C. Kang, *East Asia Before the West: Five Centuries of Trade and Tribute*. Nova York: Columbia University Press, 2010. pp. 77-81.

5. Kenneth B. Pyle. *Japan Rising*. Nova York: Public Affairs, 2007. p. 37.

6. John W. Dower. *War Without Mercy: Race and Power in the Pacific War*. Nova York: Pantheon, 1986. p. 222.

7. Ver Samuel Hawley. *The Imjin War: Japan's Sixteenth-Century Invasion of Korea and Attempt to Conquer China*. Seul: Royal Asiatic Society, Korea Branch. 2005.

8. Kang. *East Asia Before the West*. pp. 1-2, 93-7.

9. Hidemi Suganami. "Japan's Entry into International Society". Bull; Watson. *Expansion of International Society*. p. 187.

10. Marius Jansen. *The Making of Modern Japan*, Cambridge, Mass.: Belknap Press of Harvard University Press, 2002. p. 87.

11. Suganami. "Japan's Entry into International Society". pp. 186-9.

12. Mensagem do presidente Millard Fillmore ao imperador do Japão, entregue pelo Comodoro Perry a 14 de julho de 1853. In: Francis Hawks e Matthew Perry. *Narrative of the Expedition of an American Squadron to the China Seas and Japan, Performed in the Years 1852, 1853, and 1854, Under the Command of Commodore M. C. Perry, United States Navy, by Order of the Government of the United States*. Washington, D.C.: A. O. P. Nicholson, 1856. pp. 256-7.

13. Tradução da resposta japonesa à carta do presidente Fillmore, em ibid. pp. 349-50.

14. Juramento da Carta Meiji em *Japanese Government Documents*, W. W. McLaren (Org.). Bethesda, Md.: University Publications of America, 1979. p. 8.

15. Memorando japonês entregue ao secretário de Estado americano Cordell Hull, 7 dez. 1941, citado em Pyle, *Japan Rising*. p. 207.

16. Ver, por exemplo, Yasuhiro Nakasone. "A Critical View of the Postwar Constitution" (1953). *Sources of Japanese Tradition*. Org. de Wm. Theodore de Bary; Carol Gluck; Arthur E. Tiedemann, Nova York: Columbia University Press, 2005. 2:1088-89. Nakasone fez o discurso enquanto estava em Harvard, participando do Seminário Internacional, um programa para jovens líderes que pretendam se expor à atmosfera da sociedade americana. Ele argumentou que "visando à aceleração da amizade permanente entre o Japão e os Estados Unidos", a capacidade de defesa independente do Japão deveria ser fortalecida e suas relações com o parceiro americano estabelecidas num pé de maior igualdade. Quando Nakasone se tornou primeiro-ministro três décadas mais tarde, ele procurou implementar essas políticas – com bons resultados – com sua contraparte, Ronald Reagan.

17. *National Security Strategy*, Tóquio: Ministério do Exterior, 17 dez. 2013. pp. 1-3. O documento, adotado pelo gabinete japonês, afirmava que seus princípios "irão guiar a política de segurança nacional do Japão ao longo da próxima década".

18. S. Radhakrishnan, "Hinduism". *A Cultural History of India*. Org. de A. L. Basham. Nova Delhi: Oxford University Press, 1997. pp. 60-82.

19. Foi essa a explicação oferecida pelo explorador português Vasco da Gama ao rei de Calicut, atualmente a cidade de Kozhikode, na Índia, na época um centro global do comércio de especiarias. Da Gama e sua tripulação ficaram felizes com a oportunidade de extrair lucros do próspero mercado indiano de especiarias e pedras preciosas. Também foram influenciados pela lenda do reino perdido de "Preste João", um poderoso rei cristão que, acreditavam muitos europeus da Idade Média ou do início da Era Moderna, residiria em algum lugar da Ásia ou África. Ver Daniel Boorstin. *The Discoverers*, Nova York: Vintage Books, 1985, pp. 104-6, 176-7.

20. *The Bhagavad Gita*. Trad. Eknath Easwaran. Tomales, Calif.: Nilgiri Press, 2007. pp. 82-91. Amartya Sen. *The Argumentative Indian: Writings on Indian History, Culture, and Identity*. Nova York: Picador, 2005. p. 3-6.

21. Ver Pye. *Asian Power and Politics*. pp. 137-41.

22. Kautilya. *Arthashastra*. Trad. de L. N. Rangarajan, Nova Delhi: Penguin Books India, 1992. 6.2.35-37. p. 525.

23. Ibid. 9.1.1. p. 588. A Prússia de Frederico, o Grande, na véspera da sua captura da próspera província austríaca da Silésia, cerca de 2 mil anos mais tarde, fez uma avaliação parecida. Ver cap. 1.

24. Ibid. 6.2.39-40. p. 526.

25. Ibid. 9.1.21. p. 589.

26. Ibid. 7.6.14, 15. p. 544.

27. Ver Roger Boesche. *The First Great Political Realist: Kautilya and His "Arthashastra"*. Lanham, Md.: Lexington Books, 2002. pp. 46. Ver também Kautilya, *Arthashastra*. 7.13.43, 7.2.16, 9.1.1-16. p. 526, 538, 588-9.

28. Segundo o conceito de Kautilya, o domínio de um conquistador universal era "a área que se estendia do Himalaia, ao norte, até o mar, no sul e com uma extensão de mil yojanas de largura do leste a oeste" – o equivalente nos dias atuais ao Paquistão, Índia e Bangladesh. Kautilya, *Arthashastra*, 9.1.17, p. 589.

29. Ver Boesche. *First Great Political Realist*. p. 38-42, 51-4, 88-9.

30. Max Weber. "Politics as a Vocation", citado em ibid. p. 7.

394 | Notas

31. Asoka é hoje reverenciado por ter pregado o budismo e a não violência; ele adotou esses princípios somente depois de ter completado suas conquistas, e eles serviam para reforçar seu domínio.

32. Robert Kaplan. *The Revenge of Geography: What the Map Tells Us About Coming Conflicts and the Battle Against Fate*. Nova York: Random House, 2012. p. 237.

33. John Robert Seeley. *The Expansion of England: Two Courses of Lectures*. Londres: Macmillan, 1891. p. 8.

34. Sir John Strachey. *India*. Londres: Kegan, Paul, Trench, 1888, citado em Ramachandra Guha. *India After Gandhi: The History of the World's Largest Democracy*. Nova York: Ecco, 2007. p. 3.

35. Jawaharlal Nehru. "India's Foreign Policy", discurso diante da Assembleia Constituinte, Nova Delhi, 4 dez. 1947. *Independence and After: A Collection of Speeches, 1946-1949*. Nova York: John Day, 1950. pp. 204-5.

36. Citado por Baldev Raj Nayar e T. V. Paul. *India in the World Order: Searching for Major-Power Status*. Nova York: Cambridge University Press, 2003. pp. 124-5.

37. Citado em ibid. p. 125.

38. Jawaharlal Nehru. "Speech to the Bandung Conference Political Committee" (1955). G. M. Kahin, *The Asian-African Conference*. Ithaca, N.Y.: Cornell University Press, 1956. p. 70.

39. "Agreement (with Exchange of Notes) on Trade and Intercourse Between Tibet Region of China and India, Signed at Peking, on 29 April 1954". In: *United Nations Treaty Series*, v. 299, 1958. p. 70.

40. No momento em que escrevo este livro, o Afeganistão ainda não tinha reconhecido oficialmente qualquer fronteira territorial com o Paquistão; a Índia e o Paquistão mantêm uma disputa a respeito da região da Caxemira; a Índia e a China disputam Aksai Chin e Arunachal Pradesh e travaram uma guerra por estes territórios em 1962; Índia e Bangladesh expressaram um compromisso para negociar uma resolução a respeito das dezenas de pontos em que extensões de terra avançam nos territórios uns dos outros, mas não ratificaram o acordo resolvendo a questão e têm entrado em conflito a respeito das patrulhas nestes territórios.

41. Ver Pew Research Center Forum on Religion and Public Life. *The Global Religious Landscape: A Report on the Size and Distribution of the World's Major Religious Groups as of 2010*. Washington, D.C.: Pew Research Center, 2012. p. 22.

42. A "Rússia Europeia", ou a Rússia a oeste das Montanhas Urais, constitui basicamente o quarto mais ocidental da massa terrestre soviética.

Capítulo 6: Rumo a uma ordem asiática

1. Ver Mark Mancall. "The Ch'ing Tribute System: An Interpretive Essay". *The Chinese World Order*, John K. Fairbank (Org.), Cambridge, Mass.: Harvard University Press, 1968. p. 63.

2. Ver Mark Mancall. *China at the Center: 300 Years of Foreign Policy*, Nova York: Free Press, 1984. p. 16-20. Jonathan Spence. *The Search for Modern China*. 2. ed., Nova York: W. W. Norton, 1999. pp. 197-202.

3. Ying-shih Yü. *Trade and Expansion in Han China: A Study in the Structure of Sino-Barbarian Economic Relations*. Berkeley: University of California Press, 1967. p. 37.

4. Primeiro édito de Qianlong para o rei Jorge IIII, set. 1793. *The Search for Modern China: A Documentary Collection*. Org. de Pei-kai Cheng; Michael Lestz; Jonathan Spence. Nova York: W. W. Norton, 1999. p. 105.

5. Ele governava no lugar do rei Jorge III, cuja saúde mental havia deteriorado.

6. "The Emperor of China". *Chinese Recorder.* v. 29, n. 10, pp. 471-3, 1898.

7. *Papers Relating to Foreign Affairs Accompanying the Annual Message of the President to the First Session of the Thirty-eighth Congress.* Washington, D.C.: U.S. Government Printing Office, 1864. Document No. 33. "Mr. Burlingame to Mr. Seward, Peking, January 29, 1863". 2:846-48.

8. James Legge. *The Chinese Classics; with a Translation, Critical and Exegetical Notes, Prolegomena, and Copious Indexes.* Hong Kong: Lane, Crawford, v. 5, pt. 1, 1872. pp. 52-3.

9. Ver Rana Mitter. *Forgotten Ally: China's World War II, 1937-1945.* Boston: Houghton Mifflin Harcourt, 2013.

10. Jerome Ch'en. (Org.), "Sixty Points on Working Methods — a Draft Resolution from the Office of the Centre of the CPC: 19.2.1958". *Mao Papers: Anthology and Bibliography.* Londres: Oxford University Press, 1970. pp. 63-6.

11. John Allen; John Carver; Tom Elmore. "National Intelligence Estimate 13-7-70: Communist China's International Posture", 12 nov. 1970. In: *Tracking the Dragon: National Intelligence Estimates on China During the Era of Mao, 1948-1976.* Pittsburgh: Government Printing Office, 2004. pp. 593-4.

12. Ver Graham Allison. "Obama and Xi Must Think Broadly to Avoid a Classic Trap". *The New York Times*, Nova York, 6 jun. 2013. Richard Rosecrance. *The Resurgence of the West: How a Transatlantic Union Can Prevent War and Restore the United States and Europe.* New Haven, Conn.: Yale University Press, 2013.

13. Num discurso de 13 de fevereiro de 2009, a secretária de Estado Hillary Clinton anunciou a estratégia regional do "Pivô para o Leste da Ásia" do governo Obama, que ainda está à espera de ser plenamente elaborada.

14. Conforme citado por Zhu Majie, Yu Xintian (Org.). "Deng Xiaoping's Human Rights Theory". In: *Cultural Impact on International Relations*, Chinese Philosophical Studies. Washington, D.C.: Council for Research in Values and Philosophy, 2002. p. 81.

15. A Europa, antes da Primeira Guerra Mundial, estava reduzida a cinco "jogadores" devido à unificação da Alemanha. Ver cap. 2.

Capítulo 7: "Agindo em nome de toda a humanidade"

1. "Speech on Conciliation with America" (1775). In: Edmund Burke. *On Empire, Liberty, and Reform: Speeches and Letters.* Org. de David Bromwich. New Haven, Conn.: Yale University Press, 2000. p. 81-3. Burke simpatizava com a Revolução Americana porque a considerava uma evolução natural das liberdades inglesas. Ele se opunha à Revolução Francesa por julgar que ela teria arruinado o que gerações tinham trabalhado para conseguir, perdendo com isso a perspectiva de um crescimento orgânico.

2. Alexis de Tocqueville. "Concerning Their Point of Departure". In: *Democracy in America.* Trad. George Lawrence. Nova York: Harper & Row, 1969. pp. 46-7.

3. Paul Leicester Ford (Org.). *The Writings of Thomas Jefferson.* Nova York: G. P. Putnam's Sons (1892-99), 8:158-59, citado em Robert W. Tucker; David C. Hendrickson. *Empire of Liberty: The Statecraft of Thomas Jefferson.* Nova York: Oxford University Press, 1990. p. 11.

4. Jefferson a Monroe, 24 de outubro de 1823, conforme citado em "Continental

Notas

Policy of the United States: The Acquisition of Cuba". *United States Magazine and Democratic Review*, p. 23, abr. 1859.

5. Jefferson para Madison, 27 de abril de 1809. In: ibid.

6. Isso era verdade numa grande medida para os colonos vindos da Inglaterra e do norte da Europa. Aqueles vindos da Espanha em sua maioria viam aquele território como devendo ser habitado e explorado pelos nativos a serem convertidos ao cristianismo.

7. John Winthrop. "A Model of Christian Charity" (1630). Ver também Brendan Simms. *Europe*. p. 36.

8. Publius [Alexander Hamilton]. *The Federalist 1*. In: Alexander Hamilton; James Madison; John Jay. *The Federalist Papers*. Nova York: Mentor, 1961. pp. 1-2. O uso aqui do termo "império" denota uma entidade independente totalmente soberana.

9. John O'Sullivan. "Annexation". *United States Magazine and Democratic Review*, p. 5, jul./ago. 1845.

10. John Quincy Adams. "An Address Delivered at the Request of the Committee of Citizens of Washington, 4 July 1821". Washington, D.C.: Davis and Force, 1821. pp. 28-9.

11. Ibid.

12. Ou seja, "translatio imperii mundi" – transferir o domínio do mundo – que teoricamente tinha assistido a sede do supremo poder político viajar pelo tempo e pelo espaço: de Babilônia para a Pérsia, de Grécia para Roma, da França para a Alemanha, de lá para a Grã-Bretanha e então, supunha Morse, para a América. Lembrar também a famosa menção de George Berkeley em seus "Versos sobre a Perspectiva para Semear as Artes e o Conhecimento na América": "Para o Ocidente o império toma seu rumo; Os

quatro primeiros Atos já terminados, um quinto deve encerrar o drama e o dia; o fruto mais nobre do tempo será o último."

13. Jedidiah Morse. *The American Geography*. Ou também *A View of the Present Situation of the United States of America*. 2. ed. Londres: John Stockdale, 1792. pp. 468-469, conforme citado em *Manifest Destiny and American Territorial Expansion: A Brief History with Documents*. Amy S. Greenberg (Org.). Boston: Bedford/St. Martin's, 2012. p. 53.

14. John O'Sullivan. "The Great Nation of Futurity". *United States Magazine and Democratic Review*, p. 426-7, nov. 1839.

15. O'Sullivan. "Annexation". p. 9-10.

16. Ver Amanda Foreman. *A World on Fire: Britain's Crucial Role in the American Civil War*. Nova York: Random House, 2011. Howard Jones. *Blue and Gray Diplomacy: A History of Union and Confederate Foreign Relations*. Chapel Hill: University of North Carolina Press, 2009.

17. Foreman. *World on Fire*, p. 784. O exército dos EUA caiu de 1.034.064 homens em armas ao fim da Guerra Civil para um corpo de 54.302 soldados regulares e 11 mil voluntários 18 meses depois.

18. Fareed Zakaria. *From Wealth to Power: The Unusual Origins of America's World Role*. Princeton, N.J.: Princeton University Press, 1998. p. 47.

19. Grover Cleveland. Primeiro Discurso de Posse, 4 de março de 1885. In: *The Public Papers of Grover Cleveland*. Washington, D.C.: Government Printing Office, 1889. p. 8.

20. Thomas G. Paterson; J. Garry Clifford; Kenneth J. Hagan. *American Foreign Policy: A History*. Lexington, Mass.: D. C. Heath, 1977. p. 189.

21. Theodore Roosevelt. Discurso de Posse, 4 de março de 1905. *United States*

Congressional Serial Set 484. Washington, D.C.: Government Printing Office, 1905. p. 559.

22. Theodore Roosevelt. Conferência Internacional do Prêmio Nobel, 5 de maio de 1910. *Peace: 1901-1925: Nobel Lectures.* Cingapura: World Scientific Publishing Co., 1999. p. 106.

23. Discurso de Roosevelt ao Congresso, 1902, citado em John Morton Blum. *The Republican Roosevelt.* Cambridge, Mass.: Harvard University Press, 1967. p. 137.

24. Roosevelt para Spring Rice, 21 de dezembro de 1907. In: *The Selected Letters of Theodore Roosevelt.* H. W. Brands (Org.). Lanham, Md.: Rowman & Littlefield, 2001. p. 465.

25. Theodore Roosevelt. Resenha do livro *The Influence of Sea Power upon History*, de Alfred Thayer Mahan. *Atlantic Monthly*, out. 1890.

26. Idem. "The Strenuous Life". *The Strenuous Life: Essays and Addresses.* Nova York: Century, 1905. p. 9.

27. Quando navios de guerra alemães e britânicos zarparam rumo à cronicamente endividada Venezuela, em 1902, para forçar o pagamento de um empréstimo há muito vencido, Roosevelt exigiu garantias de que não se esforçariam para obter algum tipo de ganho territorial ou político como forma de pagamento. Quando o representante alemão prometeu se limitar apenas a aquisições territoriais "permanentes", deixando em aberto a possibilidade de uma concessão por 99 anos, como a Grã-Bretanha havia conseguido em circunstâncias similares no Egito, e a Grã-Bretanha e a Alemanha, na China, Roosevelt ameaçou com a possibilidade de guerra. Assim, ordenou que a frota americana partisse rumo ao sul e, no porto, mandou que distribuíssem mapas da Venezuela para a mídia. A iniciativa foi bem-sucedida. Enquanto Roosevelt permanecia em silêncio para permitir que o Cáiser recuasse da sua decisão, esvaziando a crise sem um vexame público, as pretensões imperiais germânicas na Venezuela sofriam um revés decisivo. Ver Edmund Morris. *Theodore Rex.* Nova York: Random House, 2001. pp. 176-82.

28. *Theodore Roosevelt's Annual Message to Congress for 1904*, HR 58A-K2, Records of the U.S. House of Representatives, RG 233, Center for Legislative Archives, National Archives.

29. Ibid.

30. Para demonstrar a força do compromisso americano, Roosevelt visitou pessoalmente o projeto de construção na Zona do Canal do Panamá, sendo essa a primeira vez que um presidente americano em exercício deixou o território continental dos Estados Unidos.

31. Morris. *Theodore Rex.* p. 389.

32. Ibid. p. 397.

33. Discurso de Roosevelt ao Congresso, em 1904, citado em Blum. *Republican Roosevelt.* p. 134.

34. Morris. *Theodore Rex.* p. 495.

35. Carta a Kermit Roosevelt, 19 de abril de 1908. In: Brands. *Selected Letters.* pp. 482-3.

36. Roosevelt ao almirante Charles S. Sperry, 21 de março de 1908. In: ibid. p. 479.

37. Roosevelt a Hugo Munsterberg, 3 de outubro de 1914. In: ibid. p. 823.

38. Ver James R. Holmes. *Theodore Roosevelt and World Order: Police Power in International Relations.* Washington, D.C.: Potomac Books, 2007. pp. 10-3, 68-74.

39. Roosevelt. "International Peace". p. 103.

40. Roosevelt a Carnegie, 6 de agosto de 1906. In: Brands. *Selected Letters.* p. 423.

41. Woodrow Wilson. Discurso de abertura na Academia Militar de West Point, 13 de

398 | *Notas*

junho de 1916. In: *Papers of Woodrow Wilson*. Arthur S. Link (Org.). Princeton, N.J.: Princeton University Press, 1982. 37:212.

42. Woodrow Wilson. Discurso na sessão conjunta do Congresso Americano sobre as Condições de Paz, 8 de janeiro de 1918, "Os Quatorze Pontos", citado em A. Scott Berg. *Wilson*. Nova York: G. P. Putnam's Sons, 2013. p. 471.

43. Ao todo, os Estados Unidos participaram de pactos de arbitragem como esses com Bolívia, Brasil, Chile, China, Costa Rica, Dinamarca, Equador, França, Grã--Bretanha, Guatemala, Honduras, Itália, Noruega, Paraguai, Peru, Portugal, Rússia e Espanha. Os Estados Unidos começaram negociações com Suécia, Uruguai, Argentina, República Dominicana, Grécia, Holanda, Nicarágua, Panamá, Pérsia, Salvador, Suíça e Venezuela. *Treaties for the Advancement of Peace Between the United States and Other Powers Negotiated by the Honorable William J. Bryan, Secretary of State of the United States, with an Introduction by James Brown Scott*. Nova York: Oxford University Press, 1920.

44. Woodrow Wilson. Mensagem ao Congresso, 2 de abril de 1917. In: *U.S. Presidents and Foreign Policy from 1789 to the Present*. Org. de Carl C. Hodge; Cathal J. Nolan. Santa Barbara, Calif.: ABC-CLIO, 2007. p. 396.

45. "Peace Without Victory", 22 de janeiro de 1917. No suplemento do *American Journal of International Law*, v. 11, p. 323.

46. Wilson. Mensagem ao Congresso, 2 de abril de 1917. In: *President Wilson's Great Speeches, and Other History Making Documents*. Chicago: Stanton and Van Vliet, 1917. pp. 17-8.

47. Woodrow Wilson. *Fifth Annual Message*, 4 de dezembro de 1917. In: *United States Congressional Serial Set*, v. 7443. Washington, D.C.: Government Printing Office, 1917. p. 41.

48. Woodrow Wilson. "An Address at Mount Vernon", 4 de julho de 1918. In: Link. *Papers*. 48:516.

49. Wilson. Mensagem ao Congresso a 2 de abril de 1917. *President Wilson's Great Speeches*. p. 18.

50. Wilson. *Fifth Annual Message*, 4 de dezembro de 1917. In: *The Foreign Policy of President Woodrow Wilson: Messages, Addresses and Papers*, James Brown Scott (Org.). Nova York: Oxford University Press, 1918. p. 306.

51. Ibid. Ver também Berg, Wilson. pp. 472-3.

52. Woodrow Wilson. Declarações no cemitério de Suresnes no Memorial Day, 30 de maio de 1919. In: Link. *Papers*. 59:608-9.

53. Lloyd George, memorando para Wilson, 25 de março de 1919. In: Ray Stannard Baker (org.). *Woodrow Wilson and World Settlement*. Nova York: Doubleday, Page, 1922. 2:450. Para o testemunho de um participante da conferência a respeito do método, às vezes nada idealista, pelo qual as novas fronteiras nacionais foram traçadas, ver Harold Nicolson, *Peacemaking, 1919* (1933). Londres: Faber & Faber, 2009. Para uma análise contemporânea, ver Margaret MacMillan. *Paris 1919: Six Months That Changed the World*. Nova York: Random House, 2002.

54. Discurso, 22 de janeiro de 1917. In: Link. *Papers*, 40:536-37.

55. Wilson. Mensagem ao Congresso, 2 de abril de 1917. *President Wilson's Great Speeches*. p. 18.

56. Wilson. Discurso numa sessão conjunta do Congresso sobre as Condições de Paz, 8 de janeiro de 1918. "Quatorze Pontos". In: *President Wilson's Great Speeches*. pp. 18. Ver também Berg. *Wilson*. pp. 469-72.

Ordem mundial | 399

57. A ONU tem oferecido mecanismos úteis para as operações de paz – geralmente quando as grandes potências já se puseram de acordo entre elas sobre a necessidade de monitorar um acordo em regiões onde suas próprias forças não estejam diretamente envolvidas. A ONU – muito mais do que a Liga das Nações – tem desempenhado funções importantes: como um fórum para encontros diplomáticos que, de outro modo, seriam difíceis; em várias funções relativas à manutenção de paz em situações importantes; e como anfitriã de iniciativas humanitárias. O que essas instituições internacionais não conseguiram fazer – e se mostraram incapazes de realizar – foi chegar a uma definição sobre quais atos específicos constituiriam uma agressão ou indicar os meios de resistência quando as grandes potências não chegam a um acordo a respeito.

58. "Differences Between the North Atlantic Treaty and Traditional Military Alliances", adendo ao testemunho do embaixador Warren Austin, 28 de abril de 1949. Comissão das Relações Exteriores do Senado dos EUA. *The North Atlantic Treaty, Hearings, 81st Cong., 1st sess.* Washington, D.C.: Government Printing Office, 1949. Parte I.

59. Roosevelt a James Bryce, 19 de novembro de 1918. In: *The Letters of Theodore Roosevelt*. Org. de Elting E. Morrison. Cambridge, Mass.: Harvard University Press, 1954. 8:1400.

60. Buscando esmagar a resistência à expansão colonial italiana, Mussolini, em 1935, ordenou que tropas italianas invadissem o que hoje é a Etiópia. Apesar da condenação internacional, a Liga das Nações não promoveu a adoção de nenhuma contramedida coletiva em termos de segurança. Recorrendo a bombardeios indiscriminados e ao uso de gás venenoso, a Itália veio a ocupar a Abissínia. O fracasso da nascente comunidade internacional em empreender qualquer tipo de ação, em seguida a um fracasso semelhante em enfrentar a invasão da Manchúria chinesa pelo Japão Imperial, levou ao colapso da Liga das Nações.

61. Tratado entre os Estados Unidos e outras potências determinando a renúncia à guerra enquanto instrumento de política nacional. Assinado em Paris a 27 de agosto de 1928; ratificação aconselhada pelo senado, 16 de janeiro de 1929; ratificado pelo presidente a 17 de janeiro de 1929, instrumentos de ratificação depositados em Washington pelos Estados Unidos da América, Austrália, Domínio do Canadá, Tchecoslováquia, Alemanha, Grã-Bretanha, Índia, Estado Livre da Irlanda, Itália, Nova Zelândia e União Sul-Africana, 2 de março de 1929; pela Polônia, a 26 de março de 1929; pela Bélgica, a 27 de março de 1929; pela França, a 22 de abril de 1929; pelo Japão, a 24 de julho de 1929; proclamado a 24 de julho de 1929.

62. Ver Peter Clarke. *The Last Thousand Days of the British Empire: Churchill, Roosevelt, and the Birth of the Pax Americana*. Nova York: Bloomsbury Press, 2009.

63. Discurso no rádio por ocasião do jantar da Associação de Política Externa. Nova York, 21 de outubro de 1944. In: *Presidential Profiles: The FDR Years*. Org. William D. Peterson. Nova York: Facts on File, 2006. p. 429.

64. Quarto discurso de posse, 20 de janeiro de 1945. In: *My Fellow Americans: Presidential Inaugural Addresses from George Washington to Barack Obama*. St. Petersburg, Fla.: Red and Black

Publishers, 2009.

65. William C. Bullitt. "How We Won the War and Lost the Peace". *Life*, 30 ago. 1948. Citado por Arnold Beichman, "Roosevelt's Failure at Yalta". *Humanitas*, v. 16, n. 1, p. 104, 2003.

66. Quando Roosevelt chegou a Teerã, Stálin alegou que a inteligência soviética teria detectado um complô nazista para assassinar conjuntamente Churchill, Roosevelt e Stálin durante a reunião de cúpula. Integrantes da delegação americana nutriam sérias dúvidas a respeito do informe soviético. Keith Eubank. *Summit at Teheran: The Untold Story*. Nova York: William Morrow, 1985. pp. 188-96.

67. Citado em T. A. Taracouzio, *War and Peace in Soviet Diplomacy*. Nova York: Macmillan, 1940, pp. 139-40.

68. Charles Bohlen. *Witness to History, 1929-1969*. Nova York: W. W. Norton, 1973. p. 211. Ver também Beichman. "Roosevelt's Failure at Yalta". pp. 210-1.

69. Conrad Black, *Franklin Delano Roosevelt: Champion of Freedom*. Nova York: PublicAffairs, 2003. Roosevelt costumava agir como uma esfinge, evitando oferecer uma resposta taxativa, ainda que eu tenda a concordar com a interpretação de Black. A atitude de Winston Churchill é mais fácil de ser compreendida. Durante a guerra, ele observou que tudo daria certo se lhe dessem a oportunidade de jantar uma vez por semana no Kremlin. À medida que se aproximava o fim do conflito, ele disse ao chefe do seu Estado-Maior que se preparasse para a guerra com a União Soviética.

Capítulo 8: Os Estados Unidos

1. Conforme explicou Truman, o primeiro presidente do período do pós-guerra, "a política externa dos Estados Unidos está firmemente baseada nos princípios fundamentais da correção e da justiça" e "nossos esforços para trazer a Regra de Ouro aos assuntos internacionais deste mundo". Eisenhower, mesmo tendo sido um soldado, enquanto presidente descreveu seu objetivo quase em termos idênticos: "Nós buscamos a paz... de modo que ela crie raízes nas vidas das nações. É preciso que haja justiça, sentida e compartilhada por todos os povos. É preciso que haja lei, invocada com regularidade e respeitada por todas as nações." Assim, como afirmou Gerald Ford numa sessão conjunta do congresso, "uma política externa bem-sucedida é uma extensão das esperanças de todo o povo americano em relação a um mundo de paz, reforma ordeira e de liberdade dentro da ordem". Harry S. Truman, discurso sobre política externa na comemoração do Dia da Marinha, em Nova York, a 27 de outubro de 1945; Dwight D. Eisenhower, segundo discurso de posse ("O preço da paz"), 21 de janeiro de 1957. *Public Papers of the Presidents: Dwight D. Eisenhower, 1957-1961*. pp. 62-3. Gerald Ford. Discurso em sessão conjunta do congresso a 12 de agosto de 1974. *Public Papers of the Presidents: Gerald R. Ford. 1974-1977*. p. 6.

2. Lyndon B. Johnson. Discurso na Assembleia Geral das Nações Unidas, 7 de dezembro de 1963.

3. Para uma explanação eloquente, ver Robert Kagan. *The World America Made*. Nova York: Alfred A. Knopf, 2012.

4. Milovan Djilas. *Conversations with Stálin*. Trad. Michael B. Petrovich. Nova York:

Harcourt Brace & Company, 1962. p. 114.

5. Kennan a Charles Bohlen. 26 de janeiro de 1945, citado em John Lewis Gaddis. *George Kennan: An American Life*. Nova York: Penguin Books, 2011. p. 188.

6. Bohlen. *Witness to History*. p. 176.

7. A embaixada americana estava, na época, por um breve período, sem embaixador: W. Averell Harriman havia deixado o posto e Walter Bedell Smith não tinha ainda chegado.

8. "X" [George F. Kennan], "The Sources of Soviet Conduct". *Foreign Affairs*, v. 25, n. 4, jul. 1947.

9. Ibid.

10. Robert Rhodes James (Org.). *Winston S. Churchill: His Complete Speeches, 1897-1963*. Nova York: Chelsea House, 1974. 7:7710.

11. *A Report to the National Security Council by the Executive Secretary on United States Objectives and Programs for National Security*, NSC-68, 14 abr. 1950. p. 7.

12. John Foster Dulles. "Foundations of Peace". Discurso para os Veteranos de Guerras no Exterior. Nova York, 18 ago. 1958.

13. George H. W. Bush se viu diante de um dilema semelhante depois que as forças de Saddam Hussein tinham deixado o Kuwait em 1991.

14. Shen Zhihua. *Mao, Stálin, and the Korean War: Trilateral Communist Relations in the 1950s*. Trad. Neil Silver. Londres: Routledge, 2012. p. 140.

15. Chen Jian. *China's Road to the Korean War: The Making of the Sino-American Confrontation*. Nova York: Columbia University Press, 1994. pp. 149-50. A respeito da análise da liderança chinesa sobre a Guerra e suas implicações regionais, ver também Sergei N. Goncharov, John W. Lewis e Xue Litai,

Uncertain Partners: Stálin, Mao, and the Korean War. Stanford, Calif.: Stanford University Press, 1993. Henry Kissinger, *On China*. Nova York: Penguin Press, 2011. Cap. 5. Ver também Shen. *Mao, Stálin, and the Korean War*. Shu Guang Zhang. *Mao's Military Romanticism: China and the Korean War, 1950-1953*. Lawrence: University Press of Kansas, 1995.

16. Ver cap. 5.

17. General Omar N. Bradley (comandante do Estado-Maior conjunto) depoimento na Comissão do Senado sobre Forças Armadas e Política Externa, 15 de maio de 1951. *Military Situation in the Far East, hearings, 82nd Cong.*, 1951. Sessão 1. Parte 2. p. 732.

18. Ver Peter Braestrup. *Big Story: How the American Press and Television Reported and Interpreted the Crisis of Tet 1968 in Vietnam and Washington*. Boulder, Colo.: Westview Press, 1977. Robert Elegant. "How to Lose a War: The Press and Viet Nam". *Encounter*, Londres, ago. 1981. p. 73-90. Ver também Guenter Lewy. *America in Vietnam*. Nova York: Oxford University Press, 1978. p. 272-9, 311-24.

19. "An Interview with the President: The Jury Is Out". *Time*, 3 jan. 1972.

20. Richard Nixon. *U.S. Foreign Policy for the 1970's: Building for Peace: A Report to the Congress, by Richard Nixon, President of the United States*. 25 de fevereiro de 1971, p. 107. Até aquela altura, os governos americanos vinham se referindo à "China Comunista" ou falando genericamente sobre autoridades em Pequim ou Beiping (o nome nacionalista da cidade).

21. Comentários de Richard Nixon aos executivos da Midwestern News Media num encontro sobre política interna em Kansas City, Missouri, 6 de julho de 1971. *Public Papers of the Presidents*, pp. 805-6.

402 | Notas

22. Ver Kissinger. *Sobre a China.* Ver cap. 9.

23. Richard Nixon. Segundo discurso de posse. 20 de janeiro de 1973. *My Fellow Americans.* p. 333.

24. Richard Nixon. *U.S. Foreign Policy for the 1970's: Building for Peace.* p. 10.

25. Ibid. *U.S. Foreign Policy for the 1970's: A New Strategy for Peace.* 18 fev. 1970. p. 9.

26. Ibid. *U.S. Foreign Policy for the 1970's: Shaping a Durable Peace,* 3 maio 1973. p. 232-3.

27. Ronald Reagan. Discurso de despedida ao povo americano, 11 de janeiro de 1989. *In the Words of Ronald Reagan: The Wit, Wisdom, and Eternal Optimism of America's 40th President.* Org. de Michael Reagan. Nashville: Thomas Nelson, 2004. p. 34.

28. Ronald Reagan. *An American Life.* Nova York: Simon & Schuster, 1990. p. 592.

29. Lou Cannon. *President Reagan: The Role of a Lifetime.* Nova York: Simon & Schuster, 1990. p. 792.

30. Ronald Reagan. Discurso em sessão conjunta do Congresso sobre a situação da União, 25 de janeiro de 1984. *The Public Papers of President Ronald W. Reagan, Ronald Reagan Presidential Library.*

31. George H. W. Bush. Observações diante da Assembleia Federal em Praga, Tchecoslováquia, 17 de novembro de 1990. Acessado on-line em Gerhard Peters; John T. Woolley (Orgs.). *The American Presidency Project.*

32. Ibid.

33. George H. W. Bush. Declarações na Base Aérea Maxwell da Escola de Guerra, Montgomery, Alabama, 13 de abril de 1991. Michael D. Gambone. *Small Wars: Low-Intensity Threats and the American Response Since Vietnam.* Knoxville: University of Tennessee Press, 2012. p. 121.

34. "Confronting the Challenges of a Broader World". Discurso do president Clinton na Assembleia Geral da ONU, Nova York, 27 setembro de 1993. *Department of State Dispatch,* v. 4, n. 39, 27 de setembro de 1993.

35. Ibid.

36. George W. Bush. Discurso na sessão conjunta do Congresso, 20 de setembro de 2001. *We Will Prevail: President George W. Bush on War, Terrorism, and Freedom.* Nova York: Continuum, 2003. p. 13.

37. George W. Bush. Discurso presidencial à nação, 7 de outubro de 2001. Ibid. p. 33.

38. "Agreement on Provisional Arrangements in Afghanistan Pending the Re-establishment of Permanent Government Institutions". *Arquivo Peacemaker online da ONU,* 5 dez. 2001.

39. Resolução 1.510 do Conselho de Segurança da ONU, outubro 2003.

40. Certamente foi significativo o fato de que, mesmo ao exortar por uma maior sensibilidade às questões de gênero por parte do novo regime, os redatores do documento em Bonn se sentissem obrigados a louvar "os mujahedin... heróis da jihad".

41. Winston Churchill. *My Early Life.* Nova York: Charles Scribner's Sons, 1930. p. 134.

42. Ver cap. 2.

43. *The National Security Strategy of the United States of America.* 2002.

44. George W. Bush. Observações do presidente por ocasião do vigésimo aniversário do Fundo Nacional para a Democracia, Câmara do Comércio dos Estados Unidos. Washington, D.C. 6 de novembro de 2003.

45. A resolução estabeleceu como condição para o fim das hostilidades da primeira Guerra do Golfo a imediata destruição pelo Iraque do seu estoque de armas de

destruição em massa e um compromisso de jamais voltar a desenvolver aquelas armas. O Iraque não cumpriu com o estipulado na Resolução 687. Já em agosto de 1991, o Conselho de Segurança declarava que o Iraque havia cometido "violação material" das suas obrigações. Nos anos que se seguiram à Guerra do Golfo, outras dez resoluções do Conselho de Segurança tentariam fazer com que o Iraque cumprisse os termos do cessar-fogo. O Conselho de Segurança concluiu em resoluções posteriores que Saddam Hussein "em última análise interrompeu qualquer tipo de colaboração com a UNSCOM [a comissão especial da ONU encarregada de realizar inspeções de armas] e com a IAEA [Agência Internacional de Energia Atômica] em 1998", expulsando os inspetores da ONU que ele tinha sido obrigado a aceitar pelos termos do cessar-fogo.

Em novembro de 2002, o Conselho de Segurança aprovou a Resolução 1.441, "lamentando" uma década de desobediência do Iraque. Decidiu que o "Iraque violou e continua violando suas obrigações apontadas em resoluções relevantes". O inspetor-chefe Hans Blix, que não era um adepto da guerra, informou ao Conselho de Segurança em janeiro de 2003 que Bagdá deixara de resolver importantes incoerências e questões pendentes.

Durante muito tempo o mundo ainda debaterá as implicações dessa ação militar e a estratégia seguida no esforço subsequente para promover o advento de um governo democrático no Iraque. Contudo, este debate e suas implicações para futuras violações dos princípios internacionais de não proliferação permanecerão distorcidos enquanto for omitido o quadro geral, proporcionado por uma visão multilateral.

46. William J. Clinton. Declaração por ocasião da assinatura da Lei de Libertação do Iraque, 31 de outubro de 1998.

47. Declarações do presidente no 20º Aniversário do Fundo Nacional para a Democracia, Washington, D.C., 6 de novembro de 2003.

48. Peter Baker. *Days of Fire: Bush and Cheney in the White House.* Nova York: Doubleday, 2013. p. 542.

49. Ibid. p. 523.

50. George Shultz. "Power and Diplomacy in the 1980s" (Washington, D.C., 3 abr. 1984). *Department of State Bulletin*, v. 84, n. 2086, p. 13, maio 1984.

Capítulo 9: Tecnologia, equilíbrio e consciência humana

1. Para um balanço dessas explorações de natureza teórica, ver Michael Gerson. "The Origins of Strategic Stability: The United States and the Threat of Surprise Attack". In: *Strategic Stability: Contending Interpretations*. Org. de Elbridge Colby. Ver também Michael Gerson. Carlisle, Pa: Strategic Studies Institute and U.S. Army War College Press, 2013. E por fim Michael Quinlan. *Thinking About Nuclear Weapons: Principles, Problems, Prospects.* Oxford: Oxford University Press, 2009.

2. Ver cap. 6.

3. Desde então muito foi escrito a respeito do "alerta nuclear" durante a crise do Oriente Médio, em 1973. Na realidade, seu principal objetivo foi o de alertar as forças convencionais – a Sexta Frota e a divisão aerotransportada – para fazer face a uma ameaça de Brejnev em uma carta a Nixon de que ele poderia enviar divisões soviéticas ao Oriente Médio. O aumento e a preparação das forças estratégicas tiveram importância secundária e provavelmente não foram percebidos por Moscou.

4. C. A. Mack. "Fifty Years of Moore's Law". IEEE *Transactions on Semiconductor Manufacturing*, v. 24, n. 2, p. 202-7, maio 2011.

5. Para um balanço das avaliações, em sua maioria otimistas, desses desdobramentos, ver Rick Smolan; Jennifer Erwitt (Orgs.). *The Human Face of Big Data*. Sausalito, Calif.: Against All Odds, 2013. Ver também Eric Schmidt; Jared Cohen. *The New Digital Age: Reshaping the Future of People, Nations and Business*. Nova York: Alfred A. Knopf, 2013. Para visões mais críticas, ver Jaron Lanier. *Who Owns the Future?* Nova York: Simon & Schuster, 2013. Evgeny Morozov. *The Net Delusion: The Dark Side of Internet Freedom*. Nova York: PublicAffairs, 2011. Ver *To Save Everything, Click Here: The Folly of Technological Solutionism*. Nova York: PublicAffairs, 2013.

6. Norbert Wiener introduziu o termo *cyber* em seu livro de 1948, *Cybernetics*, ainda que numa referência a seres humanos, e não a computadores, como nódulos de comunicação. A palavra "ciberespaço" num sentido próximo ao empregado hoje veio à tona nas obras de vários autores de ficção científica nos anos 1980.

7. Viktor Mayer-Schönberger; Kenneth Cukier. *Big Data: A Revolution That Will Transform How We Live, Work, and Think*. Boston: Houghton Mifflin Harcourt, 2013. p. 73-97.

8. Don Clark. "'Internet of Things' in Reach". *Wall Street Journal*, 5 jan. 2014.

9. Smolan; Erwitt. *Human Face of Big Data*. p. 135.

10. Ver David C. Gompert; Phillip Saunders. *The Paradox of Power: Sino-American Strategic Relations in an Age of Vulnerability*. Washington, D.C.: National Defense University. 2011.

11. Ralph Langer. "Stuxnet: Dissecting a Cyberwarfare Weapon". *IEEE Security and Privacy*, v. 9, n. 3, p. 49-52, 2011.

12. Rex Hughes (citando o general Keith Alexander). "A Treaty for Cyberspace". *International Affairs*, v. 86, n. 2, p. 523-41, 2010.

13. Publius [James Madison]. *The Federalist* v. 10. In: Hamilton, Madison e Jay, *Federalist Papers*. p. 46-7.

14. Ver "Digital Set to Surpass TV in Time Spent with US Media: Mobile Helps Propel Digital Time Spent." *eMarketer. com*, 1 ago. 2013. Registrando que o americano adulto médio gasta "cinco horas por dia on-line, em atividades sem voz em telefones celulares ou usando outras mídias digitais" e 4,5 horas por dia vendo TV. Brian Stelter. "8 Hours a Day Spent on Screens, Study Finds". *New York Times*, 26 mar. 2009, Informando que "adultos ficam expostos a telas... por cerca de 8,5 horas por dia".

15. T. S. Eliot. *Collected Poems, 1909-1962*. Boston: Harcourt Brace Jovanovich, 1991. p. 147.

16. Betsy Sparrow; Jenny Liu; Daniel M. Wegner. "Google Effects on Memory: Cognitive Consequences of Having Information at Our Fingertips". *Science*, v. 333, n. 6043, pp. 776-8, 2011.

17. Ver Nicholas Carr. *The Shallows: What the Internet Is Doing to Our Brains*. Nova York: W. W. Norton, 2010.

18. Erik Brynjolfsson; Michael D. Smith. *The Great Equalizer? Consumer Choice Behavior at Internet Shopbots*. Cambridge, Mass.: MIT Sloan School of Management, 2001.

19. Neal Leavitt. "Recommendation Technology: Will It Boost E-commerce?". *Computer*, v. 39, n. 5, pp. 13-6, 2006.

20. Ver Clive Thompson. *Smarter Than You Think: How Technology Is Changing Our*

Ordem mundial | 405

Minds for the Better. Nova York: Penguin Press, 2013.

21. Schmidt; Cohen. *New Digital Age*, pp. 198-9.

22. Ver, por exemplo, Ofeibea Quist-Arcton. "Text Messages Used to Incite Violence in Kenya". *National Public Radio*, 20 fev. 2008. Ver também "When SMS Messages Incite Violence in Kenya". *Harvard Law School Internet & Democracy Blog*, 21 fev. 2008. Para uma discussão desses e de outros exemplos, ver Morozov. *Net Delusion*, pp. 256-61.

23. Ou seja, no campo florescente da "análise preditiva", que usa o conceito de expansão, tanto na esfera comercial como na governamental, para antecipar pensamentos e ações, tanto no plano social como no individual. Ver Eric Siegel. *Predictive Analytics: The Power to Predict Who Will Click, Buy, Lie, or Die.* Hoboken, N.J.: John Wiley & Sons, 2013.

24. Para uma exploração desse conceito, em especial na sua aplicação no campo comercial, ver Lanier. *Who Owns the Future?*

25. Ver cap. 3.

26. Mayer-Schönberger; Cukier. *Big Data*. p. 150.

27. Edmund Burke. *Reflections on the Revolution in France* (1790). Indianápolis: Hackett, 1987. p. 29.

Conclusão: Uma ordem mundial na nossa época?

1. Para uma persuasiva investigação sobre essa mudança e suas possíveis implicações, ver Charles Kupchan. *No One's World: The West, the Rising Rest, and the Coming Global Turn.* Nova York: Oxford University Press, 2012.

2. A obra seminal sobre as perspectivas para um mundo ordenado segundo essas bases é a de Samuel Huntington. *The Clash of Civilizations and the Remaking of World Order.* Nova York: Simon & Schuster, 1996.

3. A respeito da evolução e atração exercida por diferentes modelos, ver John Micklethwait; Adrian Wooldridge. *The Fourth Revolution: The Global Race to Reinvent the State.* Nova York: Penguin Press, 2014.

4. Edmund Burke a Charles-Jean-François Depont, novembro de 1789. *On Empire, Liberty, and Reform.* pp. 412-3.

5. G. S. Kirk; J. E. Raven. *The Presocratic Philosophers: A Critical History with a Selection of Texts.* Cambridge, U.K.: Cambridge University Press, 1957. p. 193, 195, 199 (sobre Heráclito). Friedrich Nietzsche. *The Pre-Platonic Philosophers.* Trad. com comentários de Greg Whitlock. Urbana: University of Illinois Press, 2001.

6. Henry A. Kissinger. "The Meaning of History: Reflections on Spengler, Toynbee and Kant" (trabalho de graduação). Departamento de Governo, Harvard University, 1950.

Índice

Os números de página em itálico se referem aos mapas

11 de setembro de 2001, ataques terroristas de, 141, *319*, 320, 323

Aal al-Shaykh, família, 138
Abe, Shinzo, 192-193
Abissínia, invasão italiana da, 265, 399n
Abu Bakr, 110-111
Acheson, Dean, 266, 283, 286, 287, 288
Adams, Henry, 58
Adams, John Quincy, 243-244, 259
Aden, 201
Adenauer, Konrad, 91-92
Afeganistão, 105, 133, 157, 168, 175, 195, 199, 207, 208, 209
 Arábia Saudita e, 140
 como "cemitério de impérios", 319
 divisões tribais e sectárias no, 320, 322
 invasão soviética do, 310
 ordem regional e, 322-323
 pashtuns no, 320-321
África do Norte, 13, 102, 112, 152
África do Sul, 309-310
África:
 Islã na, 103
 zonas sem governo na, 146-147
Agência Internacional de Energia Atômica, 163, 402-403n
agentes de inteligência, Kautilya sobre, 198-199
Agostinho de Hipona, Santo, 20-21
Ahmadinejad, Mahmoud, 134-135, 158-159

Al-Qaeda, 121-122, 125, 132, 141, 146, 148, 157
 Afeganistão e, 318, 319
 no Iraque, 327
Alcorão, 103, 125, 143, 155, 318
Alemã, República Democrática (Alemanha Oriental), 92, 386n
Alemanha de Weimar, 90
Alemanha imperial, 30, 369
 Bélgica invadida pela, 71
 crescimento da marinha da, 84, 86, 255
 Estados Unidos e, 255, 259-262
 na Guerra Franco-Prussiana, 82
 Plano Schlieffen da, 84
 unificação da, 81-83, 86
Alemanha nazista, 91, 267, 369
 pacto soviético de neutralidade com, 273
Alemanha, 57
Alemanha, República Federal da:
 na ordem europeia do pós-guerra, 92
 unificação da Alemanha Oriental com, 95, 96-97, 316
Alembert, Jean Le Rond d', 45, 47
Alexandre I, tzar da Rússia, 55, 64
 no Congresso de Viena, 68
 Santa Aliança de, 70-71
Alexandre, o Grande, 195, 196
Ali, Imam, 110, 156
Aliança Atlântica, *ver* Organização do Tratado do Atlântico Norte (OTAN)

408 | *Índice*

alianças versus segurança coletiva, 265-266
Alsácia-Lorena, 85
    Anexação alemã da, 82
Américas, colonialismo nas, 108, 247-248
Amherst, William, primeiro conde de, 219
APEC (Cooperação Econômica Ásia-Pacífico), 372
árabe-israelense, conflito, 120, 126, 134, 171-173, 265, 310
    Cisjordânia e, 137
    e pedido de Israel pelo reconhecimento como Estado judeu, 135-136
    questão palestina no, 133-138
Arábia Saudita, 119, 129, 131, 132, 137, 138-144, 147, 168
    Afeganistão e, 140
    cisma sunita-xiita na, 139
    cultura política da, 138
    equilíbrio secular-religioso na, 143
    Estados Unidos e, 143, 144-145
    experiência histórica da, 138
    hadji e, 139
    interesses nacionais da, 142
    Irã e, 140, 143, 144
    Irã xiita e, 140
    jihadistas estrangeiros apoiados pela, 142
    política externa da, 137-138, 139-140
    políticas sociais e econômicas conservadoras da, 139
    questão palestina e, 135
    relação do Ocidente com, 137, 143
    riqueza do petróleo da, 139
    sistema vestfaliano e, 137
Arábia, árabes, 102-103, 112
    nacionalismo na, 115, 145
    pré-islâmica, 103-104
    sistema vestfaliano e, 117
Arbella, 240
Argélia, 119-120
Arjuna, 195-196
armas de destruição em massa, 10, 148, 324, 328, 331-332, 402n
armas nucleares:

balança de poder e, 94, 333-334
conceito de destruição mútua garantida e, 334-335, 336
conversações SALT e, 335-336
desmontagem de, 339
doutrina de "uso limitado" de, 334
guerra convencional e, 336-337
no bombardeio do Japão, 190
ordem mundial e, 333-334, 336-337, 340-342, 345
Arte da Guerra (Sun Tzu), 295
Arthashastra (Kautilya), 197-199, 203, 256, 393n
Arthashastra de Kautilya, 196-200, 203, 256, 393n
Ásia Central, 152, 175, 212
    Islã na, 103
Ásia Menor, 111
Ásia, 13, 174-210, 178-179
    colonialismo na, 175-177
    complexidade geopolítica da, 174-175, 182, 212
    cristianismo na, 174
    desafios à ordem mundial na, 15
    descolonização na, 177-180, 214
    equilíbrio de poder na, 233, 234
    Estados Unidos e, 297
    Guerra Fria e, 283
    hierarquia como modelo político tradicional na, 181, 183-184, 215-216
    Islã na, 174, 175
    monarquia na, 181
    Ocidente em contraste com a, 174
    princípios vestfalianos na, 177, 180, 182, 370
    Rússia e, 253
    transformação econômica da, 177
Asoka, imperador da Índia, 199, 393n
Assad, Bashar al-, 130, 131, 132, 147, 148
Assad, Hafez al-, 118
Associação das Nações do Sudeste Asiático (ASEAN), 211
    ataque fracassado da al-Qaeda contra a, 141-142
ataque preventivo, no planejamento militar, 84

Ato de Libertação do Iraque, 324
Attlee, Clement, 281, 287
Augsburg, Paz de (1555), 24
Austrália, 175
    Áustria e, 74
    Congresso de Viena e, 74
    expansão territorial da, 43, 70
    na Quádrupla Aliança, 69-70
    na Santa Aliança, 75
    na unificação da Alemanha, 81-83
Áustria, 72, 81-82, 86, 90
    e início da Primeira Guerra, 85, 86
    Império Otomano e, 114
    na Guerra da Crimeia, 78
    Na Quádrupla Aliança, 69-70
    na Santa Aliança, 75
    ordem internacional e, 79-80
    Prússia e, 74
autodeterminação, 262-264, 267, 268

Bahrain, 132
Balança de poder/equilíbrio de poder, 11, 15,
    16-17, 29, 42-43, 91, 128, 197, 198, 199,
    232, 267-268, 332, 336, 368, 370
    armas nucleares e, 94, 332-334, 341
    avanços científicos e, 161
    como sistema político, 38
    conceito de parceria e, 235
    Congresso de Viena e, 66-67
    Estados Unidos e, 210, 239, 248, 251, 304,
        364, 372
    Guerra Fria e, 287-288
    guerras como forma de recalibrar o, 35-36
    limitações deliberadas no, 14
    na Ásia, 233, 234
    no Oriente Médio, 119, 120, 132,
        143-145, 171
    no sistema vestfaliano, 11, 14, 32, 43, 66
    ordem dependente do, 16
    ordem internacional e, 368-369
    parceria e, 235
    política alemã da França no, 39
    Primeira Guerra e colapso do, 265
    reavaliação do conceito de, 373

segurança coletiva versus, 263-265
Balança de poder europeia, 20, 34, 210, 211,
    212, 235, 240, 241, 243
    Estados Unidos e, 285
    Grã-Bretanha como guardiã da, 39-40, 72,
        255
    Guerra Fria e, 284
    União Soviética e, 93-95, 272-273
Bálcãs, 13, 86, 112, 114
Balfour, Declaração (1917), 116
Banco Mundial, 192
Bangladesh, 175, 199, 201, 206, 207
Banna, Hassan al-, 122-124
Barzun, Jacques, 73
Batalha das Nações (Leipzig; 1813), 53
Bazargan, Mehdi, 155
Bélgica:
    invasão alemã da, 71
    revolução de 1830 na, 72-73
Bengala, 201
Berlim:
    bloqueio soviético de, 282-283, 296
    Guerra Fria e, 205
    muro de, queda do muro de (1989), 95, 317
Bevin, Ernest, 288
Bhagavad Gita, 195-196, 333
bin Laden, Osama, 141, 322
Bismarck, Otto von, 30, 74, 75-83, 87-88,
    232, 235
    ameaça de coalizões compreendida por,
        82-83
    conceito de ordem internacional de, 79,
        80-81
    e unificação da Alemanha, 81-83
    formação de, 80
    interesse nacional visto por, 81
Blix, Hans, 404n
Bohlen, Charles "Chip", 275, 285
Boko Haram, 126
Bósnia, 85,86
Bradley, Omar, 294
Brasil, 75, 98
Bryan, William Jennings, 259
budismo, 173, 194

410 | *Índice*

Bullitt, William C., 272
Burke, Edmund, 47,
Burma, 181, 194, 201
Bush, George H. W., 329
conceito de ordem mundial de, 316
e fim da Guerra Fria, 315-316
Primeira Guerra do Golfo e, 316
Bush, George W., 159, 209, 233, 319, 323, 336
e Guerra do Iraque, 325-326, 327

califado, 104, 110-112, 115, 116, 132, 141, 328
Camboja, 177, 298, 303
capitalismo, 274, 285, 323
Caprivi, Leo von, 83
Carlos Magno, 21-22, 56
Carlos v, Imperador do Sacro Império Romano-Germânico, 21-24, 26, 97, 313
Carlos xii, Rei da Suécia, 256
Carnegie, Andrew, 256
Carta Atlântica, 271-272
Carter, Jimmy, 310
Catarina, "a Grande", imperatriz da Rússia, 61-62, 384n
Cáucaso, 112, 114
Ceilão, 194
centrífugas, 163, 164, 166
Chateaubriand, 64
Chernenko, Konstantin, 313
Chiang Kai-shek, 222
China, 22, 98, 145, 162, 175, 181, 211, 322, 338
aberturas europeias rejeitadas pela, 218-220
armas nucleares da, 340, 341
colonialismo na, 188
conceito de ordem mundial na, 12-13, 20, 25-26, 62-63, 183, 184, 215-216, 220, 222, 224, 365
conquista manchu, 218
conquista mongol, 218
Coreia do Norte e, 232
crise de Tiananmen, 229, 315
e questões de direitos humanos, 230-231

Estados Unidos e, 167, 209, 211, 226, 228, 234, 278, 304, 305, 306, 308, 310, 315, 317, 348, 369
Grã-Bretanha e, 194, 218-222
Grande Muralha na, 216
Grande Salto Adiante, 225, 299
guerra civil chinesa (1927-49), 177, 223
guerra civil síria e, 132
Guerra da Coreia e, 290, 292-293, 294-296
Guerra do Ópio na, 220,221
Guerra do Vietná e, 298
imperador na, 12-13, 62, 183, 184, 215
Índia e, 201, 208, 209, 210, 212, 340
invasão japonesa da, 223, 266, 267, 293
Islã e, 103
Japão e, 183-186, 189, 190, 193, 212
política externa da, 177, 227-228, 230
princípios vestfalianos na, 180, 222, 223, 227
Rebelião Taiping na, 221
reforma econômica e social na, 177, 226-227, 229
regime maoista na, 223-227
Revolução Cultural na, 50, 225, 299, 305
sistema de tributos na, 25, 183-184, 213, 215-218
União soviética e, 226, 290-291, 296, 299, 339
unificação de Qin da, 216, 225
viagens de descobrimento feitas pela, 25
viagens de Kissinger a, 17, 226, 305
Christopher, Warren, 317
Churchill, Winston, 270, 272, 281, 382n, 400n
sobre a balança de poder na Guerra Fria, 287
sobre o Afeganistão, 320
Ciber Comando, Estados Unidos, 347
Cingapura, 175, 177, 201, 209, 299
Cisjordânia, 137
Clausewitz, Carl von, 197
Clemente vii, papa, 23
Cleveland, Grover, 246
Clinton, Bill, 324-325
política externa de, 317
Colbert, Jean-Baptiste, 40
Colômbia, 75

colonialismo, 175-177, 337
  Doutrina Monroe e, 242
  na Índia, 200-2026
Comissão para Segurança e Cooperação na
  Europa, 211
Comissão sobre o 11 de Setembro, 157
Companhia das Índias Orientais, 201, 202
Comunidade Atlântica, 99-100
Comunidade do Carvão e do Aço, 92
comunidade internacional, regras e normas da,
  9-10
comunistas, comunismo, 87, 108, 273, 279,
  286, 298, 309, 364, 368
    colapso do, 315
conceito de ordem mundial, 277-278
Concerto de Potências, 71
Confederação Germânica, 69, 74
Conferência Naval de Washington (1921-22),
  269
conflito sino-soviético, 177
confucionismo, 183, 185, 212, 220, 224,
  366
Congresso dos Estados Unidos, 266
    Guerra do Iraque e, 324, 327
    Guerra do Vietnã e, 303
    isolacionismo no, 268
conhecimento:
    aquisição de, 351
    informação versus, 351, 352-353, 358
consciência humana:
    diplomacia e, 349-350
    tecnologia e, 349-350
Conselho de Segurança da ONU, 159, 265,
  281, 319, 328, 372
    Coreia do Norte e, 232, 291
    guerra civil síria e, 130-133
    Irã e, 161, 163-165, 167
    P5+1 (membros permanentes mais a
      Alemanha), 161, 164, 166
    Resolução 1441 do, 403n
    Resolução 687 do, 234, 402n
Conselho de Segurança Nacional, 288, 306, 324
Constantinopla (Istambul), 102, 112, 384n
    queda de, 57

Constituição dos Estados Unidos, 244
    pesos e contrapesos na, 45, 48
Coolidge, Calvin, 269
Coreia do Sul (República da Coreia), 175,
  176, 206, 211, 232, 233
    democracia na, 211
    invasão pela Coreia do Norte da, 289
Coreia, 186, 253-254
    invasão japonesa da (1590), 184-185
    Japão e, 189
Coreia do Norte, 162, 176, 206, 211
    armas nucleares da, 339
    Coreia do Sul invadida por, 289
    Estados Unidos e, 232
    programa nuclear da, 232
    sem legitimidade, 231
"Corolário Roosevelt", 252-253, 397n
Coros de A Rocha (T. S. Eliot), 351
Crimeia, 61
crise dos mísseis em Cuba (1962), 296, 335
crises econômicas, 370-371
cristianismo ortodoxo, 102, 384-385
cristianismo, 103
    espírito de cruzada no, 108
    na Ásia, 175
    na Síria, 131-132
    ordem internacional e, 108
Cruzadas, 112
Cuba, 248
Cúpula do Leste da Ásia, 372
curdos, 131, 327
Custine, marquês de, 56, 60

Danilevskii, Nikolai, 384n–385n
dar al-harb, 104, 105, 109, 126
dar al-Islam, 104, 105, 110, 117
Declaração da Independência, Estados Unidos,
  241
democracia, 9, 183, 191, 203, 210, 211, 383
    descolonização e, 176
    disseminação da, 366, 387n
    no Iraque, 326-327
    política dos Estados Unidos e, 127, 129,
      132, 143, 160, 230-231, 237-239, 258,

412 | *Índice*

261, 270, 278, 279, 297, 317, 323, 363-364, 376, 400n-401n
tecnologia da informação e, 359
Deng Xiaoping, 17, 75, 227, 228, 232
desarmamento, 269, 271
  Theodore Roosevelt sobre, 250, 256, 260
descobrimento, viagens de, 25-26, 57, 176
descolonização, 176, 177, 271, 363
  conceito de ordem mundial na, 14
  na Ásia, 177, 180, 215
"Despertar Islâmico", 149-152
despotismo esclarecido, 42-43
Destino Manifesto, 236, 242
destruição do meio ambiente, 10
Diderot, Denis, 45
Dinastia Han, 216
Dinastia Maurya, 196
diplomacia, 34, 95
  consciência humana e, 349
  superada pelo planejamento militar, 85, 87, 231
  ver também política externa
direito internacional, 34, 188, 250, 293, 318, 365
direitos humanos, 9-10, 131, 180, 202, 278, 309-310, 366, 367, 387n
  China e, 230-323
  como prioridade dos Estados Unidos, 230-232, 255, 269, 299
Disraeli, Benjamin, 82
Dobrynin, Anatoly, 314
Dostoievski, Fiodor, 63, 87
Doutrina Monroe, 207, 242
drusos, 131-132
Dulles, John Foster, 288, 289, 287

economia global, *ver* globalização
Egito, 115, 118, 119, 120, 129, 132, 137, 143, 147, 168, 307
  Estados Unidos e, 146
  Grã-Bretanha no, 122
  Império Otomano e, 114
  Israel e, 120, 134, 172, 308, 310
  Primavera Árabe no, 126-130

Questão Palestina e, 135-136
  regime militar no, 128, 129
Egito, Antigo, 102
Eisenhower, Dwight D., 298, 400n
  Vietnã e, 297
eleições, Estados Unidos, informática e, 354
Elgin, Lorde, 221
Eliot, T. S., 351
embargo de petróleo (1973), 140
Encyclopédie, 45
energia nuclear, usos pacíficos da, 338
Entente Cordiale, 84
Era das Descobertas, 25, 57, 176
Erdogan, Recep Tayyip, 388n
escravidão, rejeição pela Grã-Bretanha, 176
Espanha, 24, 32, 53
  conquista muçulmana da, 103
  reconquista da, 112
  revolução de 1820-23 na, 70
Estado Islâmico no Iraque e no Levante (em inglês, ISIL), 108, 126, 132, 145, 328, 357
Estado-Maior conjunto, Estados Unidos, 294
Estados do Golfo, 131, 144, 147
Estados Unidos, 236-276, 338
  Alemanha imperial e, 255, 260-262
  alianças europeias dos, 241
  ambivalência em relação aos princípios vestfalianos nos, 15
  Arábia Saudita e, 142, 143-144
  campanha terrorista da al-Qaeda contra, 141, 318, 319, 323
  China e, 167, 209, 210, 226, 228-34, 278, 303, 305, 307, 308, 310, 315, 348, 369
  colapso do consenso nacional nos, 296-303
  conceito de ordem mundial dos, 14, 236-240, 275, 277-280, 293, 307, 363-364, 374-375
  conflito árabe-israelense e, 134
  Coreia do Norte e, 232
  direitos humanos como prioridade dos, 231
  disseminação da liberdade e democracia como meta dos, 127, 129, 132, 143, 160, 231, 237-239, 244-246, 258, 259, 261,

270, 277, 278, 297, 299, 317, 323,
363-364, 375, 400-401n
Doutrina Monroe dos, 207, 242, 252
e balança de poder, 211, 239, 248-249,
252, 304, 364, 372
e guerra civil síria, 130-133
e ordem internacional do pós-guerra, 94
e ordem mundial emergente, 98
economia do pós-guerra do, 279
Egito e, 146
equilíbrio entre interesses humanitários e
estratégicos na política dos, 128-130, 330,
358
excepcionalismo nos, 229, 245, 250, 259,
269, 277, 275
expansão rumo ao Oeste pelos, 63,
244-246
Grã-Bretanha e, 245
Guerra da Coreia e, 185
Guerra Russo-Japonesa e, 253
Índia e, 205, 207, 209
interesses nacionais dos, 241, 250, 251
Irã e, 144, 160
isolacionismo nos, 89, 269
Israel e, 136
Japão e, 186-188, 190, 191, 193, 254-255,
393n
liberdade como princípio básico dos,
237-238, 244, 259, 277-278, 297, 323,
325, 329, 364
liderança no pós-guerra dos, 233, 248-258,
364
marinha dos, 246, 251, 253, 254
metas de política externa, 279-280, 284,
312, 374
México e, 245
neutralidade como política dos, 243-244, 246
ordem regional asiática e, 211, 213, 297
Oriente Médio e, 117, 119, 122, 137, 144,
147-148, 171, 172, 210, 287, 308, 310,
325, 403n
países em desenvolvimento e, 364
política partidária nos, 356

políticas baseadas na moralidade, 129, 229,
237, 244-247, 248, 258, 260, 278, 280,
288-289, 311, 329, 358
Primavera Árabe e, 126-130
Primeira Guerra Mundial e, 89, 255-256,
257, 259-260, 266
programa de ajuda greco-turco dos, 283
relações do Irã com, 170-171
sistema vestfaliano apoiado pelos, 136-137
Sudeste Asiático e, 254, 287, 208-209
tecnologia nuclear nos, 341
União Europeia e, 99
União Soviética e, 232, 276, 307; *ver*
também Guerra Fria
universalidade dos ideais americanos
afirmada pelos, 236, 238, 240, 244, 258,
259, 270, 277-278, 280, 289, 313, 324,
363-364, 375, 400-401n
Estados, soberanos, 9, 14, 90, 177, 180, 207,
213, 232, 364
como unidades básicas da ordem mundial,
33
conceito de Richelieu sobre, 29, 41
conceito de, 369-370
desintegração dos, 10
"falidos" 370
igualdade inerente aos, 33, 38
na ordem mundial contemporânea, 374
no Oriente Médio, 370
no sistema vestfaliano, 11, 14, 328, 366
União Europeia e, 96, 97
visão de Hobbes dos, 38
zonas sem governo nos, 370
Estônia, ataque informático russo à, 346
Estratégia de Segurança Nacional (2002), 323,
324
Eugênio, Príncipe da Savoia, 114
Europa Oriental, 13, 111-112, 285
Império Otomano e, 112, 114
União Soviética e, 308, 309
Europa, 15, 36-37, 76-77
balança de poder na, 20, 34, 210, 212, 235,
240, 241, 243
colonização do Hemisfério Ocidental pela, 26

414 | *Índice*

conceito de Estados na, 370
conceito de ordem mundial da, 11, 26, 96, 222, 237, 363-364
domínio de Napoleão sobre a, 51
e ordem mundial emergente, 97-98
Guerra Fria e, 283
guerras de religião na, 27
pluralismo como característica definidora da, 19-20, 24-25, 58
relações entre os otomanos e a, 113
viagens de descoberta pela, 25, 57, 176
excepcionalismo americano, 229, 245, 250, 259, 269, 277-278, 375, 241, 249
Exército Mahdi, 156, 158-159
Expedição de Exploração dos Estados Unidos, 245

Farouk, Rei do Egito, 122
Federalista, O, 241, 349
Felipe III, rei da Espanha, 24
Ferdowsi, Abolqasem, 390n
Fernando I, Sacro Imperador Romano-Germânico, 25
Fernando II, Sacro Imperador Romano-Germânico, 28
Filipinas, 175, *211, 248*
Fillmore, Millard, 186
Filofei, 57
Filosofia da História, A (Hegel), 53
Força de Assistência à Segurança Internacional (ISAF), 319-320
Ford, Gerald, 309-310, 400nn
Foreign Affairs, 286
França, 57, 82, 84, 163, 241, 338
Alsácia-Lorena e, 86
Assembleia Nacional da, 49-50
Congresso de Viena e, 66, 66, 72
e a Paz de Vestfália, 31
e as consequências da Primeira Guerra, 88
Europa Central dividida como objetivo da, 30, 39
hegemonia europeia como objetivo da, 40-41, 67
Império Otomano e, 112-113, 114, 210

Islã na, 103
na Guerra da Crimeia, 77-78
na Guerra dos Trinta Anos, 27-30, 32
na Guerra Franco-Prussiana, 82
na ordem europeia do pós-guerra, 92-93
protestantes huguenotes na, 29
Francisco I, Rei da França, 24
Frederico II, "o Grande", Rei da Prússia, 40, 42, 43, 56, 197
Fundo Nacional para a Democracia, 326
futuro dessa religião, O (Qutb), 157

Gama, Vasco da, 393n
Gandhi, Indira, 203
Gandhi, Mohandas, 196, 202
Gasperi, Alcide de, 92
Gaza, 121, 134, 147
Gelásio I, papa, 21
genocídio, 10, 129
globalização, 364, 367
ordem internacional e, 370, 371
Goebbels, Joseph, 43
Gorbatchóv, Mikhail, 282, 313, 314, 336
Gorchakov, Aleksandr, 385n
Grã-Bretanha, 337
China e, 188, 218-221
como guardião do equilíbrio de poder europeu, 84, 87, 254
descolonização e, 176
Egito e, 122
escravidão rejeitada pela, 176
Estados Unidos e, 245
governo da maioria na, 48
Império Otomano e, 114-115
Índia e, 200-203, 207-208
Japão e, 189
na Entente Cordiale, 84, 87
na Guerra da Crimeia, 75-76
na Quádrupla Aliança, 70-71
nas Guerras Napoleônicas, 51-52
poder naval da, 70-72, 201, 219, 253, 255
Granada, queda de (1492), 112
Grande Aliança, 41

Grande Mesquita, 141

Grande Moderação, 41

Grande Mufti, 138

Grande Muralha da China, 216

Grande Salto Adiante, 225, 299

Gromyko, Andrei, sobre o bloqueio de Berlim, 282-283

Groot, Hugo de (Grotius, Grócio), 34

Guam, 248

Guardas Vermelhos, 226

Guerra Civil Americana, 243, 246

Guerra Civil no Congo, 147

Guerra da Coreia (1950-53), 177, 185, 206, 232, 265, 289-296, 329
  China e, 290, 292-293, 294-295
  Stálin e, 290
  Truman e, 289-290, 292, 294
  União Soviética e, 290, 295, 296

Guerra da Crimeia (1853-56), 73, 75, 78, 82, 84

Guerra de 1812, 242

Guerra do Afeganistão, 280, 318-322, 329
  "aumento de tropas" na, 321
  projetos de reconstrução na, 320
  retirada americana da, 321
  sucesso inicial da, 319

Guerra do Golfo (1990-91), 266, 316, 329, 402n

Guerra do Iraque, 143, 280, 318, 321, 323-328, 329, 338-339
  "aumento de tropas" na, 327
  Congresso e, 324, 327
  invasão liderada pelos Estados Unidos na, 325

Guerra do Iraque, primeira (Guerra do Golfo; 1990-91), 266, 315, 329, 402n

Guerra do Vietnã (1961-75), 177, 280, 297-303, 308, 329
  China e, 298-299
  debate público nos Estados Unidos sobre, 299, 302
  movimento de protesto e, 300
  Nixon e, 301-302, 308, 309

política de contenção dos Estados Unidos e, 298, 299
  União Soviética e, 298

Guerra dos Seis Dias (1967), 120

Guerra dos Sete Anos, 46, 55

Guerra dos Trinta Anos (1618-48), 11, 27-30, 44, 47, 66, 221-222, 375

Guerra entre China e Índia (1962), 177, 201, 206

Guerra entre China e Vietnã (1979), 177

Guerra Franco-Prussiana (1870-71), 82, 84

Guerra Fria, 94, 100, 148, 153, 192, 204, 211, 231, 235, 239, 275, 278, 279, 304, 308, 324, 341, 364
  Berlim e, 205, 282-283, 296
  começo da, 281-284
  corrida armamentista na, 161-162, 301, 311, 313, 340
  e o colapso do consenso americano, 296-303
  estratégia dos Estados Unidos na, 284-289
  fim da, 280, 310-316, 336, 337
  Guerra da Coreia na, ver Guerra da Coreia
  Guerras no Terceiro Mundo na, 335
  Índia e, 205-206, 207
  ordem mundial e, 287
  Oriente Médio e, 119, 120, 121
  política de contenção na, 286-287, 288, 294, 295, 296, 297, 298, 299

Guerra Hispano-Americana (1898), 242, 248

Guerra no Oriente Médio (Guerra do Yom Kippur, 1973), 266

Guerra pela Independência da Grécia (1821-32), 71

Guerra Russo-Japonesa (1904-5), 189-190, 211, 235
  Estados Unidos e, 253

guerra total, 52

Guerras do Ópio, 220

Guerras Napoleônicas, 51-54, 56, 65, 67, 73, 74, 219, 273

Guiana Britânica, 247

Guilherme II, cáiser, 83, 262

Guilherme III, rei da Inglaterra, 382n

416 | *Índice*

hadji, 139
Hamas, 121, 125, 134-135, 147, 157
Hamilton, Alexander, 241
Havaí, 248
Havel, Václav, 309-310
Hay, John, 248
Hegel, G. W. F., 53
Hemisfério Ocidental, conquista europeia do, 26
Herder, Johann Gottfried von, 73
Heródoto, 152
Hezbollah, 122, 125, 131, 134, 145, 147, 156
Hideyoshi, Toyotomi, 185, 293
hierarquia, como modelo tradicional asiático, 181, 183-184, 215-216
Himalaia, 201
hinduísmo, 174, 182, 194, 212-213
    conceito de ordem mundial no, 195-196, 366
história, significado da, 376
Hitler, Adolf, 43, 56, 63, 89, 90, 273, 274, 275
Hizb ut-Tahrir, 126
Hobbes, Thomas, 38, 145, 345, 349, 2n
Holanda, 24, 71
Hong Kong, 177
Hu Jintao, 211, 229, 233
huguenotes, 29
Hume, David, 381n
Hussein, rei da Jordânia, 172-173
Hussein, Saddam, 118, 115, 146, 168, 315, 324, 325, 326, 339, 402n

Ibn Saud, 138-139
Idade Média:
    conceito de ordem mundial na, 21, 25
    Rússia na, 56-59
Iêmen, 108, 117
Igreja Católica:
    autoridade secular e, 20-21, 38
    cisma na, 25
    Reforma Protestante e, 27
Igreja Ortodoxa, 57
Iluminismo, 44-47, 48, 53, 65, 79
Império Austro-Húngaro, *ver* Áustria
Império Babilônico, 102

Império Bizantino, 102, 111
Império Espanhol, 108, 247
Império Habsburgo, 22-24, 27, 29, 67, 113, 382n
Império Mogul, 111, 195, 200, 201
Império Otomano, 13, 23, 87, 108, 154, 384n-385n
    conceito de ordem mundial do, 112-113
    declínio do, 114-116
    e as consequências da Primeira Guerra, 138-139
    Europa Oriental e, 111-112, 114
    expansão do, 112-113
    França e, 113, 114, 211
    na Guerra da Crimeia, 75, 78
    na Primeira Guerra, 114-116
    relações da Europa Ocidental com, 113
Império Persa, 102, 104, 111, 151-153, 195
    autoconfiança do, 153
    como centro do xiismo, 154-155
    Dinastia Safávida no, 114, 153
    Dinastia Sassânida no, 102
    pluralismo no, 389, 390n
Império Romano, 57
    desintegração do, 20
Império Sumério, 102
imprensa, invenção da, 25, 27
independência nacional, 14
Índia, 145, 175, 181, 194-210
    armas nucleares da, 339-340, 341
    China e, 201, 208, 209, 210, 211, 340
    comércio europeu com, 200
    conceito de ordem mundial na, 195, 205-207, 366
    crescimento econômico e, 207-208
    democracia na, 203, 210
    Dinastia Maurya na, 196
    e ordem mundial emergente, 98
    Estados Unidos e, 205, 207, 209
    Grã-Bretanha e, 200-203, 208
    Guerra Fria e, 205-206, 207
    Império Mogul na, 111, 200, 201
    interesse nacional e, 202-205, 206
    invasores na, 195, 200, 212-213

Ordem mundial | 417

motim na (1857), 201-202
movimento pela independência na, 202-203
mundo islâmico e, 208-210
ordem internacional e, 204
ordem regional e, 207, 208-210
Oriente Médio e, 206, 209
Paquistão e, 177, 206, 208, 210, 390
política de não alinhamento da, 203-206, 208-209
política externa da, 208-209
portugueses e, 194, 393n
princípios vestfalianos e, 202, 206-207
Rússia e, 201
União Soviética e, 206
Vietnã e, 206
Índias Orientais, Islã nas, 103
Indochina, 194
Indonésia, 175, 194, 211
informação:
  conhecimento versus, 350-351, 352-353, 358
  customização da, 353-354
  informática e, 350-351, 352
  tecnologia da informação, *ver* informática
informática:
  ataques informáticos e, 346-347
  corporações e, 344
  democracia e, 359
  eleições nos Estados Unidos e, 354
  falta de acordos internacionais sobre, 346, 348
  governos e, 344-347
  guerra e, 347-348
  indefinição da linha entre paz e guerra e, 345-346
  informação e, 352
  liberdade e, 357
  mais poder para o povo e, 355
  mudança social e política e, 355-356
  ordem mundial e, 342-348
  política externa e, 355-361
Iniciativa de Defesa Estratégica, 312
Inquisição, 24-25

interesse nacional, 14, 30, 34, 35, 39, 44, 80, 128, 133, 142, 155, 180, 182-183, 255, 265, 289, 306-307
  a visão de Metternich, 80-81
  dos Estados Unidos, 241, 250, 251
  Frederico II e a adoção de, 38
  Índia e, 203-205, 206
  Kautilya sobre, 198
  visão de Bismarck de, 81
Internet, 261, 343, 345
  ordem mundial e, 350
  poder popular e, 355
  política partidarizada e, 356
Irã, 108, 112, 116, 120, 125, 131, 146, 147, 148, 149-171, 162, 200, 322
  Arábia Saudita e, 140, 142-144, 145
  conceito de ordem mundial do, 165, 168-169
  direitos vestfalianos reivindicados e rejeitados pelo, 156
  enquanto "República Islâmica", 156
  Estados Unidos e, 144, 160, 170, 171, 311
  Iraque e, 327, 328
  Israel e, 135, 157, 167, 171
  legado persa do, 151-154, 170, 389n
  Nações Unidas e, 156, 161, 163, 167, 168
  objetivos jihadistas do, 149-152, 158-160, 167, 169, 390n
  perseguição religiosa no, 156
  relações do Ocidente com, 160-161, 166
  revolução de Khomeini no, 122, 152, 154-156, 170, 310
  terrorismo apoiado por, 156-158
  tradição da arte de governar, 151, 153-154, 160, 169
  unificação do Islã como meta do, 155-158
Iraque, 108, 117, 118, 119, 126, 133, 142, 143, 145, 147, 156, 168, 322, 325, 326, 329
  armas de destruição em massa no, 324, 402n
  conflitos sectários e étnicos no, 145, 146, 148, 326-327
  curdos no, 131, 327

418 | *Índice*

Irá e, 327, 328
Israel e, 339
Irmandade Muçulmana, 117, 121, 122-124, 127, 128, 142
Islã sunita, 15, 110, 118, 121, 130, 132, 136, 144, 147, 148, 154, 157, 166, 171, 326
    no Iraque, 326, 327, 328
Islã xiita, 15, 110-111, 114, 121, 130, 135, 139, 143, 144, 157, 166, 326
    no Iraque, 326, 327
    Pérsia (Irã) como centro do, 140, 154
Islã, mundo islâmico, 22, 95-148, 211, 367
    cisma sunitas-xiitas no, 14, 110-111, 121, 130, 135, 139, 143, 147, 155, 326
    conceito de ordem mundial no, 12, 18, 101-104, 105, 113, 121, 122-126, 137, 150-151, 154-155, 365-366, 368
    Conflito entre ordem internacional ecumênica e a visão de mundo islâmica no, 108-110
    disseminação do, 103, 104, 106-107, 110, 125
    Índia e, 208
    na Ásia, 174, 176
    sistema vestfaliano e, 115-117, 122n
    terrorismo e, 108, 118
islamismo, 118, 119, 324, 340, 366, 373
    pluralismo e secularismo rejeitados pelo, 124-125, 148, 155-156
    questão palestina e, 135
    Revolução Iraniana como encarnação do, 152
    sistema vestfaliano rejeitado pelo, 125-126, 143, 155-156, 157
isolacionismo, 89, 268
Israel:
    árabes e Israel, *ver* conflito árabe-israelense
    como Estado vestfaliano, 135-137
    criação de, 116
    Egito e, 120, 134, 172, 308-309, 310-311
    Estados Unidos e, 135-137
    Irá e, 135, 157, 167, 171
    Iraque e, 339
    Jordânia e, 172

palestinos e, 133-138
Síria e, 120, 172, 308-309, 339
Itália, 85
    Abíssinia invadida por, 266, 399n
Ivan III, tzar da Rússia, 57

Jabbat al-Nusrah, 126
Japão, 90, 175, 176-177, 181, 182-193, 231, 233
    abertura para o Ocidente, 186-189
    Carta de Juramento no, 188
    China e, 183-186, 189, 190, 193, 212
    China invadida pelo, 222, 265, 267, 293
    Coreia e, 189
    Coreia invadida pelo (1590), 184-185
    crescimento econômico no, 192
    democracia no, 193, 191
    Estados Unidos e, 186-187, 190-191, 193, 254-255, 391n
    expansionismo do, 190, 254
    Grã-Bretanha e, 189
    interesses nacionais no, 182
    na Primeira Guerra, 190
    na Segunda Guerra e depois, 190, 191-192, 211
    "país trancado", política do, 185-186
    política externa do, 192-193
    reforma social e política no, 188-189
    Revolução Meiji no (1868), 188, 192
    Rússia e, 189-190
    sentido de singularidade, 182-184, 191
    sistema vestfaliano e, 186-187
    terremoto de 2011 no, 192
Jefferson, Thomas, 238
Jena, Batalha de (1806), 53
Jerusalém, 77
    conquistada pelos cruzados, 112
Jiang Zemin, 229
jihad, jihadistas, 14, 115, 125, 126, 132, 135, 138, 143, 168, 317, 318, 322, 323, 327, 328
    definição de, 105
    Irá e, 149-152, 158, 160, 167, 169
Johnson, Lyndon, 278
    Guerra do Vietná e, 297-298, 301, 302

Jordânia, 119, 120, 143, 171
  Israel e, 172
Jorge II, rei da Inglaterra, 218
judaísmo, 103

Kadafi, Muammar, 146
Kant, Emanuel, 46-47, 260, 383n
Karamzin, Nikolai, 63
Karzai, Hamid, 319, 321
Katte, Hans Hermann von, 42
Kellogg-Briand Pacto (1928), 267, 269
Kellogg, Frank, 269
Kennan, George, 284-285, 314
  Longo Telegrama de, 285-286
Kennedy, John F., 205, 275-276, 277
  assassinato de, 278, 297
  Vietnã e, 297-298
Khamenei, Ayatollah Ali, 156, 157, 159-160, 168-169
  objetivo jihadista de, 149-152
Khmer Vermelho, 177, 303
Khomeini, Ayatollah Ruhollah, 121, 154-155, 156, 158, 391n
Kiev, 57
Kim Il-sung, 290-291
Kissinger, Henry, 9
  Dobrynin e, 314
  e significado da história, 376-378
  elogio fúnebre a Ford por, 311
  Gromyko e, 282
  Guerra do Iraque e, 325
  política externa de Nixon e, 302
  viagens à China de, 17, 226, 305
Krishna, 195-197
Kuwait, 316

Laos, 298, 303
  liderança, tecnologia de informação e, 358, 360, 361
Leão III, papa, 21
Lee Kuan Yew, 298
Legge, James, 221
legitimidade, 231
  ausência de, 145-146

no Oriente Médio, 137
ordem internacional e, 367-368
poder e, 16, 71, 78-79, 86, 88, 211, 286, 295, 310, 369
redefinição de, 138, 267, 370
sistema vestfaliano e perda de, 123
União Europeia e, 96-97
"Lei de Moore", 343
Leste da Ásia, 209, 212
  balança de poder no, 233
Leviatã (Hobbes), 38, 382n
Líbano, 108, 135, 143, 147, 156, 168, 322
  mandato francês para o, 116
liberdade, disseminação da:
  como política dos Estados Unidos, 239, 244-246, 258, 277, 297, 299, 317, 325, 329, 375, 400n-401n
  descolonização e, 203, 237
  estratégia e, 358-359
  Revolução Francesa e, 49-50
liberdade:
  como valor supremo dos Estados Unidos, 237, 244, 259, 260, 297, 323, 325, 329, 363
  desejo humano por, 16, 46, 60, 350, 375
  informática e, 357
  ordem interdependente de, 15
  visão islamista da, 124-125
Líbia, 108, 117, 132, 143, 162
  conflito tribal e sectário na, 146
Liga das Nações, 90, 116, 123, 263-264, 267, 268, 399
Lincoln, Abraham, 221
livres-mercados, 188, 278, 364, 366
Livro dos Reis (Ferdowsi), 154, 390n
Lloyd George, David, 263
Locarno, Tratado de (1925), 90, 91, 265
Locke, John, 349
Louisiana, compra da (1803), 238, 242
Luís XIII, rei da França, 28
Luís XIV, rei da França, 42, 50, 82
  estilo de governar de, 40-42
Luís XVIII, rei da França, 65
Lutero, Martinho, 27

420 | *Índice*

MacArthur, Douglas, 291, 292, 294
Macartney, George, 218
Madison, James, 238, 349
Madri, Conferência de (1991), 172
Mahabharata, 195
Maine, USS, 248
Malásia, 175
Mali, 132
Maliki, Nuri al-, 147
Manchúria, 190, 253, 267
Manchus, 218
Mao Zedong, 223-227, 229, 334
    conceito de ordem mundial, 224
    doutrina da revolução contínua, 223-224
    Guerra da Coreia e, 290, 292
    política externa de, 224
Maomé, Profeta do Islã, 13, 103, 108, 139, 159
    morte de, 110
Maquiavel, Nicolau, 24, 196, 197, 198, 199, 203
Mar do Sul da China, 180
mar Negro, 114
Marcos à beira do caminho (Qutb), 124
Maria de Medici, rainha da França, 28
Marlborough, John Churchill, duque de, 41
Marrocos, 84, 85, 119
Marx, Karl, 53, 273
McGovern, George, 307
McKinley, William, 247
    assassinato de, 249
Meca, 103, 140
    tomada da Grande Mesquita em (1979), 140
Mehmed o Conquistador, Sultão Otomano, 13
memória histórica, 352, 359
Mesopotâmia, 102, 112
    mandato britânico para, 116
Metternich, Klemens von, 68, 79-81
    conceito de ordem internacional de, 79-81
    formação de, 79
    interesse nacional na visão de, 80-81
México, 242
    Estados Unidos e, 245
Mianmar, 175, 180, 201

mídia social, 360
    mudança política e, 357
Mitterrand, François, 314
Modi, Narendra, 210
Mohammed Reza Pahlavi, xá do Irã, 154
monarquia, na ordem política asiática, 181
mongóis, 57, 58, 195, 200, 212, 218
Monroe, James, 238
Montesquieu, Charles-Louis de Secondat, barão de, 45, 47
Moore, Gordon, 343
moralidade, como base da política dos Estados Unidos, 129, 229, 237, 240, 244-247, 258, 261, 278, 288-289
Morse, Jedidiah, 244
Morsi, Mohammed, 128
Mubarak, Hosni, 130
Muhammad bin Nayif, príncipe da Arábia Saudita, 142
Münster, Tratado de (1648), 32
Münster, Vestfália, 31
Mussolini, Benito, 90

nacionalismo pan-árabe, 117, 118
nacionalismo, 86, 115, 145
    ascensão do, 73, 74
    na Ásia, 214-215
    no Oriente Médio, 119, 121
Nações Unidas, 265
    Assembleia Geral da, 281
    funções como mantenedora da paz, 399n
    Guerra da Coreia e, 291
    Primeira Guerra do Golfo e, 316
    Truman e, 281
    ver também Conselho de Segurança da ONU
Nagasaki, 186
Nakasone, Yasuhiro, 393n
não interferência, 9, 14, 15, 33, 126, 132, 177, 180, 207, 365
Napoleão I, Imperador dos Franceses, 50-54, 56, 64, 67, 68, 82, 198, 202
Napoleão III, Imperador dos Franceses, 74, 75, 78
Nápoles e Sicília, Reino de, 24

Nápoles, 1820 revolução em, 70
Nashchokin Afanasy, 58
Nasser, Gamal Abdel, 119, 124
Nehru, Jawaharlal, 203-204, 205-207,
  209-210
Nepal, 181
New Republic, 202
New York Times, The, 155
Nguyen Van Thieu, 299
Nicolau I, tzar da Rússia, 77, 389n
Nigéria, 126
Nitze, Paul, 288
Nixon, Richard:
  China e, 304-305, 307-308
  conceito de ordem mundial de, 304,
    305-309
  Conversações sobre acordo SALT, 336
  Guerra do Vietnã e, 301-302, 308, 309
  política externa de, 269, 303-309
  Reagan comparado a, 311-313
Nobel da Paz, prêmio, 250, 254
Nordeste da Ásia, 180, 191
Nova Zelândia, 175
NSC-68, 288, 324

Obama, Barack, 126, 210, 233, 321, 336
  Guerra do Iraque e, 328
oceano Índico, 207
oceano Pacífico, 178-179
Ofensiva do Tet (1968), 298
Olney, Richard, 247
Oppenheimer, J. Robert, 333
ordem internacional europeia:
  mudança da legitimidade para o poder, 79,
    82, 88
  perda de resiliência na, 83-84
  pós-Guerra Fria, 96-100
  pós-Primeira Guerra, colapso da, 87-91
  pós-Segunda Guerra, 91-95
  Conferência de Segurança Europeia, 308,
    309-310
ordem internacional, 30-31, 180
  ausência efetiva de mecanismos de
    cooperação na, 371-372

balança de poder/equilíbrio de poder e,
  368-369
  conceito de Bismarck de, 79, 80-81
  conceito de Metternich de, 79-81
  definição de, 16
  evolução da, 367-372
  globalização e, 370-371
  Índia e, 204
  legitimidade e, 367-368
  pós-Segunda Guerra, 92-94
  proliferação nuclear e, 162
  Tratado de Versalhes e, 88-90
  zonas sem governo e, 147, 368
  ver também ordem mundial
ordem mundial emergente, 10, 14, 366, 365,
  376
  armas nucleares e, 333-334, 336-337, 340,
    342, 345
  conceito dos Estados Unidos de, 363-364,
    374-375
  desafios asiáticos à, 15
  Europa e, 98-99
  informática e, 342-348
  necessidade de acordo sobre normas e regras
    em, 374
  necessidade de ordens regionais e inter-
    -regionais na, 373
  soberania do Estado na, 374
  tecnologia e, 331-361
ordem mundial, 240
  conceito chinês de, 12-13, 19, 26, 62, 183,
    215-216, 220, 222-224, 365
  conceito da União Soviética de, 87, 89,
    282, 286
  conceito de Roosevelt de, 250-253, 256
  conceito do Império Otomano de,
    111-113
  conceito do pós-guerra de, 363-365
  conceito dos Estados Unidos de, 11, 236,
    275, 277, 293, 307
  conceito europeu de, 11, 26, 95, 175, 222,
    237, 363-364
  conceito indiano de, 195, 205-206, 366
  conceito iraniano de, 165, 168-169

422 | *Índice*

conceito islâmico de, 13, 19, 101-104, 105, 108-110, 121, 122, 123, 126, 136, 150-151, 154-156, 365-366, 367
conceito medieval de, 21-24, 25
conceito redefinido por Richelieu de, 29, 40
conceito russo de, 62-65
conceito wilsoniano de, 65, 258, 260-262, 267, 271, 280, 314
consciência humana e, 349
definição de, 16
Guerra Fria e, 287
normas e regras compartilhadas no, 44
princípios vestfalianos da, *ver* sistema vestfaliano
soberania do Estado no, 33
tecnologia e, 331-361
visão de Kant de, 46, 383n
ver também ordem internacional
ordem regional asiática, 210-213
China na, 215-218
Estados Unidos e, 211, 213
Leste da Ásia X Sul da Ásia na, 211-213
nacionalismo na, 215-213
Rússia e, 211
ordem regional, 180
Afeganistão e, 32
definição de, 16
Índia e, 207, 208-210
ordem:
equilíbrio de poder como premissa para, 16
interdependência entre liberdade e, 15
regras aceitas de comum acordo como base para, 16
Oregon, território do, 245
Organização de Cooperação de Xangai, 211
Organização do Tratado do Atlântico Norte (OTAN), 65, 92, 93-95, 98-99, 211, 266, 278, 283-284, 287, 297, 298, 319, 372, 386n
Organização para a Libertação da Palestina (OLP), 134, 172
Oriente Médio, 13, 101-148, 151, 155, 318, 340, 368
balança de poder no, 119-120, 132, 143, 171

conflitos sectários no, 147-148
consequências da Primeira Guerra no, 115-117, 125, 145
desafios à ordem mundial no, 14
Estados Unidos e, 117, 119-121, 137, 141, 147-148, 171-172, 210, 287, 308, 310, 325, 403n
golpes militares no, 117
Guerra Fria e, 119-120, 121
Índia e, 206, 209
legitimidade no, 138
nacionalismo no, 117, 121
Rússia e, 147-148
soberania dos Estados no, 370
terrorismo no, 166
União Soviética e, 119-122, 170, 403n
zonas sem governo no, 146-147
Oslo, Acordo de (1993), 172
Osman, 112
Osnabrück, Tratado de (1648), 32
Osnabrück, Vestfália, 31

Pacto de Bagdá (1955), 257
Palestina, mandato britânico para, 116, 122, 134
palestinos, Israel e, 133-138
Palmerston, lorde, 34, 35, 72
Panamá, Canal do, 253
Paquistão, 108, 145, 162, 175, 200, 201, 208, 211, 322
Armas nucleares do, 339-340
Índia e, 177, 206, 208, 210, 212, 339
partas, 200
Partido Baath, 325
pashtuns, 321
Passo Khyber, 201
Pávia, Batalha de (1525), 24
"Paz Perpétua" (Kant), 383n
Pearl Harbor, ataque japonês a (1941), 190
Pedro, o Grande, tzar da Rússia, 60-61, 385n
Pequim, 17
Peres, Shimon, 172
Perry, Matthew, 186-187
Pesos e contrapesos, 45, 48
Petraeus, David, 327-328

Pitt, William (o Jovem), 69

Planejamento militar, diplomacia superada por, 85, 87, 231

Plano Marshall, 94, 283, 297, 298, 326

pluralismo, 368
  como característica definidora da Europa, 19-20, 24, 58
  como fundamento do sistema vestfaliano, 11, 34, 35
  conceito de ordem em Metternich, 80
  no Império Persa, 389n
  rejeição do islamismo, 114, 153

poder:
  Kautilya sobre, 197
  legitimidade e, 16, 71, 78-79, 82, 86, 88, 211, 386, 395, 310-311, 369

Poitiers, Batalha de (732), 111

política de contenção, 287, 288, 294, 295, 296, 297, 298, 299

política externa:
  equilíbrio entre interesses humanitários e estratégicos na, 128-130
  informática e, 355-361
  metas da, 30
  ver também diplomacia

Polônia, 74, 90, 91, 309

Pope, Alexander, 383n

Porto Rico, 248

Portsmouth, Tratado de (1905), 211, 254

Portugal, Índia e, 194, 393n

Potências do Eixo, 269

Potsdam, Conferência de (1945), 281-282

Primavera Árabe, 126-130

Primavera Árabe, 126-130, 136, 149-150, 329
  mídias sociais na, *357-358*

Primeira Guerra Mundial, 39, 66, 91, 145, 369
  começo da, 85-87, 231, 235, 255, 260, 265
  e colapso da ordem internacional europeia, 87-91
  Estados Unidos e, 89, 255, 257, 260, 266
  Império Otomano na, 114-115
  invasão da Bélgica pela Alemanha na, 71
  Japão na, 190
  resultados da, 89-91, 139

Príncipe, O (Maquiavel), 199

Programa da Liberdade, 323-324, 326

programa nuclear do Irã, 137, 144, 159, 161-169, 171, 340
  acordo provisório sobre, 165, 168
  ataque informático Stuxnet ao, 346
  Israel e, 167
  negociações da ONU sobre, 161, 163, 167, 168
  produção de material físsil no, 163, 164, 391n

Projeto Manhattan, 333

proliferação nuclear, 337-341
  alianças e, 340-341
  balança de poder e, 341
  deterrência e, 162
  Guerra Fria e, 161-162, 267
  ogivas e, 163
  ordem internacional e, 162
  produção de material físsil na, 162
  sistemas de entrega na, 163
  ver também, Irã, programa nuclear do

Prússia, 41-42, 72

Pyongyang, 185

Qi Jianguo, 180

Qin Shi Huang, 198, 200, 220

Qing, Dinastia, 218-219

Quádrupla Aliança, 66, 69-70, 71

Qutb, Sayyid, 124-125, 141, 155, 157

Rabin, Yitzhak, 172-173
  assassinato de, 134-135, 173

Reagan, Ronald, 336
  como adepto da superioridade do sistema americano, 310, 311-312
  conceito de ordem mundial de, 313
  corrida armamentista e, 311
  e o fim da Guerra Fria, 310-315
  idealismo de, 311, 315
  Nixon comparado com, 311-313

redes de comunicação, mudança social e política e, 355-357

Reforma Protestante, 11, 24, 27, 28, 57

424 | *Índice*

Reino de Ryukyu, 181
Reino Unido, *ver* Grã-Bretanha
República Centro-Africana, 147
República Holandesa, 32, 33
Revolta Árabe (1937-39), 122
Revolução Americana, 46, 242, 395n
Revolução Cultural, 50, 225, 299, 305
Revolução Francesa, 46, 47-51, 67-68, 241,
  368, 395n
Revolução Industrial, 332
Revolução Meiji (1868), 188, 192
Revolução Russa, 87
revoluções de 1848, 72, 73, 74
revoluções, 70
  natureza das, 47
  permanente, 49
Reykjavík, Cúpula de (1986), 314, 336
Rice, Cecil Spring, 251
Richelieu, cardeal de, 28, 39, 197, 382n
  conceito de ordem mundial redefinido por,
    28-29, 41
Romanov, Dinastia, 58
Roosevelt, Franklin D., 43
  Carta do Atlântico e, 270-271
  conceito de ordem mundial e, 271,
    274-276
  Stálin e, 272, 275, 400n
Roosevelt, Theodore, 234, 247, 248, 286
  conceito de ordem mundial de, 250-253,
    256-257
  política externa de, 248-257, 269, 397n
  Prêmio Nobel de, 250, 254
  sobre o desarmamento, 250-251, 256, 266
  sobre Primeira Guerra Mundial, 255-256,
    266
Rousseau, Jean-Jacques, 48, 50, 349,
  383-384n
Rumo à Luz" (al-Banna), 122-123
Rushdie, Salman, 156
Rússia, 12, 72, 75, 84, 132, 144, 163, 175,
  211, 234, 322
  Ásia e, 254
  ataque informático contra a Estônia pela,
    346

conceito de legitimidade política na, 60,
  61-63
conceito de ordem mundial na, 63
e a balança de poder europeia, 43, 55-56
e início da Primeira Guerra, 86-87
fraquezas demográficas e econômicas da,
  59-60
Império Otomano e, 114-115, 384n
Índia e, 201
invasões mongóis e, 57-58
Islã na, 103
Japão e, 189-190
na Guerra da Crimeia, 75-78
na Idade Média, 56-59
na Quádrupla Aliança, 70
nas Guerras Napoleônicas, 51, 53, 54, 65
Oriente Médio e, 147-148
Pedro, o Grande, e a transformação da, 60
política expansionista da, 58, 61-62, 63,
  385n
"Tempo de Dificuldades" na, 12, 58
ver também União Soviética

sabedoria, 350, 351, 358, 361
Sacro Império Romano-Germânico, 22-23,
  34, 67, 92, 113, 184
  e a Paz de Vestfália, 31
  na Guerra dos Trinta Anos, 32
Sadat, Anwar al-, 118, 120, 172
  assassinato de, 120, 126, 134-135, 173
Safávida, Dinastia, 114, 152-153
Sagrada Aliança, 70, 74, 75, 80
Saint-Simon, 40-41
salafistas, 140
SALT (Conversações sobre Limitação de Armas
  Estratégicas), 335-336
São Petersburgo, 61
Sarkozy, Nicolas, 388n
Sassânida, Dinastia, 102
Saud, Casa de, 138
Schlieffen, Plano, 84
Schuman, Robert, 92
Schwarzenberg, Felix, príncipe, 78
SEATO (Organização do Tratado do Sudeste
  Asiático), 287

Ordem mundial | 425

Sebastopol, 78
secularismo, rejeição islâmica do, 124-125
Segunda Guerra Mundial, 91, 208, 369
 começo da, 265
 Japão na, 190, 211
 União Soviética na, 271, 273
segurança coletiva, 263, 279, 291
 alianças versus, 265
 inviabilidade da, 265
Senado, Estados Unidos:
 Comissão de Relações Exteriores do, 266
 Liga das Nações rejeitada pelo, 268
Sérvia, 86
Seul, 185
Sèvres, Tratado de (1920), 115
Shultz, George, 330
Silésia, 43
sionismo, 116
Síria, 108, 118, 119, 120, 126, 135, 142, 143,
 145, 147, 168, 171-172, 322, 328, 329
 curdos e, 131
 guerra civil na, 130-133, 143, 145, 172, 357
 Iraque e, 327
 Israel e, 120, 172, 308, 339
 mandato francês para a, 116
Sisi, Abdel Fattah el-, 146
sistema vestfaliano, 10-12, 14-16, 31, 43, 91,
 97, 132, 136, 155, 169, 171, 199, 213, 222,
 267, 268, 282, 293, 318, 328, 365, 373, 375
 apoio dos Estados Unidos ao, 136
 Arábia Saudita e, 137
 Ásia e, 177, 180, 182, 370
 balança de poder no, 11, 15, 43, 67
 China e, 180, 222, 223, 227
 Congresso de Viena e, 64, 83
 Estados soberanos no, 11, 14, 329, 365
 Europa Central dividida como pedra
  angular do, 82
 igualdade inerente dos Estados no, 33
 Império Otomano e, 114
 Índia e, 203, 206-207
 interesse nacional no, 14-15, 34, 38
 Japão e, 186, 188
 mundo islâmico e, 115-117, 122n

não interferência no, 14-15, 33
 perda de legitimidade, 123
 pluralismo como base do, 11, 34, 35
 pontos fracos do, 69
 rejeição islamista do, 125-126, 143,
  155-156, 157
 Revolução Francesa versus, 47
 União Europeia como retorno ao, 96
 visão de mundo de Hobbes no, 39
smartphones, 3344
soberania nacional, *ver* Estados soberanos
soberania, de Estados, *ver* Estados, soberanos
Solimão, "o Magnífico", sultão otomano, 24,
 113
Stálin, Joseph, 61, 281, 285, 286
 conceito de ordem mundial de, 273-274
 e bloqueio de Berlim, 282-283
 FDR e, 271-272, 275, 400n
 Guerra da Coreia e, 290
Stuxnet, 346
Sudão do Sul, 147
Sudeste Asiático, 152
Sudeste Asiático, 177, 211, 212
 Estados Unidos e, 254, 287, 298-299
Suécia, 31, 36
Suez, Zona do Canal do, 122
Sul da Ásia, 201, 209, 212
Sun Tzu, 198, 295
Sun Yat-sen, 223
Sykes-Picot, Acordo (1916), 116

Taft, William Howard, 257
Tailândia, 175, 176,-177, 194
 colonização evitada pela, 181-182
Taiping, Rebelião, 221
Taiwan, 177, 189, 290
Talibã, 125, 146, 157, 168, 318, 319, 321
Talleyrand, 65, 68
Tchecoslováquia, 90, 91, 265, 267, 309
 ocupação soviética da, 301
tecnologia, 10, 186
 consciência humana e, 349-355
 guerra e, 84, 85, 332-333, 347-348
 ordem mundial e, 331-361
 ver também informática

426 | Índice

Teerã, Conferência de (1943), 272
terrorismo islâmico, 108, 118, 148, 166
  apoio do Irã ao, 156, 157
  ataques do 11/9, 141, 318, 319, 323
  ver também jihad, jihadistas
Texas, República do, 246
Thatcher, Margaret, 314
Thieu, Nguyen Van, 299
Tiananmen, crise de, ver China
Tibete, 201
Ticiano, 24
"Tigres Asiáticos", 177, 366
Time, 304
Tito, Josip Broz, 290
Tocqueville, Alexis de, 237
Tours, Batalha de (732), 112
"Trafalgar", Batalha de (1805), 52
Tratado de Mísseis Antibalísticos, 336
Tratado de Não Proliferação Nuclear (TNP),
  267, 338-339
Tratado Naval de Washington (1922), 267
tratado para proibição de armas nucleares
  (1963), 296
Tremblay, François Leclerc du, 381n
triagem de dados, 344, 359
Tríplice Entente, 190, 256
Trípoli, 146
Truman, Harry S., 9, 276, 281, 288, 400
  e criação da ONU, 281
  Guerra da Coreia e, 289-290, 292, 294
  NSC-68 de, 288, 324
  política externa de, 283
  Vietnã e, 297
Tsushima, Batalha de (1905), 253
Tunísia, 132
turcos, 111, 195, 200
Turquia, República da, 116, 143, 147

Ucrânia, 57, 62, 148
União Democrática Cristã (Alemanha), 92
União Europeia (UE), 20, 96, 98, 212, 372
  como retorno ao sistema westfaliano, 97
  Estados Unidos e, 99-100
  política econômica da, 97-98

questões de legitimidade na, 97,98
  soberania do estado e, 97, 98
União Soviética, 88, 93, 94, 108, 192-193,
  268, 328, 338
  Afeganistão invadido pela, 310, 311
  bloqueio de Berlim pela, 282-283, 396
  China e, 226, 290-291, 296, 299, 338
  colapso da, 95, 307-308, 313-314, 316, 368
  conceito de ordem mundial e, 87, 90, 282,
    286
  e equilíbrio de poder, 272-273
  e ordem internacional do pós-guerra, 94
  Estados Unidos e, 272, 276; ver também
    Guerra Fria
  Europa Oriental e, 307-308
  expurgos na, 50
  Guerra da Coreia e, 290-291, 295-296
  Guerra do Vietnã e, 298
  Índia e, 206
  na Segunda Guerra, 271-272, 273
  Oriente Médio e, 119-122, 170, 168, 311,
    403n
  pacto de neutralidade nazista com, 273
  política expansionista da, 274, 288, 314
United States Magazine and Democratic Review,
  245
Utrecht, Tratado de (1713), 43

Venezuela, 247
  ver também Império Otomano
Versalhes, Tratado de (1919), 31, 88, 89-91, 268
Vestfália, Paz de, 10-12, 30-34, 49, 67, 196,
  240, 281
  equilíbrio de poder na, 32
  mapa da Europa depois da, 36-37
Vestfália, Tratados de (1648), 38, 180
Viena, Congresso de (1814-15), 31, 64, 65-73,
  74, 86, 88, 261, 262, 263, 268
  balança de poder e, 66-67
  diplomacia no, 68-69
  Europa Central dividida como meta do, 82
  mapa da Europa depois, 75-76
  sistema vestfaliano e, 65, 83
Viena, sítio de (1683), 114-115

Vietnã, 175, 264
  Índia e, 206
Voltaire, 22
vontade popular, como encarnação da
  Revolução Francesa, 48

Wahabismo, 142
Walesa, Lech, 311
Washington, George, 241
Watergate, escândalo de, 303, 309
Weber, Max, 199
Webster, C. K.,66
Wilson, Woodrow, 356
  autodeterminação de, 261-263
  conceito de ordem mundial, 65, 257-258,
    259-262, 266-267, 271, 280, 314
  política externa de, 258-270, 398n
  princípio da segurança coletiva de, 263-266

wilsonianismo, 65, 262, 266-267, 268-271,
  279, 285, 286, 296, 312, 316, 356
Winthrop, John, 14, 240
World Trade Center:
  ataque de 1993 ao, 141, 318
  ataque de 2001 ao, 141, 318

Xi Jinping, 211, 229, 233

Yalu, rio, 185
Yi Sun-sin, 185
Yom Kippur, Guerra do (1973), 265

Zheng He, 26
Zhou Enlai, 17, 224, 226, 292, 306
zonas sem governo, 147, 370
zoroastrismo, 102, 103

1ª EDIÇÃO [2015] 4 reimpressões

ESTA OBRA FOI COMPOSTA PELA ABREU'S SYSTEM EM ADOBE GARAMOND
E IMPRESSA EM OFSETE PELA LIS GRÁFICA SOBRE PAPEL PÓLEN SOFT DA
SUZANO S.A. PARA A EDITORA SCHWARCZ EM DEZEMBRO DE 2023.

A marca FSC® é a garantia de que a madeira utilizada na fabricação do papel deste livro provém de florestas que foram gerenciadas de maneira ambientalmente correta, socialmente justa e economicamente viável, além de outras fontes de origem controlada.